사례관리론

개념, 기술, 실천역량 이해

한국사례관리학회 편

김성천 · 김승용 · 김연수 · 김현수 · 김혜성 · 민소영
박선영 · 백은령 · 양소남 · 유명이 · 유서구 · 이기연
정희경 · 조현순 · 최말옥 · 최지선 · 함철호 공저

Case Management

학지사

머리말

한국의 전문 사례관리 발전에 구심점 역할을 해 온 한국사례관리학회는 교육사업의 일환으로 대학 교재인『사례관리론』(2012)을 발간한 이래, 초보 사례관리자의 전문교육을 위한『사례관리 전문가교육』(2012, 2019), 심화 교육을 위한『사례관리전문가 심화과정교육』(2016) 등의 교재와 '한국 사례관리 표준 실천지침'(2016)을 체계적으로 개발하고 보급해 왔다.

대학 교재용으로『사례관리론』을 발간한 지 8년이라는 시간 동안에 한국의 사례관리의 현장과 환경은 크게 변화하였고, 관련 연구도 비약적으로 확대되었다. 이에 기존 교재를 대폭으로 개정할 필요성이 제기되어『사례관리론: 개념, 기술, 실천역량 이해』를 새롭게 출간하게 되었다. 이 책은 보편적인 사례관리 입문서로서의 체계를 유지하면서도 다음과 같은 부분에 역점을 두었다.

첫째, 우리나라에서 혼란스럽게 사용되고 있는 사례관리와 관련한 용어, 교과목으로서의 정체성, 사례관리를 실천하기 위한 기술과 역량을 규명하는 데 역점을 두었다. 한국의 압축성장에 공과(功過)가 공존하듯이, 2010년대를 기점으로 급속하게 확대된 한국의 사례관리도 적지 않은 성과를 보여 주고 있지만, 가장 기본이 되어야 할 사례관리의 모습에 대해서는 아직까지 너무 다양한 모습으로 활용되고 있다. 사례관리가 사회복지실천론(기술론) 등의 과목과 대동소이한 방법으로 잘못 인식되기도 하고, 사회복지사 자격증만 있으면 사례관리에 관한 전문적인 교육을 받지 않아도 사례관리를 할 수 있다는 잘못된 인식도 있으며, 단순 서비스를 제공하면서 이를 사례관리라고 명명하는 등의 문제점들이 해소되지 않고 있는 상황이다. 이러한 문제점을 해결하기 위해 제1부 '사례관리 개요'에서 사례관리의 정체성을 구성하는 주요 요소를 규명하는 데 역점을 두어, 사례관리의 개념, 역사, 이론과 모델과 구성체계를 이론적으로 설명하였고, 한국에서 사례관리가 실천되는 주요 현장에서의 모습과 전달체계를 소개하였다.

둘째, 사례관리자가 필수적으로 갖추어야 할 기술과 역량을 풍부하게 제시하는 데 중점을 두었다. 사례관리가 서비스 이용자의 복합적인 욕구를 기반으로 실천되는 방법인 만큼 사례관리자는 다양한 직간접적인 실천 방법들을 숙지하고 이를 통합적으로 활용할 수 있는 역량을 갖추어야 한다. 따라서 기존의 교과서들이 사례관리 실천기술을 사례관리의 실천과정을 설명하면서 간단히 언급하거나, 독립된 기술로 다루더라도 상담 중심의 기술에 편향된 기술 중심으로 소개되고 있는 점을 극복하고자 했다. 이러한 노력은 이 책의 2부와 3부를 할애하여 사례관리의 실천역량을 함양하는 데 초점을 두었다. 제2부 '사례관리의 실천과정과 기록'에서는 사례관리의 각 단계에서 수행해야 할 핵심 과업과 기록 양식의 활용법을 다루었고, 제3부에서는 사례관리자가 갖추어야 할 핵심 역량을 다루었다. 사례관리의 기능과 사례관리자의 역할을 소개하면서, 사례관리자가 갖추어야 할 핵심 역량을 의사소통 역량, 사정 역량, 관계 역량, 자원개발과 관리 역량, 옹호 역량, 문화적 역량, 평가 역량으로 선정하여 집중적으로 소개하였다.

셋째, 사례관리의 개념과 기술 및 역량을 고찰하는 데 있어서 기존 교재들이 사례관리자와 클라이언트와의 2자 관계에 초점을 두고 있는 한계를 극복하기 위해 자원체계와 표적체계 등 거시적인 환경체계와의 관계를 중시하여 다루고자 노력하였다.

이 책은 한국사례관리학회에서 활동을 지속하여 온 사례관리의 전문가 17인의 공동 합작으로 집필되었다. 다수의 필진이 한 권의 책을 쓸 때, 집필의 통일성과 일관성에 중점을 두어 기술하는 데는 어려움이 존재하지만, 우리는 다양한 필진의 공동저술을 오히려 강점으로 승화시키고자 노력했다. 17인의 필진은 다년간의 학회활동을 통하여 사례관리에 대해 공통된 정체성을 공유하고 있는 분들로, 집필 장에 해당하는 주제에 관하여 전문적인 식견을 겸비한 분들이었다. 이 책의 일관성과 통일성을 담보하기 위해, 여러 번의 집필 전 모임과 집필 본에 대한 사후 검독과 피드백을 통해 교재 내용의 통일성과 질을 높이고, 대학 교재로서 타당성을 확보하고자 노력하였다. 물론, 이러한 노력에도 불구하고, 미흡하고 보완해야 할 부분이 적지 않으리라고 생각한다. 이 책의 필자들은 독자들의 지속적인 관심과 비판을 받으며, 더 좋은 교재를 만들기 위해 부단히 노력할 것이다.

이 책이 나올 수 있도록 오랜 시간 기다려 주시고, 격려와 지원을 하여 주신 학지사 김진환 사장님께 감사드리고, 멋진 책이 발간되도록 꼼꼼하고 친절하게 수고해 주신 이세희 차장님께도 깊은 감사를 드린다. 끝으로 학회 차원에서 권위 있는 책이 출간되고 이러한 저작물이 학회 발전에 기여할 수 있는 선순환구조의 전통을 만들어 주신 권진숙 초대 학회장님께 다시 한번 머리 숙여 감사와 존경의 마음을 전합니다.

2020년 긴 장마 끝자락에서
집필자 대표 김성천

차례

사례관리 실천과정과 기록   제2부

실행 및 점검 단계: 직간접 실천 • 223

종결 단계 • 239

사례관리실천의 핵심 역량

사례관리 기능과 사례관리자 역할 • 249

의사소통 역량 • 271

옹호 역량 • 395

문화적 역량 • 411

평가 역량 • 433

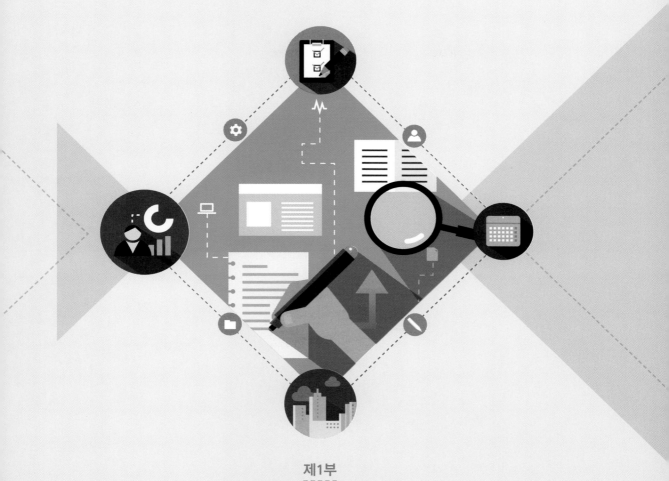

제1부

사례관리 개요

제1장

사례관리의 이해

📋 학습개요

서구에서 탈시설화의 흐름에 따라 등장했던 사례관리가 2000년대 이후 한국에서도 사회복지서비스의 주도적인 방법이자 전달체계로 급부상하여 민간과 공공의 영역에서 주요한 실천방법으로 활용되고 있다. 사례관리는 간호, 보험 등의 타 영역에서도 사용되고 있으나, 이 책에서는 사회복지 실천 영역에서 사용되는 사례관리를 소개한다. 사례관리는 단순 서비스로는 해결할 수 없는 클라이언트의 복합적이고 다양한 욕구를 지역사회를 기반으로 하여 통합적으로 해결하고자 하는 방법으로, 증대되는 사회복지 사각지대의 문제와 공급자 중심의 분절화된 사회복지서비스의 한계를 극복할 수 있는 대안으로 널리 사용되고 있다.

✏️ 학습목표

1. 사회복지실천의 주요 방법으로서 사례관리의 정체성을 파악한다.

2. 사례관리의 최근 동향을 이해한다.

3. 사례관리의 목적과 원리를 살펴본다.

4. 사례관리의 가치와 윤리 및 관련 쟁점을 파악한다.

1. 사례관리의 정의

사례관리는 그 기원을 자선조직협회(C.O.S)의 활동에서 찾기도 하나, 근대적인 사례관리는 1970년대에 미국 정신병원의 탈시설화 운동을 기점으로 클라이언트 욕구의 개별화와 자기결정의 존중 및 지역사회자원의 통합을 강조하며 도입된 사

표 1-1 **사례관리의 주요 정의**

주요 학자	사례관리 정의
목슬레이 (Moxley, 1989)	복합적인 욕구를 가진 사람들의 기능화와 복지를 위해 공식적 · 비공식적 지원과 활동의 네트워크를 조직 · 조정 · 유지하고 이러한 활동을 통해서 클라이언트의 생활기술을 증진시키고 사회적 망과 관련된 대인복지 서비스 제공자들의 능력을 발전시키며, 제공되는 서비스의 효율성과 효과성을 증진시키는 것이다.
우드사이드와 맥클램 (Woodside & McClam, 2006)	복합적 욕구를 가진 대상자들에게 다양한 서비스를 효과적으로 전달하기 위한 실천 전략이다.
미국사회복지사협회 (NASW, 2013)	다양한 서비스들을 계획하고 실행하고 모니터링하는 과정이다. 사례관리 과정은 사회복지사들이 전문가팀 활동을 통해 클라이언트에게 필요로 하는 다양한 서비스를 제공하고 조정하는 활동이다.
영국 사례관리자협회 (CMSUK, 2018)	사례관리란 개인의 건강, 사회보호, 교육과 고용 욕구를 충족시키기 위해 요구되는 옵션과 서비스들을 사정, 계획, 실행, 조정, 점검, 평가하는 협력적 과정이다. 이러한 과정은 의사소통과 가용할 수 있는 자원들을 사용하여 비용 효과적인 성과의 질을 증진키는 것이다.
사회보장급여의 이용 · 제공 및 수급권자 발굴에 관한 법률(2017)	사회보장 수준을 높이기 위해 지원 대상자의 다양하고 복합적인 특성에 따른 상담과 지도, 사회보장에 대한 욕구조사, 서비스 제공계획의 수립을 실시하고 그 계획에 따라 지원 대상자에게 보건 · 복지 · 고용 · 교육 등에 대한 사회보장급여 및 민간 법인 · 단체 · 시설 등이 제공하는 서비스를 종합적으로 연계 · 제공하는 통합사례관리를 실시할 수 있다.

례관리 실천방법에서 기원을 찾을 수 있다(Ballew & Mink, 1996). 사례관리의 대표적인 정의를 살펴보면 〈표 1-1〉과 같다.

이러한 정의들은 그 맥락에 따라 강조점에 차이가 있으나 사례관리에서 간과할 수 없는 공통 요소를 보면, ① 개별 맞춤형으로서의 서비스, ② 복합적 욕구, ③ 자원 연계와 통합적 접근, ④ 역량 강화, ⑤ 서비스의 연계(네트워크)와 조정, ⑥ 효율성과 효과성의 강조 등을 들 수 있다(Gursansky et al., 2003; Hepworth & Larsen, 1993).

이 책에서는 2016년에 한국사례관리학회의 사례관리 정의를 소개하고자 한다.

> 사례관리란 복합적이고 다양한 욕구가 있는 클라이언트와 그 가족의 사회적 기능 회복을 돕는 통합적 실천방법이다. 이를 위해 운영체계를 확립하고, 클라이언트와 함께 강점관점의 체계적인 사정을 해야 하며, 클라이언트의 내적 자원 및 지역사회 자원을 개발하고 활용하여 삶의 질 향상을 위해 노력해야 한다."

이 정의는 한국사례관리학회의 '한국 사회복지 사례관리 표준'(2016)에서 규정한 것으로, 사회복지 사례관리[1]로서의 가치와 철학적 특성을 잘 보여 주고, 한국적 상황을 잘 반영한 정의로 그 특성은 다음과 같다.

첫째, 사례관리의 이용자는 복합적이고 다양한 욕구를 지닌 클라이언트이다. 사례관리를 의료서비스에 비유하자면 3차 진료 기관에서 이루어지는 진료행위로 볼 수 있다. 3차 진료 기관에는 단순한 질병을 지닌 환자가 오는 것이 아니라 복합적이고 쉽게 낫지 않는 중증 환자가 주로 치료를 받으러 온다. 사례관리의 이용자는 간단한 정보제공이나 단순한 한두 가지의 서비스로 해결되는 사람들이 아니다. 둘

---

1) 사회복지 사례관리는 기본적으로 개별사회복지실천(Social Casework)에 기반하여 새로운 옷을 입힌 것으로 양자 간에는 유사점이 많으나 주요 차이점은 다음과 같다(김성경, 2017). ① 실천의 초점이 클라이언트의 욕구와 강점에 있음. ② 실천과정에서 개별서비스계획과 점검 단계가 강조됨. ③ 다차원적 특성을 지님. ④ 미시적 실천방법이면서 운영체계와 서비스 전달체계가 강조됨.

째, 사례관리는 낙인의 성격이 있고 해결하기 어려운 문제를 해결하는 데 초점을 두는 것이 아니라, 욕구에 초점을 둔다. 욕구의 개념은 클라이언트에게 꼭 필요하면서, 클라이언트가 원하는 것이고, 해결 가능한 것으로 구성되어야 한다. 셋째, 사례관리의 궁극적인 목적은 '클라이언트와 그 가족의 사회적 기능의 회복'을 통한 '삶의 질 향상'이다. 사례관리의 기원은 자립하기 어려운 클라이언트의 생활에 대한 사례관리의 지속적인 지원과 유지였으나 이를 위한 인프라가 부족한 한국의 상황에서는 지속적으로 서비스를 제공하고 점검하기 어렵고, 가능한 빠른 기간에 클라이언트의 역량 강화와 사회적 기능 강화(네트워크)를 상대적으로 강조하고 있다. 넷째, 사례관리실천에서 전제 조건이 되는 것은 운영체계의 확립이다. 사례관리는 기본적으로 팀 접근이고, 사례회의, 슈퍼비전 체계 등의 운영체계 등의 체계성과 구조가 강조되는 방법이다(Holosko, 2018: 4장). 그러나 한국에서는 이 부분이 간과되고 실행되고 있기 때문에 사례관리의 주요한 요소로 강조하고 있다. 다섯째, 사례관리는 당연히 선 사정, 후 개입의 방법으로 사정이 매우 중요한 과정으로 강조된다. 그런데 사회복지 사례관리에서는 강점관점의 사정을 강조한다. 이는 사례관리가 욕구에 기반한 실천으로써 클라이언트가 할 수 있는 역량(강점)을 찾는 것이 중요하고, 이를 통한 클라이언트의 적극적인 참여를 중시하기 때문이다. 여섯째, 자원을 활용함에 있어서 클라이언트의 내적 자원을 강조하고 있다. 내적 자원을 살리지 않고 외적 자원만을 사용하는 것은 '밑 빠진 독에 물 붓기'가 되기 때문이다. 한국의 사례관리 현장에서 클라이언트를 지원할 때 주로 외부의 자원을 동원하는 데 초점을 맞추고 있어서 상대적으로 활용 빈도가 낮은 내적 자원의 발굴과 활용의 중요성을 역설적으로 강조하고 있다.

2. 사례관리의 최근 동향

사회복지에서 활용되는 사례관리는 전통적인 개별 사회복지실천(social casework)
에 기초하여 발전해 왔다(Moore, 1990). 그런데 홀로스코(Holosko, 2018: 15-24)는 최

표 1-2 사례관리 실천의 변화[2]

전통적인 사회복지실천 관점		사례관리 개혁
문제를 가진 개인 (Individual With a Problem)	→	개인이 가진 문제(Problems of Individuals)
클라이언트(Client)	→	소비자/고객(Consumer/Customer)
환경 속 인간(Person-in-Environment)	→	돌봄 환경 속 인간(Person-in-care-Environment)
돌봄체계(Care System)	→	돌봄의 체계(System of Care)
인간을 변화시킴(People Changing)	→	서비스 대상 유형화(People Processing)와 생활 유지(People Sustaining)
프로그램화된 의사결정 (Programmed Decision Making)	→	의사결정의 공유(Shared Decision Making)
산출 지향(Output Driven)	→	시간 제약, 산출, 성과 지향 (Time-Framed, Output, Outcome Driven)
역할 구분(Role Delineation)	→	중복적 역할(Role Blurring)
일반주의 실천(Generalist Practice)	→	심화된 일반주의자 실천 (Advanced Generalist Practice)
관료주의(Bureaucracy)	→	기술적 관료주의(Technological Bureaucracy)

2) Holosko가 제시하고 있는 분절적 체계에서 체계적 돌봄체계의 변화는 사례관리가 꼭 좋은 방향으로 발
  전적으로 이행되고 있음을 보여 주는 것은 아니다. 현실적인 상황에서 사례관리가 이렇게 변화하고 있음
  을 보여 주고 있는데 어떤 변화들은 바람직한 변화라고 볼 수 없다. 예를 들어, 대상 유형화(processing)
  와 생활 유지(sustaining)의 개념은 사례관리의 가치 측면에서 볼 때 바람직하지 않은 개념이지만, 현실적
  으로 사례관리가 이런 식으로 활용되고 있음을 보여 주는 경우이다.

근 사례관리가 전통적 사회복지실천의 관점으로부터 적지 않은 변화가 이루어지고 있다고 분석하였다(〈표 1-2〉 참조).

(1) '문제를 가진 개인'에서 '개인이 가진 문제'로 변화

전통적 실천에서는 '문제를 가진 개인'에게 초점을 두고 그 개인을 변화시키려고 하였으나, 최근에는 신자유주의와 과제중심모델의 영향을 받아 개인이 아니라 그가 갖고 있는 '문제'에 초점을 둔다.

(2) 클라이언트에서 소비자/고객으로 변화

사례관리의 이용자를 지칭하는 용어가 타인에게 의존하는 개념체인 클라이언트에서 권리의 주체로 성격이 분명한 소비자와 고객으로 호명하고 있다.

(3) 환경 속 인간(PIE)에서 돌봄 환경 속 인간(PICE)으로 변화

전통적 실천이 '포괄적 환경 속의 인간'이라는 관점을 가졌다면, 최근의 사례관리에서는 '돌봄 환경 속의 인간(person-in-care-environment: PICI)'의 관점을 채택하고 있다. PIE는 사회복지실천의 패러다임을 이끌어 왔으나, 사례관리의 돌봄 중심 관점은 사례관리의 각 단계를 통해 PIE보다 더 넓은 환경적 맥락을 고려한다는 평을 받는다. 그 이유는 PICE 관점이 클라이언트의 환경 평가를 PIE에서 고려하던 직접적인 환경(동거인들, 가족, 친구들 등)을 넘어 이차적 환경(공식·비공식 돌봄체계, 이웃, 직장, 소셜미디어의 도움, 인터넷 등)까지 확장하기 때문이다.

(4) 분절된 돌봄체계(care system)에서 통합적 돌봄체계(system of care)로의 변화

〈표 1-3〉은 기존의 분절되고 클라이언트 문제 중심의 돌봄체계가 지역 중심의 통합적 돌봄체계로 어떻게 개혁되어 가고 있는지를 보여 준다(Holosko, 2018: 18).

표 1-3 통합적 돌봄체계로의 변화

분절된 돌봄체계의 특성		통합적 돌봄체계의 특성
분절적 서비스	→	조정 연계된 서비스 전달
분절된 프로그램과 재정	→	다분야 연계 팀/혼합된(blended) 자원들
한정된 서비스의 활용	→	포괄적인 서비스
위기 지향의 접근	→	유용한 돌봄서비스에 초점
가정 밖의 사람들에 초점	→	가능한 한 가정 내 사람들에 초점
클라이언트 돌봄	→	지역사회 기반 돌봄
'의존성' 조장	→	'자조'와 능동적인 참여를 조장
클라이언트에게만 초점을 둠	→	초점의 단위로서 클라이언트와 지지체계
욕구/결핍 사정	→	강점 기반 사정
'문제'로서의 가족	→	'파트너'와 치료적 서비스 대상으로의 가족
문화를 고려하지 않음	→	문화적 역량을 고려
고도로 전문화된	→	공식적·비공식적 그리고 자연적 지지의 협동
클라이언트가 기존 서비스에 '맞추어야(fit)' 함	→	개인에게 적합한 서비스를 제공
투입(input) 중심의 책임성	→	성과와 결과 중심의 책임성
문제를 가진 클라이언트	→	문제해결의 파트너로서의 클라이언트

(5) 인간 변화의 관점에서 대상 유형화(processing)와 생활 유지(sustaining) 관점으로의 이행

하센펠드(Hasenfeld)는 사회복지서비스의 목적이 인간을 변화시켜서 문제를 해결하거나 기존 서비스에 적응시키는 전통적인 접근법에서 서비스 대상을 유형화 (people-processing)시키고 생활을 유지시키는(people-sustaining) 접근으로 변화되었다고 본다(Hasenfeld, 1983). 서비스 대상 유형화는 서비스 대상자가 어떤 서비스를 받을 수 있는지를 유형화시키는 것으로 사정(assessment)에서 클라이언트를 유형화(예: 단순형, 집중형, 위기형)하고 사회적 명칭을 부여하는 기능을 담당하여 서

비스가 제공되도록 유도하는 것이다. 예를 들면, 학교에서 결식아동으로 선정되면 보건복지부에서 급식비를 제공하고 지역사회복지관에서 도시락 배달 서비스 등을 제공하게 되는데 이때 학교에서 결식아동으로 선정하는 것이 유형화 작업이다. 생활 유지 서비스는 클라이언트의 생활이 더 나빠지지 않도록 예방하고 일정 수준에서 유지하는 것을 목적으로 하는 서비스로, 아동복지시설을 통한 아동양육 서비스의 제공과 기초생활보장제도를 통하여 일정 수준의 경제상태를 유지하고자 하는 공적부조 서비스가 대표적인 예이다.

(6) '프로그램화된 의사결정'에서 '의사결정 공유'로의 변화

과거에는 권력을 지닌 사회복지사 중심의 의사결정이었다면 이제는 사회복지사와 클라이언트의 관계는 평등한 관계이자 동업자의 관계로 모든 의사결정 과정에 클라이언트가 참여해야 한다. 특히, 개입계획 설정과 평가 및 종결과정에는 반드시 클라이언트가 참여해야 한다.

(7) 산출 지향(output driven)에서 성과와 결과 지향(outcome driven)으로의 변화

산출은 서비스 활동이고, 성과/결과는 산출의 결과로 변화된 결과를 말한다. 예를 들어, 신체운동 프로그램에 참여한 노인의 20%가 최소 10주 동안 한 주에 3번씩 스스로 운동하는 것을 시작하였다는 것은 성과이다. 전통적 실천에서는 서비스 제공인 산출에 의미를 두었으나 최근의 경향은 서비스 제공으로 야기된 변화인 성과를 중시한다.

(8) 분명한 역할에서 중복적 역할(Role blurring)로의 변화

사례관리자는 다양한 전문가들의 협력으로 이루어진 다학제 팀의 구성원으로 일한다. 전문가들과 그들의 지식, 가치, 기술의 개념에 익숙해지는 것은 이러한 현장에서 가치 있고 존경받는 팀 구성원으로서 필수적인 자질이다. 다양한 지식을 활용하고 혼합된 방법을 사용하는 것이 사례관리의 전문가적 정체성을 흐리는 것이 아니라 오히려 강하게 한다. 의사소통, 전문성 강화, 다른 전문 분야에 대한 지식, 리더십, 팀으로서의 기능, 갈등해결을 위한 협상 등의 다양한 역할을 잘 활용하는 것은 효과적인 사회복지 사례관리를 위해서 필수적이다.

(9) 일반주의실천에서 심화된 일반주의실천으로 변화

심화된 일반주의실천(Advanced generalist practice: AGP)에 대한 정의는 "다양한 수준에서 여러 가지 기법에 접근할 수 있는 고급 능력을 가지고 있으며, 전문적인 기술을 요하는 복잡한 환경에서 일할 수 있도록 준비된 사회복지사의 실천"이다. AGP는 학생들이 클라이언트와 클라이언트의 체계를 대상으로 효과적으로 일할 수 있도록 미시와 거시 차원을 완벽하고 매끄럽게 움직이는 것을 필수로 한다. 두 번째 핵심적인 특성은 모든 개입은 반드시 '최상의' 혹은 '유망한' 실천 혹은 정책적 지시나 경험적 발견, 혹은 근거 기반 실천에 입각해야 한다.

(10) 관료주의에서 기술적 관료주의(Technological bureaucracy)로의 변화

수많은 서비스와 돌봄체계 속에서 클라이언트의 길을 인도해야 하는 사례관리의 특성으로 인해, 사례관리자의 서류작업은 기하급수적으로 증가했으며, 컴퓨터 기술도 날로 복잡해져 가면서 사례관리는 고도로 관료화되고 있다.

이러한 개혁은 사례관리가 기본적으로 클라이언트의 자율성과 자기결정에 입각한 자기 옹호에 기반하고, 돌봄 환경 속의 인간에 초점을 두는 것이며, 책임성과 성과 평가 및 다학제간 협업과 팀워크를 강조하는 것이라고 홀로스코(2018: 70-72)는 주장하고 있다.

3. 사례관리의 목적과 기능

사례관리는 클라이언트 삶의 질을 향상시키려는 목표와 함께 공급자의 관점에서 보호비용을 조절하고 효율성을 극대화하며 관리하고자 하는 갈등적인 목표를 지닌다(Woodside & McClam, 2006; 권진숙, 박지영, 2015). 목슬레이(Moxley, 1989), 인타글리아타(Intagliata, 1992)와 우드사이드와 맥클램(Woodside & McClam, 2006) 등이 공통적으로 주장하고 있는 사례관리의 주요 목적을 정리하면 다음과 같다.

1) 클라이언트의 역량 강화

사례관리에서는 일차적으로 대상자의 보호가 중시되지만 궁극적으로는 클라이언트가 사례관리자의 도움 없이도 자원들과의 연결을 유지하며 살아갈 수 있는 역량강화를 목적으로 한다.

2) 보호의 연속성

사례관리의 대상은 쉽게 해결될 수 없는 만성적이고 복합적인 욕구를 지니고 있다. 예를 들어, 평생 보호를 받아야 하는 중증장애인은, 장기적인 지원이 필요한 경우가 많다. 따라서 어떤 일정한 장소나 기간 내에서 계속적으로 서비스를 제공하는 것이 필요하다. 보호의 연속성은 횡단적 차원과 종단적 차원으로 나눌 수 있다(Woodside & McClam, 2006). 횡단적 연속성은 주어진 시점에서 이용자의 다양한 욕구를 충족시키기 위해 포괄적인 서비스를 제공하는 것이다. 종단적 연속성은 시간의 경과에 따라 변화하는 개인의 욕구에 반응하는 서비스를 지속적으로 제공해 주는 것이다. 그러나 최근 사례관리는 사회복지실천의 과제중심모델과 같이, 단기간에 달성할 수 있는 구체적인 목표를 중시하는 접근으로 변화되고 있다(Holosko, 2018: 65-82).

3) 서비스의 통합성 증진

복합적이고 변화하는 이용자의 욕구를 해결하기 위해 기관과 지역사회의 자원과 서비스를 통합적으로 확보하는 것이 필요하다. 서비스 통합은 서비스의 파편화와 중복을 감소시키고 제공된 서비스들의 상호작용을 촉진한다.

4) 서비스 접근성 향상

클라이언트는 자신이 활용할 수 있는 자원에 대한 정보가 부족하거나 이용 가능한 자원을 알아도 다양한 장애물로 인해 서비스 접근이 제한되는 경우가 있다. 이를 위해 찾아가는 서비스, 정보제공과 의뢰, 자원개발과 연계, 자원 활용, 역량 강화 등과 같은 적극적인 방법을 통해 자원과 서비스에 대한 클라이언트의 접근성을 높인다.

5) 사회적 책임 제고

사례관리는 제공되는 서비스의 책임성을 중시한다. 따라서 사례관리는 효과성과 운영체계를 중시하고, 주요 결정은 사례관리자 혼자 하는 것이 아니라 팀에서 결정하며 외부 전문가와 슈퍼바이저를 포함한 통합사례회의 개최도 중요하다.

6) 성과와 평가의 중요성

사례관리에 대한 책무성(accountability)과 함께 성과(outcome)와 효율성을 확인하기 위한 평가활동이 강조된다. 평가는 과정평가와 성과평가로 구분할 수 있다. 성과평가에서는 이용자 수준의 서비스 만족도, 목표 달성 정도, 욕구수준의 변화와 개입영역의 변화 등이 필수적이고, 사례관리자와 지역자원에 대한 성과를 평가하는 것도 중요하다. 과정평가에서는 실천과정에 대한 평가, 자원과 서비스에 대한 평가, 운영체계와 실천환경에 대한 평가 등이 이루어져야 한다(이 부분은 19장에서 자세히 다룬다).

4. 사례관리의 가치와 윤리

사례관리자는 열악하고, 부정의한 사회환경 속에 있는 클라이언트와 함께 일하기 위해 전문적 지식뿐만 아니라 사회복지의 가치와 윤리로 무장되어야 한다. 사례관리의 가치와 활동은 이용자 중심적이고, 개별성과 자기결정을 존중하고, 유연하게 실천하고, 창의적인 활동을 강조한다. 그러나 사례관리라는 용어는 이와 같은 가치를 반영하지 못하고 있다는 비판을 받고 있다. 사례라는 용어는 인간을 '사례(case)'라고 묘사함으로써 인간의 주체성을 무시하고 있다는 비판을 받는다. 관리라는 용어는 누가 자신을 통제하는 '관리'라는 느낌을 전달한다. 이는 클라이언트가 자기주도적이 되도록 돕는다는 목표를 천명하고 있는 사례관리실천의 가치 철학과 배치된다(김용득, 2015). 이러한 쟁점을 해결하기 위해 사례관리는 보호 관리(care management), 보호 조정(care coordination), 서비스 조정(service coordination), 휴먼 서비스 등의 명칭으로 다양하게 사용되기도 한다(Woodside & McClam, 2006).

사례관리의 가치와 윤리는 사회복지사가 지켜야 할 가치와 윤리와 거의 중복된다. 한국사례관리학회에서 제정한 '사례관리 표준 실천지침'에 의하면 "사례관리는 사회복지실천의 고유한 지식과 기술, 가치에 기반한 방법으로 사회복지실천의 대부분의 가치와 윤리는 사례관리에서도 그대로 준용된다."라고 규정하고 있다.

1) 사례관리의 가치

미국사회복지사협회 윤리강령(NASW, 2013)에서 제시하고 있는 사회복지사의 핵심 가치는 "서비스, 사회정의, 인간의 존엄성과 가치, 인간관계의 중요성, 고결성, 역량" 등이다. 서비스의 가치는 '궁핍한 사람들을 돕고 사회문제에 개입하는 것'으로 시혜적인 성격을 지니고, 인간의 존엄성과 가치, 인간관계의 중요성, 고결성과 역량은 사회복지사가 갖추어야 할 개인적 덕목이자 클라이언트와의 관계에 대한 가치로 규정하고 있다.

또한 사회복지실천의 표준이자 가이드라인으로 자기결정과 인간의 존엄성, 의사결정의 상호 책임성, 비밀보장과 프라이버시, 클라이언트 이익의 최우선성, 클라이언트 이익을 위한 전문직 간 협력의 중요성 등의 가치들이 사례관리에서도 중시되어야 한다고 밝히고 있다. 사례관리는 시설과 보건보호, 임상사회복지실천의 영역에서 활용되고 있는 가치와 원리를 따라야 한다고 권고하고 있다. 특히, 서비스 통합과 자원배분의 문제가 주요한 쟁점이 되기 때문에 이를 잘 정리해 줄 수 있는 기준이 필요하다. 이러한 측면에서 다음과 같은 가치들은 신중히 검증되어야 한다.

표 1-4 사회복지사의 핵심 가치와 윤리적 실천원칙(NASW)

핵심 가치	윤리적 실천원칙
서비스	사회복지사의 목적은 궁핍한 사람들을 돕고 사회문제들에 개입하는 것
사회정의	사회복지사는 사회적으로 부당한 것에 도전
인간의 존엄성과 가치	사회복지사는 개인의 천부적 존엄성과 가치를 존중해야 함
인간관계의 중요성	사회복지사는 사람들 간 관계의 중요성을 깊이 인식해야 함
고결성(integrity)	사회복지사는 신뢰받을 수 있게 행동해야 함
역량	사회복지사는 역량을 갖춘 채 활동하면서 자신의 전문성을 개발하고 향상시키기 위해 노력해야 함

첫째, 사례관리자는 자원할당의 윤리와 전문적 권위와 갈등할 가능성이 높으며, 사례관리의 양(1인당 담당 사례관리 사례 수), 프로그램의 목표와 클라이언트 권리 등에서 갈등의 문제에 봉착하게 된다.

둘째, 서비스와 개입지점의 결정, 권력위임(authorization power), 재정지출 상한선(caps in expenditure), 재정권한(fiscal authority) 등의 쟁점은 사례관리자가 봉착하게 되는 윤리적 딜레마의 주제가 된다. 이러한 딜레마들은 사례관리 체계를 유동적이게 하며, 정치력에 따라 좌지우지하게 하는 여지를 남겨 놓는다. 따라서 이러한 딜레마들은 사회복지실천의 윤리에 의거하여 해결되어야 할 것이다.

2) 사례관리의 실천 윤리

대부분의 나라에서 사례관리는 사회복지실천의 한 방법으로 사용되기 때문에 사례관리 윤리를 따로 제정하지 않고 사회복지 윤리를 따르고 있다. 영국의 경우, 사례관리자협회(CMSUK)에서 사례관리자를 위한 윤리강령을 제시하고 있는데 (BABICM, CMSUK & VRA, 2018), 이는 한국에서도 유용한 기준이 될 수 있다고 판단하여 소개하고자 한다.

(1) 영국 사례관리자협회의 사례관리자 윤리강령

영국의 사례관리 윤리 및 행동강령은 모든 사례관리자가 클라이언트, 가족, 지원팀, 전문가, 서비스 제공자, 법률 서비스, 커미셔너 및 재정 지원자(fund-holders)와 협력할 때 반드시 준수해야 하는 다섯 가지 실천원칙을 제시하고 있다.

원칙 1. 보호 의무 (Duty of care)
클라이언트를 보호하고 안전하도록 실천하며, 어떤 형태로든 클라이언트에게 피해가 가지 않도록 해야 한다.

1.1 사례관리자는 클라이언트 또는 타인에게 해를 끼칠 위험을 관리하고 최소화하기 위해 모든 합리적인 조치를 취한다.

1.2 사례관리자는 적절한 위기 사정 및 위기관리 전략을 활용하여 위험을 찾아내고 관리한다.

1.3 사례관리자는 클라이언트 또는 타인의 건강 또는 안전에 불필요한 위험을 악화시키는 어떠한 방식으로도 행동하지 않는다.

1.4 사례관리자는 관련 법규 및 정책을 숙지하고 그에 따라 클라이언트 및 다른 사람들을 보호한다.

원칙 2. 클라이언트 최선 이익의 원칙(Best interest of the client)

사례관리자는 클라이언트에게 개입과 의사결정 및 지원할 때 클라이언트에게 최선의 이익이 되게 해야 한다.

2.1 클라이언트가 역량이 있거나 의사결정 능력이 극대화될 수 있도록 도움 받을 수 있는 경우, 사례관리자는 클라이언트의 자율성을 존중하고 촉진한다.

2.2 클라이언트가 「정신능력법(Mental Capacity Act, 2005)」에 따라 의사결정을 내릴 능력이 없는 것으로 판단되는 경우 사례관리자는 클라이언트 최선의 이익을 중시하는 과정을 따른다.

2.3 사례관리자는 클라이언트의 이익을 위해 최선을 다하고 외부 기관, 자금 지원, 법인의 영향력이 전문적인 의사결정에 영향을 주지 않게 한다.

2.4 사례관리자는 클라이언트로부터 필요한 정보를 다른 적절한 당사자와 공유하기 위해 클라이언트의 동의를 받거나 대리인의 동의를 받는다.

2.5 사례관리자는 클라이언트의 동의 및 정보 공유 능력을 검토하고 증진시킨다.

2.6 사례관리자는 클라이언트의 이익을 위해 모든 관련 당사자와 적절한 정보를 적시에 공유한다.

2.7 사례관리자는 클라이언트 최선의 이익과 복리 그리고/또는 공공의 보호가 비

밀 유지의 필요성보다 클 때만 상대방의 비밀보장의 권리를 침해할 수 있다.

2.8 클라이언트의 최선의 이익을 위해 기밀을 위반할 가능성이 있는 경우, 사례
관리자는 가능한 한 명확하고 합리적인 결정을 내리기 위해 동료와 의논한
다. 사례관리자는 의사결정 과정을 문서로 남겨야 한다.

원칙 3. 진실성과 투명성(Integrity and transparency)

사례관리자는 항상 최선의 실천을 하기 위해 진실성과 투명성을 갖고 일해야
한다.

3.1 사례관리자는 사례관리 전문직 평판에 누가 되는 일을 하지 말아야 한다.

3.2 사례관리자는 관련 당사자들에게 관련 주의사항과 범죄기록을 공개해야 한
다. 사례관리자는 관련 업무에 영향을 줄 만한 유예된 법적 사건도 공유해야
한다.

3.3 사례관리자는 캔더의 의무(Duty of Candour)에 따라 클라이언트에게 제공되는
지원이나 조언(input)에 문제가 있을 때 모든 당사자에게 개방적이고 정직하
게 알려야 한다. 사례관리자는 상황을 바로잡기 위해 가능한 조치를 취한다.

3.4 사례관리자는 클라이언트가 불충분하거나 부적절한 관행을 알게 되는 경우
우려를 제기하거나 클라이언트가 문제를 제기하도록 지원한다.

3.5 사례관리자는 어떠한 종류의 차별도 실천하거나 묵과하지 않을 것이다.

3.6 사례관리자는 성적 · 정서적 또는 재정적 이득을 포함하여 어떤 목적으로든
클라이언트, 가족 또는 자신의 인생에 관련된 다른 사람들과의 관계를 남용
하거나 착취하지 않는다.

3.7 사례관리자는 클라이언트의 사생활과 존엄성을 존중한다.

3.8 사례관리자는 클라이언트의 삶에서 클라이언트, 가족 및 다른 사람들과 전문
적인 경계와 적절한 의사소통을 유지한다.

3.9 사례관리자는 클라이언트의 최선의 이익을 위해 추가 서비스 또는 자금 지원

이 요구되는 모든 조치에 대해 정직하고 투명하게 행동한다.

원칙 4. 전문 역량

사례관리자는 자신의 업무 범위 내에서 사례관리자 업무 표준에 따라 업무를 수행 할 책임을 인식하고 수용한다.

4.1 사례관리자는 자신의 역량을 잘못 설명하지 않으며 전문적 실천에서 사용하는 기술, 경험 및 자격에 대해 거짓이 없어야 한다.

4.2 사례관리자는 서비스에 적합한 클라이언트를 식별하는 기준을 갖추어야 한다.

4.3 사례관리자가 클라이언트의 요구가 실무 범위 또는 작업 능력 범위를 벗어난 것으로 확인되면 이를 공개적으로 알리고 적절한 조치를 한다. 사례관리자는 클라이언트가 안전할 수 없다고 생각하면 전문적인 서비스를 제공하지 않는다.

4.4 사례관리자는 업무를 안전하게 수행하기 위해 적절한 기술, 경험 및 지식을 보유하고 있다고 확신하는 사람에게만 업무를 위임한다.

4.5 사례관리자는 자신이 좋은 실천을 하기 위해 자신의 정신 및 신체적 건강을 잘 관리할 의무가 있다.

4.6 사례관리자는 자신의 업무가 적절한 손해보험에 의해 보장되도록 한다.

4.7 사례관리자는 법률 내에서 실천한다.

4.8 사례관리자는 증거 기반 실천에 입각하여 실천한다.

4.9 사례관리자는 전문적인 업무 영역과 관련된 법률에 대한 지식을 보유하고 유지한다.

4.10 사례관리자는 정확하고 진실하며 타당하고, 시의적절한 기록을 한다.

4.11 사례관리자는 적절한 법적 틀과 전문 분야에 따른 실천 규범에 따라 클라이언트에 대한 기록을 보관한다.

4.12 사례관리자는 자신의 실천 영역에 관련된 등록과 인증을 득하고 유지한다.

4.13 사례관리자는 업무 영역과 관련된 정기적인 슈퍼비전에 참여한다.

4.14 사례관리자는 지속적인 전문성 개발 프로그램을 유지함으로써 지식과 기술
을 유지하고 그들의 실천력을 증진한다.

원칙 5. 사업 윤리(Business ethics)

사례관리자는 사업 윤리에 입각하여 업무 책임을 인식하고 수용한다.

5.1 사례관리자는 모든 개입의 비용 효율성을 고려하여 행동한다.

5.2 사례관리의 홍보는 개방적이며 정직하며 실천 영역과 관련이 있어야 한다.

5.3 서비스 계약을 할 때, 사례관리자는 정직하게 행동하며 최대한의 지식을 활
용하고, 재정적 의무를 다한다.

5.4 사례관리자는 모든 사람이 이용할 수 있는 명확하고 투명한 불만 처리 절차
를 운영해야 한다.

5.5 사례관리자는 개인적이든 직업적이든 재정적인 측면에서 실제적 또는 잠재
적으로 야기되는 이해관계의 갈등을 분명하게 밝힌다.

5.6 사례관리자는 지적 재산권을 존중하며 사례관리실천과 관련된 자료의 무단
사용, 복사, 배포 또는 변경에 관여하지 않는다.

(2) 윤리적 민감성에 관한 쟁점

사례관리는 사회복지 실천의 고유한 지식과 기술, 가치에 기반하고 있음에도 불
구하고, 지금까지 사례관리 실천과정에서의 윤리적 쟁점에 대한 논의는 많지 않았
다. 그러나 클라이언트와의 전문적 신뢰관계를 유지하면서 통합적인 서비스를 제
공해야 하는 사례관리자에게 중요한 실천 요소 중의 하나는 당연히 다양한 쟁점에
대해 윤리적 민감성을 갖는 것이다.

첫째, 사례관리의 수행과정에서 수많은 윤리적·법적 쟁점이 생겨난다. 특히, 클
라이언트를 돕기 위해 표적체계로서 가족에 개입할 때와 이용 가능한 자원이 부족

한 경우에는 다양한 가치와 윤리적 쟁점들이 발생한다(Woodside & McClam, 2006).

둘째, 가족성원 간의 의사 불일치의 문제이다. 가족과 친구들은 클라이언트를 보호하는 데 관여되기 때문에, 그들은 사례관리의 계획과 치료의 과정에서 자신들의 의견이 반영되길 원하며, 가족성원 간에는 자주 강력한 의견의 불일치가 나타난다(김성천, 박지영, 2012). 가족에게 개입함에 있어서 가족성원 간에 의견을 합의하는 역량은 매우 중요하다.

셋째, 폭력적인 클라이언트와 일할 때이다. 이러한 상황에서 일하는 개인, 기관, 조직에서는 폭력의 예방이 중요한 쟁점이 된다. 클라이언트가 폭력적일 때 개입 목표에 대해 합의하고, 폭력적인 상황을 완화시키는 개입 기술을 클라이언트에게 교육하고, 폭력에 대해 집단적으로 대응할 수 있는 전략을 개발하는 것이 필요하다(Woodside & McClam, 2006).

넷째, 비밀보장 또한 윤리적 딜레마를 야기한다. 클라이언트와 타인에게 해가 되지 않는 한 비밀보장은 지켜져야 한다. 기록에 있어서 어떤 것이 끝까지 비밀보장이 되어야 하고, 어떤 정보가 타 기관의 전문가에게 제공될 수 있으며 어떤 정보가 가족과 친구들에게 공개되어 논의되어야 하는지가 결정되어야 한다. 컴퓨터와 같은 기술 발달은 비밀보장을 더욱 어렵게 하지만 이를 보장할 수 있는 전략을 마련해야 한다. 또한 통역이 필요할 경우에도 비밀보장의 문제가 제기된다. 경고의 의무는 클라이언트 비밀보장의 예외가 된다. 만일 클라이언트가 자신과 타인에게 위험인물이라면 전문가는 사람들에게 이를 적절하게 알려서 경각심을 갖게 해야 한다. 많은 상황들이 모두 명확한 대답을 얻게 하지는 않지만 사례관리자는 클라이언트의 진정한 의도를 잘 파악해야만 한다.

다섯째, 기관과 시설에서 사례관리자는 많은 전문가들과 만나 일을 하게 된다. 기관은 클라이언트 개입에 대해 어떤 형태로든 결정을 내려야 하기 때문에 이러한 과정에서는 다양한 딜레마가 야기될 수 있다.

여섯째, 자율성은 사례관리에서 추구해야 하는 기본적 가치이자 사례관리 과정에서 목표가 된다. 사례관리자는 클라이언트의 역량 강화와 참여원칙을 중시해야 한다. 클라이언트가 자율적일 수 있도록 결정하기 위해서 우리는 다음과 같은 질문을 하게 된다. "클라이언트가 역량이 있는가?", "클라이언트가 원하는 것은 무엇인가?", "클라이언트가 원하는 것을 얻는 데 장애가 되는 것은 무엇인가?" 자율성에 대한 특별한 결정 중 점점 중시되는 것은 죽음의 선택에 대한 자기결정이다. 사례관리자는 역량이 있는 사람들과도 일하지만 임종을 앞둔 사람들과도 일하게 된다.

일곱째, 사례관리자는 종종 클라이언트와 기관에 대해 이중적인 책임을 지게 된다. 윤리강령과 법, 기관의 정책과 절차, 전문적인 가치와 판단이 클라이언트의 의견과 늘 합의에 도달하게 되는 것은 아니다. 사례관리자는 실천을 위한 규칙이나 가이드라인이 무엇인지를 결정해야만 한다. 물론 이러한 규칙이나 가이드라인도 모든 상황에서 꼭 그대로 적용되는 것은 아니다.

이러한 쟁점은 사례관리의 과정에서 필연적으로 노정될 수 있는 문제로 사례관리 과정에서 이루어지는 사례관리자와 클라이언트의 관계나 제공되는 서비스는 명확한 사회복지 윤리 기준에 의거하며, 성찰을 통해 이루어지는 전문 실천과정이어야 한다.

5. 한국 사례관리에 관한 성찰

최근 한국 사회에서 사례관리는 2014년 현재 118만 명이 훌쩍 넘는 서비스 사각지대(서병수, 2019)로 인한 위기문제와 빈곤, 정신질환, 중독, 폭력 등의 복합적이고 만성적인 클라이언트의 문제를 담당하면서 신자유주의와 신관리주의 주도하에 재편되는 사회복지서비스 분야에서 주도적 방법이자 전달체계로 전성시대를 구가하고 있다고 볼 수 있다. 사례관리는 현재 우리나라 사회복지관의 3대 기능 중 하나로 규정되어 있고, 2012년부터 시작된 공공 사례관리는 읍·면·동의 최일선 전달체계에서 '찾아가는 서비스'를 제공하는 통합적 서비스로서 중요한 역할을 수행하고 있으며, 최근 강조되는 커뮤니티 케어에서도 사례관리 방법은 핵심 역할을 하고 있다. 이러한 변화로 사회복지 교육에서도 '사례관리' 과목이 사회복지사 자격 취득을 위한 별도의 법정 교과목으로 자리 잡게 되었다.

그러나 자본주의의 전형인 미국과 복지국가가 축소되면서 제3의 길을 걷는 영국에서 발달한 사례관리를 수입하여 적용하고 있는 한국의 사례관리가 과연 한국의 현실과 사회복지 실천현장의 현실에 적합하고 유용할까에 대해서는 비판적인 시각도 적지 않다.

사례관리는 사회복지의 모델 중 예방적 성격의 제도적 모델이 아니라 사후 치료적 성격이 강한 잔여적 모델에 해당하는 방법이다. 최근 신자유주의의 복지정책의 핵심은 사회구조적 불평등과 차별의 문제에 대한 근본적인 대응이라기보다 위기 문제의 해결에 관심을 갖고 있다(최명민, 정병오, 2015; 장혜경 역, 2015). 한국의 사례관리(특히, 공공 분야의 사례관리)의 주 대상은 대부분 빈곤으로 인한 위기문제이다. 그런데 자원이 빈약한 한국의 특성상 빈곤문제는 개인적인 측면으로 해결하기 어렵고, 사회구조적 측면에서 접근해야 효과를 볼 수 있는 특성을 지니고 있다. 따라서 사후대책적 성격이 강한 사례관리 방법으로는 빈곤문제를 해결하고자 하는 정책 방향은 '언 발에 오줌 누기' 식의 미봉책일 수밖에 없어서 사례관리 방법의 효과성에 대한 의문과 사례관리자들의 소진문제를 심화시키는 결과를 보이고 있다(최명민, 정병오, 정병오, 2015; 정연정, 2014). 북구유럽 복지국가에서는 사례관리가 중독문제, 정신질환 문제 등의 복합적인 문제를 해결하는 데 제한적으로 활용되고 있는 반면에 사례관리가 주 실천방법으로 사용하고 있는 국가는 미국의 필두로 대부분 잔여적 복지모델을 추구하고 있는 국가라는 점도 유념해야 할 것이다.

복지국가 중 특별하게 공공 중심의 사례관리가 발달한 나라로 영국을 들 수 있다. 과거 복지국가 중 신자유주의 노선인 제3의 길을 채택한 영국의 경우, 대처정부 시절에 복지제도를 대폭 축소하면서 이의 대안으로 비용을 절감할 수 있고 위기문제를 무마할 수 있는 사례관리를 채택하였다. 이러한 특성으로 인해 사례관리가 클라이언트 중심의 방법이 아니라 공급자 중심의 접근이자 클라이언트를 통제하는 방법으로 평가되고, 비판의 대상이 되기도 한다(Dustin, 2007; 최명민, 정병오,

2015). 이러한 영국의 사례관리(care management)는 한국 공공 분야의 사례관리에 영향을 주었다. 그런데 '귤이 회수를 건너면 탱자가 되는 격'으로 사례관리에 별도의 국가 재정을 투입하는 영국과 달리, 한국은 사례관리서비스에 별도의 국가재정 투입은 없고, 사례관리 인력만 배치해 놓고 민관협력을 통해 재원 마련을 강조하는 사례관리 체계를 운영하고 있다. 이러다 보니 한국의 사례관리는 외형은 갖추었으나 속빈 강정이라는 비판을 받고 있고, 서비스가 수박 겉핥기에 지나지 않는다는 한계점을 보이고 있다(김용득, 2015).

한편, 한국의 사회복지실천과 마찬가지로 한국의 사례관리가 한국의 사회복지 현장에 적합한 방법인가에 대한 쟁점도 간과할 수 없다. 한국적 상황에서 사례관리는 사례관리자의 과부담, 전문성 문제, 자원의 한계 등의 구조적 문제로 인하여 추구해야 할 사례관리로서의 정체성을 잃고, 공급자 중심으로 단순히 자원을 연계하거나 위기문제의 해결을 위한 단순한 서비스 제공을 하면서 이를 사례관리라고 생각하는 등 개념적 혼란이 발생하고 있다. 또한 준비되지 않은 상태에서 사례관리가 도입되어 인력과 전문성 문제가 심각하고 슈퍼바이저와 자원개발 네트워크 등의 필수적인 운영체계가 미비한 상태에서 무리하게 사례관리가 실행됨으로써 다양한 어려움을 겪고 있는 것으로 나타났다(정연정, 2014; 최지선, 2012). 사회적 인프라가 풍부한 미국이나 복지국가 체제를 유지해 온 영국이 기존의 사회적 자본 위에서 사회적 필요에 따라 사례관리라는 효율적 방식을 도입한 것과 달리, 우리나라는 활용 가능한 자원이나 복지제도가 미비한 상태에서 신자유주의적이고 보수적이며 개인적인 관리방식으로서 사례관리를 도입함으로써 그 모든 부담이 거의 사례관리자 개인에게 부과되고 있다는 점이다. 따라서 사례관리자들이 경험하는 고통은 사회적 고통이라는 점에서 개인적 차원의 스트레스 관리나 교육을 통한 지식 연마를 통해 극복하기에는 근본적으로 한계가 있을 수밖에 없다(최명민, 정병오, 2015). 예를 들어, 공공에서는 사례관리의 목표를 6개월간의 개입을 통해 탈빈곤과 자활자립을 목표로 함으로써 사례관리의 성과달성을 어렵게 함으로써 사례관리가 수박 겉핥기식으로 진행되거나 평가지표를 충족시키기 위한 공급자 중심의 접근으로 이루어지고 있다. 또한 사례관리가 초인적인 희생을 요구하는 힘든 일이라고 느끼며 사례관리의 규범과 사례관리의 현실 간 괴리로 인해 고통과 스트레스를 호소하고 있다(김영숙 외, 2009; 김용득, 2015). 또한 공공 사례관리라는 이름으로 사례관리가 실천방법을 넘어서서 하나의 전달체계를 형성하면서 공공과 민간 간 관계, 평가와 실적을 놓고 현장에서는 또 다른 갈등과 잡음이 발생하고 있으며(김상곤, 2013; 김용득, 2015), 관리 받는 대상, 즉, 클라이언트에 대한 개인정보 공개 등 인권 침해적 요소도 지속적인 쟁점이 되고 있다(이발래, 2013; 김용득, 2015).

이러한 한계들은 근본적으로 한국의 사회복지 실천방법이 자생적이거나 토착화가 결여된 채로 외국의 것을 수입하여 그대로 이식한 결과이고 그것도 사례관리를 할 수 있는 환경이 부재한 상황에서 이식하여 생긴 필연적인 결과라고 볼 수 있다.

이러한 문제점의 해결방안으로서 김용득(2015)은 사회복지의 가치와는 달리 클라이언트를 관리한다는 표현인 사례관리라는 용어의 개칭, 문제의 원인으로서 제도적 한계를 간과하지 말아야 하고 공공과 민간 사례관리의 차별화, 표준화를 지향하여 획일적 기준을 적용하는 방식을 개별화하고 유연화하는 방안을 제시하고 있다. 최명민와 정병오(2015)는 사례관리가 후기 근대사회라는 관리, 통제, 효율 사회의 산물이자 특성이 반영된 실체이기 때문에 이러한 사례관리에 내재된 관리성과 도구적 합리성에 대한 충분한 분석과 진단이 이루어지지 않으면 사회복지의 적절한 수단으로서 사례관리가 가진 내재적 한계를 간과한 채, 우리는 비실천적이고 비효과적인 실천전략에 매몰될 수 있다고 비판하고 있다. 그 대안으로 우리는 사례관리라는 제도 속에 내재된 통제성과 관리성의 폐해를 충분히 인식해야 하고 정말 제대로 사례관리를 하려고 한다면 이상적 사례관리를 가로막는 배후 권력에 대한 깨어 있는 비판과, 사례의 주인공인 인간성은 강화하며 과도한 관리성은 견제하려는 지속적인 노력을 기울여야 함을 주장하고 있다.

한국에서 대유행하고 있는 사례관리는 우리의 깊은 성찰의 부재와 토착화 노력의 부족 그리고 이제 시작의 단계이기 때문에 다양한 문제점을 잉태하고 있다. 따라서 앞으로 사례관리가 한국 사회복지실천의 주요한 방법으로 잘 안착하기 위해

사례관리 중심의 전달체계와 방법의 타당성과 적합성에 대한 비판적 성찰과 발전
방안 및 더 나아가서는 대안의 모색에 관심을 경주해야 할 것이다.

학습과제

- 사회복지실천의 한 방법으로서 사례관리 방법의 정체성을 평가하시오.
- 한국에서 사각지대에 놓여 있는 복합적 욕구를 지닌 클라이언트 문제해결을 담당하고 있
  는 사례관리 방법의 장단점을 평가하시오.
- 영국 사례관리 실천 윤리와 한국 사회복지 윤리강령과의 공통점과 차이점을 비교하시오.

참고문헌

권진숙, 김상곤, 김성천, 박지영, 유명이, 유서구, 이기연, 조현순(2009). 인천광역시 사회복지관
        사례관리 실천을 위한 매뉴얼 연구보고서. 인천광역시사회복지관협회, 사례관리연구회.

권진숙, 박지영(2015). 사례관리의 이론과 실제. 서울: 학지사.

김동배, 권중돈(2001). 인간행동과 사회환경. 서울: 학지사.

김상곤(2010). 통합사례관리네트워크 구축방안. 고양시 무한돌봄센터 세미나 자료집.

김상곤(2013). 민관협력을 위한 통합사례관리 운영체계 구축방안. 사례관리연구, 4(1), 51-87.

김성경(2017). 사회복지 사례관리론. 경기: 공동체.

김성천, 박지영(2012). 사회복지현장에 기반한 가족중심 사례관리실천 모색. 사례관리연구,
        3(1), 39-64. 한국사례관리학회.

김영숙, 임효연, 신소라(2009). 사례관리자들의 실천경험 연구: 질적 사례연구 방법 접근. 사회
        복지연구, 40(2), 89-122.

김용득(2015). 지역사회 사례관리체계에서 공공과 민간의 역할, 이대로 괜찮은가?: 경직된 실천
        과 파편적 제도. 한국사회복지행정학, 17(1), 241-266.

김준기(2006). 한국 사회복지 네트워크의 구성과 효과성: 지역종합사회복지관의 네트워크 구성과 조

직 효과성을 중심으로. 서울: 서울대학교 출판부.

남찬섭 역(2012). 사회복지사를 위한 실천이론. Healy, K. (2005). *Social Work Theories in Context*. 서울: 나눔의 집.

노연희(2006). 성공적인 자원동원이란?. 서울: 도서출판 EM커뮤니티.

류명원(2006). 사례관리에 대한 사회복지사의 인식과 활용에 관한 연구. 한국사회복지정책학회 2006년 추계학술대회 자료집, pp. 287-312.

서병수(2019). 국민기초생활보장제도의 개혁: 빈곤 종합대책. (사) 참누리: 빈곤 없는 사회. 홈페이지. 연구보고서. http:poverty.or.kr

엄명용, 김성천, 오혜경, 윤혜미(2011). 사회복지실천의 이해(3판). 서울: 학지사.

이근홍(2006). 사회복지실천 개별관리. 경기: 공동체.

이기연(2009). 사례관리 총론. 경기도 장애인복지관.

이발래(2013). 개인정보보호에 대한 인권적 판단과 적용. 한국사례관리학회 춘계학술대회 자료집, 12-19.

이원숙(1995). 사회적 망과 사회적 지지이론. 서울: 홍익재.

이준영(2007). 사회복지 네트워크의 이론과 과제. 춘계 학술대회 및 워크숍 자료집.

장혜경 역(2015). 우리는 어떻게 괴물이 되어 가는가: 신자유주의적 인격의 탄생. Verhaeghe, P. (2014). *What About Me? The Struggle for Identity in a Market-Based Society*. 서울: 반비.

정연정(2014). 한국사례관리실천의 딜레마: 상이한 진단과 대안모색. 한국사회복지행정학, 16권 제1호, 55-88.

최명민, 정병오(2015). 근대사회 사례관리의 계보학적 분석: 누구를 위한 사회복지실천인가?. 한국정신건강사회복지학회 2015년 추계학술대회 자료집, pp. 79-105.

최지선(2012). 장애인복지관 사례관리자의 실천경험에 관한 질적 연구. 한국사회복지조사연구, 33, 229-264.

최지선(2018). 읍면동 통합사례관리실무 교육자료. 한국보건복지 인력개발원.

한국보건복지인력개발원(2008). 지방자치단체 사례관리 업무 매뉴얼.

한국사례관리학회(2016). 사회복지 사례관리 표준 실천 지침.

홍은영(2004). 푸코와 몸에 대한 전략. 서울: 철학과 현실사.

홍현미라(2006). 지역사회관계망을 활용한 자원개발경험의 유형에 관한 근거이론 연구. 한국사회복지학, 58, 65-69.

황성철(1995). 사례관리 실천을 위한 모형개발과 한국적 적용에 관한 연구. 한국사회복지학, 27, 275-304.

BABICM, CMSUK & VRA (2018). Code of Ethics and Conduct in Case Management Practice.

Ballew, J. R. & Mink, G. (1996). *Case management in social work: Developing the professional* (2nd ed.). Springfield, IL: Charles.

CMSUK(The Case Management Society UK). (2018).

Compton, B. & Gallaway, B. (1989). *Social work process.* Pacific Grove, CA: Brooks/cole.

Dustin, D. (2007). *The McDonaldization of Social Work.* Hampshire: Ashgate.

Frankel, A. J. & Gelman S. R. (2004). 사례관리 개념과 기술(권진숙 역). 서울: 학지사.

Gursansky, D. I., Harvey, J., & Kennedy, R. (2003). *Case Management: Policy, Practice and Professional Business.* Columbia University Press. New York.

Hasenfeld, Y. (1983). *Human Organization.* Englewood Cliffs, NJ: Prentice-Hall.

Hepworth, D. H. & Larsen, J. (1993). *Direct social work practice: Theory and Skills* (4th ed.). Belmont, CA: Brook/Cole.

Holosko, M. J. (2018). *Social Work Case Management.* SAGE. Publication, Inc.

Intagliata, J. (1992). Improving the quality of community care for the chronically mentally disabled: The role of case management. In S. M. Rose (Ed.), *Case management and social work practice* (pp. 25-55). New York: Longman.

Kumar, S. (2000). *Multidisciplinary approach to rehabilitation.* Oxford: Butterworth-Heinemann.

Magure, L. (2002). *Clinical social work.* Pacific Grove, CA: Books/Cole.

Moore, S. (1990). A social work practice model for case management: The case management model grid. *Social Work, 35*(4), 444-448.

Moxley, D. P. (1989). 효과적인 복지서비스를 위한 사례관리실천론(김만두 편역). 서울: 홍익재.

National Association of Social Workers. (2013). NASW standards for social work case management. Washington, DC: Author.

Saleebey, D. (Ed.). (2002). *The strengths perspective in social work practice* (3th ed.). Boston: Pearson Education.

Saleebey, D. (Ed.). (2008). *The strengths perspective in social work practice* (5th ed.).
    Boston: Pearson Education.

Woodside, M. & McClam, T. (2006). *Generalist case management: A method of human
    service delivery* (3rd ed.). Belmont, CA: Thomson Brooks/Cole.

제2장

사례관리의 발달

 학습개요

이 장에서는 사례관리의 발달 과정에 대하여 살펴본다. 사례관리 발달이 먼저 시작된 미국과 영국의 사례관리 발달 배경과 과정을 고찰한다. 그리고 우리나라에서 사례관리가 등장하게 된 사회적 배경, 전개 과정, 향후 쟁점을 고찰한다.

학습목표

1. 외국의 사례관리 발달 배경을 이해한다.
2. 미국과 영국의 사례관리 전개 과정을 이해한다.
3. 우리나라의 사례관리 발달 배경을 이해한다.
4. 우리나라 공공 및 민간 영역의 사례관리 전개 과정을 이해한다.
5. 우리나라 사례관리의 쟁점을 파악한다.

1. 외국의 사례관리 발달과 전망

초기에는 사례관리가 '개별사회사업(casework)'의 한 부분이라고 여겨졌다 (Vourlekis & Greene, 1992: 6). 1960년대에 이르러 서비스에 대한 개인의 권리가 강조되면서 휴먼서비스 프로그램이 증가하게 되었다. 각종 프로그램들은 클라이언트의 문제를 해결하기 위해 다양하게 만들어지고 개별적으로 지원되었다. 그 과정에서 서비스 전달 방식이 분절화되고 파편화되고 중복되었다. 1970년대에 이르면 이러한 문제의식이 더욱 증가하게 되고, 서서히 사례관리가 중요한 실천방법으로 등장하였다.

1) 사례관리 발달 배경

(1) 탈시설화와 지역사회보호 증가

사례관리의 중요성을 부각시킨 강력한 원동력은 탈시설화라고 볼 수 있다. 탈시설화(Deinstitutionalization)란 클라이언트가 대규모 수용시설이나 입원시설 등의 격리시설에서 벗어나 지역사회 혹은 가족으로 돌아오도록 하는 운동이다. 제2차 세계 대전이 끝난 1950년대부터 서서히 시설이 폐쇄되고 클라이언트가 지역사회나 가족으로 돌아가기 시작하였다. 그러다가 본격적인 탈시설화 운동은 1960년대부터 시작된 시민권운동, 학생운동, 반전운동 등과 같은 사회적 상황과 연결된다. 이 시기에 시민참여, 인권과 사회정의에 대한 활동이 촉진되면서, 격리시설에 수용된 사람의 인권문제에도 관심이 생겨났다. 격리시설이 클라이언트가 갖는 인간의 존엄성과 정체성을 파괴시킨다는 비판이 제기되었다. 이들이 지역 내에서 하나의 지역사회 구성원으로서 살아갈 수 있어야 한다는 움직임이 일어났다. 더불어 향정신성 의약품의 발견은 장기간 입원하거나 격리되었던 정신질환자도 지역 내에 통합되어 살아갈 수 있다는 인식을 촉진시켰다. 또한 정부 차원에서도 시설 수용으로 클라이언트에게 들어가는 어마어마한 비용을 감당하기가 어려워졌다.

이렇듯 사회적·기술적·경제적 요인들이 시설보호에서 지역사회보호로 전환하는 탈시설화 움직임을 만들었다. 문제는 지역에서 살더라도, 과거 수용시설에서 받았던 모든 필요한 서비스를 지역 '내'에서도 받을 수 있도록 하는 실천방법이 필요하였다. 그렇지 않을 경우, 탈시설화는 가족의 부담 증가, 가족이 없는 경우 노숙 증가라는 사회적 문제를 초래할 수 있기 때문이었다. 그래서 지역사회에 기반을 둔 다양한 프로그램이 클라이언트 상황에 맞게 제때 연결되고 조정되어야 했다. 그런데 지역사회의 서비스는 서로 분절되어 있었다. 그리고 지역사회 서비스나 프로그램에 대하여 클라이언트 당사자나 가족은 충분한 정보가 부족하였다. 클라이언트의 다양한 욕구에 대응하기 위하여, 지속적이고 포괄적이며 통합적으로 서비스를 제공할 수 있는 어떤 실천 전략이 필요하였다. 이것이 사례관리의 필요성을 강조시켰던 가장 중요하고 직접적인 배경이 되었다(강흥구, 2016: 79; 권진숙 외, 2012: 46-47; 최은희 외, 2016: 35).

(2) 복합적 욕구에 대한 통합적 실천 대응능력 제고

빈곤, 실업 등의 경제적 구조 악화, 인구 고령화와 핵가족화 등의 가족 구조의 변화, 돌봄 공백 등 다양한 어려움이 나타났다. 이 속에서 클라이언트는 소득, 고용, 주택, 재활, 의료, 정신의료, 주거, 교육 등 다양한 영역에서 복합적 어려움을 갖게 되었다. 이러한 어려움을 어느 한 기관이나 하나의 전문 영역에서 포괄적으로 대응하는 것은 사실상 불가능할 수 있다.

클라이언트의 복합적 욕구를 해소하고 이들의 삶의 질을 향상시키기 위해서는, 지역사회의 다양한 서비스 조직들이 클라이언트의 욕구에 기반하여 통합되고 조정되어야 한다. 클라이언트들이 지역사회에서 안정적으로 살아갈 수 있도록, 적합한 서비스나 자원을 개발하고 연계하는 사례관리의 역할이 요구되었다(강흥구, 2016: 81; 민소영, 2010: 7-8; 최은희 외, 2016: 37). 이 속에서 클라이언트의 복합적 욕구를 대응하기 위하여 다학제적(보건, 의료, 정신건강 등) 연계 노력이 사례관리를 통하여 전개되었다.

(3) 복잡하고 분산된 서비스 전달체계의 극복 필요성 증가

영국와 미국은 제2차 세계 대전 이후 앞서 언급하였던 지역사회보호의 전략 속에서 다양한 욕구를 지역에서 충족하기 위해 수많은 사회복지 프로그램들을 만들기 시작하였다. 각기 다른 서비스 부서에서 각각 고유한 접근방법과 전문인력, 재정으로 프로그램을 개발하고 실시하거나 지원하였다. 예를 들어 연령집단별(아동, 노인 등), 기능 영역별(보건, 정신보건, 고용, 주택 등), 또는 문제 영역별(교정 등)로 프로그램이 따로따로 진행되었고 서로 연결하는 체계도 잘 갖추어지지 않았다.

여러 사회복지 프로그램들이 다양한 부서에서 개별적으로 실시되면서, 복합적 욕구를 가지고 있는 클라이언트들은 필요한 서비스를 통합적으로 제공받는 것이 어려웠다. 클라이언트들 중에는 정신적으로나 신체적으로 서비스 이용능력이 부족하거나 서비스 정보가 부족하여, 다양한 부서에서 복잡하게 제공되는 서비스에 접근하는 것도 힘들었다.

서비스 전달체계가 분절되고 서비스 사이의 연속성이 부족하여 클라이언트들의 욕구가 제때 해결되지 못하는 상황이 초래되었다. 서비스 간의 연결이 부족하여, 서비스 중복의 문제도 나타났다. 이에 클라이언트의 복합적 욕구에 통합적이고 포괄적이며 지속적으로 대응할 필요성이 대두되었다. 그리고 다양한 전달체계를 통하여 제공되는 프로그램이나 서비스를 조정하고 연계하는 전략이 필요하였다.

서비스 조직들의 파편성과 분절성을 극복하고 클라이언트의 서비스 접근성과 이용 가능성을 높이기 위해서, 서비스 조정과 통합을 위한 다양한 전략이 모색되었다(민소영, 2019). 이러한 일환으로 지역 내에서 이용 가능하거나 접근 가능한 서비스를 클라이언트에게 알려 주고, 그들이 필요로 하는 서비스를 이용할 수 있도록 서비스에 연결시키는 사례관리가 중요하게 채택되었다(Durbin, Goering, Streiner, & Pink, 2006). 사례관리의 기능 자체에 클라이언트의 욕구를 사정하고, 파악된 욕구가 충족될 수 있도록 광범위한 서비스 조직들을 조정하고 연계하는 실천이 포함되어 있기 때문이다(Intagliata, 1982). 사례관리를 통하여 클라이언트의 서비스 접근성과 이용 가능성을 촉진시키고 나아가 지역사회보호의 지속성을 담보하는 것이 적절하다고 인식했기 때문이다(Shern, Surles, & Waizer, 1989).

(4) 지방분권화에 따른 지역사회 책무성 증가

1980년대 이후 신자유주의가 확장되면서 사회복지서비스의 전달과 관리감독의 책무성이 중앙정부에서 지방정부로 더욱 활발히 이양되었다. 중앙정부는 작은 정부를 강조하면서 사회복지에 대한 재정을 축소하였다. 늘어나는 사회복지서비스 욕구에 대하여 지방정부는 한정된 자원으로 효율적이게 서비스를 제공할 필요성을 갖게 되었다.

한편 신자유주의 기조 속에서 지방정부도 직접적으로 서비스를 제공하기보다는 시장화와 민영화 전략을 내세우면서, 민간 부문의 서비스 참여를 강조하였다. 대신 지방정부는 사회복지서비스를 계획하고 조정하고 구매하는 간접적 서비스 전달 역할을 수행하였다. 시장경제의 원리를 내세워 소비자의 선택을 강조하고 서비스 제공자 간의 경쟁을 통하여, 클라이언트의 다양한 서비스 욕구를 충족하려 하였다.

이에 소비자의 서비스 선택이 제대로 이루어질 수 있도록 클라이언트의 욕구를 체계적으로 사정하는 것이 중요해졌다. 그리고 다양한 서비스 제공자 사이의 경쟁 속에서 서비스 제공자의 난립과 중복을 막고 이들을 조정하는 것이 필요해졌다. 이에 클라이언트의 욕구를 판단하고, 다양한 서비스 제공자를 연계하고 조정하는 실천 전략이 필요하였다. 그래서 사례관리가 중요한 실천 전략으로 대두되었다(강흥구, 2016: 81; 최은희 외, 2016: 36-37).

(5) 서비스 전달의 비용효율성 제고

시설보호는 막대한 비용을 초래할 수 있다. 예를 들어, 미국의 경우 정신병원은 주정부에서 운영하였는데, 막대한 의료 비용이 투입되었다. 탈시설화는 막대한 의료 비용을 감소시키려는 의도에서도 필요한 전략이었다. 대신 탈시설화 이후에 지역 내에서 다양한 서비스를 클라이언트에게 연계하여, 이들이 안정적으로 삶을 유지할 수 있도록 돕는 실천 전략이 필요했다. 그래서 사례관리가 중요하게 되었다.

또한, 복지국가의 재정 위기와 신자유주의 등장이 사례관리에 대한 요구를 촉진시켰다. 신자유주의 속에서 사회복지에 대한 공공지출이 축소되면서, 제한된 자원 내에서 서비스 전달의 효과를 극대화하려는 비용효율성에 관심이 늘어났다. 필요하고 적절한 서비스를 클라이언트에게 연결함으로써, 서비스의 중복과 남용을 막고 비용효율성을 높이려는 관심이 사례관리의 필요성을 증가시켰다(권진숙 외, 2012: 48-49).

2) 미국의 사례관리 발달

(1) 사례관리 출발(~1950년대)

사례관리실천은 민간 영역에서 먼저 시작되었다고 볼 수 있다. 미국은 1800년대에 들어서 산업화와 도시화, 이민문제, 흑인 문제 등 다양한 사회문제가 심화되었다. 그러나 빈곤과 실업에 대한 정부 차원의 개입은 미미하였다. 대신 민간 영역에서 사회문제에 노출된 사람을 원조하려는 움직임이 있었다. 홀트(Holt, 2000)는 1830년대에 이미 성직자 종교연합회가 만들어져서 어려운 사람들을 돕기 위해 서비스를 조정하고 제공하는 사례관리실천을 시작하였다고 언급하였다. 한편 보다 공적인 부분에서는 1863년에 매사추세츠주가 주정부에 최초로 자선국을 설치하여 원조가 필요한 집단에게 효과적으로 재정을 운영하고 원조를 제공하는 사례관리의 움직임이 있었다. 1877년에는 자선조직협회에서 다양한 자선단체의 서비스 중복을 방지하고 자원을 효율적으로 활용하기 위하여 사례관리 기능이 도입되었다. 클라이언트의 서비스 욕구를 사정하고, 이 욕구에 기반하여 자선단체들의 원조활동을 연계하고 조정하였다.

1901년에 리치먼드(Richmond)는 클라이언트의 복합적 욕구를 위해 서비스 기관 사이의 협력과 조정이 필요하다는 점을 언급하였다. 이로써 초기 사례관리 개념화가 이루어졌다. 리치먼드는 직접실천(direct service practice)으로 사례조정(case coordination)과 사회조사 모형을 제시하였다(Netting, 1992: 160; Gursansky et al., 2003: 9 재인용). 리치먼드는 사회진단(social diagnosis)이라는 개념하에 클라이언트의 문제에 관한 자료 수집과 조사를 거쳐 개입하는 소위 개별사회사업의 과정을 확립하였다. 이것이 오늘날 사례관리의 한 요소로 인정되고 있다(강흥구, 2016: 86). 또한 리치먼드는 클라이언트가 갖는 독특한 문제에 초점을 맞춘 사례기록 양식을 개발하였으며, 자료 수집도 개인별로 다양한 방식을 사용하는 복잡한 과정이 있음을 강조하였다. 아울러 체계적인 정보 수집, 자원봉사자 훈련, 다학문적인 분야의 전문가들 간 협력, 서비스에 대한 이해나 사례회의를 강조하였다(Weil et al., 1985; 양정남 외, 2011 재인용).

이처럼 초기 사례관리는 개별사회사업(case work)의 일부분으로 시작되었다. 물론 사례 조정을 위하여 사회복지사, 정신과의사, 심리학자 등 다학문적 지식과 기술을 이용한 팀 모델이 시도되기도 하였으나, 문제를 가진 대상이나 가족에게 일대일로 서비스를 제공하는 경향이 더 강하였다(최은희 외, 2016: 40).

제2차 세계 대전을 거치면서 지역사회보호의 중요성이 부각되기 시작하였다. 이때까지는 보호가 필요한 장애인, 정신질환자, 노인 등은 수용시설에 격리되었다. 제2차 세계 대전에 참전한 퇴역 군인이 정신적으로나 육체적으로 장애를 입는 것을 목격하면서, 장애에 대한 편견과 낙인이 깨어지고, 지역사회 내에서 보호가 필요하다는 인식이 일어났다. 또한 1950년대 후반, 향정신성의약물이 등장하면서 중증정신질환자의 증상관리도 가능해졌다. 이에 시설이 아닌 지역 내에서 보호가 필요한 클라이언트를 살피기 위해 사례관리의 중요성이 부각되었다.

(2) 사례관리 본격화(1960년대~1970년대)

1960년대는 민권운동이 활발해지면서 서비스에 대한 권리의식이 증대되었다(최은희 외, 2016: 41; 권진숙 외, 2012: 54-55). 소수자의 인권이 강조되면서 수용시설에 격리되었던 클라이언트들의 인권에도 관심이 가기 시작하였다. 더불어 클라이언트를 적극적 서비스 소비자로 인정하고, 이를 위하여 클라이언트에 대한 중개와 옹호 역할이 확대되었다.

이러한 사회적 현상을 뒷받침하듯, 1963년 「지역사회정신보건센터설립법」이 제정되어 정신질환자의 탈시설화가 본격화되었다. 정신장애인의 지역사회보호를 실천할 수 있는 모델로서 사례관리가 주목받기 시작하였다. 1965년에는 「미국노인복지법(PL 89-73)」이 제정되어 노인의 삶의 질 향상을 위해 노인의 경제, 주거, 의료, 심리와 관련된 복합적 욕구 충족과 문제해결을 위하여 사례관리가 중요해졌다. 이용자의 권리 강조와 관련하여 1973년 제정된 「재활법」(이후 1986년 개정)에서 중증장애인에 대한 서비스를 제공할 때, 오늘날의 사례관리 주요 원칙 중 하나인 클라이언트 참여를 명문화하였다. 1975년에 제정된 「장애아동복지 및 교육법」에서도 사례관리 과정에서 아동을 서비스 고객으로 명문화하여 문제 규정, 욕구사정, 서비스 형태 결정 등의 전 과정에서 클라이언트가 참여하고 관여하도록 규정하였다(권진숙 외, 2012: 54-55).

한편, 1970년대에는 다양한 영역에서 대인서비스가 확대되고 보급되었다. 급속히 증가하는 대인서비스 프로그램들이 서로 분절되고 파편적으로 전개되면서, 클라이언트의 서비스 접근성에 대한 우려가 나타났다. 서비스 전달체계의 복잡성, 분절성, 이로 인하여 서비스 제공의 단편성, 중복성, 누락 등의 문제가 지적되었다. 서비스 체계의 통합과 조정을 통하여 서비스 효과성을 향상시킬 필요성이 대두되었다. 사례관리가 서비스 통합의 중요한 실천 전략으로 주목받게 되었다.

(3) 사례관리 확장(1980년대~현재)

1980년대에 들어오면서 신자유주의가 복지국가의 정책 방향에 상당한 영향을 미쳤다. 정부는 사회복지에 대한 지출을 감소하였다. 사회복지서비스의 전달과 관리감독의 권한이 중앙정부에서 지방정부로 활발히 이양되었다.

신자유주의 기조 속에서 빈곤과 실업에 직면한 취약 가구에게 개인의 책임을 강조하고 이들의 자조 역량을 키우려는 노력이 강화되었다. 그 대표적인 예가 1996년에 「개인책임 및 근로기회법(Personal Responsibility and Work Opportunity Act)」이 제정되어 미성년 자녀를 둔 한부모를 지원하던 AFDC(Aid to Families with Dependent Children) 프로그램이 TANF(Temporary Assistant for Needy Families) 프로그램으로 전환된 것이다. TANF 프로그램에서는 부양 아동이 있는 한부모가 2년 동안 직업 능력과 교육을 받으면서 구직활동을 하도록 유도하였다. 즉, 빈곤과 실업에 대하여 개인 스스로 노력하면 지원한다는 것이다. 이 프로그램에서 사례관리자는 클라이언트 가구와 공동으로 직업활동 계획을 세우고 서비스를 조정하였다. 공공부조 수혜자들의 자립 역량을 강조하고, 이러한 역량을 강화시킬 수 있도록 사례관리 기능이 핵심적 요소로 작용하였다(권진숙 외, 2012: 55).

또한, 사회복지서비스 예산 축소로 투자 대비 효율성이 강조되면서, 막대한 비용을 초래하는 의료 영역에서 관리보호(managed care)가 중요한 기제로 등장하였다. 건강보호 비용이 1960년대 GNP의 5% 수준이었으나, 1992년에는 14%까지 상승하였다. 의료비 상승 배경 속에서 관리보호가 서비스 이용을 억제하고 비용을 감소시키기 위한 전략으로 등장하였다. 관리보호란 사전에 결정된 의료 보험료를 지불한 클라이언트에게 미리 선정된 의사와 병원의 인력 풀 내에서 서비스를 이용하도록 하여 서비스 이용을 통제하려는 체계이다. 사례관리는 관리보호 체계의 한 요소로 포함되어 클라이언트의 의료서비스 이용 행위를 통제하는 기능을 수행하였다. 지출 통제, 재정적 모니터링이라는 새로운 역할이 도입되면서 사례관리의 모호성을 증대시키고, 사례관리에 대한 일관된 개념 정의를 어렵게 만들었다는 비판도 있다(김미숙 외, 2011).

한편 사례관리에 대한 새로운 기준을 논의하는 움직임도 있었다. 미국사회복지사협회(NASW)는 "클라이언트의 복잡한 욕구에 대처하기 위해 전문사회복지사가 적절한 시기에 접근, 조정, 감독, 평가하여 옹호하면서 서비스를 제공하는 방법"이라고 사례관리를 정의하였다. 사례관리를 다양하고 복합적 욕구를 가진 클라이언트의 서비스 접근성과 이용 가능성, 보호 연속성을 높이고 비용효율성과 서비스 책임성을 실현시킬 수 있는 대인서비스 실천방법으로 자리 잡게 만들었다(최은회 외, 2016: 42). 1990년 『사회사업백과사전(Encycopedia of Social Work)』은 기존의 사회사업실천을 의미하는 'case work' 단어 대신에 사례관리를 의미하는 'case management'를 대체하여 사용하였다(박영숙, 2008; 이효선, 남화수, 2017: 40 재인용). 이는 사례관리가 조정 기능의 간접실천과 클라이언트에 대한 대면 서비스의 직접실천을 모두 포괄하는 실천방법임을 보여 준다. 적용 영역도 확대되어 최근까지 고령 계층, 약물 중독, 만성질환, 장애, AIDS, 출소자, 아동학대, 긴급복지, 직업 훈련 및 근로자 지원 프로그램 등 다양한 사회복지 및 보건 분야에서 사례관리가 실천되고 있다(이주연, 2011; 이효선, 남화수, 2017: 40 재인용).

3) 영국의 사례관리 발달

(1) 사례관리 태동(~1950년대)

영국이 미국에 비하여 사례관리 자체를 실제적으로 천명한 역사는 늦다고 할 수 있다. 영국의 사례관리 발달은 지역사회보호의 움직임 속에서 태동되었다고 볼 수 있다. 빈민에 대한 지역사회의 구호 노력을 좀 더 조직화하기 위하여 1869년에 자선조직협회(COS)가 설립되었다. 그리고 자선조직협회에서 활동하는 우호방문원이 호별 방문을 하면서 구호를 신청한 본인과 가족은 물론 이들의 집주인, 이웃, 고용주까지도 방문하여 구호를 신청한 가구에 대하여 가능한 한 총체적으로 파악하려고 노력하였다(김종일, 2014: 50). 빈곤한 자들의 욕구를 파악하고 이들에게 필요한 자원을 연계하려는 노력이 사례관리 기능을 내포하고 있었다고 볼 수 있다.

제2차 세계 대전을 거치면서 1950년대부터 시설보호로부터 지역사회보호라는 새로운 접근방법이 개발되고 실천되었다. 수용시설보호에 대한 부정적 평가가 확산되고, 사회적 보호가 필요한 사람이 가정이나 가정과 유사한 환경에서 서비스를 이용하는 것을 목적으로 삼았다. 이러한 변화가 나타난 배경에는 무엇보다도 전쟁으로 인하여 신체적 · 정신적 장애를 입게 된 사람들이 늘어났는데, 이들은 지역에서 함께 살아온 가족, 친지, 이웃이었던 것이다. 이에 격리의 대상이었던 장애인에 대하여 새로운 인식이 싹트기 시작하였다. 정신질환에 대한 치료 방법의 발전과 새로운 향정신성의약품 개발로 환자의 조기퇴원과 정신병원의 폐쇄가 촉진되었다. 1959년에 「정신보건법」을 제정하여 병원 입원을 줄이고 지역사회시설을 활성화하려고 노력하였다(강홍구, 2016: 88). 탈시설화되어 지역에 거주하게 되는 클라이언트에게 지역 내 다양한 서비스를 적절하게 연계해야 하는 실천방법으로 사례관리 기능이 도입되었다.

(2) 사례관리 기반 마련(1960년대~1970년대)

제2차 세계 대전 이후 「구빈법」 체계가 종결되면서 종전의 구빈행정을 대신하고 지역사회의 사회적 의존인구의 다양한 욕구를 충족시키기 위하여 지방정부 내의 여러 부서들에 의하여 서비스가 개발되었다. 지방정부 내의 보건, 주택, 복지 등 관계 부서가 개별적으로 복지서비스를 제공하였다. 이들이 각각 고유한 접근방법과 전문인력을 가지고 업무를 수행하면서 지역사회 내에서 한정된 자원의 분배를 둘러싸고 경쟁관계를 만들었다. 제대로 구성된 체계를 가지고 도입된 것이 아니라 모두 개별적인 입법으로 역할이 부여되다 보니 서로 비슷한 서비스가 아동부, 복지부, 보건부, 교육부 등으로 분산되어 혼란이 가중되었다(김보영, 2018).

1968년에 시봄위원회가 결성되어, 이러한 문제의 원인으로 서비스 전달의 분리된 책임소재를 지적하고 서비스 통합을 강조하였다. 분절된 서비스 조직들을 통합시키는 것 외에도, 필요한 서비스를 클라이언트에게 연결시키는 실천 전략도 중요하게 인식되었다. 그럼에도 사례관리는 여전히 의미 있는 실천 방법으로 인정되기보다는 조직간 통합 전략이 좀 더 중요하게 생각되었던 시기였다.

(3) 사례관리 제도화(1980년대~현재)

이 시기에 '사례관리'가 실체적 의미를 가지며 사회복지서비스 전달을 위한 중요한 실천방법으로 떠올랐다. 경기 침체가 가속화되고 파업이 속출하면서 사회위기가 고조되는 가운데 공공 사회복지 지출을 줄이고 복지에 대한 정부의 역할을 다시 정립해야 한다는 목소리가 나오기 시작하였다. 사회복지에 대한 정부의 재정 축소 속에서, 한정된 자원으로 최대의 효과를 보기 위해 효율적으로 서비스를 전달해야 한다는 문제의식이 일어났다. 그리고 서비스의 중복과 남용의 문제도 지적되었다. 보수당 정부는 국가 중심의 복지를 축소하고 민간 영역의 역할을 확대하는 신자유주의 이념적 지향 속에서 지역사회보호를 본격적인 정책 방향으로 공식화하면서 추진하였다.

1983년 영국에서 개발된 지역사회보호 모델은 사회복지사들에게 서비스와 자원에 대한 권한을 부여하고, 분절된 서비스를 개별 클라이언트의 욕구에 맞추어 적합한 서비스 패키지를 설계하여 제공하도록 요구하는 것이 기본 전략이다(Challis & Davies, 1985). 한 사람의 사회복지 담당자가 클라이언트 욕구를 파악하고 이를 충족시키기 위한 다양한 서비스를 하나의 패키지로 설계한다. 그리고 이 서비스 패키지가 클라이언트의 욕구를 충족하고 있는지를 점검한다(Dant & Gearing, 1990). 일련의 이러한 역할이 바로 사례관리 기능을 담고 있었던 것이다.

그리고 분절된 서비스 제공이 문제라는 의식 속에서 1988년에 일명 「그리피스(Griffith) 보고서」[1]로 알려진, '지역사회보호: 행동 지침'이란 제목의 백서가 발표되었다. 이 백서에 최초로 '사례관리'라는 용어가 등장하였는데, "적절한 욕구사정과 사례관리가 질적인 보호의 초석이 되도록 한다."라고 명시되었다(김미숙 외, 2011: 57). 이 백서를 바탕으로 클라이언트의 보호욕구의 정확한 판단과 이에 기초한 보

---

1) 이 보고서에서는 지역사회보호를 위한 재정 활용 방안을 제시하였다. 이 보고서에서 강조한 것은, 첫째, 지역의 보호욕구 및 개인의 보호욕구를 사정하는 체계를 만들고 욕구에 대응하는 융통성 있는 보호 패키지를 디자인해야 한다, 둘째, 긴급하고 일차적인 케어는 의료보호체계에서 책임을 지고, 장기적이고 지속적인 케어는 사회복지서비스가 책임을 져야 한다. 셋째, 지역사회보호의 일차적 책임은 지방정부에 있으며, 이때 지역사회보호를 위한 권한과 재정을 지방자치단체에 이양하되, 지방정부는 대인사회서비스의 직접적인 제공자가 아닌 계획, 조정, 구매자로서 역할을 수행한다. 즉, 지방정부가 지역사회의 욕구사정, 지역사회 돌봄 계획수립, 재정 운영, 정보제공의 중심이 되어야 한다고 권고하였다. 넷째, 지역사회보호는 경쟁을 통한 서비스 제공의 다양화를 도모해야 한다.

호서비스를 제공하기 위해 케어 매니지먼트(사례관리)를 도입하여 적절한 서비스를 제공하였다.

「지역사회보호법」이 제정됨으로써, 사례관리자를 별도로 두어 지역사회보호 서비스를 효과적으로 조정할 수 있는 체계가 구축될 수 있었다. 사례관리자는 구입자로서의 역할을 수행하면서, 예산을 직접 통제할 수 있는 권한을 갖는다. 예산을 재량껏 활용할 수 있게 된 사례관리자들은 클라이언트가 자신의 욕구에 보다 잘 맞는 서비스 패키지로 연결되도록 실천하였다. 이것이 영국의 사례관리 체계의 기초가 되었다(Payne, 2000).

2. 한국의 사례관리 발달과 전망[2)]

우리나라에서 사례관리는 공공과 민간의 실천현장에서 광범위하게 확산되고 있다. 공공 영역의 사례관리는 2006년에 단행되었던 주민생활지원기능의 전달체계 개편 시에 전국 3,000여 개에 이르는 읍·면·동에 동일한 매뉴얼을 내려보내 사례관리를 수행하도록 독려하면서 시작되었다고 할 수 있다.

한편 민간 영역은 공공의 사례관리 역사보다 약 10년 이상 앞선다고 볼 수 있다. 이용시설이 확대되던 1980년대 후반부터 노인, 장애인, 정신장애인을 위한 인구집단별 전문 사례관리를 시작하였다. 사회복지관의 3대 기능 중 하나로 사례관리가 포함되어 있다(민소영, 2015).

---

2) 한국의 사례관리 발달과 전망은 민소영(2015)의 '한국의 사례관리 전개과정과 쟁점 고찰'의 내용을 발췌·수정한 것이다.

1) 사례관리 발달 배경

(1) 지역사회보호 중심의 서비스 전달체계 필요성 증가

사회복지서비스의 생산, 전달, 소비가 지역사회 중심으로 변화하고 있다. 과거에는 서비스 제공자가 위치한 곳으로 거주 장소를 이동하여 서비스 제공자가 미리 계획해 놓은 서비스를 의무적으로 받아야 하던 시설 중심의 서비스 제공 방식이 주를 이루었다. 이후 점점 이용시설이 확대되면서 변화가 일어났다. 외부로부터 격리된 시설이 아니라, 자신이 살아가는 지역 '내'에서 서비스 제공자가 있는 곳으로(이용시설) 혹은 서비스 이용자가 있는 곳(방문서비스)으로 서비스 전달방식이 변화하게 되었다. 이에 과거의 시설처럼 각종의 서비스가 빈틈없이 패키지로 돌아가던 방식이, 지역 '내'에서도 재현되어 서비스 이용자가 안전하게 지역에서 살아갈 수 있도록 해야 한다. 지역 '내'에서도 시설처럼 여러 서비스가 원활하게 연결될 수 있도록 돕는 실천방식이 필요하다. 이에 사례관리가 중요한 실천방법으로 등장하게 되었다.

(2) 신사회적 위험 등장으로 복합적 욕구에 대한 통합적 접근 필요

신사회적 위험 속에서 욕구가 다양화되고 있다. 과거의 전통적 사회 위험은 빈곤이었다. 그런데 이제는 가난이라는 전통적 사회적 위험뿐만 아니라, 저출생과 고령화로 인한 인구 구성 및 가족 구조 때문에 돌봄 공백이 초래되고, 경제 위기와 고용불안 등으로 청년실업과 사회양극화가 심화되는 신사회적 위험이 증가하고 있다. 즉, 소득수준과 무관하게 개인과 가족 내에서 해결하지 못하는 다양한 복지 욕구가 증가하고 있는 것이다. 이에 과거 빈곤 해소를 위해 일률적으로 집행하던 현금이전정책을 넘어서, 다양화된 개인들의 욕구에 맞춤식으로 휴먼서비스를 제공하는 전문적 실천 전략이 필요하게 되었다. 이 속에서 사례관리가 개별화된 욕구를 사정하여 필요한 서비스를 연계하는 실천방법으로 지목되고 있다.

(3) 서비스 전달에 대한 공공부문의 책임성 증가

공공 영역에서 사례관리가 가파르게 확대되는 이유로 먼저, 서비스 전달에 대한 공공의 책임성을 들 수 있다. 앞서 언급하였던 신사회적 위험으로 인하여 휴먼서비스 욕구가 급격히 증가하면서, 중앙정부, 광역시도나 지방정부가 자체적으로 수행하는 복지 사업들까지 추가되면서 휴먼서비스가 마구 쏟아지게 되었다. 그럼에도 여전히 사각지대가 발생하고 복지체감도가 향상되지 못한다는 점이 지속적으로 비판받고 있다.[3] 사회복지에 대한 정부의 재정 지원 투입에 비해 국민들의 복지체감도는 그리 높지 않다는 비판적 인식 속에서, 국민들의 욕구에 맞추어 보다 효율적으로 서비스를 전달하려는 정부의 책임성이 공공사례관리의 확대로 발현된 것이라 할 수 있다.

(4) 서비스 전달체계 사이의 통합성 필요 증가

서비스 전달의 통합성에 대한 필요가 증가하고 있다. 이는 앞서 언급하였던 공공의 책임성과도 연결될 수 있다. 늘어난 휴먼서비스의 총량에도 불구하고 칸막이 행정에 막혀 서비스 간 유기적인 연계구조를 갖지 못하면서, 정작 필요한 대상자에게 서비스가 효율적으로 전달되지 못하고 있다는 점이 비판되었다(민소영, 2012). 주민의 삶의 질 향상을 위해서 복지-보건-고용-주거-교육 등 다양한 휴먼서비스 부서들이 통합적으로 연결되는 체계를 구축하는 것이 필요하다는 주장(류애정, 2013)이 상당하다. 원스톱 통합서비스 제공 기반을 갖춘 맞춤형 복지전달체계를 구축하는 것이 지속적인 국정 과제이기도 한 이유가 여기에 있다. 그러나 중앙정부의 각 부처에 이미 분화된 서비스 부서들을 통합하는 것은 매우 어려운 일이다. 이처럼 분절된 서비스 행정 속에서 통합적인 서비스 행정으로 변모하기 위해서는 조직 통합이 아니라, 다양한 서비스와 프로그램 사이를 효과적으로 연계하고 조정할 수

---

3) 생활고로 인한 세 모녀의 동반 자살(2014. 02. 27. 서울 송파구) 사건은 복지사각지대 해소와 복지체감도 증가라는 국가의 과제를 다시 한번 대대적으로 상기시켰다.

있는 기능적 통합이 필요하다. 이에 서비스의 연계와 조정 기능이 포함된 사례관리가 해결 방법으로 지목되는 것이다.

(5) 정부재정의 효율적 운용에 대한 요구 증가

정부재정을 효율적으로 운용해야 하는 필요성이 사례관리를 더욱 절실하게 만들었다고 볼 수 있다. 2000년대에 들어서 사회복지의 지방분권이 시행되면서 사회복지사업이 지방으로 이양되었다. 그리고 제한된 중앙정부의 예산 지원만으로 늘어나는 복지 욕구를 감당하기에는 지방정부에게 벅찬 상황이 되었다. 따라서 한정된 자원으로 최대한의 효과를 볼 수 있는 서비스에 선택과 집중을 해야 했다. 이에 대상자의 욕구를 체계적으로 사정하여 가장 적절한 서비스로 연계함으로써, 투자 대비 서비스 성과를 끌어올리려는 움직임이 일어났다. 체계적 욕구사정과 이를 바탕으로 서비스를 제공하고 모니터링 기능을 발휘하는 사례관리가 중요한 실천 전략으로 떠오르게 되었다.

2) 공공부문의 사례관리 전개 과정

(1) 사례관리의 출발: 2006~2007년 주민생활지원 기능 강화와 사례관리

이 시기에는 시·군·구와 읍·면·동 조직을 재구조화하는 주민생활지원 기능 강화 정책을 통하여 공공 전달체계상 사례관리를 공식적이고 체계적으로 시도한 첫 번째 중앙정부의 노력이 있었다. 기존에 없었던 주민생활지원팀을 읍·면·동 내에 신설하고, 이 팀 안에 사회복지전담공무원을 배치하여 상담 및 사례관리 업무를 수행하도록 하였다. 한편 시·군·구는 통합조사팀을 신설하여 자산조사, 대상자 선정, 급여 제공 등의 기능을 수행하도록 하고, 서비스연계팀을 신설하여 자원개발과 관리 기능을 수행하도록 함으로써, 읍·면·동이 사례관리 업무에 보다 집중할 수 있도록 지원하였다(행정자치부, 2006: 21-23).

주민생활지원 기능의 강화는 지역 주민의 욕구에 체계적으로 접근하려 했던 중

앙정부의 첫 사례관리 시도라는 점에서 의의가 있다. 그러나 한계점이 지적되었
다. 첫째, 통합조사(시·군·구의 통합조사팀)와 사례관리(읍·면·동)가 분리됨으로
써 클라이언트에 대한 정보나 진행과정의 정보가 충분하게 연결·전달되지 않아
서 사례관리 수행을 어렵게 하였다. 둘째, 사례관리 수행을 위한 인력이 절대적으
로 부족하였다. 시·군·구에 설치된 통합조사팀과 서비스연계팀으로 읍·면·동
의 사회복지전담공무원의 일부를 배치하면서, 실제로 사례관리를 담당해야 하는
읍·면·동의 공무원 수가 감소되었다. 이에 사례관리 수행을 위한 복지직 인력의
절대적 부족 현상이 나타났다. 방문 상담 및 찾아가는 사례관리의 수행이 제대로
이루어지기가 어려웠다(이현주 외, 2007: 235-240). 셋째, 읍·면·동의 복지직 공무
원이 그동안 주로 자산 조사와 급여 제공 업무를 수행했기 때문에, 새롭게 부과되
는 사례관리에 대해 경험과 지식이 절대적으로 부족하여 사례관리 수행에 어려움
이 초래되었다. 이 외에도 클라이언트의 복합적 욕구에 대응하기 위하여 다양한 서
비스 기관들과 연계해야 했으나, 민간기관과의 협력 부족, 다양한 공공부문 사례관
리 사업들 간의 연계성이 미흡하였다.

(2) 사례관리의 기능 정립: 2008년부터 2011년

이 시기에는 공공부문에서 사례관리가 어떠한 기능을 어떻게 수행할 것인가를
구체적으로 정립하기 시작하였다.

① 시·군·구 중심 사례관리 도입과 시범사업 실시: 2008~2009년

주민생활지원 기능 강화를 위하여 요구된 읍·면·동의 사례관리는 앞서 언급
하였던 한계점 때문에 수행되는 데 한계가 있었다. 이 시기에 주요 국정 과제로서
수요자 중심의 선진화된 사회복지서비스 전달체계를 마련하기 위한 시도가 일어
나면서, 시·군·구와 읍·면·동 사이에서 사례관리의 기능 조정이 모색되었다
(권진숙 외, 2012). 읍·면·동의 사례관리 대상 중 위기가구 또는 집중적 개입이 필
요한 가구는 시·군·구로 이관되어 '위기가구 사례관리사업'이 도입되어 추진되

었다. 지역자원 개발과 연계, 그리고 사례관리 활동에 대한 슈퍼비전 제공 등이 규모의 효율성 측면에서 읍·면·동보다는 시·군·구가 유리하다는 판단이 작용된 것이었다(정은희 외, 2013: 93).

 이러한 변화가 보여 준 성과로는 읍·면·동 단위에서 개입하기 어려웠던 위기 가구나 집중적 개입이 필요한 가구에 대하여 시·군·구 차원에서 다양한 지원체계를 활용하여 개입이 가능할 수 있게 되었다는 점이다. 그러나 복지인력의 확충 없이 지자체 내 조직 및 인력의 재배치만을 시도한 개편이었기 때문에 주민생활지원기능 강화 개편 당시 제기되었던 근본적 문제인 인력난은 그대로 안고 있었다. 이에 2009년에 계약직 민간사례관리사인 민생안전전문요원 900여 명을 채용하여 사례관리에 투입하였다(강혜규, 2012). 그러나 급속하게 증가하는 다양한 서비스 욕구를 대응하기에 인력 부족은 여전하였다. 또한, 대상자를 둘러싼 개입 주체들이 읍·면·동, 시·군·구의 통합조사팀과 서비스연계팀, 그리고 시·군·구의 각종 사업 부서로 분화되어 있고, 상호 간 협력과 정보교환이 원활하게 이루어질 수 없다는 것이 심각한 문제로 제기되었다. 이 외에도 새롭게 채용된 민간사례관리자의 계약직 고용 지위로 전문인력을 상시적으로 확보하는 것에 어려움이 발생하였다. 사례관리의 체계화를 추구하기는 하였으나, 슈퍼비전 등 사례관리의 전문성 강화 기제도 미비하였다. 여전히 민간기관과의 협력 부족, 다양한 공공부문 사례관리사업들 간의 연계성 미흡 등이 문제로 나타났다.

 ② 위기가구 사례관리사업 본격 수행: 2010~2011년

 2010년에 위기가구 사례관리사업이 전국 시·군·구에서 추진되었다. 위기가구 사례관리사업이 보다 체계화된 환경 속에서 실시될 수 있도록 사회복지통합관리망이 구축되었다. 사회복지통합관리망[4]을 통하여 복지급여 대상자에 대한 자격 조사

---

4) 기초보장제도를 비롯하여 총 15개 주요 복지급여사업의 업무수행 절차를 통합적으로 개편함으로써, 자산

의 간소화 등 행정업무를 효율화함으로써 기존에 자산조사 및 급여 제공 등에 소요
되던 시간과 노력을 상담과 사례관리로 집중할 수 있도록 꾀하였다. 한편 사례관리
인력은 증원되지 않았다.[5] 다만, 보다 정교한 사례관리 매뉴얼이 개발되었고 이것
을 사회복지통합관리망에 연계시켜 전국적으로 활용하면서 업무의 효율화와 체계
화를 추구하였다. 2011년도에는 시·군·구별로 사례관리 예산이 지원되었다.

　이 시기의 성과라면 사회복지통합관리망이 구축되어 아웃리치와 사례관리 수행
여건의 향상을 추구하였다는 점이다. 또한 사례관리 업무가 보다 체계화되었다는
점이다. 대상가구로부터 사례관리 참여에 대한 동의를 확보하도록 하여, 클라이언
트의 협력과 권리를 강조하는 수요자 중심의 관점도 반영되었다.

　이러한 긍정성에도 불구하고 여전히 여러 가지 한계가 지적되었다. 첫째, 인력
의 증원이 없어서 기대만큼 사례관리가 효과적으로 수행되기는 어려웠다. 둘째, 사
례관리 업무가 읍·면·동과 시·군·구로 분리되어 전문화를 꾀하였으나, 사례
관리 수행의 비효율화가 지속적으로 나타났다(박경숙 외, 2012: 136). 동일한 사례관
리 대상자에 대하여 자산조사와 욕구조사, 사례관리, 그리고 사후관리를 수행하는
주체가 읍·면·동과 시·군·구로 분리되어 있어서 문제해결 시간 증가 및 각 과
정별로 담당자의 중복조사 등의 문제가 초래되었던 것이다(민소영, 2012). 이 외에
도 슈퍼비전 등 사례관리의 전문성 강화 기제 미비, 민간기관과의 협력 부족, 다양
한 공공 사례관리사업들 간의 연계성 미흡 등은 여전히 문제로 지적되었다.

(3) 사례관리 확대: 2012년부터 현재

　이 시기에는 사례관리가 서비스 전달체계의 주요한 전략으로 더욱 부각되었다.
시·군·구와 읍·면·동에 사례관리 수행을 위한 독자적 조직 구축과 추가적 인

조사 항목을 통일화하고 표준화하며, 개별적으로 각각 수행하던 조사를 한 번의 조사로 해결하여 행정 효
율화에 크게 기여할 것으로 기대되었다(강혜규, 2012).
5) 인력의 증원 없이 기존의 민생안전전문요원을 사회복지통합서비스전문요원으로 명칭을 바꾸었다.

력 배치를 통해 사례관리를 보다 효율적이고 효과적으로 수행하고자 노력하였다.

① 희망복지지원단 통합사례관리사업: 2012년부터 현재

늘어나는 사회복지서비스에 대응하고자 고질적으로 제기되어 왔던 인력난의 문제를 해소하기 위하여 지방자치단체 복지담당 공무원을 2011년에 7천 명을 증원하기로 결정하였다. 충원된 사회복지직 공무원 인력으로 시·군·구의 서비스연계팀을 확대·개편하고 통합사례관리를 강화하도록 하였다. 이를 발판 삼아 각 시·군·구에 희망복지지원단이 설치되었다. 희망복지지원단의 가장 큰 의의는 사례관리 업무를 독자적으로 수행할 공공 조직이 설치되었다는 점이다. 희망복지지원단의 조정과 연계 역할이 강화되었다. 지역 내에서 다양하게 이루어지는 공공 사례관리 사업[6]들과 방문형 서비스를 서로 조정하며, 지역사회보장협의체와 협력적 관계를 강화하고, 지역의 다양한 자원을 연계하는 역할이 보다 강조되었다.

그럼에도 몇 가지 한계점들이 지적되고 있다. 먼저 인적 자원 측면에서 살펴보면, 사회복지공무원은 확충되었지만, 순환보직으로 인하여 전문적 개입이 요구되는 클라이언트에 대한 전문적 대응능력이 여전히 부족하다는 점이다. 게다가 사례관리 업무를 담당하는 민간 전문인력인 통합사례관리사[7]의 권한 낮은 고용 지위, 이들에 대한 적절한 보상체계 미흡, 이로 인한 서비스 질 축적 부족 등이 지속적으로 제기되고 있다. 그리고 읍·면·동과 시·군·구와의 역할 분담 및 연계가 원활하지 않는다는 지적도 있다.[8] 지역 내 다양한 자원을 조정해야 하는 희망복지지원단의 권한 부족, 사례관리에 대한 지역 내 슈퍼비전 역량 부족도 지적되고 있다. 한

---

6) 공공직영 사례관리와 민간위탁사례관리를 모두 포함하는 여타 다양한 공공 사례관리에 대하여, 주무부처, 서비스 유형, 근거법, 대상, 운영 주체, 시설 현황 수, 참여 대상 수, 운영인력 현황, 표준운영시간, 서비스 내용에 대한 정리는 정은희 외(2013: 138-140) 자료를 참고하기 바란다.

7) 2013년에 기존의 사회복지통합서비스 전문요원을 통합사례관리사로 명칭을 변경하였다.

8) 예를 들어, 읍·면·동은 일반 사례관리, 시·군·구 희망복지지원단은 고난도 사례관리를 담당하도록 되어 있으나, 사례관리 유형 간 구분이 모호하다는 지적이 있다.

편 지속적으로 비판받아 온 사례관리사업 간 연계성 미흡을 개선시키기 위해, 공공부문 분야에 한정되기는 하였으나 사례관리사업 간 연계·협력 실천 지침이 개발되기도 하였다(보건복지부, 사회보장정보원, 2019a). 그럼에도 타 사례관리 사업에 대한 이해 부족, 각 사례관리사업들별로 사례관리 수행 인력 부족, 사례관리 사업들 간 정보 연계 부족 등의 한계가 지적되고 있다.

② 읍·면·동 복지허브화 사업: 2016년부터 현재

읍·면·동에 독립된 팀이 신설되어 여기에서 사례관리를 수행하고 있다.[9] 읍·면·동이 보다 체계적으로 업무를 수행하도록 2014년 6월 6,000명의 사회복지공무원 충원 계획이 발표되었다. 읍·면·동 단위에서 사례관리를 수행하게 되면서 '찾아가는 방문 상담'과 '사례관리'가 지역 주민의 만족도와 공공서비스에 대한 체감도를 높일 수 있었다. 한편 과거 읍·면·동과 시·군·구 사이에서 사례관리 개입 절차가 분절되어 있었다.[10] 그러나 시·군·구 희망복지지원단에서 수행한 고난도 사례관리가 종결되는 시점에, 해당 읍·면·동 사회복지담당 공무원이 희망복지지원단의 종결회의에 참여하거나 또는 희망복지지원단이 반드시 읍·면·동에 통보하도록 매뉴얼이 개정되면서, 읍·면·동과 시·군·구 사이의 연결이 체계화되었다. 한편 읍·면·동 사회복지공무원의 사례관리에 대한 전문지식과 경험 부족이 여전히 지적되고 있다.

---

9) 2016년에 '맞춤형복지팀'(현재 명칭은 '찾아가는 보건복지팀')을 신설하여, 사례관리 외에도 복지사각지대 발굴, 민관협력과 자원개발·관리 업무를 수행한다(보건복지부, 2017: 16-18).

10) 기본적 절차는 읍·면·동에서 서비스 연계형 사례관리, 일반사례관리를 담당하며, 시·군·구에서 고난도 사례관리를 담당한다. 읍·면·동의 초기 상담 단계에서 고난도 사례관리 유형이라고 판단되면, 시·군·구로 이관한다. 이후 시·군·구에서 고난도 사례관리를 종결하면, 읍·면·동으로 통보하여 사후관리를 진행하도록 한다.

3) 민간 영역의 사례관리 전개 과정

지역 단위에서 복합적 욕구에 반응하며 사례관리를 실시하는 대표적 기관인 사회복지관을 중심으로 사례관리의 전개 과정을 살펴본다. 사회복지관은 앞서 제시된 공공의 사례관리 실천 영역과 유사한 가구를 대상으로 하고 있다는 점, 그리고 법적으로 사례관리를 주요 기능으로 두고 있다는 점, 전국적 분포를 가지고 있다는 점에서 민간 영역의 사례관리 전개 과정을 살펴보는 데 적절한 조직이 될 수 있기 때문이다.

(1) 사례관리 실천의 태동과 발전: 1992년부터 2004년

사회복지관의 사례관리는 우리나라의 재가복지사업의 일환으로 본격화되었다고 할 수 있다. 1980년대 후반 저소득층 노인 및 장애인을 대상으로 한 가정봉사원 파견사업의 긍정적 결과를 바탕으로 1992년에 정부가 재가복지봉사센터를 사회복지관 부설로 설치하여 예산을 지원하면서부터 재가복지사업이 정착되었다. 재가복지봉사센터의 주요한 기능(김종일, 2014: 329-330)은 사례관리와 밀접한 관련이 있다고 볼 수 있다. 재가복지봉사센터의 주요 기능 중 재가복지서비스 대상자 및 가정의 욕구를 조사하고 문제를 진단하여 서비스 종류를 선정하는데, 사례관리의 욕구조사와 관련된다. 둘째, 서비스 제공 기능으로써, 측정된 욕구와 문제의 진단 내용에 따라 직접 및 간접적으로 서비스를 제공하는데, 이는 사례관리의 서비스 제공 계획수립, 연계, 제공 등의 기능과 관련된다. 셋째, 지역사회자원 동원 및 활용 기능으로써, 대상자 및 가구의 욕구와 문제해결을 위하여 지역 내 다양한 인적 및 물적 자원을 동원하는데, 이는 사례관리의 자원개발, 발굴, 관리 등의 기능과 연결된다.

실제로 이 당시 사회복지관은 장애인과 노인 등을 위한 재가복지사업, 그리고 소년소녀 가장 세대나 취약계층의 복합적 욕구 대응을 위해 사례관리를 활용하였다(정순둘, 2008: 21-22). 그러나 실천현장에서는 사례관리에 대한 개념이나 실천방법에 대하여 상당히 혼란스러워하였다.

(2) 사례관리 정착: 2005년부터 2011년

사회복지관에서 사례관리가 보다 체계적으로 확대된 시기는 사회복지관의 평가에 사례관리 항목이 도입되면서부터라 할 수 있다. 2006년 서울시 사회복지관 평가에서 처음으로 사례관리 항목이 포함되었다. 이후 2009년도부터 전국적으로 사회복지관을 대상으로 사례관리 평가가 실시되었다. 사례관리 평가 도입은 사례관리가 사회복지관에게 의무적으로 부여된 프로그램이나 사업이 아님에도 지역사회 보호사업에서 대상자의 욕구나 문제에 개입하고자 널리 활용하는 실천현장의 상황을 반영한 것이라고 할 수 있다.

사례관리 평가의 도입은 사회복지관이 그동안 자율적으로 수행해 오던 다양한 사례관리의 실천 전략을 최대한 수용하되 사례관리 수행에 필요한 최소한의 기준점이 제시되었다는 의의를 갖게 되었다. 아울러 전국 차원에서 사례관리가 사회복지관의 주요 기능으로 자리매김될 수 있게 만들어 주었다. 그러나 평가 항목이 단순하여 사회복지관의 사례관리 수행에 대한 가이드라인을 제시하는 것은 어려웠다. 이에 사례관리의 교육이나 실천 경험이 미흡하거나 사례관리 매뉴얼이나 지침 등 사례관리 지원체계가 갖추어지지 않는 사회복지관, 또는 사례관리 수행 경험이 없거나 짧은 사회복지관에서는 사례관리실천에 대한 혼란이 여전하였다.

(3) 사례관리 제도화: 2012년부터 현재

이 시기에는 사례관리의 평가 항목이 보다 정교화되었다. 또한, 2012년 「사회복지사업법」의 시행규칙 개정에 따라 사례관리가 사회복지관의 3대 기능 가운데 하나로 명시되었다.

먼저 사례관리의 평가와 관련하여 2012년에는 사례관리 평가 범위가 넓어졌다. 사례회의뿐만 아니라 사례관리 체계까지 넓혀서 평가하도록 하였다. 이후 2015년도에는 사례관리 수행의 전문성, 실행체계, 인력의 전문성, 그리고 자원 연계 등을 평가하였다. 2018년 평가에서는 사례관리 자원 연계 대신 사례관리 협력 연계로 변화하였다(보건복지부, 사회보장정보원, 2017: 8). 즉, 자원 연계 실적이라는 양적 평가에서 지역사회와의 협력 과정을 평가하는 정성적 평가로 변화된 것이다. 2021년도 평가에서는 사례관리 평가 비율이 높아졌다(보건복지부, 사회보장정보원, 2019b).

정교하게 바뀐 평가 계획은 사례관리를 사회복지관의 3대 기능으로 명시한 맥락과 연결시켜 설명될 수 있다. 사회복지관의 기능이 그동안 요구되었던 5대 사업(가족복지사업, 지역사회보호사업, 지역사회조직사업, 교육·문화 사업, 자활사업)에서 서비스 제공, 지역사회조직화, 그리고 사례관리 등 3대 기능으로 개편되었다. 사회복지관의 기능 재편과 맞물려 평가 항목이 정교화되면서 그동안 활발히 진행되어 왔던 민간 영역의 사례관리가 보다 체계화되고 발전되는 기반이 조성되었다.

한편, 이러한 환경 변화에 사회복지관이 얼마나 대응 역량을 갖추었는가도 함께 고려해야 할 것이다. 클라이언트의 다양한 욕구를 기반으로 사례관리를 성공적으로 수행하기 위해서는 기관 내에서만 제공 가능한 서비스 항목에서 벗어나 지역 전체의 자원과 서비스를 발굴하고 연계하며 조정하는 기능이 매우 중요할 것이다. 그러나 민간 실천 영역에서는 클라이언트와 지역자원에 대한 발굴과 정보 수집에 한계가 있다. 지역 내 다양한 자원 기관을 조정하여 클라이언트의 욕구에 맞춤형 서비스를 제공하기 위해 필요한 조정과 연계 권한이 민간 사회복지관에게는 부족하다. 그럼에도 정교한 사례관리 실행체계를 갖추고 지역 내 사례관리의 중핵 기관의 역할을 수행할 것을 요구하는 평가제도와 기능 재편이 사회복지관의 사례관리 실천에 커다란 도전을 안겨주고 있다.

4) 한국 사례관리의 전망과 도전

공공과 민간의 사례관리 전개 과정 속에서 알 수 있는 것은 사례관리 기능이 공공과 민간의 실천현장에서 모두 확대되고 있다는 것이다. 공공과 민간 영역 모두에서 클라이언트의 복합적 욕구에 대한 통합적 관리를 위해 사례관리를 중요한 실천방법으로 채택하고 있다. 전담 조직을 설치하고 전담 인력을 배치하는 등 사례관리에 대한 체계적 역할 수행을 위한 노력이 공공과 민간 영역 모두에서 시도되고 있다.

민간 영역은 가족복지 및 재가복지 사업을 통하여 오랫동안 사례관리를 수행하면서 상당한 경험과 노하우를 쌓아 왔다. 한편, 공공 영역은 사례관리 역사와 경험이 짧음에도 민간의 사회복지관보다 더 근거리에서 지역 주민을 만날 수 있는 조직인 읍·면·동을 활용하여 사례관리 수행을 모색하고 있다. 무엇보다도 공공 영역에서는 인적 및 물적 물리력과 기획력, 그리고 전달체계를 통한 수직적 확산 기제를 통하여 조직적이고 신속하게 사례관리를 체계화시키고 있다.

지금까지의 공공과 민간 영역의 사례관리 전개 과정 속에서 나타난 특성과 쟁점을 제시하면 다음과 같다.

(1) 사례관리 수행 인력의 전문성 개발 필요

사례관리 인력의 전문성 축적을 위한 지속적 노력이 필요하다. 이는 사례관리를 수행해야 하는 사회복지 공무원과 민간 통합사례관리사, 그리고 사회복지관 사례관리사 모두에게 해당될 수 있다.

클라이언트 중심적 가치를 유지할 수 있는 실천 윤리, 끊임없이 변화하는 클라이언트 상황에 유연하게 대처할 수 있는 전문적 대응 전략과 전술, 지역 내의 여러 곳에 산재되어 있는 다양한 자원들의 발굴과 동원 및 관리능력, 그리고 클라이언트의 복합적 욕구 해소를 위해 접촉해야 하는 지역의 다양한 기관들과의 협력과 조정 능력 등이 필요한 역량일 것이다. 이러한 전문성 향상을 위해서 사례관리자의 인적자원개발과 지원체계가 필요하다. 무엇보다도 가장 중요한 것은 지속적인 교육과 슈퍼비전이라 할 수 있다.

(2) 공공과 민간 사이의 사례관리 협력체계 구축 필요

최근 급격하게 확대되는 공공 영역의 사례관리 체계 속에서 민간 영역의 사례관리는 개입 대상과 기능 면에서 공공 영역과 상당히 중첩 현상을 보이고 있다.

첫째, 공공과 민간 영역 사이의 사례관리 대상자의 중복 문제가 발생할 수 있으며, 이는 공공과 민간 사이에 사례관리자의 역할 충돌과 이로 인한 마찰을 피할 수 없게 만들기도 한다. 실제로 "사회복지관은 '종합복지서비스 제공'이라는 법적 근거에 부합하여, 개입 대상이 국민기초생활보장수급자, 차상위계층 등 저소득 주민, 장애인, 노인, 모·부자가정 등 취약계층 주민, 직업·부업 훈련 및 취업알선이 필요한 주민, 유아, 아동 또는 청소년의 보호 및 교육이 필요한 주민, 기타 긴급지원이 필요하다고 인정되는 주민"을 포함한다. 이는 현재 공공 영역의 희망복지지원단에서 개입하는 대상과 매우 유사하다.

둘째, 공공과 민간의 사례관리 확대 과정에서 지역자원과 관련하여 충돌이 나타날 수 있다. 민간 사회복지관에서는 자원봉사자나 후원금을 개발하고 관리하는 등 지역 단위의 자원을 발굴하고 동원하는 노력을 지속적으로 펼쳐 왔다. 한편, 읍·면·동 단위에서도 공적 급여나 서비스 이외의 지역자원을 발굴하기 위해 노력하고 있다. 지역자원에 대한 공공과 민간 영역의 공동 관심이 자칫 한정된 자원을 놓고 불필요한 경쟁을 낳을 수 있다.

더구나 사회복지기관의 경우 공공기관에 비하여 자원 동원력이나 서비스 조정력, 지역자원의 정보 접근권에서 상당한 한계를 갖는다. 그래서 지역자원을 동원하고자 하는 공공 영역의 노력이 민간 영역의 자원 공유 및 사례관리실천을 위축시킬 수 있다. 그러므로 공공과 민간 영역의 사례관리 역할에 대한 명확한 분담과 유기적 연결이 필요하다.

(3) 취약계층 중심의 선별적 욕구에서 돌봄 계층을 위한 보편적 욕구에 대한 대응 필요

최근 보건복지부의 커뮤니티 케어 방향 속에서 과거의 저소득층 및 취약 위기계층 대상 중심에서 돌봄 욕구계층 대상 중심으로 사례관리의 대상이 넓어지고 있다. 즉, 사례관리 개입 범위가 과거 경제적 기준으로 제한되지 않고 돌봄이라는 보편적 욕구 기준으로 변화하는 셈이다. 또한 읍·면·동에 간호직 공무원을 배치하여 보건과 복지의 연계를 추구하고 있다.

그렇다면 읍·면·동의 사례관리 기능은 돌봄 욕구까지 종합적으로 사정하여 필요한 지역자원으로 연계하고 관리하는 방향으로 갈 수 있다. 공공 영역의 사례관리 기능 전환에 발맞추어, 민간 영역도 공공으로부터 의뢰된 클라이언트의 넓어진 욕구에 적절한 서비스를 제공하고 이 과정을 공공기관과 공유하는 체계 구축이 필요할 것이다.

학습과제

- 외국과 우리나라의 사례관리 발달 배경의 공통점과 차이점을 기술해 보시오.
- 우리나라의 공공과 민간 영역의 사례관리 전개 과정에서 나타나는 쟁점을 정리해 보시오.

참고문헌

강혜규(2012). 사회복지전달체계 개편의 성과와 발전방향. 보건복지포럼, 189, 35-49.

강흥구(2016). 사례관리. 서울: 정민사.

권진숙, 김상곤, 김성경, 김성천, 민소영, 박선영, 박지영, 백은경, 유명이, 유서구, 이기연, 조미숙, 조현순, 황성철(2012). 사례관리론. 서울: 학지사.

김미숙, 우국희, 양소남, 이주연, 이정현(2011). 선진국의 아동사례관리체계 비교 연구: 영국, 미국, 뉴질랜드를 중심으로. 한국보건사회연구원.

김보영(2018). 통합적 공공 복지전달체계를 위한 조건: 영국 사례 연구. 한국사회정책, 25(2), 403-428.

김승권, 김유경, 박정윤, 김연우, 최영준(2011). 취약·위기 및 한부모 가족 지원체계 구축과 자립 지원 방안 연구. 여성가족부, 한국보건사회연구원.

김신열(2007). '사회복지서비스 통합과 네트워크'. 사회복지 네트워크(network)의 이해와 적용. **2007년도 한국사회복지행정학회 춘계학술대회 자료집**, pp. 47-74.

김종일(2014). **지역사회복지론**. 서울: 청목출판사.

류애정(2013). 공공영역 사례관리자의 역할수행에 대한 실증적 분석: 희망복지지원단을 중심으로. **한국지역사회복지학**, 44, 181-201.

민소영(2010). 지역기반 정신보건서비스 조직의 네트워킹 결정요인 연구. **정신보건과 사회사업**, 34, 5-29.

민소영(2012). 사회복지행정영역과 사례관리: 전달체계 개편을 중심으로. 한국사례관리학회 춘계학술대회 발표문.

민소영(2015). 한국의 사례관리 전개과정과 쟁점 고찰. **한국사회복지행정학**, 17(1), 213-239.

민소영(2019). 공공부문 사례관리서비스 통합을 위한 전달체계 탐색. **사회복지정책**, 46(2), 143-173.

박경숙, 김영종, 강혜규, 민소영, 최민정(2012). **공공사회복지 전달체계 개편방안**. 한국사회복지행정연구회, 한국사회복지행정학회.

보건복지부(2017). 2017 읍면동 맞춤형 복지 업무 매뉴얼. 보건복지부.

보건복지부, 사회보장정보원(2017). '2018년도 사회복지시설평가 사회복지관 평가지표'. 보건복지부, 사회보장정보원.

보건복지부, 사회보장정보원(2019a). '공공부문 사례관리 연계 · 협력 업무 안내'. 보건복지부, 사회보장정보원.

보건복지부, 사회보장정보원(2019b). '2021년도 사회복지시설평가 지표(안): 사회복지관'. 보건복지부, 사회보장정보원.

양정남, 권구영, 김화선, 최은정, 한혜경(2011). **사례관리**. 경기: 양서원.

이현주, 강혜규, 노대명, 신영석, 정경희, 유진영, 김용득, 민소영, 이주열, 한익희(2007). **주민생활지원서비스 업무수행체계 분석 및 개선방안**. 한국보건사회연구원, 보건복지부.

이현주, 임완섭, 금현섭, 민소영, 박형존(2014). 복지전달체계 개편평가 및 확산방안 마련 연구. 한국보건사회연구원, 보건복지부.

이효선, 남화수(2017). 사회복지실천을 위한 사례관리: 사례중심실천 접근. 서울: 학지사.

정순둘(2008). 사례관리실천의 이해: 한국적 경험. 서울: 학지사.

정은희, 박수지, 김보영, 안혜영, 이기연, 정익중, 김효진(2013). 취약 · 위기가족 및 다문화가족의 예방맞춤형 복지체계 구축 및 통합사례관리 연구(4차 연도). 한국보건사회연구원.

최은희, 황미영, 황명구(2016). 사례관리. 서울: 정민사.

최지선(2010). 서비스통합전략으로서의 사례관리실천경험에 관한 연구. 한국사회복지행정학.
    12(1), 57-88.

행정자치부(2006). 주민생활지원서비스 업무운영 매뉴얼. 행정자치부, 주민서비스혁신추진단.

Challis, D. & Davies, B. (1985). "Long term care for the elderly: the Community Care Scheme".
    British Journal of Social Work, 15, 563-579.

Dant, T. & Gearing, B. (1990). "Keyworkers for elderly people in the community: case
    manager and care co-ordinators". *Journal of Social Policy, 19*(3), 331-360.

DHSS. (1989). *Caring for people: community care in the next decade and beyond.* London:
    HMSO.

Durbin, J., Goering, P., Streiner, D. L., & Pink, G. (2006). "Does systems integration affect
    continuity of mental health care?". *Administration Policy and Mental Health, 33*(6), 705-
    717.

Gursansky, D., Harvey, J., & Kennedy, R. (2003). *Case management: Policy, practice and
    professional business.* New York: Columbia University Press.

Holt, B. J. (2000). *The Practice of Generalist Case Management.* Boston, London, Toronto,
    Sydney, Tokyo, Singapore: Allyn and Bacon.

Intagliata, J. (1982). "Improving the quality of community care for the chronically mentally
    disabled: The role of case management." *Schizophrenia Bulletin, 8*(4), 655-674.

Payne, M. (2000). "The politics of case management and social work". *International Journal of
    Social Welfare, 9,* 82-91.

Rose, S. (1992). *Case Managment: Social Work Practice.* New York & London: Longman.

Shern, D. L., Surles, R. C., & Waizer, J. (1989). "Designing community treatment systems
    for the most seriously mentally ill: A state administrative perspective". *Journal of Social
    Issues, 45*(3), 105-117.

Vourlekis, B. S. & Greene, R. R. (1992). *Social Work Case Management.* New York: Aldine
    De Gruyter.

제3장

사례관리의 이론

 학습개요

사례관리를 실천하고 이해하는 데 있어서 기반이 될 수 있는 관련 이론과 관점 중 생태체계 이론, 임파워먼트 이론, 구성주의 이론, 강점관점, 네트워크 이론을 소개하였다.

학습목표

1. 사례관리와 관련지어 생태체계 이론, 임파워먼트 이론, 구성주의 이론, 강점관점, 네트워크 이론의 주요 개념과 특징을 이해한다.
2. 각 이론의 주요 개념들이 사례관리에 어떻게 적용되는지를 이해한다.
3. 각 이론의 장점과 그 한계를 알아본다.

1. 생태체계 이론

1) 사례관리와 생태체계 이론

생태체계 이론은 사례관리가 개인, 가족, 직장, 지역사회 등 여러 사회체계가 상호 교류하는 가운데 생계비, 안전, 대인관계, 일자리 등 복합적인 영역에서 어려움을 겪는 사람들이 민간과 공공의 사회적 자원들을 이용하여 스스로 살아갈 수 있도록 돕는 과정을 파악하도록 기본 틀과 개념들을 제공한다. 사회복지실천의 대표 기치인 '환경 속의 인간(person-in-environment)'이 구체화되어 개념과 방향성을 제공하는 이론이 바로 생태체계 이론이라 할 수 있다. 생태체계 이론은 생명체, 조직, 생태환경 사이의 관계들과 역동적 상호작용에 관해 연구하는 일반체계 이론, 생태학, 동물행동학, 민족학, 열역학, 사회학 등 자연과학과 사회과학의 영향을 받아 사회복지학, 심리학, 정신의학 등 분야에서 수용되었다(McDowell, 1994).

사회복지실천이 인간과 사회체계들의 관계를 규명하고 양측이 상호작용하는 부분에서 기능하므로 생태체계 이론을 구성하는 생태학과 일반체계론 각각으로부터 유용한 개념들을 활용한다(박명숙, 1999; Auerswald, 1968). 환경 속에서 다양한 종들의 유기체에 관한 분야로서 생태학적 관점에서 볼 때, 인간 유기체 내부, 체계들의 관계, 특히 인간과 환경 사이 '적합성(goodness of fit)'과 둘 사이 '적응'이 중요하다. 일반체계 이론은 자연생태계나 사회를 구성하는 단위를 '체계'라 하고, 체계들이 서로 관계하고 의존하는 것을 이해하게 해 준다(Bertalanffy, 1968). 개인, 가족, 집단 등 사회체계들은 상호 의존하고 적응해 나가는 관계 속에서 존재하고 움직이므로 사회문제에 대해서도 원인과 결과의 단선적인 인과관계보다는 다중의 역동적인 기제를 이루어 나가는 것으로 본다. 이에 근거하여 사례관리는 복합적인 어려움을 겪는 개인의 상황과 소속한 사회환경 둘 다에 초점을 두어서 이들의 상호작용과 상호관계를 파악하며 진행된다(Germain & Gitterman, 1996).

2) 생태체계 이론의 주요 개념들의 응용

생태체계 이론의 주요 개념들은 복합적인 욕구가 있는 클라이언트를 돕기 위한 민·관 복지지관들의 통합적 사례관리 접근에 적용될 수 있다. 사회환경은 서로 경계가 있으면서도 연결되어 상호작용하는 네 가지 영역인 미시체계, 중간체계, 외적체계, 거시체계로 구분하여 볼 수 있다([그림 3-1] 참고). 이 네 가지 체계를 다음 사례를 통해 살펴보자.

> 45세 여성 김 씨는 두 자녀를 데리고 전남편의 가정폭력을 피해 다른 지역으로 전입하였다. 기초생활수급을 신청하는 과정에서 자신의 심신기능 저하와 신체 질환, 자녀의 자살시도와 우울, 학교 부적응, 가계의 빈곤 등에 관해 힘든 사정을 털어놓게 되어 동주민센터 복지담당자가 통합사례회의와 지역자원들을 연계하며 사례관리를 수행하였다.
>
> 출처: 『2019 사례관리실천 우수사례집』, 한국보건복지인력개발원, 일부 개인정보 변경함.

김 씨가 속한 미시체계(microsystem)는 개인이 직접적 영향을 받고 교류하는 체계인 가족, 이웃, 자녀가 다니는 학교 등으로서 개인의 심리사회적 발달과 밀접히 연관된다. 예를 들면, 김 씨의 과거 가족 형태였던 남성가장 가족과 현재의 모자가족 체계는 자녀에게 각기 다른 영향을 줄 수 있다. 과거 가정폭력의 위협이 사라져 안전수준은 높아졌지만 세 모자녀가 겪는 후유증의 유형과 정도가 각기 다를 것이다.

중간체계(mesosystem)는 둘 이상의 미시체계들 사이에서 연결고리로 작용할 수 있고, 그 관계와 상호작용을 알려 줄 수 있는 체계로서 직장, 종교기관, 복지기관 등이다. 김 씨 가족의 경우 새로 이주한 지역에서 일을 하다가 다친 허리 부상으로 인해 직장체계와 관계가 단절되었으나 사례관리를 통해 심신기능을 회복한 후 진로준비를 하고 다시 일터라는 사회체계와 상호작용이 원활해질 수 있다.

외적 체계(exosystem)는 개인에게 간접적으로 영향을 주는 체계들로서 관공서, 문화시설, 대중매체 등을 들 수 있다. 김 씨 가족의 경우, 아동후원기관을 통해 자녀의 특기를 살릴 수 있게 되어 아동의 자살사고를 줄이고 진로 준비까지 이루어진 다면 외적 체계와의 연계가 일석이조의 효과를 가져올 수 있다.

거시체계(macrosystem)는 사회구성원 모두에게 영향을 주는 거시적 수준의 가치, 관습, 사회문화 구조, 사회제도들을 포함한다. 예를 들면, 사회가 지향하는 가족의 가치와 신념, 김 씨 가족이 이용하게 되는 공적 복지서비스를 제공하는 복지제도, 전학하여 자녀교육이 지속되는 교육제도, 가정폭력 가해자가 접근하지 못하

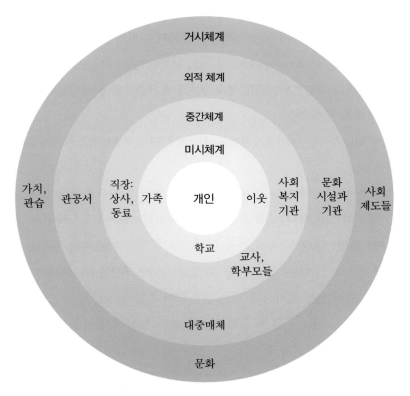

[그림 3-1] 생태체계 수준에 따른 개인, 가족, 지역사회자원의 구분

도록 하는 법제도 등이 이 가족을 둘러싼 거시체계라 할 수 있다.

　이들 각 체계는 내부 하위 체계들의 균형을 잡고자 하는 항상성(homeostasis)을 유지하고 다른 체계와의 사이에는 경계(boundary)를 가지고 상호 분화되어 있다. 동시에 체계는 구조적 특성인 개방성과 폐쇄성의 수준에 따라 외적 환경이나 다른 체계들과 정보와 에너지를 나누고 교류하는 방식과 수준이 달라진다. 김 씨 가족의 경우 가정폭력으로 인해 항상성이 일시 와해되었지만 김 씨의 근로능력이 유지될 동안에는 복지제도와 무관하게 지내다가 실업으로 인해 빈곤이 악화되어 동복지센터라는 체계와 좀 더 개방적으로 교류하게 된다. 사례관리를 통해 이 가족체계는 지역사회 자원체계들의 지원과 피드백을 받아 삶의 에너지를 회복하게 되는 성과를 기대할 수 있다.

　사례관리자가 다중의 사회환경 체계들 사이에서 수행하는 활동은 핀커스와 미나한(Pincus & Minahan, 1973)이 제시한 변화매개체계, 클라이언트체계, 표적체계, 행동체계를 활용하는 4체계 이론을 적용하여 체계화할 수 있다. 변화매개체계는 사례관리서비스를 이용하는 클라이언트의 변화를 도모하는 가족, 사회복지사, 복지담당 공무원, 종합사회복지관 등 미시와 중간체계들이 해당될 수 있다. 가정폭력을 경험한 김 씨 가족이 클라이언트체계가 되고, 또 외상을 극복하는 목표를 향해 변화해야 할 표적체계가 될 수 있다. 행동체계에는 클라이언트를 돕기 위해 동원하는 지원과 협조 등 함께 활동하여 돕는 체계들이 해당된다. 폭력의 피해를 완화하기 위해 동원되는 교육체계와 사회복지체계, 지역사회자원체계 등이 행동체계로 활동할 수 있다.

3) 사례관리에서 생태체계 이론의 활용

　사례관리의 사정, 개입계획, 종결 단계의 과정을 다음의 사례에 생태체계 이론을 적용하여 살펴보자. 여성 가장 김 씨와 자녀들의 사례에 대한 이론의 단계별 적용을 〈표 3-1〉로 요약, 기술하고, 생태체계 이론의 한계점을 짚어 보면 다음과 같다.

김○○ 씨(47세 여성)는 가정폭력으로 인해 이혼하였으나 전남편의 추적이 지속되어 두 자녀와 함께 몰래 현재의 지역으로 이주하였고, 일용직 일을 하던 중 건강이 악화되어 실업하게 되었다. 기초생활보장을 신청하는 중 ○○동 주민센터 복지 담당자가 가정폭력 피해로 인한 김 씨 가족원들의 심신의 역기능과 자살시도, 경제, 주거 등 복합적 어려움들을 알게 되었다. 이 담당자가 사례관리를 시작하여 김 씨 가족의 상담, 복지와 의료서비스 연계와 의뢰, 주기적 통합사례회의 등을 진행하여 도왔고 이 여성 가장 가족은 현재 지역사회자원과 서비스들을 이용하면서 회복 중에 있다.

출처: 『2019 사례관리실천 우수사례집』, 한국보건복지인력개발원, 일부 개인정보 변경함.

표 3-1 사례관리의 과정에 따른 생태체계 이론의 적용

사례관리의 과정	과업과 생태체계들의 지원	4체계 모델을 적용한 사례관리 체계들의 활동
사정	• 미시체계: 거주지 변화에 대한 가족구성원들의 이해와 적응력을 점검, 증진하기 위한 자료수집과 사정 −가족원들의 강점과 현재 욕구 파악을 통한 변화 목표의 설정 −가족원의 심신건강을 위한 면담과 개입계획 • 중간체계: 학교환경의 점검과 교육복지 지원에 대한 사정; 교육복지사의 협조와 협력관계 형성 −이웃과의 교류 점검과 가능성 타진 • 외적 체계: 현재 기초수급과 공적 지원의 활용, 여성 가장의 건강이 향상된 후 경력단절 여성을 위한 취업 교육과 훈련의 사정 • 거시체계: 가정폭력의 추후 피해를 예방하기 위한 법제도, 기초수급, 아동보호와 지원정책, 사례관리제도와 서비스 등에 관한 여성 가장의 이해, 지식, 의식의 제고	• 행동체계이자 전문가체계로서 사례관리자가 자료수집과 사정 과정에서 김 씨와 가계도, 생태도를 그려 보면서 현재 자신과 자녀가 처한 사회체계 상황에 대한 이해를 제고할 수 있음 −개입의 우선순위를 자살시도를 한 자녀부터 김 씨 자신의 건강 향상, 취업 등으로 정함 −과업을 수행할 체계들도 목적과 목표, 수행 성과에 관해 역동적으로 교류해 나감

개입	• 미시체계를 구성하는 가족원 개인의 취약성과 위험 수준을 고려하여 목표를 설정 –강점을 사정한 바를 기초로 행동으로 실행할 수 있는 의지를 타진하고 목표를 수행 • 가족 외부 자원들로서 중간체계, 외적 체계들 중 접근이 용이한 자원을 찾아서 연계하거나 의뢰하고, 부재한 것은 새로 개발 –지역사회, 이웃, 학교 등 외적 체계의 자원들 중 이 가족의 욕구에 적합하지 않은 경우들을 파악하여 조정하는 개입도 수행	• 김 씨가 클라이언트체계로서 사례관리를 시작하지만 가장 취약한 상태에 있는 자살시도를 한 자녀를 우선적인 표적체계로 하여 보호할 필요가 있음. 이 아동의 심신기능 향상을 위해 다른 가족원들이 행동체계로 활동할 수 있음 • 가용한 지역자원들에 대해 사례관리자와 통합사례회의의 유관기관들이 변화매개체계로 기여할 수 있음 –가용하지 않지만 필요한 자원들에 대해서 통합사례회의를 통해 자원개발을 도모할 수 있음
종결과 추후 점검	• 변화 목표의 달성들을 가족을 구성하는 개인들의 자기보고, 이들과의 면담을 통해 개입과정 중 다시 작성한 생태도들을 비교하며 지역사회자원과의 교류 현황, 목표 달성 정도, 이용자 만족도 등을 파악하며 개입의 평가에 반영 –여성 가장의 건강회복에 따라 자녀들과 자활해 나갈 수 있는 정도와 부차적으로 필요한 자원체계들을 확인	가족이 스스로 변화를 도모하고 지역자원을 이용할 수 있는 주체가 될 수 있는지를 파악 –4체계와의 분리가 일어나고 가족 자체가 독립적인 사회체계로 자립할 수 있는 가능성이 높아짐

이상과 같이 사례관리에서 생태체계 이론은 개인과 가족이 사회환경과 교류하는 복합적인 상호관계를 이해하고 상호 적합한 수준을 파악하는 데 도움이 될 수 있다. 나아가 클라이언트가 나타내는 현재 주요한 욕구들과 그 우선순위를 중심으로 각 체계의 강점과 한계점들을 확인하고 지역사회자원들을 동원하여 클라이언트체계에게 도움이 되는 구조를 파악할 수 있다. 따라서 생태체계 이론은 클라이언트가 지역사회에서 관계하고 잠재적으로 이용 가능한 공식, 비공식 사회체계들과의 교류와 그 역동, 이 체계들의 변화를 파악할 수 있도록 하는 장점이 있다.

한편 생태체계 이론은 개인의 사회 적응을 전제로 하여 사회구조가 기능적으로 작동하는 원리를 설명하는 체계 이론을 토대로 한다는 점을 인식하여 개인의 자율성과 자기결정의 원리, 그리고 사회환경 변화의 필요를 반영할 수 있는 이론과 실천 모델을 겸비해 사용할 필요가 있다. 이 한계점의 연장선으로서, 생태체계 이론은 사회취약층이 겪는 생활의 실질적 어려움들을 돕는 구체적인 개입 기술과 기법을 직접 제공하지 않는 한계가 있으므로 임파워먼트, 인지행동, 해결중심 모델 등 여타 개입방법을 응용하여 사용해야 한다.

2. 임파워먼트 이론

1) 사례관리와 임파워먼트 이론

임파워먼트 이론은 20세기 초~중반 서구의 소수 인종, 여성, 장애인 등 사회취약층의 인권과 사회권을 주창하는 교육, 정치사상, 사회운동이 진행되면서 발달하였다. 실천방법으로서 임파워먼트는 억압적인 사회환경을 변화시켜서 사회적 영향력을 수행하고자 하는 행동 중심의 접근부터 보다 보수적으로 개인과 집단이 환경에 적응하는 힘을 키워 어려움으로부터 자신과 삶을 회복하는 것까지 폭넓게 사용된다(Gutierrez, 1990; Langan & Lee, 1989).

임파워먼트 이론에 의한 사회복지실천은 19세기 말~20세기 초 인보관 운동에 뿌리를 두고 진단주의에 대비된 기능주의, 생태체계 이론, 강점관점, 해결중심치료 등 현대로 이어지는 실천방법들과 맥을 함께한다. 현재 임파워먼트 이론은 지역사회 환경을 조정하면서 사회취약층 클라이언트의 자기결정권, 인권, 복지권을 발휘하여 사회정의를 실현할 수 있도록 하는 이론과 방법으로 자리 잡았다(De Jong & Miller, 1995; Pinderhughes, 1983; Weick et al., 1989). 우리나라 사회복지실천은 1990년대 중반 이후부터 조사연구와 실천에서 임파워먼트 이론을 사용해 왔고, 사례관리에서도 클라이언트가 스스로 지역사회자원과 사회복지서비스를 이용하

며 살아가는 것을 궁극의 목표로 하므로 임파워먼트 이론을 적용하여 실천한다고
볼 수 있다.

2) 임파워먼트 이론의 주요 개념들의 응용

(1) 임파워먼트의 개념

임파워먼트는 빈곤, 방임과 폭력, 질환과 장애 등 인간을 억압하는 환경에 대응
하여 개인, 가족, 집단, 지역사회가 스스로를 조정하는 힘을 가지고 사회환경의 구
조적 변화에 참여하여 자신과 타인의 삶의 질을 높이려는 과정이자 돕는 방법으로
개념화할 수 있다. 사례관리에 적용하면, 사례관리자와 클라이언트가 힘을 합하여
사회취약층의 무기력과 환경적 어려움에 대응해 나가는 과정이고 이 대응 과정에
참여하며 얻는 성과라고 할 수 있다(Adams, 2003; Rapapport, 1987). 임파워먼트의 핵
심은 개인이 자신을 스스로 격려하며 힘을 북돋우면서 다른 사람들이나 사회환경
과의 상호작용을 효과적으로 수행해 나갈 수 있는 상태이다. 이 자기 임파워먼트
(self empowerment)는 개인이 사회환경에 대해 알고 느끼는 총체적 활동(holistic act)
을 거쳐서 자신, 자신이 처한 상황을 파악하며 의식화(self awareness)하고 성찰적
(reflexive)이 되면서 자아성장을 이루어 내는 성과를 포괄한다(Adams, 2003: 53).

사례관리자가 사회복지실천의 '환경 속의 인간' 맥락에서 클라이언트의 임파워
먼트를 돕는 실천은 개인과 사회의 두 차원에서 이루어진다(Adams, 2003). 개인적
차원에서 사례관리자는 클라이언트가 자신의 강점을 파악하고 잠재력을 활용하여
자신의 삶과 상황에 유익한 변화를 일으킬 수 있도록 지원하면서 궁극적으로 자기
임파워먼트에 이를 수 있도록 돕는 것이다. 개인이 자신과 사회환경에 대해 성찰
적 사고와 변화노력을 해 나가면서 강화된 역량은 사회적 임파워먼트로 발전할 수
있다.

사회적 임파워먼트(social empowerment)는 집단 과정과 역동을 활용할 수 있는
조직, 지역사회 공간에서 다양하게 수행될 수 있다. 집단, 조직, 지역사회는 모두

이해관계가 있게 마련이므로 상호 대화하며 각자가 주체로서 권한을 가지고 파트너십을 형성하여 공동으로 형성한 목적과 목표를 중심으로 과업을 수행하면서 사회적 임파워먼트를 생성하고, 시행착오를 겪으면서 협력의 힘이 강화될 수 있다 (Adams, 2003). 이렇게 형성된 사회적 임파워먼트를 통해 개인 임파워먼트가 강화될 수 있다. 권한의 이러한 상호적 역동을 잘 보여 주는 예가 자조집단이다. 이 구성원들은 공통의 목표를 향해 여러 역할과 관계 맺기를 수행해 보면서 자신감과 책임감을 고양하며 사회적 임파워먼트를 발전시켜 나갈 수 있다.

(2) 임파워먼트 이론의 활용에 전제되는 관점들

사회복지실천에서 임파워먼트 이론을 사용하면서 전제하게 되는 관점을 네 가지로 정리하면 다음과 같다(Gutierrez, Parsons, & Cox, 1997; Lee, 2001). 첫째, 역사적 관점에서 개인과 가족, 집단, 지역사회의 그간의 생애 내력을 강점과 취약점, 한계, 개인과 사회의 자원들, 대처 방법들 등 여러 측면에서 파악하는 것이다. 이들 사항은 물론 현재 해결해야 할 어려움과 관련되는 범위 내에서 이루어져야 한다. 둘째, 각 체계와 사회환경과의 관계, 상호작용, 구조적 특성, 권한과 권력의 분배와 불균형 등을 살펴보므로 생태체계 이론을 응용한다. 셋째, 문화적 감수성을 높여 인종 · 민족의 문화적 특성과 차이, 권한과 자원의 분배와 균형 등에 대해 인식한다. 끝으로 젠더 감수성을 발휘하여 성차, 소수 인종과 문화적 다양성에 따른 권력과 자원의 균형문제를 인식하고 의식화한다.

3) 사례관리실천에서 임파워먼트 이론의 활용

사례관리에서 임파워먼트 실천 기술(techniques)은 클라이언트와 가족, 민 · 관협동기관들이 사회자원들과 제도에 대한 인식과 행동을 클라이언트의 임파워먼트를 돕는 관계를 중심으로 다음의 다섯 가지 방식으로 수행할 수 있다(Gutierrez, 1990: 151-152). 첫째, 도전이 되는 사안에 대해 클라이언트가 경험하는 바를 중심으로 문제를 인식하고 사회적 차원에서 함께 규명한다. 둘째, 클라이언트의 심리사회적 기능, 그동안의 대응들에서 잠재력과 내·외적 자원들을 파악하면서 이들을 현재 대처능력과 힘을 강화하기 위해 활용한다. 셋째, 사례관리자는 클라이언트 상황을 중심으로 함께 권력을 분석한다. 표면적으로 보이는 클라이언트의 무기력과 그 역기능 이면의 잠재된 힘(예: 삶의 긍정적 경험, 일을 하고자 하는 열망 등), 영향력 있는 사람과 조직, 이들의 구조를 함께 파악한다. 넷째, 클라이언트가 당면한 문제에 대처하고 해결하는 방법, 이웃, 사회복지기관들과 소통하고 협상하는 생활기술을 익히도록 돕는다. 끝으로, 사례관리자는 지역사회기관들과 교류하고 자원을 동원하는 과정에서 클라이언트를 옹호하며, 장기적으로 지역 주민들이나 사회기관, 사회제도들과 연대해 나갈 수 있는 힘을 키운다.

이러한 방법들은 사회복지사와 클라이언트가 상호 존중하고 신뢰하며 허심탄회하게 소통하는 관계가 형성되어야 원활하게 진행된다. 작은 사안들에 대해 대화(dialogue)를 지속하며 대처 방법과 해결을 모색해 나가는 과정 중 클라이언트는 자존감과 자기효능이 향상되고, 매 단계에서 자신의 생각과 행동, 타인과의 우호적 관계를 조정하고 환경의 변화에 참여하는 힘이 제고되는 것을 체험하며 임파워될 수 있다(Gutierrez, 1990).

가정폭력 피해 여성 김○○ 씨(47세)와 자녀의 사례(한국보건복지인력개발원, 2019, 일부 개인정보 변경함)를 통해 임파워먼트 이론을 적용하여 살펴보면 다음과 같다. 김 씨가 폭력 행위자를 피하여 자녀와 다른 지역으로 이주하였고, 기초수급을 신청하던 중 사례관리를 이용하게 되었으며 생계비, 양육비뿐 아니라 심신기능의 회복과 지역사회체계들과의 관계를 원활히 하는 과정에 있다. 이 사례관리의 개입과정에서 임파워먼트 이론(DuBois & Miley, 2005: 198-224; Gutierrez, Parsons, & Cox, 2006: 4-7)이 제안한 바를 적용하여 보면 네 가지 사항으로 정리할 수 있다.

첫째, 이 가족원들이 겪는 어려움을 가정폭력이라는 사회문제의 차원으로 확장하여 이해하고 김 씨와 자녀 개인의 강점과 인권을 존중하는 가치를 실천하면서 사례관리자와 사회복지기관 관계 실무자들, 이웃들과 협력적 관계를 형성한다. 예를 들어, 가정폭력으로 인해 겪었던 힘든 일들에 대해 개인 탓을 하기보다는 사회 문제와 배우자 관계의 맥락, 사회적 스트레스의 여파 등 다각적으로 파악하고 현재와 미래에 초점을 둘 수 있는 대처방식의 개발을 돕는다. 이에 따른 생활 목표를 세우고 김 씨와 자녀가 그동안 다가가거나 이용하지 못했던 사회적 지지와 지역사회 자원을 찾고, 이해를 넓혀 이용해 보면서 포용하는 사회환경 속에서 개인의 강점과 잠재력을 파악한다.

둘째, 사례관리자는 김 씨와 자녀가 겪는 신체질환, 무기력, 우울, 자살사고 등의 어려움을 규명하고 이로부터 욕구를 개발한다. 나아가 사례관리는 김 씨 가족이 새롭게 적응해 가는 지역사회 환경에서 외부 도움을 요청하고 사회자원을 이용하는 것을 지원한다. 이 과정에서 김 씨 가족은 자신들이 겪는 어려움이 개인의 실패가 아니라 지역사회가 함께 서로 도우면서 대응하는 것으로 이해하고 또 실천해 봄으로써 주변 사람들과 협력과 연대를 통한 삶의 질 향상이라는 방향성을 명확히 한다.

셋째, 통합사례회의에 관여하는 자원체계들과 이들의 대표로서 사례관리자와 김 씨가 서로 경험과 아이디어를 공유하면서 실무자뿐 아니라 김 씨와 자녀도 사례관리서비스를 이용하는 주체라는 것을 의식하고 실천한다. 이 과정에서 김 씨의 강점인 취업욕구, 보다 나은 자녀 양육에 대한 의지와 열망, 자녀들의 학업욕구와 재능, 미래에 대한 계획 등을 지역사회 자원체계들과 공유하고 자원을 동원할 방법을 찾으면서 장애물에 대응한다. 특히, 도전이 되는 장애물이 과거 폭력 경험으로 인한 외상과 이로 인해 약화된 심신건강이다. 이에 사례관리자는 의료서비스를 여러 차원으로 연계하고 자녀들이 교육복지 서비스를 이용할 수 있도록 교사, 기관장들과 긴장을 중재하기도 하면서 사회적 기회를 제공한다. 김 씨와 자녀가 과거 폭력 경험으로 인한 부정적 인식과 행동의 틀을 통찰하되 잠재되었던 장점을 바탕으로 작지만 대안적인 생각과 행동방식을 실행해 보면서 스트레스에 대응하고 역량이 강화될 수 있다.

넷째, 김 씨와 자녀는 새로운 지역사회에 적응하는 초기부터 사례관리서비스를 이용하며 그들에게는 새로운 자원체계들과 유대를 맺으면서 사회환경에 대한 긍정적 인식을 가지고 호혜적인 교류를 할 수 있다. 김 씨의 심신기능이 안정되면서 자신의 취업과 자녀를 위한 자원을 이용할 기회가 더 확장되고 자신과 사회에 대한 인식도 호의적으로 변화할 수 있다. 사례관리자는 클라이언트와 자녀가 작은 일부터 완수하여 성취감을 맛보고 서로 인정하며 축하하는 표현을 구체적으로 하면서 정서적 · 사회적 지지를 체험하는 것을 돕는다. 이러한 생각과 행동에서의 변화가 가족의 일상생활에 통합되도록 하는 작업은 작은 시행착오를 포함하고 반복되는 과정 속에서 성과를 다질 수 있게 한다.

이 여성가장 가족원들의 임파워먼트는 각자의 심신기능이 나아지고 자녀의 학교생활이 향상되면서 각기 일터나 학교에서의 지지집단이나 교육복지 프로그램들을 통해 확장되고 사회적 차원으로 발전할 수 있다. 이러한 과정을 표로 요약해 보면 〈표 3-2〉와 같다.

표 3-2 예시 사례에 대한 임파워먼트 이론의 적용

사례관리 과정	단계	활동	전략	사례에서 수행한 과업들

문제의 구체화와 참여	관계 형성과 방향의 설정	공유 하기	클라이언트가 갖고 있는 강점과 자원을 구체화하기	1. 기초수급 신청 과정에서 김 씨와 상담하며 어려움들과 상황을 파악하고 협력적인 관계를 수립
				2. 김 씨와 자녀의 욕구 범위와 수준을 명확히 하기
				  -강점과 도전이 되는 바
				  -사례관리자의 의견과 판단
				3. 김 씨와 자녀가 갖고 있는 강점, 힘을 구체화
				4. 사례관리 초기에 나아갈 방향의 협의
				5. 사례관리 업무를 위한 계약과 사정한 바에 대한 협의

자료수집, 사정, 목표 설정, 계획	자원 파악, 협조 체계의 활성화	해결책을 수행하고 목표 달성 하기	클라이언트에 게 잠재된 자원 을 탐색하고 표 면화하기	1. 김 씨와 자녀에게 잠재된 강점, 자원들을 함께 살펴 보고 확인하기 2. 김 씨의 취업과 자녀의 학교생활 경험들 중 감정, 생 각, 행동적 대처방식들에 대해 살펴보기 3. 위에 근거하여 가족원과 지역사회자원들과의 상호 관계를 알아보고 연결하기 4. 지역사회자원들의 체계에 관한 탐색을 유지하기 5. 추가할 욕구 파악하기—예: 자살시도를 한 자녀를 위한 치유 프로그램의 연장 6. 김 씨와 자녀의 변화를 위한 계획들을 추진하기
개입, 평가, 종결	기회의 확장과 성공 경험의 통합	강화 하기	클라이언트가 이용하지 않은 강점과 자원을 파악하고 활성 화하기	1. 김 씨와 자녀를 위한 서비스, 프로그램 등 새로운 기 회의 확장과 개발 2. 이 가족원들의 목표 달성과 긍정적 변화, 성취 등의 평가와 지속적인 실천 3. 계약을 확인하여 실행하고, 가족원들이 목표 달성 을 축하하며 앞으로의 주도적 변화를 지원하기

출처: DuBois, B. & Miley, K. K. (2005). *Social Work. An Empowering Profession* (5th ed.), p. 199를 참고하여 개발함.

임파워먼트 이론의 유용성은, 첫째, 개인과 가족이 더 나은 삶을 위한 꿈과 목표를 가지고 있고 스스로 자기 삶을 이끌어 나갈 수 있다는 가치를 밑바탕으로 하므로 사례관리가 클라이언트 스스로 자활하는 삶을 궁극의 목표로 한다면 유용하게 활용할 수 있다. 둘째, 클라이언트와 개인, 가족의 생활 상황을 중심으로 충분히 대화를 하며 사회환경의 복합적인 맥락을 파악하고 개인의 어려움과 사회구조적 문제를 연동시키며 개인의 결핍과 병리를 벗어나 사정할 수 있다. 셋째, 권력의 재배치라는 차원에서, 사례관리자와 클라이언트가 동등한 주체로서 협력관계를 형성하여 지역사회 속의 삶을 재구성할 수 있는 힘을 강화하므로 클라이언트뿐 아니라 사례관리자의 자기 임파워먼트도 향상시킬 수 있고 궁극적으로 사회연대와 통합에 기여할 수 있다.

임파워먼트 이론을 적용하는 데 있어서 한계는 이론 자체보다는 사례관리의 업무처리라는 행정적 상황에 따라 발생할 수 있다. 즉, 시간의 압박을 받거나 지역사회 요구에 우선순위를 둘 경우 클라이언트의 상황을 파악하고 강점과 잠재력, 복잡성을 살펴볼 충분한 시간을 확보하지 못하여 개인과 가족이 스스로 힘을 내고 의식화할 기회를 갖지 못할 수 있다. 아울러 임파워먼트 이론은 사회적 변화에 상대적으로 방점이 찍히므로 개인과 가족의 심신기능과 생활고 해결에 우선순위가 매겨지는 사례관리의 경우 적용하는 데 한계가 있다.

3. 구성주의 이론

구성주의는 역사적으로 지식인과 철학자들이 지식이란 무엇이며, 인간이 지식을 어떻게 형성하게 되느냐에 대한 물음, 즉 인식론(epistemology)에 관한 논쟁에서 비롯되었다. 인식론은 객관주의 인식론과 주관적 인식론으로 구분할 수 있으며, 주관적 인식론에 근거하고 있는 것이 바로 구성주의이다(Glasersfeld, 1995; 안부금, 2002: 6 재인용). 구성주의에서의 지식은 인간이 외부 세계와의 만남에서 살아 있는 유기체로 적응하는 과정에서 나타나는 자연스러운 반응으로(김종문 외, 2002), 우리가 매일 마주하는 현상은 객관적 실체로서 발견되는 것이 아니라 우리가 창조 또는 구성해 내는 것이라는 것이 사회구성주의의 핵심 주장이다.

1) 역사적 배경

오늘날 구성주의를 급진적으로 보는 이유는 초기 구성주의의 영향이 크다고 할 수 있다. 객관적인 구성주의에서는 지식이 인간 외부 세계를 중심으로 형성되었다고 보았으나 포스트모더니즘의 영향으로 인간의 상호작용 자체가 지식을 만드는 출발점으로 파악하는 사회구성주의를 낳게 되었다(김종문 외, 2002).

서구는 시민혁명과 산업혁명을 경험하면서 신(神) 중심의 중세사회가 마감되고 인간(이성)을 중심으로 한 자본주의, 개인주의, 논리주의, 이성주의가 발전하면서 근대사회가 시작되었다. 특히, 근대사회를 관통하면서 과학적 이성주의의 발전은 인류를 성장시키고 역사를 발전시킴으로써 미래에 대한 환상을 키워 갔다. 그러나 근대가 추구했던 멋진 미래는 전쟁과 인간소외라는 참혹한 결과를 통해 인류에 상처를 주고 파괴함으로써 잿빛 미래를 선물했다. 또한 이 시기의 지식인들은 인간을 개별적 요소보다는 유기적 관계와 구조를 중요시했고, 현상이 구조에 종속되었다고 여겨 개별성을 무시해 왔다. 이러한 근대사회에 이의를 제기하면서 나타난 사회적 사상이 사회구성주의이다.

사회구성주의는 언어를 수단으로 연결되어 있는 사람들의 사회적 상호작용과 관련성으로 지식이 형성되며, 그 지식으로 세계를 이해한다고 생각했다. 그러므로 사회구성주의자들은 사회구성원들이 하나의 요소나 사태를 어떤 방식으로 받아들이고 바라보는지에 대하여 탐구하면서, 우리에게 자연스러워 보이는 관습적 사고는 특정한 상황에서 구성된 것으로써 영구적인 것은 아니라고 주장하였다. 결국 사회구성주의가 제시하는 것은 그 사회에 속하지 않은 사람들이 바라보는 현실이나 실제를 반영하지 않을 수도 있으며, 그 사회에서 단순하게 잘못 만들어 낸 가짜 설명일 수도 있다는 한계를 가지고 있다고 볼 수 있다(강종구, 김라경, 2012).

학자들은 지식을 획득하고 확장해 가는 방법에 있어서 유연성을 발휘할 것을 요구하였다. 즉, 측정을 통해 수량화된 자료도 중요하지만, 그것만이 사회복지실천의 유일한 지식이자 길잡이가 되어서는 곤란하다는 것이었다(엄명용 외 3인, 2018: 235).

이렇게 형성된 사회구성주의는 제2차 세계 대전 이후 본격적으로 대두되기 시작한 포스트모더니즘 운동의 한 부분이라 할 수 있다. 포스트모더니즘 운동은 역사적으로 계몽주의 또는 모더니즘의 지향점이나 믿음체계와 대조되는 문화적·지적 운동으로서 모더니즘의 한계를 극복하기 위해 출현하였다. 18세기 초 시작된 모더니즘 운동은 종교적 권위가 지식을 대신하던 중세 종교적 교의에 대한 대안으로 출발한 것이었는데, 보편적 지식과 사회적 진보에 이르기 위한 방법으로 냉철한 이성과 논리 그리고 과학적 탐구를 중시하였다. 모더니즘이 종교적 교의를 배격하였듯이, 포스트모더니즘은 정형화되고 보편적인 진리나 지식체계를 배격하고 역사적 · 문화적 · 사회적 상황에 따라 변화하는 믿음체계 또는 지식체계를 선호한다(엄명용 외 3인, 2018: 236).

2) 특징

구성주의 입장에서 과학의 의미는 과학적 진리를 찾거나 이론 · 법칙 · 원리를 발견하는 수단적인 학문이 아니라 우리가 사는 세계를 알 수 있도록 도와주는 것이며, 과학적 지식은 반증될 수 있으나 현재로는 반증되지 않은 잠정적 개념이며, 객관성보다는 주관성을 더 중요시한다. 그러므로 지식을 절대적인 것, 인식자와 분리된 것, 외적 실체와 일치하는 것으로 보는 전통적인 지식 이론과는 다르게 구성주의는 사고하는 개인이 자신의 경험을 기초로 해서 아는 것을 구성한다는 가정에서 출발한다(김종문 외, 1998). 구성주의에서의 지식은 외부에서 주어지는 것을 우리가 그대로 받아들여 저장하는 것이 아니라 인지를 가진 사람이 주체가 되어 그 지식과 경험을 해석하고 의미를 부여한 것이라고 할 수 있다.

사회구성주의 입장에서는 사회현상이나 상황과 관련된 절대적인 진리나 객관적 실체가 존재하지 않는다(Gergen, 1999: 35-57). 우리 모두는 나름의 독특한 방식으로 우리 주변에서 발생하는 현상들에 대해 의미를 부여하며, 또 그렇게 부여된 의미에 기초하여 주변 현상에 반응한다는 것이다. 따라서 사회현상이나 상황 자체가 중요한 것이 아니라 그것에 대한 묘사나 구성의 내용이 중요하며 그렇게 구성되고 경험된 속성이 진정한 의미에서 실체이자 진리라는 것이다. 하지만 이 진리는 유일한 진리가 아니라 특정한 상황과 관련된 다양한 진리들 중 하나일 뿐이다. 사람들에 따라서 동일한 현상과 상황이더라도 서로 다르게 묘사하거나 구성할 수 있기 때문이다. 많은 다양한 묘사나 구성 중에서 어떤 것이 진리에 더 가까운 것인가는 사회구성주의자의 관심 대상이 아니다. 동일하게 주어진 현상이나 상황에 대해 다양한 형태의 구성과 반응이 가능하며 그것들 모두는 나름대로의 진리 속성을 갖고 있고, 그렇기 때문에 다양한 형태의 진리가 동일하게 존중받아야 한다는 점을 인정하는 것이 중요할 뿐이다. 살아가며 마주치게 되는 어떤 현상이나 상황을 인식, 이해, 묘사하면서 그것에 의미를 부여하는 행위가 구성(construction)이라고 불리는 것이다. 이러한 구성이 개인 혼자에 의해 이루어지는 경우는 거의 없다. 우리 모두는 사회 속에서 관계를 맺고 살아가기 때문이다. 우리는 다른 사람과의 관계와 상호작용을 통해서 형성된 우리 자신의 신념, 전제, 전통, 규범 등의 렌즈를 통해 현실을 구성한다. 주변 사람과 함께 공동으로 구축한 인식의 여과장치를 갖고 어떤 현상을 마주 대하게 된다는 것이다. 이것이 바로 사회구성(social construction)의 개념이다 (엄명용 외 3인, 2018: 234-238).

3) 실천에서의 적용

사회적 구성주의 이론으로 사회복지실천에 큰 영향을 끼친 학자는 저겐(Gergen, 1985)이다. 피아제가 개인 내적인 힘을 사고발달을 추구하는 힘으로 본 데 반해 비고츠키(Vygotsky)는 외적인 힘, 즉 사회적 상호작용이 사고 발달을 추진시키는 것으로 보았는데, 이러한 비고츠키의 생각은 저겐에게 영향을 주어 인간의 상호작용 자체가 사회적 세계를 구성한다고 보는 사회적 구성주의를 발전시키는 계기가 되었다. 사회적 구성주의는 변화나 치유를 이끌어 내는 데 유용한 개념들을 소개하는데, 우리 정신의 기능이 사회문화적으로 주어지는 상호작용(상징체계를 포함한)에 의해 구성된 것이라면, 그 상호작용의 내용을 바꾸어 줌으로써 한 개인의 생각과 내용과 형태를 바꿀 수 있다고 보는 것이다. 사회적 구성주의 이론은 상호 역동적인 관계에 있는 개인들 사이에서 사회 세계가 창조되어 건설되었다고 주장함으로써 이전의 고정적인 실재(reality)는 본질적으로 개방적이고 언어적인 상징체계에 크게 의존한다. 따라서 인간 실존에 일관성과 목적을 부여하는 방식으로 언어나 상징적 행위들을 사용할 수 있고 이런 과정을 통해 새로운 사회 세계를 건설할 수 있다고 보는 것이다(고미영, 2005 재인용).

사회구성주의와 사회복지실천 간 연관성에 대해서는 버(Burr, 2003)가 제시한 사회구성주의 실천의 특성과 위트킨(Witkin, 2012)이 소개한 사회구성주의 내용을 중심으로 엄명용 외 3인(2018: 240)은 다음과 같이 제시하였다.

(1) 대안적 의미 생성에 참여

사회복지사는 사회가 클라이언트 개인이나 상황을 묘사하는 언어 또는 클라이언트가 자신을 묘사하는 언어가 진실된 것인지 또는 실체를 정확히 나타내고 있는지를 알아내는 데 초점을 두기보다는 사용된 언어가 클라이언트에게 어떤 영향을 미치는지에 더 초점을 두고 경우에 따라서는 대안적 언어를 사용한 대화를 이어 갈 수 있을 것이다. 사회구성주의적 관점에서 볼 때 클라이언트가 자기 자신에 대해서 또는 자기 가족이나 주변에 대해서 기술하는 내용은 클라이언트 밖에 존재하는 객관적으로 존재하는 실체에 대한 객관적 기술이 아니라 많은 다양한 현실 버전 가운데 하나의 현실 버전을 보고하는 것이다. 사회구성주의 실천가에게 있어 진실의 버전은 다양하고 여러 가지이며 각자 나름대로의 진리를 동일하게 포함하고 있기 때문에 어떤 것이 더 진실해 가까운지를 가려내는 것은 의미가 없다. 대안적 의미는 그저 대안적 의미일 뿐이다. 다만 어떤 버전의 의미가 특정 목적(예: 가족의 행복)을 위해 더 유용한 것인지를 살펴보는 것이 중요하다.

이것은 사회가 클라이언트를 규정하는 언어에 대해서도 동일하게 적용된다. 사회의 지배적 담론에 의해 정당화된 '이름 붙이기(labeling)'와 그에 기초한 배제나 억압으로 인해 불이익을 당하는 사람들에 대해 대안적 담론과 실천 비전을 제시할 수 있다. 사회구성주의 사회복지실천가는 사회 내 지배적 담론의 권위를 당연시하기보다는 그것을 비판적으로 바라보면서 대안을 제시하려고 노력한다. 또한 그 대안적 담론이 사회에서 영향력을 획득하고 정당성을 인정받을 수 있도록 노력한다. 이를 위해서 우리 사회복지사는 사회에 어떤 담론이 지배적인지를 확인해 보고, 그 담론과 그 담론에 참여하는 우리가 클라이언트를 어떻게 정의하며 클라이언트와 우리의 관계는 어떻게 설정되어 있는지를 살펴볼 필요가 있다.

(2) 맥락 안에서 클라이언트의 믿음체계 이해

사회구성주의 실천은 사회복지사가 클라이언트의 역사ㆍ문화ㆍ사회적 맥락 안에서 클라이언트의 믿음체계를 이해할 것을 요구한다. 맥락에 대한 이해와 인식 역시 구성의 산물로 간주되기 때문에 객관적 맥락 현실을 드러내려 하기보다는 클라이언트가 제시한 맥락 현실 인식이 문제해결을 위해 얼마나 유용한 것인지에 초점을 둔다. 개입 대상의 문제를 둘러싼 맥락은 그 맥락 안에서 사회구성 과정에 직접 참여한 클라이언트의 관점에서 주로 설명되도록 한다.

(3) 평등한 관계 안에서 대화를 통한 사회구성

사회구성주의 사회복지실천가는 클라이언트보다 우월한 입장에서 클라이언트를 이끌어 가는 전문가가 아니라 클라이언트가 새로운 통찰력을 갖도록 도와주는 역할을 한다. 여기서 사회복지사와 클라이언트 평등관계가 중시된다.

다양한 관점을 가진 사람들 사이의 초기 이해 단계에서 대화는 상호 관점의 차이를 알아내는 역할을 한다. 대화 참여자 각자가 가진 다양한 관점이나 인식을 드러내는 것이 목적이기 때문에 이 과정에서는 다양하고 상호 충돌하는 관점이 나타날 수 있다. 이 과정에서 핵심은 참여자들 모두의 관점을 평등하게 존중해 주면서 그들 간 합의를 위한 조정을 하는 것이다. 합의적 공동 구성이 불가능한 경우에도 적어도 각자 상대방이 갖고 있는 관점을 최대한 이해할 수 있도록 하는 것이다.

(4) 사회복지사와 클라이언트의 대화 과정을 통한 개입 방안의 도출

협동 작업을 통해 상호 타협 또는 융합되어 구성된 현실이 노출되면 이것에 바탕을 둔 실용적이고 적절하며 합당한 실천 개입 방안을 이끌어 내게 된다. 이때 개입 방안은 사회복지사의 전문적 지식으로부터 나오는 것이 아니라 협동 작업을 통해 구성된 현실 내용으로부터 사회복지사와 클라이언트 간 상호 합의로부터 나오는 것을 분명히 할 필요가 있다. 문제 상황의 정의 또는 문제를 확인하는 모든 과정에서 다양한 가치와 관점을 갖고 있는 모든 이해 당사자가 관여해야 한다.

(5) 다양한 의견과 가치체계를 의식하고 소중히 여김

　사회구성주의 시각에서는 가치가 배제된 이론이나 실천은 없다고 본다. 따라서 각 구성원들이 갖고 있는 가치체계를 잘 드러내는 일은 그 가치가 어떤 함의를 지니며 개인의 삶에 어떤 영향을 미칠 것인지를 알아내는 데 요긴하다. 사회구성주의 실천에서는 가치를 명확히 드러내고 그것이 어떻게 실제의 삶 속에 영향을 미치는지 탐색하는 것을 선호한다(엄명용 외 3인, 2018: 243).

　이러한 사회구성주의의 관점은 사례관리의 전 과정에서 상호작용을 통해 유연성 있는 사정과 계획을 통해 적용될 수 있다. 무엇보다 사회구성주의는 공동체를 분석하는 틀이 되고 있다는 측면에서 중요하다고 할 수 있다. 기존의 사회적 상호작용을 분석하는 것도 중요하지만 새로운 사회 교류를 통해 유용한 상호작용과 인지적 경험을 통해 새로운 삶을 살 수 있는 기회를 제공하기 때문이다.

4. 강점관점

1) 역사적 배경

　강점관점은 사회복지실천의 역사와 더불어 계속되어 왔지만 이는 체계화된 접근법은 아니었다. 최근의 사회복지 실천방법은 강점관점으로 변화하고(Saleebey, 1996: 297-298) 있는 과정이다. 이는 그동안의 심리분석적인 접근법들이 개인, 가족, 그리고 지역사회의 병리, 결핍, 문제, 비정상, 피해, 무질서 등에 관심을 두고 있다는 사실에 대하여 새로운 인식을 하게 되었다는 것을 말한다(Saleebey, 1996: 297-298). 즉, 문제를 해결하고 문제나 상태를 지각하는 것으로의 패러다임의 전환을 말한다. 정신과적 어려움을 가진 사람들은 빈곤, 외로움, 성취달성을 위한 한정된 기회, 차별, 억압이 지속되는 것이 두드러졌다. 그런 가운데서 원하는 것을 발견하는 것이 최근의 강점지향적 변화인 것이다(Rapp, 2006: 3).

강점관점은 진단주의에 대한 깊은 불만족에서 파생하였다. 20세기 초 진단주의 학파의 사회사업가들은 클라이언트의 문제를 진단하기 위해 프로이트(Freud)의 정신분석학 이론을 배경으로 클라이언트의 정보를 수집하고, 사정하고, 사회적 진단을 내리는 인과모델에 따른 의료적 모델을 강조하기 시작했다. 이러한 변화에 따라 전문적 기술과 방법이 원조의 원칙이 되었고 클라이언트의 내적·정신적 생활이 사회사업의 중요한 초점으로 등장하게 되면서 개별사회사업이 발전하게 되었다. 그러나 이러한 진단주의적 사회사업은 문제를 찾고 밝히는 과정 속에서 문제를 아는 것만이 문제를 해결할 수 없다는 것을 알게 되었고, 클라이언트의 다른 가능성을 보지 못했다. 이런 진단주의적 패러다임은 클라이언트의 삶에서 희망을 잃게 했고 그들의 유능성, 성장, 발달, 경험에 기여할 수 있는 감각을 잃게 하였다.

이러한 어려움을 발견한 사회복지사들은 클라이언트의 목표, 열망에 초점을 두고 건설적인 방법으로 클라이언트와 함께, 클라이언트가 주체이자 핵심이라고 생각을 전환하기 시작했고 이러한 관점은 그들의 '강점'과 '회복력'에 중심을 두기 시작했다.

하지만 강점관점은 사회복지실천의 관점 자체가 '환경 속의 인간'에서 출발했기 때문에 갑자기 나타난 것이 아니라, 개인과 환경 간의 관계 속에서 발견되고 활용될 수 있는 개인의 자질에 관심을 기울이는 과정에서 오래전부터 사회복지실천의 내용 속에 있어 왔다(엄명용 외 3인, 2018).

1980년대 후반, 캔자스 대학교 멤버였던 데니스 샐리베이(D. Saleebey)와 앤 웨익(A. Weick) 외 다른 학자들이 강점 시각에 대한 개념적 이해를 개발하고 서술하기 시작하였다. 이후 '사회복지실천을 위한 강점 시각'이라는 글을 「사회복지(social work)」라는 저명한 학술지에 발표하였으며, 샐리베이는 『사회복지실천에서의 강점관점』(1992)이라는 책을 저술하였다. 이를 계기로 강점관점이라는 용어로 급속도로 퍼져 나가기 시작하였고, 사회복지 현장에서도 강점관점을 널리 사용하게 되었다(우국희 외, 2018: 196). 클라이언트의 문제나 병리에 초점을 둔 의료모델로부터

강점, 장점 또는 건강한 측면에 초점을 두는 강점관점으로의 전환은 소위 근대주의
적 관점에서 탈근대주의적 관점으로의 변화에 맞춰 본격적으로 전개되었다고 할
수 있다(엄명용 외 3인, 2018: 215-216).

　한국에서는 1990년대 이후 '역량 강화' 또는 '권한부여'라는 개념으로 소개되었으
며(양옥경, 김미옥, 1999) 실천현장과 교육현장에서 클라이언트와 좀 더 인간적이며
효율적으로 일하기 위해 강점관점을 적용하고 있다. 미국의 경우 다양한 인구집단
에 강점관점을 적용하고 효과성을 알아보고자 하는 많은 연구들(Early & Glenmaye,
2000; Cox, 2001: 306-307 재인용)이 있으며, 연구 결과 심각한 정신질환이 있는 사람
들을 대상으로 하는 사례관리에서 강점을 기초로 하는 접근법이 효과가 있음이 입
증되고 있다(Rapp, 1992: 45-47; Kisthardt, 1992: 59-82). 한국에서는 강점관점을 적용
하여 사례관리의 효과를 나타낸 일련의 연구들이 지속적으로 나오고 있는 현실이
다(노혜련, 유성은, 2007; 한혜경, 2009; 김수영, 노혜련, 2011). 강점관점 사례관리는 빈
곤가족이 의존에서 벗어나 주체적인 삶을 살아가도록 하는 변화를 시도하도록 하
며(김수영, 노혜련, 2011), 삶의 경험 속에서 자발적인 변화를 유도할 수 있다.

2) 특징

　강점관점은 클라이언트의 욕구를 해결해 나가는 과정에서 클라이언트의 문제
나 병리적 측면보다는 강점에 초점을 두고 사정하고 개입하여 클라이언트 스스
로가 문제를 해결할 수 있도록 돕는 것이다. 강점관점은 생활 단위가 아무리 일
그러지고 처참한 상황에 놓여 있다 하더라도 사회복지사는 그들의 역량, 재능, 경
쟁력, 가능성, 비전, 가치, 희망 등에 중점을 두고 그들을 대해야 한다고 주장한다
(Saleebey, 2008). 즉, 클라이언트의 부족한 것보다는 갖고 있는 것, 모르는 것보다
는 아는 것, 할 수 없는 것보다는 할 수 있는 것을 헤아려 볼 것을 요구한다. 이 과
정에서 클라이언트의 내부와 외부에 존재하는 자원 목록이 작성될 수 있다. 강점관
점의 저변에는 인간 정신에 내재하는 고유의 지혜와 역경 속에서도 발휘되는 인간

의 잠재적 역량에 대한 인정과 존중이 깔려 있다. 사회적으로 가장 낮은 위치에서 학대, 억압, 차별, 외상, 고통, 그리고 그 밖의 역경을 경험하고 있는 사람이라 할지라도 그 가운데서 희망과 변화의 싹은 돋아날 수 있다는 것이다(한국사례관리학회, 2012: 37-38).

강점모델과 병리모델의 차이점은 꿈, 능력, 자신감, 지위, 높은 삶의 질, 자원, 사회관계, 기회 등에서 차이가 난다(Rapp, 2006: 51-53). 강점관점은 클라이언트 스스로 강점을 인지하도록 하며, 만족스러운 삶을 살아나가도록 한다(De Jong & Miller, 1995: 734). 또한 고통에도 불구하고 굴하지 않는 회복력과 엄청난 시련을 견디어 낼 수 있는 레질리언스, 자신의 치유능력(Saleebey, 2008: 11)을 신뢰하는 것이다.

모든 사람은 독립적이다. 또한 삶의 대부분은 상호 의존적이다. 강점관점으로 바라본 삶은 일상의 생활에서 중요한 사람들과(예: 집주인, 고용주, 친구, 이웃, 성직자, 교사) 충분한 상호 의존을 통해 서로서로 도우면서 살아간다는 것이다. 이러한 의미에서 랩(Rapp, 2006)은 강점관점의 원칙을 다음과 같이 제시하였다. 이 원칙은 이론으로부터 파생된 것으로, 원칙은 사람을 이해하는 것이며, 원조하는 사람을 위한 이행방법이며, 가치와 방법의 근거가 되는 것이다.

원칙 1: 클라이언트는 그들 스스로의 삶을 회복, 개선, 변화할 수 있다.

여기에서의 핵심 단어는 '사람'이다. 우리와 함께 일하는 사람은 그들의 삶을 회복하는 능력을 가지고 있다. "우리는 사람을 회복하도록 만드는 능력을 가지고 있다."라고 말하지 않는다. 당신은 어떤 원예를 해 본 적이 있는가? 정원사는 식물을 성장시킨다고 말할 수 있는가? 아니다. 성장을 위한 능력은 이미 씨 안에 원래부터 타고난다. 그래서 정원사는 무엇을 하는가? 우리는 그들이 성장하는 데 가장 적절한 조건을(예: 햇볕, 물, 흙) 스스로 만들도록 돕는다고 할 수 있다.

강점모델은 성장과 회복을 위한 능력이 이미 클라이언트 내부에 존재한다고 강조한다. 사례관리자로서 우리의 작업은 성장과 회복이 가장 잘 일어날 것 같은 조건을 만드는 것을 돕는 것이다.

원칙 2: 결점보다는 개인의 강점에 초점을 둔다.

무엇이 개인에게 잘못되었는지 사정하기, 진단하기, 치료하기 등에 집중한 병리적 모델로 접근하는 것은 클라이언트 스스로가 삶을 회복하는 것보다, 문제나 질병을 가진 가운데 사회화되어 가는 결과로 사람을 평가한다는 것이다. 그렇다고 강점모델에서 문제를 무시하라고 하는 것은 아니다. 사람은 고통과 증상을 경험하고, 삶을 압도시키는 문제를 발견하고, 삶의 목표에 도달하는 과정에서의 장벽과 도전을 경험한다. 하지만 사람은 삶 속의 문제, 고통, 도전에도 불구하고 회복할 강점을 가지고 있다는 것을 의미한다. 사람은 그들의 개인적인 관심, 열정, 강점 위에 바탕을 두고 발전하고 성장하는 경향이 있다. 그 과정에서 활용하는 강점과 기회는 성장을 증진시킨다.

그러므로 사람과 함께하는 우리의 일은 증상, 사건, 문제, 약점과 결핍에 꼭 향하지 않아도 된다. 오히려, 지금까지 어떤 것을 성취해 왔고, 어떤 자원이 존재해 왔는지, 최근에 무엇을 이용했으며, 이용할 수 있는지, 무엇을 알고 있는지, 재능은 무엇이며, 클라이언트가 품고 있을지도 모르는 어떤 열정과 꿈에 초점을 두어야 한다.

원칙 3: 지역사회는 자원의 오아시스이다.

강점관점은 단지 개인의 강점뿐만이 아니라 환경의 강점을 수반한다. 종종 지역사회는 막혀 있는 사막 같이 장벽으로 느껴질 수도 있으나 사회복지사는 지역사회의 강점 영역을 발견할 수 있어야만 한다. 클라이언트의 고통과 상처의 근거가 되기도 하지만 클라이언트의 자원이 될 수 있는 곳이 지역사회이다.

2개의 가정이 이런 원칙에 있다. 첫째, 사람의 행동과 행복은 사람이 이용할 수 있는 자원과 기대에 의해 많은 부분 결정된다는 것이다. 둘째, 사람은 그들이 필요로 하는 사회적 자원에 대한 권리를 가진다. 그러므로 사례관리자의 과제는 지역사회 협력을 창조하여 클라이언트와 지역사회 주민과의 소통 중재, 고용, 주택, 여가 등이 결핍된 클라이언트를 지역사회의 구성원으로서 서비스를 받도록 하고, 주민들과 공동체를 이루도록 협력하는 것이다.

원칙 4: 클라이언트는 실천과정의 지도자이다.

강점관점의 기본은 사례관리의 형태, 과정, 내용을 결정하는 것이 클라이언트의 권리라는 믿음에서 출발한다. 사례관리자는 매번 각각의 과정에 클라이언트의 동의와 결정을 구하고, 동의 없이 아무것도 하지 않아야 한다. 클라이언트가 적합한 '권리'를 가지고, '권리' 자원을 좀 더 발견해 내고, 임파워링하는 영역 쪽으로 움직여야 한다는 것이다.

원칙 5: 사례관리자와 클라이언트 관계는 가장 우선적이며 본질적이다.

관계는 가장 우선적이며 본질적이다. 왜냐하면 관계를 맺음으로 해서 클라이언트의 강점, 재능, 요구, 열망을 알 수 있으며, 클라이언트의 성장과 회복을 위해 함께 나아갈 수 있기 때문이다. 클라이언트의 비전은 어떠한지, 삶에서 가장 의미 있고 중요한 것이 무엇인지를 기꺼이 공유하는 환경을 창조하는 것은 굳건하고 믿을 수 있는 관계를 가져온다.

원칙 6: 강점관점 실천의 첫 번째 장은 지역사회이다.

강점관점에서는 사무실을 선호하는 몇몇의 클라이언트를 제외하고는 사무실이 아닌 클라이언트가 있는 곳이나 지역사회를 중심으로 일을 한다. 즉, 지역사회 아웃리치가 중심이 되어 사정과 개입의 풍부한 기회를 제공한다.

3) 실천에서의 적용

강점모델에서 사례관리의 목적은 클라이언트가 지역사회 주민들과 상호 의존하면서 스스로의 생활을 회복, 개선하고 변화하도록 돕는 것이다. 변화를 위해 도움이 되는 자원의 범위를 확인하고, 클라이언트가 생활하고 활동하기 위해 필요한 환경을 유지하도록 한다. 그래서 사례관리에서의 강점모델은 클라이언트 스스로를 위해 만든 목표를 성취할 수 있도록 도와주며, 서비스를 필요로 하는 각 개인의 특별한 욕구에 개별화한 서비스를 진행하는 것이다(Rapp, 2012).

하지만 강점관점 실천에서 경계해야 할 것은 전통적인 실천의 틀 또는 관점 속에 '강점' 또는 '권한 부여' 등의 용어를 끼워 넣는 것만으로 강점관점을 실천한다고 착각하는 것이다. 사회복지사 자신의 이론적 틀과 전문적 지식 안에서 원조과정 전체를 계획·지시·통제하면서 '강점' 또는 '권한 부여' 등의 용어를 사용한다고 해서 강점관점의 실천이 될 수 없다. 강점관점에 입각한 진정한 실천을 하기 위해서는 우선 실천과정에서 사회복지사에 의한 문제 정의, 상황 해석, 개입 처방 등이 철저히 자제되어야 한다. 그 가운데 클라이언트가 어떤 상황으로 변화되길 원하는지, 클라이언트는 진정으로 무엇을 하고 싶어 하는지 등에 초점이 맞추어져야 한다(Margolin, 1997: 124; 엄명용 외 3인, 2018: 217 재인용).

이러한 강점모델 사례관리는 실천 이론, 원칙, 실천방법의 개입 방향을 설정하는 데 도움이 되며, 다섯 가지 기능 요소를 지닐 때 최적화될 수 있다(Rapp, 2012).

1. 면접과 계약을 맺을 때는 협력적인 파트너십의 관계에서 시작한다.
2. 정보를 수집하고, 요구와 욕구를 사정하거나 자원을 사정할 때의 목적은 클라이언트와 함께 일을 하기 위한 기초로서 클라이언트와 환경의 강점을 사정해야 한다.
3. 목표와 계획을 수립하는 것은 클라이언트와 사례관리자가 토론하고, 협상하고, 장단기 목표에 동의하는 것을 의미한다. 그러므로 개별화된 목표에 합의한다는 것이다. 여기에서 사용되는 강점사정은 정보를 안내하는 것이 먼저일 수도 있다.
4. 자원 활용의 목적은 클라이언트의 목표를 성취하기 위해 클라이언트에 의해 요구된 환경적인 자원을 획득하는 것이고, 그들의 권리를 지키고 클라이언트의 강점을 증가시키는 것이다. 이를 통해 클라이언트와 지역사회의 벽을 허무는 것이고, 사례관리자도 지역사회를 강점관점으로 바라보도록 요구하는 것이다.

5. 4단계 과정에서 공통적으로 요구되는 것은 끊임없는 협력과 자유이다. 강점 모델에서 사례관리자는 계획을 실행하는 과정에서 클라이언트가 자신감을 갖도록 덜 관여하고, 자기효능감, 지역사회 통합, 회복을 증진하되 강점을 사용하여야 한다. 지역사회의 자원과 클라이언트의 능력을 신장하기 위해 지속적인 협력을 하지만 클라이트의 자율성은 보장되어야 한다.

5. 네트워크 이론

네트워크(network)는 공동의 이익과 목표를 추구하기 위해 사회적 합의가 성립된 집합체로서 사회적 상호작용, 관계, 연결, 신뢰, 협력과 같은 다양한 개념이 포함된다.

1) 역사적 배경

사회복지 분야에서 네트워크(network)는 '사회관계망', '조직 간 관계 또는 연줄망', '서비스 연계망', '기관 간 연계', '조직 간 협력', '지역사회 관계망' 등으로 사용되고 있다. 이러한 개념정의를 종합해서 이준영(2007)은 네트워크를 자원, 기술, 사회관계, 지식, 신뢰 등을 서로 공유할 수 있는 사람 또는 단체의 공식적 혹은 비공식적 관계의 망으로서 유대 또는 연계라고 이해할 수 있다고 하였다.

사회과학에서 네트워크 연구의 시작은 19세기 말 사회를 사회구성원 간의 상호연결로 본 오귀스트 콩트(Auguste Comte), 개인의 행동이 그룹에 영향을 받는다고 주장한 귀스타브 르봉(Gustave Le Bone), 개인 간의 '상호작용'을 사회의 핵심 요소로 본 게오르크 지멜(Georg Simmel) 등의 아이디어에서 출발하였다고 볼 수 있다. 하지만 이들의 아이디어가 실제 연구에 활용된 것은 20세기에 들어선 이후이다(고길곤, 김지윤, 2013).

사회복지 분야에서 네트워크의 개념은 국가복지의 대안으로 등장하였는데, 1970년대 중반 이후 경기 침체로 재정적 위기의식이 증대되어 공식적 서비스를 비공식적 지원망(informal support network)을 통해 제공하고자 하는 움직임이 일어났고, 공식적 서비스 기관이 관료제적 조직으로 변화하여 더 이상 클라이언트의 서비스 욕구에 반응하지 못한다는 비판 때문에 국가복지가 다른 부문과의 네트워크를 통한 복지제공 방안을 모색하게 되었다고 하였다. 뿐만 아니라 사회복지에 대한 욕구는 대부분 복합적이기 때문에 사회복지서비스 제공기관 간 네트워크를 통해 이를 충족시켜 줄 수 있으므로, 서비스 제공기관 간 네트워크는 서비스의 중복 및 누락을 방지하여 자원효율성을 높이고 클라이언트의 만족이라는 효과성을 확보하는 방안이 될 수 있다는 점에서 매우 중요하다(김희연, 한인숙, 2002).

이처럼 사례관리에서 네트워크가 중요한 이유는 클라이언트 측면과 사례관리자 측면으로 나누어 설명할 수 있다. 클라이언트 측면에서는 클라이언트 체계의 욕구 복합성과 그에 대응하는 조직의 단일목표 지향성 때문이다. 사례관리자 측면에서는 사례관리 운영체계가 네트워크를 통해 이루어지고, 네트워크를 통해 목표 달성을 함께할 수 있다. 이러한 점에서 사례관리는 네트워크 조직을 통한 협업이라고 할 수 있다(함철호, 2016).

2) 특징

이준영(2007)은 네트워크의 특성을 구조적 차원과 과정적 차원으로 구분하여 사용하였고, 최근에는 구조적 차원, 상호작용적 차원, 기능적 차원으로 구분하여 사용하는 연구자들도 있다(김희연, 2002; 최유미, 2008; 최영광, 2011; 김현숙, 2012). 네트워크의 구조적 차원은 관계의 형태를 의미하는데, 관계의 강도와 방향성 등 형태상 특성을 다루는 것이다. 이 차원은 과정 차원에서 도출된 것으로 관계의 공식화 정도, 구조적 복잡성, 중앙성, 밀도에 관련된 것이다(최영광, 2011). 네트워크의 상호작용적 특성은 조직 간 네트워크 과정 속에서 실질적으로 교환되는 조직 간 관계나 적절성을 파악할 수 있는 것으로 네트워크 내용, 조직 간 상호 호혜성, 조직 간 상호작용 빈도, 네트워크의 지속성이 대부분 사용되고 있으며, 그 외에도 연결성, 강도, 확장 정도, 다양성 등을 포함시키기도 하였다(김현숙, 2012). 네트워크의 기능적 특성은 네트워크가 구성원들에게 어떤 역할을 하는가를 의미하는 것으로 참여한 행위자들의 필요, 의도, 자원, 전략에 의존하게 된다(김희연, 2002).

오늘날 어떠한 조직이나 기관도 홀로 생존해 나가기 어렵다. 그래서 공공과 민간의 조직의 크기, 서비스 제공 범위에 상관없이 조직은 다른 조직과 협력 또는 네트워크 관계를 추구한다. 특히, 조직에 필요한 자원을 외부환경으로부터 조달할 수밖에 없는 사회복지조직의 경우 환경 속에 다양한 조직들과 네트워크 체계를 갖추지 않을 수 없다. 이러한 관점에서 사회복지조직이 네트워킹을 추구하는 근본적인 이유를 다음과 같은 다섯 가지로 설명한다(황성철 외 3인, 2015: 121-122 재인용).

(1) 자원에 대한 필요성

자원에 대한 필요성은 조직이 다른 조직과 협력 또는 네트워크 체계를 구축하는 가장 큰 이유가 된다. 한 조직 단독으로 획득하기 어려운 고도의 전문화된 자원이나 정치적 과정을 통해서 얻을 수밖에 없는 자원을 얻기 위하여 네트워킹을 시도하면 효율적이다.

(2) 조직 영역의 확장 필요성

조직이 새로운 사업을 통하여 시장을 확대하여 개척하고자 할 때 개별조직의 위험을 감소시키면서 새로운 시장에 진입하기 위하여 조직 간 협력과 네트워크를 한다.

(3) 경쟁력 강화를 위한 필요성

조직 간 협력을 통하여 경쟁력을 높일 수 있기 때문에 네트워킹을 시도한다. 특히, 비교우위를 점하는 특정 조직이 규모나 지위에서 크게 차이가 날 때 약소 조직들이 서로 협력하여 경쟁력을 높일 수 있다.

(4) 변화에 적응하기 위한 필요성

급변하는 환경에 적응할 수 있는 능력을 갖추기 위하여 네트워킹을 할 수 있다.

(5) 규모의 경제와 비용절감을 위한 필요성

협력과 네트워크 체계의 구축은 효율성을 담보로 한다. 지역사회 차원에서 유사한 서비스 대상에게 각기 다른 서비스를 제공하는 조직들이 있는 경우 접수나 진단, 평가 단계 등의 업무수행을 공유하여 서비스 제공 비용을 절약하거나 감소시킬 수 있다는 것이다.

이러한 네트워크는 다음과 같은 '특징'이 있다(배웅환, 2003; 이은구 외, 2003; 홍현미라, 2006; 한국사례관리학회, 2019: 47-48), 첫째, 조직 및 구성원 사이의 의미 있는 상호관계가 존재하며, 둘째, 네트워크 구성원들이 교환하고 공동의 목적을 달성하기 위해 지속적인 상호작용을 하며, 셋째, 신뢰에 바탕을 둔 상호작용이 있으며, 넷째, 네트워크 구성원 사이에서 합의된 규칙에 의한 통제가 있으며, 다섯째, 구성원 사이의 상당한 정도의 자율성이 유지된다. 이러한 특성을 갖는 네트워크의 구성 요소는 행위자들의 구성, 공동목적, 권력자원, 상호작용으로 정리된다.

3) 실천에서의 적용

사회복지에서의 네트워크의 중요성은 홀(Hall, 1982)에 의해 강조되었다. "조직 간 네트워크는 무엇보다도 의료보호, 취업알선, 청소년 보호조직, 복지조직 등의 인적 서비스 전달을 다루고 있다. 그 이유는 조직 상호 간의 조정으로 서비스 전달을 개선하고 비용을 줄일 수 있다는 신념이 있었기 때문이다. 그리고 사회서비스 조직체의 클라이언트들은 조직 상호 간의 관계에 의해 크게 영향을 받기 때문이다"(한국사례관리학회, 2019: 48에서 재인용).

그러므로 네트워크 이론은 사례관리를 위한 운영체계 구축은 물론 사례관리 과정에 널리 사용되어 왔다. 사례관리를 위한 운영체계 구축에서는 지역사회기관과의 협력, 통합사례관리 팀 구축, 인적·물적 지원망 구축 등에 적용될 수 있다. 사례관리 과정 및 계획수립 및 실행에 있어서는 공식·비공식 자원체계를 구축하고 지역사회기관과 연계 및 협력을 행하는 데 적용 가능하다. 평가에서는 클라이언트에게 제공된 공식적·비공식적 자원, 서비스에 참여한 지역사회기관과의 연계, 협력 정도를 파악하는 데 활용할 수 있다(남미애, 2018: 56).

이처럼 네트워크 이론은 운영체계 구축을 통해 사례관리를 효율적으로 운영할 수 있다. 사례관리의 운영체계가 효율적으로 운영되면 통합사례회의 등을 통해 자원활용이나 사정, 계획수립 및 점검 등의 일련의 사례관리 과정도 협력적으로 이루어져 사례관리의 간접실천이 원활하게 이루어진다.

하지만 사례관리를 위한 네트워크 형성이 중요하나 서비스 제공자, 개별기관의 속성 그리고 네트워크 내 관계가 중요한 영향을 미치므로(정순둘, 1997), 네트워크 안에서의 누적된 상호작용의 경험을 통해서 신뢰를 형성하고 그 신뢰를 바탕으로 안정화되어야 할 것이다(김용학, 2003). 민간기관과 공공기관, 민간기관 간, 공공기관 내 부서 간, 공식적 자원과 비공식적 자원 간 등 활발한 상호작용을 통해 신뢰를 형성하고 그 신뢰의 경험으로 네트워크가 효과적, 효율적으로 움직일 때 사례관리자도 클라이언트도 지역사회도 긍정적인 성과를 달성할 수 있을 것이다.

학습과제

- 사례관리가 필요한 클라이언트의 사례를 구하여 그 상황에 맞게 이론의 개념들을 적용하시오.
- 자원봉사, 사회복지 현장실습, 수련(예: 학교사회복지, 의료사회복지, 정신건강사회복지) 등에서 접한 사례를 구하여 그 상황에 맞게 이론의 개념들을 적용하시오.
- 학우들의 모둠을 형성하여 구체적인 사례를 선정하고, 각자 클라이언트를 둘러싼 각각의 이론으로 분석해 보시오. 그리고 모둠 구성원들이 각 분석 결과를 토론하고 피드백을 나누어 보시오.

참고문헌

강종구, 김라경(2012). 사회구성주의 관점에서 본 지적장애 개념과 시스템 고찰. 지적장애연구, 14(2), 1-23.

고길곤, 김지윤(2013). 행정학과 타 학문 분야의 네트워크 이론 연구 및 활용 경향에 대한 연구. 정부학연구, 19(2), 37-72.

고미영(2005). 구성주의 사회복지실천의 이론. 교수논총, 17, 7-30.

김수영, 노혜련(2011). "강점관점 사례관리 이용자 경험에 대한 질적 연구". 2011 한국사회복지학회 추계공동학술대회 자료집, p. 135.

김영자(2002). 저소득모자가정과 함께 하는 사회사업실천모형의 탐색. 이화사회복지연구, 2, 201-228.

김용학(2003). 사회연결망이론. 서울: 박영사.

김종문 외(1998). 구성주의 교육학. 서울: 교육과학사.

김종문 외(2002). 구성주의 교육학. 서울: 교육과학사.

김현숙(2012). 빈곤아동·청소년 지원기관의 통합서비스 영향요인 연구-네트워크 특성의 매개효과를 중심으로-. 원광대학교 대학원 박사학위논문.

김희연(2002). 지역사회복지의 네트워크 분석: 대전광역시 사회복지관을 중심으로. 이화여자대학교 대학원 박사학위논문.

김희연, 한인숙(2002). 네트워크 이론에서 본 지역사회복지: 지방정부와 사회복지관의 관계를 중심으로. 한국지방자치학회, 14(1), 99-122.

남미애(2018). 아동·청소년을 위한 사례관리론. 경기: 양서원.

노혜련, 유성은(2007). 강점관점 사례관리의 특성에 관한 연구. 한국가족치료학회지, 15(1), 75-103.

박명숙(1999). 생태체계 이론(Ecosystem theory)에 대한 이해와 사회사업에의 적용에 관한 연구. 사회복지리뷰, 4, 127-137.

배웅환(2003). 거버넌스의 실험: 네트워크 조직의 이론과 실제-대청호 살리기 운동 본부를 중심으로-. 한국행정학보, 37(3), 67-93.

안부금(2002). 구성주의 이론에 기초한 유아과학교육 교사 연수 프로그램의 개발과 효과에 관한 연구. 덕성여자대학교 유아교육학과 박사학위논문.

양옥경, 김미옥(1999). 사회복지실천에서의 권한부여 모델에 관한 고찰. 사회복지, 99 겨울호, 155-172.

엄명용, 김성천, 오혜경, 윤혜미(2018). 사회복지실천의 이해(4판). 서울: 학지사.

우국희, 성정현, 좌현숙, 장연진, 최승희(2018). 사회복지실천론. 서울: 신정.

이은구, 원구환, 문병기, 최영출, 윤경준, 김겸훈, 이재능, 박상주, 이우권, 남기범(2003). 로컬 거 버넌스. 경기: 법문사.

이준영(2007). 사회복지 네트워크의 이론과 과제. 춘계학술대회 및 워크숍 자료집.

정순둘(1997). 오스틴 노인그룹 서비스 기관들의 관계에 관한 연구. 한국사회복지학, 31, 441-458.

조흥식, 김혜래, 신은주, 우국희, 오승환, 성정현, 이지수(2010). 인간행동과 사회환경. 서울: 학 지사.

최영광(2011). 장애인 직업재활조직의 네트워크 특성이 조직성과에 미치는 영향. 가톨릭대학교 대학원 박사학위논문.

최유미(2008). 자원봉사조직의 네트워크 특성이 조직효과성에 미치는 영향에 관한 연구. 대구 가톨릭대학교 대학원 박사학위논문.

한국보건복지인력개발원(2019). 2019 사례관리실천 우수사례집. 한국보건복지인력개발원.

한국사례관리학회 편(2019). 사례관리 전문가교육: 실무자 기초과정(2판). 서울: 학지사.

한혜경(2009). 재가 노인 대상 강점관점 사례관리의 효과성 연구. 한국사회복지학, 61(4), 243-263.

함철호(2016). 사례관리에 대한 권력관점의 조망. 사례관리연구, 7, 43-70.

홍현미라(2006). 지역사회관계망을 활용한 자원개발경험의 유형에 관한 근거이론 연구. 한국사 회복지학, 58, 65-69.

황성철, 정무성, 강철희, 최재성(2015). 사회복지행정론. 경기: 정민사.

Adams, R. (2003). *Social Work and Empowerment* (3rd ed.). New York, NY: Palgrave Macmillan.

Auerswald, E. H. (1968). Interdisciplinary versus ecological approach. *Family Process, 10,* 263-275.

Becvar, D. S. & Becvar, R. J. (1996). Strategic approaches and the milan influence. In D. S. Becvar and R. J. Becvar, *Family Therapy: A systemic integration* (pp. 221-248). Boston,

MA: Allyn and Bacon.

Bertalanffy, L. (1968). *General System Theory: Foundations, development, applications.* New York: Braziller. 현승일 역(1990). 일반체계이론. 서울: 민음사.

Cox, L. (2001). "BSW students favor strengths/empowerment-based generalist practice". Families in Society: *The Journal of Contemporary Human Services, 82*(3), 5-313.

De Jong, P. & Miller, S. (1995). "How to interview for client strengths". *Social Work, 40*(6), 729-736.

DuBois, B. & Miley, K. K. (2005). *Social Work: An Empowering Profession* (5th ed.). Boston, MA: Pearson Education Inc.

Early, T. J. & Glenmaye, L. F. (2000). *Valuing families: Social work practice with families from a strengths perspective.* Publishing Company Pacific Grove, California.

Gergen, K. J. (1995). The social construction movement in modern psychology. *American Psychologist, 40*, 266-275.

Gergen, K. J. (1999). *An invitation in social construction.* Thousand Oaks, CA: Sage Publication.

Germain, C. B. (1983). Using social and physical environments. In A. Rosenblatt and D. Waldfogel (Eds.), *Handbook of clinical social work* (pp. 110-133). San Francisco, LA: Jossey-Bass.

Germain, C. B. & Gitterman, A. (1996). *The Life model of social work practice: Advance in theory and practice* (2nd ed.). New York, NY: Columbia University Press.

Gutierrez, I. (1990). Working with Women with Color: An Empowerment Perspective. *Social Work, 35*(2), 149-153.

Gutierrez, I., Parsons, R., & Cox, E. O. (1997). 김혜란, 좌현숙, 차유림, 문영주, 김보미 역 (2006). 사회복지실천과 역량강화. 서울: 나눔의 집.

Kisthardt, W. (1992). "The strengths perspective of case management with persons suffering from severe mental illness". In Saleebey, D. (Ed.), The strengths perspective In social work practice. *New York: Longman.* pp. 59-83.

Langan, M. & Lee, P. (1989). *Radical Social Work.* Boston, MA: Unwin Hyman.

Lee, J. A. B. (2001). *The empowerment approach to social work practice: Building the beloved community.* New York, NY: Columbia University Press.

Margolin, L. (1997). *Under the cover of kindness: The invention of social Work.* Charlottesville: University Press of Virginia.

McDowell, B. (1994). An Examination of the Ecosystems Perspective in Consideration of New Theories in Biology and Thermodynamics. *The Journal of Sociology & Social Welfare, 21*(2), 49-70.

Pincus, A. & Minahan, A. (1973). *Social Work Practice: Model and Method.* Itasca, IL: F. E. Peacock Publishers, Inc.

Pinderhughes, E. (1983). Empowerment for our clients and for ourselves. *Social Casework, 64,* 331-338.

Rapapport, J. (1987). Terms of empowerment/examples of prevention. Toward theory for community psychology. *American Journal of Community Psychology, 15*(2), 121-128.

Rapp, C. (1992). "The strengths perspective of case management with persons suffering from severe mental illness: In Saleebey, D. (Ed.), *The strengths perspective in social work practice.* New York: Longman, pp. 45-58.

Rapp, C. A. (2006). *The Strengths Model-Case Management with People with Psychiatric Disabilities.* Oxford University Press.

Rapp, C. A. (2012). *The Strengths model: Case management with people suffering from sever and persistent mental illness.* New York, NY: The Oxford University Press.

Saleebey, D. (1996). "The strengths perspective in social work practice: extensions and cautions". *Social Work, 41*(3), 96-305.

Saleebey, D. (2001). "Practicing the strengths perspective: Everyday tools and resources". Families in Society: *The Journal of Contemporary Human Services, 82*(3), 21-222.

Saleebey, D. (Ed.). (2008). *The strengths perspective in social work practice* (5th ed.). Boston: Pearson Education.

Siporin, M. (1980). Ecological Systems Theory in Social Work. *The Journal of Sociology & Social Welfare, 7*(4), 507-532.

von Glasersfeld, E. (1995). *Radical Constructivism: A Way of Knowing and Learning.* London: The Falmer Press.

Weick, A., Rapp, C., Sullivan, W., & Kisthardt, W. (1989). A Strengths perspective for social work practice. *Social Work, 34*(4), 350-354.

Witkin, S. (2012). An introduction to social construction. In S. L. Witkin (Ed.), *Social construction and Social Work practice: Interpretations and innovations* (pp. 13-37). New York: Columbia University.

제**4**장

사례관리의 모델

📄 학습개요

사례관리에서 모델의 의미, 사례관리자의 역할에 따른 모델의 다양함, 각 모델들의 장단점을 학습한다. 그리고 이러한 모델들이 한국의 다양한 사례관리 실천현장에 시사하는 바를 학습한다.

✏️ 학습목표

1. 사례관리 모델의 의미를 이해한다.

2. 사례관리자의 역할에 따른 모델을 이해하고 말한다.

3. 사례관리 모델을 포괄적으로 설명하는 ICM 모델을 이해하고, 한국 사례관리 현장에 대한 시사점을 말한다.

모델은 현장 실천가들에게는 일종의 '안내서'이고, 연구자들에게는 검증의 대상이다. 우드사이드와 맥클램(Woodside & McClam, 2003)에 의하면 사례관리 모델을 이해하는 것은 다음과 같은 측면에서 의의가 있다. 첫째, 서비스 전달이 다양한 방식으로 제공될 수 있는 유연한 과정임을 알 수 있게 한다. 둘째, 모델마다 다른 목표는 사례관리자가 클라이언트에게 개입할 때의 책임성, 역할, 개입 기간에 대해 다른 관점을 지니게 한다. 셋째, 각 모델마다 장단점이 있는데, 그것을 파악함으로써 특정 상황에 적합한 모델을 선택할 수 있게 한다.

사례관리 모델은 분류기준에 따라 다양하다. 기본적으로 표적 집단, 사례관리의 주체, 목적, 활동 장소, 사례관리자의 역할에 따라 다르며(이근홍, 2006), 직접서비스 대 간접서비스의 비중, 개별 클라이언트 대 클라이언트체계, 개별 사례관리자 대 사례관리팀, 주요 이론적 기반(권진숙 외, 2012) 등에 따라 다르다.

여기서는 사례관리의 효과성이 사례관리자의 역할에 달려 있다고 볼 수 있으므로 사례관리자의 역할을 기준으로 한 모델(Early & Poertner, 1995), 사례관리가 전달체계의 문제에 대한 대응이므로 서비스 전달을 기준으로 한 모델(Woodside & Mclam, 2003), 사례관리서비스의 포괄성 정도를 기준으로 한 모델(황성철, 1995) 그리고, 아이오와 사례관리 모델(ICM 모델)을 소개하겠다. 아이오와 사례관리 모델은 모델 구성에 사용되는 변수를 가장 포괄적으로 제시하면서, 최소 서비스 모델과 최대 서비스 모델을 제시하여 사례관리 모델을 이해하는 데 유용하다.

끝으로, 이러한 모델들이 한국 사례관리에 시사하는 바를 제시하겠다.

1. 사례관리자의 역할을 기준으로 한 모델: Early와 Poertner의 모델

얼리와 포트너(Early & Poertner)는 사례관리자의 역할을 치료자, 중개인, 기관 간

팀, 강점관점으로 구분하여 네 가지 모델을 제시하였으며(Early & Poertner, 1995; 정
순둘, 2005), 그 내용이 〈표 4-1〉에 제시되어 있다.

표 4-1 Early와 Poertner의 모델별 사례관리 과정

기능	치료자	중개인	기관 간 팀	강점관점
특징	기존 치료에 사례관리 추가	서비스체계가 잘 조정되어 있지 않으므로 클라이언트가 서비스를 잘 받도록 중개	클라이언트가 다양한 서비스체계와 관련되어 있는 경우 다학제 간 전문팀이 조정하는 기능 수행	클라이언트와 그 체계가 갖는 강점에 주목
사정	DSM에 의거	기능적 사정에 의거 서비스 욕구를 결정하고 재정 지원을 목적으로 프로그램 자격조건 사정	각각의 전문가에 의한 사정 후 팀이 만나 함께 종합적이고 임상적인 사정 실시	클라이언트와 가족의 능력과 자원, 즉 강점사정
계획	사회복지관의 치료계획	사례관리자가 클라이언트의 욕구에 부합하는 서비스를 찾고 이를 주선	서비스에 대한 팀 계획과 주선	클라이언트와 가족이 필요한 자원과 기술을 획득하도록 계획(사례관리자에게 의존하지 않도록 함)
옹호	클라이언트와 가족을 위해 필요한 것으로 보이는 다른 서비스를 얻을 수 있도록 옹호	서비스 자격 조건의 유연성을 얻기 위해 다른 서비스 제공자에게 초점	모든 기관의 서비스 제공자가 서비스 제공에 동의하고 있으므로 옹호노력이 필요 없음	클라이언트와 가족이 자원을 획득하는 방법을 배울 수 있도록 하고 기관의 변화를 위해 노력
모니터링	클라이언트의 피드백을 통해 계획의 진행 정도가 모니터링됨	위기상황이 다가오면 계획은 수정됨. 주기적 점검, 타 기관 사회복지사가 모니터링하기도 함	정기적으로 팀이 모니터링	클라이언트와 가족의 지속적 모니터링

| 연계 | 부가적인 서비스를 위해 지역사회 내의 다른 기관에 수동적으로 연계 | 특정한 서비스에 대한 가족의 인지부터 재정적 보증을 포함한 능동적 의뢰 | 1명의 주 사례관리자가 연계 책임을 지기도 하고, 팀원으로 참여하고 있는 사례관리자가 각각의 기관 서비스와 연계. 가족이 초기 사례관리자의 역할을 하기도 함 | 클라이언트와 가족이 자원의 소비자가 되도록 하며, 연계 책임은 사례관리자, 클라이언트, 가족이 지게 됨. 공식적 자원이 없을 경우에는 비공식적인 자원의 창출이 중요 |

출처: Early & Poertner, 1995, pp. 44-45.

1) 치료자 모델

이 모델은 기존의 사회복지 치료모델에 자원 연결 기능을 강화한 모델이다. 사정은 DSM에 근거하여 이루어지며 계획은 직접적인 치료가 우선시된다. 모니터링은 클라이언트와의 피드백을 통해 이루어지며, 다른 기관과의 연계는 수동적인 편이다. 치료가 우선이며 부가적인 서비스 제공을 위해 지역사회 내의 다른 기관과 수동적으로 연계하는 정도의 개입이 이루어진다.

2) 중개인 모델

이 모델은 치료자 모델에서 한 걸음 더 나아가 서비스 기관들의 협력체계가 잘 구성되어 있지 않은 상태에서 보다 나은 서비스를 제공하기 위해 서비스에 대한 중개를 적극적으로 진행하는 모델이다. 프로그램의 자격요건으로 DSM이 사용되며, 모니터링은 주기적으로 이루어진다. 사례관리자가 클라이언트의 욕구에 부합하는 서비스를 찾아 적극적인 주선과 중개가 이루어진다.

3) 기관 간 팀 모델

이 모델은 서비스 조정에 합의된 기관들이 적극적으로 협력하여 서비스를 제공하는 모델이다. 사정은 각각의 전문가에 의해 이루어지며, 서비스는 팀 계획에 의해 실시된다. 클라이언트가 다양한 서비스체계와 관련되어 있을 경우 다 직종 간의 조정이 강조되는 모델로 서비스계획을 각 전문가의 사정 후 팀이 함께 종합적인 사정을 하며, 팀에 의해 정기적으로 모니터링이 이루어진다.

4) 강점관점 모델

이 모델은 클라이언트의 강점에 초점을 두고, 더 이상 사례관리자에게 의존하지 않아도 스스로 자원을 연결할 수 있는 능력을 강화하는 모델이다. 가족의 강점까지도 사정해야 하며, 클라이언트 중심 사례관리(client-focused case management)와 같은 맥락에서 이해된다. 클라이언트와 그를 둘러싼 체계의 강점에 주목하여 사정하고, 클라이언트와 가족이 자원을 획득하는 방법을 배울 수 있게 된다.

강점모델은 1980년대 캔자스 대학교의 찰스 랩(Charles Rapp)에 의해 개발되었는데, 당시 클라이언트가 원하는 것을 성취하는 데 있어 사례관리가 비효과적이라는 인식에서 비롯되었다. 이 모델은 클라이언트의 병리나 결함에 기초하여 욕구를 사정하기보다, 전적으로 클라이언트 강점에 기초하여 사정하는 것을 강조한다. 또한 사례관리 과정에 클라이언트의 적극적 참여가 강조된다. 사례관리자는 단지 클라이언트의 자기결정과 클라이언트의 특정 목표를 달성할 수 있도록 클라이언트를 지원하는 데 주된 역할이 있다.

2. 서비스의 복합성 수준에 따른 모델

사례관리 형태는 사회복지 준전문가나 사회복지를 전공하지 않은 비전문가가 서비스를 연계하고 서비스가 잘 전달되었는지 확인하는 단순한 형태부터 전문가가 다양한 서비스들을 직접 및 간접적으로 제공하고 여러 자원체계들과 상호작용하며 복합적으로 서비스를 제공하는 수준까지 다양하다. 황성철(1995)은 단순형, 기본형, 종합형, 전문관리형으로 구분해 사례관리 모델을 제시하고 있다.

- 단순형: 사례관리자는 클라이언트와 지역사회자원 및 서비스를 단순히 연계하는 업무를 한다. 여기서 사례관리자는 준전문가(parapro-fessional) 자격을 가지고 업무를 수행한다.
- 기본형: 사례관리자는 기초적인 상담을 제공하는 것과 함께 클라이언트와 지역사회자원 및 서비스를 연계한다. 이 모델에서도 사례관리자는 준전문가로서 업무를 수행한다.
- 종합형: 사례관리자는 클라이언트와 심층적인 상담과 치료적 개입을 수행하고 또 지역사회자원과 서비스를 제공한다. 여기서 사례관리자는 준전문가로서 업무를 수행한다.
- 전문관리형: 사례관리자는 클라이언트에게 직접서비스를 제공하고 또 자원 및 서비스를 연계하는 간접서비스도 제공하며, 전문관리자로서의 업무도 수행한다.

표 4-2 사례관리서비스의 복합성 수준에 따른 사례관리의 분류

구분	단순형	기본형	종합형	전문관리형
사례관리의 근본 목적	• 지역사회의 자원과 서비스 연계	• 지역사회의 자원 연계 • 기초 상담, 조언	• 지역사회의 자원과 서비스 연계 • 심층상담 또는 치료	• 직접적 · 간접적 서비스 제공 • 관리자로서 서비스 관리
사례관리의 기능	• 욕구 인식 및 사정 • 사례 계획과 서비스 연계 • 서비스 점검	• 적극적 사례 발굴, 사정 • 사례 계획 및 서비스 연계 • 상담, 서비스 점검	• Rothman*의 15가지 기능 수행	• 기본적인 사례관리 기능 • 자원 배분 • 통솔, 의사결정 기능 포함
사례관리자의 역할	• 자원과 서비스 중개자	• 중개자, 상담자, 교육자, 지지자, 서비스 점검자	• 자원 및 서비스 중개자 • 상담 또는 치료자 • 교육자, 옹호자	• 연계자, 상담자, 치료자, 교육자
사례관리자의 교육 및 전문성	• 준전문가, 전문가 • 훈련된 자원봉사자	• 준전문가 • 전문가	• 전문가	• 특수 분야별 전문가
조직 내 사례관리자의 위치와 슈퍼비전	• 기존의 조직과 업무 수행 부서에서 수행 • 전문가에 의한 엄격한 슈퍼비전	• 기존의 조직 내에서 수행 • 경험이 많은 사회복지사의 슈퍼비전이 필요	• 독립된 사례관리 부서 • 최소한의 슈퍼비전	• 독립된 팀 형성 • 슈퍼비전이 필요 없음
담당 사례 수	• 비교적 많음	• 적절한 사례 • 30사례 내외	• 비교적 적은 사례 • 10~20사례	• 최소한의 사례 • 10사례 미만
개별/팀 접근	• 팀 접근 가능 • 주로 개별적 접근	• 개별적 접근	• 개별적 접근	• 팀 형성에 의한 접근
사례관리자의 업무에 관한 자율성 및 권위 정도	• 자율적인 결정권이 없음 • 전문가와 협의 요망	• 어느 정도 자율성이 보장됨	• 자율적인 의사결정이 보장됨	• 전문 분야별 자율성 보장 • 공동 결정 요망

* 로스먼(Rothman, 1992)이 제시한 사례관리자의 기능: 사례 발견과 의뢰, 적극적인 클라이언트 발굴, 접수, 사정, 목표 설정, 서비스계획 및 개입, 클라이언트와 서비스 또는 자원 간의 연계, 자원 파악 및 목록 작성, 서비스 제공의 점검, 재사정, 결과 평가, 기관 상호 간의 조정, 상담, 치료, 클라이언트 옹호.

3. 서비스 전달 기반에 따른 사례관리 모델

우드사이드와 맥클램(2003)은 사례관리자 업무 초점과 기관의 상황에 따라 사례 관리의 구조체계와 기능이 변화할 수 있다고 하면서, 역할 기반 사례관리 모델, 조직 기반 사례관리 모델, 책임 기반 사례관리 모델로 제시하였다.

표 4-3 Woodside와 McClam(2003)의 모델

	역할 기반 사례관리	조직 기반 사례관리	책임 기반 사례관리
목적	• 클라이언트의 욕구를 충족을 위한 다양한 서비스의 연결 • 치료적 케어 제공 • 서비스의 효과성 질 평가	• 단일 장소에서 복합적 욕구 충족을 위한 서비스 제공	• 사례관리자의 단·장기 참여 • 서비스의 조정 • 자원봉사자의 도움 • 클라이언트 임파워먼트 강조
책임성	• 사례관리의 전 과정	• 서비스 조정에서 서비스 제공을 위한 전문가팀 운영 책임	• 조정, 서비스 평가 등과 문제 규명, 계획, 수행 등에 따라 다양
주요 역할	• 중개자, 협력자, 조정자, 상담자, 평가자, 촉진자, 계획자, 문제 해결자 등	• 옹호자, 중개자, 협력자, 조정자, 평가자, 촉진자, 계획자, 문제 해결자, 체계 수정자	• 중개자, 협력자, 조정자, 평가자, 촉진자, 계획자, 문제 해결자, 기록 보관자, 체계 수정자
개입 기간	• 단기, 장기	• 단기, 장기	• 단기: 위기개입 • 장기: 신체적·정신적 질병장애 또는 노화 문제
장점	• 서비스의 제공자와 조정자로서 사례관리자의 다양한 역할, 클라이언트의 강한 관계 형성	• 서비스는 입원, 외래환자, 또는 주거 중심으로 제공 • 총체적 방법으로 다방면의 사정이 이루어짐 • 계획이 개별화되어 평가 용이 • 사례관리자들은 공동의 목적과 계획을 가지고 팀으로 가능	• 사례관리가 가족, 이웃, 자원봉사자, 클라이언트 등 다양한 개인이나 집단에 의해 수행 • 서비스 접근이 어려운 클라이언트에게 용이 • 비용 효과적 • 지역의 독립적인 참여

단점	• 사례관리자의 과중한 사례량과 기관의 서비스를 제공, 제한에 따른 불충분한 서비스 제공	• 필요로 하는 서비스가 없을 때, 서비스 제공이 제한됨 • 서비스 통합은 분명한 조직구조와 위계질서에 의존 • 비공식적 지지체계의 접근이 가장 어려운 모델	• 사례관리자의 클라이언트에 대한 이해 부족 • 필요한 지식과 기술 부족 • 비효과적 서비스 평가
세부 모델	• 일반적 실천가 모델 • 중개자 모델 • 일반적 치료자 모델 • 비용 절감 모델	• 포괄적 서비스센터 모델 • 다학제 간 팀 모델 • 심리사회적 재활센터 모델	• 가족 모델 • 지지적 보호 모델 • 자원봉사자 모델 • 사례관리자로 기능하는 클라이언트 모델

출처: Woodiside & McClam, 2003, p. 69.

4. 아이오와 사례관리 모델(ICM 모델)

홀과 동료들(Hall et al., 2002)은 선행연구에 제시된 다양한 "사례관리의 유형 (types)과 정의에 대한 검토 결과 모든 클라이언트 집단에 대해 적합하거나 적절한 것으로 간주되는 단일 모델이나 설명은 존재하지 않는다."는 전제하에 아이오와 사례관리 모델을 만들었다. "어떤 모델이 어떤 조건에서 어떤 클라이언트에게 가장 효과적인가?", "클라이언트에게 서비스를 직접 제공하지만 장기적으로 비용 효율성을 가지는 사례관리 프로그램이 개발될 수 있는가?", "클라이언트를 의사 결정권자 및 문제 해결자로 보는 최근의 사례관리 모델은 사례관리자를 의사 결정권자로 가정하는 모델만큼 효과적일 수 있는가?"와 같은 질문들에 대해 ICM 모델이 상당 부분 답을 줄 수 있다고 하고 있다. ICM 모델은 국립약물남용연구소(National Institute on Drug Abuse)로부터 5년 동안 재정 지원을 받아 개발되었다. 농촌 지역에 거주하는 약물 남용 클라이언트 집단이 개입 대상인데, 이들은 치료 측면에서 취약하고 위험에 노출되어 있다. 이 모델은 〈표 4-4〉에서 제시된 바와 같이 12가지 차

표 4-4 **다섯 가지 사례관리 모델**

차원	Pole A	Pole B	PACT	관리보호	ICM
기간	무기한	기간 제한	무기한	필요에 따라 (최소)	최대 1년
접촉 강도와 빈도	매일 접촉	분기별 접촉	빈번함	필요에 따라 (최소)	혼재됨(주 단위에서 월 단위)
인력별 담당 건수 비율	낮음(1:10)	높음(1:75)	낮음 (1:5에서 1:15)	매우 높음	중간 범위(집중 서비스의 경우 1:15, 최소 서비스의 경우 1:30)
서비스 초점	광범위, 포괄적	협소, 배타적	광범위	협소(1분야)	광범위하게 규정됨
서비스 유형	모든 서비스 제공	타 기관이 제공하는 서비스 관리	대부분의 서비스를 치료팀으로 제공	타 기관이 제공한 서비스 관리 및 통제	주로 타 기관이 제공한 서비스를 관리
이용 가능 시간	24시간	업무 시간	24시간	24시간	주중 및 야간
사례관리 장소	지역사회	사무실로 제한	지역사회 및 사무실	전화	혼재됨(지역사회 및 사무실)
지향점	클라이언트 중심	전문가 중심	전문가 중심	(재정 지원 단체에 의한) 전문가 중심	클라이언트 중심 목표 설정, 계획, 달성
옹호/ 게이트키퍼	서비스 접근성을 높이기 위해 클라이언트 옹호	시스템 게이트키퍼 (요구된 서비스에 대한 대안 찾기)	혼재됨	게이트키퍼	클라이언트 옹호
사례관리 훈련	고급 전문학위	사내 훈련	전문학위	전문학위	사회복지 석사학위 또는 기타 휴먼서비스 직업 분야의 석사학위
사례관리 권한	광범위한 권한, 행정적 통제	권한 없음. 설득만 할 수 있음	PACT 팀 내 광범위한 권한	재정 전권	권한 없음. 설득만 할 수 있음
팀 구조	완전한 팀 형식: 전체 사례관리자들이 전체 클라이언트 공유	사례관리 책임자가 개별 업무 담당	전체 다학제 치료팀 모드	개별 업무 담당	개별 업무 담당/팀 감독

출처: Hall et al., 2002, p. 135.

원에서 기존 모델과 차별화되었다(Hall et al., 2002). 그 내용을 소개하고자 한다.

ICM 모델은 기본적으로 리질리와 윌렌브링(Ridgely & Willenbring, 1992)이 11개의 변수로 구성한 연속적 차원의 모델에 '서비스 유형'을 추가하여 12개 변수로 확대한 것이다. 서비스 유형의 추가는 다양한 사례관리 모델이 제공하는 서비스를 연구한 문헌검토의 결과이다. 홀과 동료들은 이 차원을 추가함으로써 사례관리 모델들이 제공하는 특정 서비스를 기술할 수 있게 된다고 하고 있다.

ICM 모델을 설명하기에 앞서, 모델 'Pole A'와 'Pole B'에 대해 선행연구와 관련시켜 이해할 필요가 있다. '기간' 차원에서 'Pole A'는 매과이어(Maguire, 2002)의 전통적 장기 모델과 비슷한 속성을 가지지만 'Pole B'는 기간 제한이 있다는 점에서 상대적으로 관리보호 단기 모델과 관련성이 높다고 볼 수 있다. '서비스 집중'성 측면에서 보면 'Pole A'가 단기간에 집중적인 서비스를 제공하는 특징이 있는 관리보호 단기 모델적 속성을 갖는다고 볼 수 있다. '접촉 빈도 · 강도'는 '인력별 사례 담당건수'와 매우 관련성이 높다. 해리스와 버그만(Harris & Bergman, 1987)은 사례관리자와 클라이언트 비율이 1 : 20을 넘으면 클라이언트에 대한 긍정적 결과가 줄어든다고 하였고, 권진숙과 박지영(2009)도 30사례 이상이 되면 모든 사례와의 정기적인 만남은 한계가 있다고 하고 있다. 이러한 주장에 가장 부합하는 모델은 ICM 모델이다. 로즈와 무어(Rose & Moore, 1995)는 사례관리의 초점을 클라이언트와 서비스 제공자 중 어디에 두느냐에 따라 클라이언트 중심 모델과 제공자 중심 모델로 구분하였는데 'Pole A'는 클라이언트 중심 모델이고, 'Pole B'는 제공자 중심 모델이다. 리질리와 윌렌브링은 'Pole A'와 'Pole B'를 구분하는 차원의 하나로 옹호/비용 통제를 제시하고 있다. 서비스에 대한 접근성을 향상시키는 것을 목표로 하는 촉진 모델(the facilitator model)과 비용이 비싼 서비스보다는 비용 효과적인 대안이 보다 많이 이용될 수 있도록 서비스에 대한 접근통제모델(gate-keeping)로 구분하고 있다. 촉진 모델은 특히 공공 부분(휴먼서비스 기관, 알코올 및 기타 약물 치료 기관, 정신건강 기관)에서 주로 이용된다. 촉진 모델의 주된 목표는 개인에게 적합한 서비스를 적절한 순서에 따라 시기적절하게 제공받을 수 있도록 하는 것이다. 이와 같은 목표를 달성하기 위해, 사례관리 담당자는 포괄적인 서비스 패키지를 계획하고 클라이언트가 필요한 서비스에 접근할 수 없도록 가로막고 있는 문제에 대해 협상해야 한다. 비용 절감을 위해 사례관리 담당자들이 접근 통제자 역할을 담당하는 경우는 의료서비스 및 노인치료 분야 그리고 다른 분야의 민영기관에서 주로 찾아볼 수 있다. 이와 같은 관리보호를 통해 비용을 절감시킨다. 이러한 통제자들은 서비스에 대한 접근을 무조건적으로 촉진시키기보다는 이용률과 비용을 통제하기 위해 서비스에 대한 접근을 통제해야 한다. 캐나다의 경우 재가생활을 하면서 사례관리 서비스를 받던 노인이 쇠약해져서 더 많은 서비스를 받게 됨으로써 그 비용이 시설생활 비용보다 많아지면 노인은 입소판정위원회에 명단이 올라가고 위원회의 판정에 따라 시설에 입소해야 한다(백택정화, 2000). 이러한 설명에서 촉진 모델은 'Pole A'에 해당되며 비용통제 모델은 'Pole B'에 속한다고 볼 수 있다.

5. 사례관리 모델의 한국 사례관리 현장에 대한 시사점

지금까지 다양한 사례관리 모델들에 대해 살펴보았다. 이러한 모델들이 한국 사례관리 현장에 주는 시사점이 무엇인지를 몇 가지 생각해 보고자 한다.

첫째, 한국 사례관리 현장의 특징을 클라이언트 측면에서 보면, 의존인구, 위험인구의 급속한 증가로 규정지을 수 있다. 노인가구의 증가, 1인 독거가구의 급속한 증가는 복지사각지대라는 문제를 지속적으로 발생시키고 있다. 이러한 문제를 해결하기 위해서는 사례관리의 다양한 차원 중에 서비스 접근성을 향상시키는 촉진 · 옹호 모델(Pole A와 ICM 모델에서 강조됨)을 발전시켜야 한다. 읍 · 면 · 동의 사례관리 담당자는 사례 발굴체계인 읍 · 면 · 동지역사회보장협의체를 강화해 가야 한다.

둘째, 서비스 제공자들 입장에서는 얼리와 포트너의 기관 간 팀 모델에 관심을 기울이는 것이 대단히 중요하다고 본다. 미국에서 사례관리의 효용성에 대한 인식이 높아지면서 다양한 종류의 표적 집단에 대해 의무적으로 사례관리 프로그램을 도입하는 방안이 중앙정부 및 주정부 차원에서 고려되어 왔다. 그러한 표적 집단에는 메디케어 및 메디케이드 수혜자 집단, 아동 부양가족 지원금(Aid to Families With Dependent Children: AFDC) 수혜 고위험 집단, 에이즈(AIDS) 환자들, 고령자들 및 정신질환 또는 지적 장애인 집단이 포함된다. 많은 지방자치단체들이 이와 같이 위험에 노출되어 있는 집단에 대해 사례관리의 유용성을 평가하기 위해 정부 지원 자금을 받아 다양한 시범 사업을 진행했다(Ridgely & Willenbring, 1992). 그런데 이와 같은 다양한 집단들은 경제적 · 사회적 · 정서적 · 의료적 · 치료적 등 다양한 복합적 욕구를 가지고 있으므로 다양한 전문기관의 협력적 팀 접근이 반드시 필요하다.

셋째, 우드사이드와 맥클램 모델은 우리나라 농촌 사례관리 현장에 적합성이 있다고 볼 수 있다. 군지역의 경우 민간 복지기관이 매우 부족하다. 이러한 지역에 공공기관의 사회복지직 공무원들이 지역 주민을 대상으로 교육시켜 사례관리자로 활동하게 할 수 있다. 우드사이드와 맥클램은 책임 기반 사례관리 모델의 주체로 가족, 지지적 보호자, 자원봉사자, 클라이언트를 제시하였다. 이들은 사례관리에 있어서 비공식 자원이다. 이들은 중개자, 조정자, 계획자, 문제 해결자, 기록 보존자와 같은 사례관리자 역할을 할 수 있다. 사례관리가 추구하는 목적 중 하나인 비용효과성을 추구할 수 있다.

리즐리와 윌렌브링은 사례관리 모델을 구분하는데 '팀 구성', '강도(사례 담당 건수의 많고 적음)', 그리고 '사례관리 교육(자격증명)', 세 가지가 중요하다고 하고 있다. 특히, 많은 사례관리 프로그램은 '팀' 구조를 사용한다고 설명하고 있다. 하지만 팀 구조는 매우 다양하다. 일부 프로그램의 경우 팀에 속해 있는 모든 사례관리 담당자가 상호 교환이 가능하며 전체 클라이언트 집단에게 서비스를 제공한다. 반면 어떤 프로그램의 경우, 다학제적 팀으로 구성되어 각 분야의 전문가들이 해당 팀에 배정된 클라이언트에 대해 특정한 서비스를 제공한다. 또 다른 팀의 경우, 개별 사례관리 담당자의 팀이 개별적으로 부여된 건을 처리하면서 동시에 다른 사례관리 담당자들에게 백업 지원을 제공하기도 한다. 모두 '팀'이라는 용어를 기술적

표 4-5 사례관리에 있어서 민간 · 공공기관의 상대적 우위

	민간기관	공공기관	비고
클라이언트 정보 접근성		○	
라포 형성 능력	○		
직접서비스 능력	○		
물적 자원 · 공적 서비스 결정권		○	
인적 자원(사례관리 전담인력)		○	
전문적 서비스 능력(기관 특성에 따른)	○		
네트워크 구성 능력		○	

출처: 함철호, 조현순, 2017.

으로 사용할 수는 있지만, 팀의 구체적인 구성 형식이야말로 프로그램의 성공 여부 및 복제 가능성(다른 분야에 적용 가능성)을 결정짓는 중요한 요소이다"(Ridgely & Willenbring, 1992). 요컨대, 기관 간 협력 팀에서 팀 구성 형식이 중요하다.

팀 구성에 대한 논의에 앞서, 민·관협력 사례관리라는 한국 사례관리 환경을 상기할 필요가 있다. 2012년에 복지부가 통합사례관리를 도입하였고 2013년부터 희망복지지원단이 지역사회복지협의체와 협력해서 통합사례관리를 하도록 하면서(보건복지부, 2013: 38), 민간과 공공이 협력하는 민·관협력 사례관리 시스템이 자리잡아 가고 있다고 볼 수 있다.

〈표 4-5〉와 같은 민간·공공기관의 장점이 반영될 수 있는 기관 간 협력팀이 구성되어야 양질의 사례관리 가능성이 높아진다. 지역 단위에서 '기관 간 협력팀'에 대한 이해가 필요하다. 팀은 두 사람 이상의 구성원이 있고, 달성해야 할 구체적인 과업이 존재하고, 목표 달성을 위해서 팀 구성원들 사이의 조정이 필요한 경우에 일반적으로 적용되는 용어이다. 브릴에 의하면 "팀 협력은 개별적인 숙련 분야를 가지고 있고, 개별적인 결정을 해야 하는 책임이 있고, 공통의 목적을 가지고 있고, 지식을 공유하고 의사소통하기 위하여 접촉하는 사람들의 집단에 의해 수행되는 일"이라고 하였다. 지역에는 '개별적인 숙련 분야'를 가지고 있는 정신보건기관,

지적 장애인 보호기관, 아동보호기관 등 다양한 기관들이 있는데, 이들은 각각 스스로 자신의 삶을 이끌어 갈 수 있는 힘이 부족한 클라이언트들의 욕구를 충족시키고 자립 역량을 강화시켜야 한다는 공동의 목표를 가지고 있다. 각각의 전문기관들은 클라이언트 특성에 대한 정보와 지식을 가지고 있는데 클라이언트의 복합적 욕구를 충족시키기 위해서는 기관들 간의 의사소통을 위한 팀이 필요하다. 우리의 현실에서 통합사례회의가 이 팀이 될 수 있다고 본다.

선행연구는 통합사례회의가 수행해야 하는 네 가지 과업을 제시하고 있다(함철호, 조현순, 2017).

첫째, 내부 사례회의(민간기관이든 공공기관이든)에서 사정된 욕구를 검토하는 역할이다. 주지하다시피 사례관리는 복합적 욕구에 대한 대응이므로 정확한 욕구사정이 필수적이다. 내부 사례회의에서 사정된 욕구를 통합사례회의에 참여한 전문기관들이 다시 한번 검토할 필요가 있다. 중중의 환자일수록 다양한 전공의 협진이 필요한 것과 마찬가지이다.

둘째, 서비스계획을 수립하는 것이다. 서비스계획은 사례관리의 핵심이다. 정밀한 사정의 다음 과정으로 클라이언트 욕구 충족과 관련된 기관들이 통합사례회의에 참여하여 명확한 역할분담을 논의하고 서비스 계획서에 자신들의 역할을 명시해야 한다.

셋째, 통합사례회의는 의사결정기구로서, 클라이언트의 가장 핵심적 문제해결에 주도적 역할을 할 수 있는 기관에 대해 참여자들 간의 활발한 의사소통을 통해 주 사례관리자 혹은 주 사례관리기관, 그리고 사후관리 기관도 민주적으로 결정한다.

넷째, 이전에 통합사례관리회의에서 논의된 사례의 진행 상황에 대해 주 사례관리기관의 보고를 듣고 점검하는 것이 꼭 필요한 통합사례회의의 중요한 역할이라고 본다.

이러한 과업을 수행해야 하는 통합사례회의 구성원들 간에 목표를 공유해야 하고, 원활한 의사소통을 통해 상호 간의 역할과 기대를 명확히 해야 하고, 팀으로 작동하기 위한 적절한 리더십이 필요하다. 브릴에 의하면, 목표 공유의 문제, 상호

전문 분야에 대한 이해의 부족, 역할혼란, 자기 전문 분야 중심주의 등과 같은 요인들이 팀 협력의 저해 요인이다(Brill, 1976; 김용득, 1998 재인용).

끝으로, 리질리와 월렌브링이 사례관리 모델의 중요한 변수라고 언급했던 '사례관리 교육'에 대해 언급하고자 한다. 사례관리 초심자들에게는 철저한 기본교육이 필요하다. 경력자들에게 주기적인 보수교육이 필요하며, 일정한 기준을 갖춘 경력자들에게는 슈퍼바이저로서 활동할 수 있는 교육과정을 개설하고, 이수자들에게 슈퍼바이저 자격을 부여하는 방안도 검토되어야 한다.

학습과제

1. 일상생활에서 쓰는 모델의 의미와 사례관리에서 사용하는 모델의 의미의 유사점과 차이점이 무엇인지 생각해 보시오.
2. 사례관리의 효과성 요인으로 민관협력 사례관리팀에 대해 논의해 보시오.

참고문헌

권진숙, 김상곤, 김성경, 김성천, 민소영, 박선영, 박지영, 백은령, 유명이, 유서구, 이기연, 조미숙, 조현순, 황성철(2012). **사례관리론**. 서울: 학지사.

권진숙, 박지영(2009). **사례관리의 이론과 실제**. 서울: 학지사.

김용득(1998). 장애인 재활시설에서의 팀협력 향상을 위한 전문분야 간 상호이해 훈련 프로그램의 효과성 연구. 서울대학교 대학원 사회복지학과 박사학위논문.

보건복지부(2013). 희망복지지원단 업무 안내.

이근홍(2006). **개별관리**. 경기: 공동체.

정순둘(2005). **사례관리실천의 이해-한국적 경험**. 서울: 학지사.

함철호, 조현순(2017). 사례관리 수행에 있어서 민-관 정보공유의 필요성과 협력방안에 대한 탐색적 연구. 2017년도 한국사례관리학회 춘계학술대회 자료집, pp. 45-73.

황성철(1995). 사례관리 실천을 위한 모델개발과 한국적 적용에 관한 연구. 한국사회복지학, 27, 275-304.

白澤政和 저, 조추용, 권현주 역(2000). 사례관리의 이론과 실제. 서울: 유풍출판사.

Early, T. J. & Poertner, J. (1995). Examining current approach to case management for families with children who have serious emotional disorders. In Friesen, B. J., & Poertner, J. (Eds.), *From case management to service coordination for children with emotional, behavioral, or mental disorder,* 37-39. NY: Paul H. Brooks Publishing Co., Inc.

Hall, J. A., Carswell, C., Walsh, E., Huber, D. L., & Jampoler, J. S. (2002). Iowa case management: Innovative social casework, *Social Work, 47*(2), 132-141.

Harris, M. & Bergman, H. (1987). "Case management with the chronically mentally ill". In Rose & Plains (Eds.), *Case Management & Social Work Practice.* Longman.

Maguire, L. (2002). 전문 사회복지실천 기술(배태순, 최명민, 김영미 역, 2012). 서울: 시그마프레스.

Ridgely, M. S., & Willenbring, M. (1992). Application of case management to drug abuse treatment: Overview of models and research issues. In R. Ashery (Ed.), *Progress and issues in case management* (Vol. 127, pp. 12-33). Rockville, MD: U.S. Department of health and human services, alcohol, drug abuse, and mental health admission.

Rothman, J. (1992). *Guidelines For Case Management.* Itasca, Illinois: F. E. Peacock.

Woodside, M. & McClam, T. (2003). *Generalist case management: A method of human service delivery* (3rd ed.). Pacific, CA: Brooks/Cole Publishing.

제5장

사례관리 구성체계

📄 학습개요

사례관리를 위해서는 객체, 주체 도구, 방법, 과정 등이 필요하다. 이 장에서는 객체가 되는 클라이언트, 주체가 되는 사례관리자, 사례관리 도구인 자원, 방법이 되는 자원 운영체계 그리고 과정이 되는 사례관리 과정을 소개하였다.

✏️ 학습목표

1. 사례관리 대상인 클라이언트의 특성을 이해한다.

2. 사례관자의 역할을 수행한다.

3. 자원을 개발한다.

4. 사례관리 운영체계를 만든다.

5. 사례관리 과정을 이해한다.

사례관리를 실천하기 위해서는 사례관리실천이 이루어지는 구성체계를 이해하는 것이 필요하다. 사례관리 구성체계는 사례관리의 대상이 되는 클라이언트, 사례관리실천의 주체가 되는 사례관리자, 사례관리의 도구가 되는 자원, 사례관리를 체계적으로 제공하도록 지원하는 운영체계 그리고 사례관리 과정 등이다.

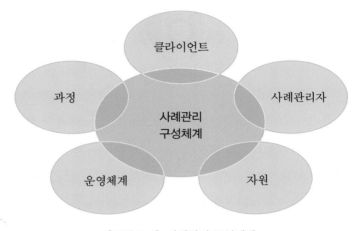

[그림 5-1] 사례관리 구성체계

1. 클라이언트

사례관리의 대상이 되는 클라이언트는 대부분 복합적인 욕구와 만성적인 문제를 안고 있는 사람들이다. 물론 단순한 욕구와 문제를 갖고 있는 사람들도 사례관리 대상자가 될 수 있지만 사례관리의 주 대상자는 좀 더 심각하고 복잡한 욕구와 문제를 안고 있는 사람들이다.

사례관리 대상자라 해서 반드시 교육수준이 낮거나 소득이 낮지는 않지만 일반적으로 저학력과 저소득층이 많은 것이 사실이다. 이러한 사람들을 좀 더 깊게 살펴보면 다음과 같은 특징이 있다.

- 자신의 욕구를 충족할 수 있는 능력이 부족하다.
- 자신의 욕구 충족을 위한 자원의 존재를 모르거나 이용 방법을 모른다.
- 많은 경우 만성질환이 있다.
- 신체적 · 정신적으로 어려움을 겪었거나 겪고 있다.
- 자신을 보호할 보호자(가족 등)가 없으며 있다 하더라도 보호 능력이 부족하다.

클라이언트는 결핍, 빈곤, 질환, 무기력 등을 가지고 있지만 이는 드러난 모습일 수 있다. 많은 경우 클라이언트는 잠재적인 능력, 과거의 성공 경험, 활기찬 성격, 인내력, 많은 자원(resource)의 소유 등 미처 알려지지 않은 강점을 안고 있는 경우가 많다. 때문에 최근 들어 클라이언트를 볼 때, 문제적 특징만 보는 것이 아니라, 그가 가지는 강점의 입장에서 접근하는 것이 훨씬 효과적이라는 평가이다(노혜련, 김윤주, 2014).

클라이언트를 개념화할 때는 그 대상을 어디까지 보느냐를 두고 논란을 부를 수 있다. 원조가 필요한 소수만을 클라이언트로 보는 보수적이고 선별적인 접근이 있을 수 있고, 보다 넓은 개념으로 보는 보편적 접근이 가능하다. 다음에 제시하는 클라이언트는 일반적으로 사회복지 시설에서 원조하는 대상들이다.

1) 저소득층

클라이언트 중에서 가장 많은 비중을 차지하는 대상이 저소득층이다. 우리나라의 저소득층은 국민기초생활수급자가 대표적이다. 통계청 2019년 자료에 의하면, 2018년 12월 기준 우리나라에 국민기초생활수급자는 1,743,690명이며, 이 중 일반수급자는 1,653,781명, 시설수급자는 89,909명이다. 2018년 인구가 51,826,059명이어서 3.36% 정도가 국민기초생활수급자인 셈이다. 저소득층인 기초생활수급자에게는 생계급여, 의료급여, 주거급여, 교육급여, 해산급여, 장제급여를 제공하고 있다. 이 서비스를 제공하기 위한 선정기준 또한 매년 다르기 때문에 사례관리를 하기 위해서는 매년 변경되는 제도를 아는 것이 중요하다. 사례관리에서 접촉하는 저소득층은 실업, 가족해체, 질병, 우울 등 다양한 문제를 안고 있다. 하지만 이들은 자활 의지, 삶에 대한 긍정적 태도, 사회적 지지망 등과 같은 강점이 있고, 지역사회에는 이들을 지원하는 자활센터, 종합사회복지관, 심리센터 등이 있어서 사례관리를 잘 하면 현 상황을 극복할 수 있다.

2) 노인

의료기술의 발달로 노인 인구는 매우 가파르게 증가하고 있다. 사례관리에서 노인들은 많은 인원을 차지하고 있으며, 최근 들어 이혼, 질병, 학대 등이 늘고 있다, 즉, 노인 이혼은 2017년 106,032건에서 2018년 108,684건으로 증가하였고, 노인의 43.0%가 자신의 건강이 나쁘다고 생각하며, 노인 학대는 2017년 7,287건에서 2018년 8,176건으로 증가하였다(보건복지부, 2019). 2018년 12월 현재 우리나라 65세 이상 노인 인구는 7,650,408명(통계청, 2019)으로 전체 인구의 14.7%를 차지하고 있다. 노인 인구 중에서도 90세 이상 228,690명, 100세 이상 18,783명으로 고령층도 상당히 많다. 우리나라에서는 「노인복지법」으로 65세 이상 노인들에게 다양한 서비스를 제공하고 있고, 중고령자인 퇴직자에게는 「고령자고용촉진법」으로 고용 관련 서비스를 제공하고 있다. 사례관리의 대상이 되는 노인들은 주로 독거노인인 경우가 많고, 저소득에 만성질환을 안고 있는 노인들이 대부분이다. 특히, 국민기초생활수급자 중 노인들의 비율이 32.8%(보건복지부, 2019)를 차지할 정도로 빈곤한 노인이 많고, 63%의 노인들이 건강하지 않다고 생각하고 있을 정도로 건강에도 문제가 있다.

그러나 노인들은 삶의 지혜, 자손이 잘 되기를 바라는 마음, 가족애 등 다른 연령층에서 갖기 어려운 강점들이 있다.

3) 장애인

장애인을 규정하는 장애의 종류는 최초에 지체장애, 시각장애, 청각장애, 언어장애, 지적 장애 등 다섯 가지였다. 그러나 다섯 가지 유형으로 모든 장애를 포괄하지 못해 「장애인복지법」이 개정되기에 이르면서 장애의 유형이 추가되었고, 2003년 7월에 호흡기장애, 간장애, 안면장애, 요루장루장애, 간질장애가 추가되면서 지금의 15가지 장애의 종류가 되었다. 등록된 장애인 인구는 2018년 12월 현재 2,585,876명으로 전체 인구의 약 5%에 이른다. 등록하지 않고 드러나지 않은 장애인까지 하면 10%가 될 것이라는 추정이 있을 정도로 장애인은 우리 주변에 많이 있는 인구가 되었다. 그럼에도 장애인에 대한 제도적 차별이나 문화적 혹은 관습적 차별은 장애인을 더 장애 있는 인간으로 만들 수 있다. 특히, 장애 종류 중 지체장애인이 1,238,532명으로 절대 다수를 차지하는데 교통사고, 산업재해 등 중도 장애인이 많이 나타난다. 이들은 비장애 생활을 경험했기 때문에 자신의 장애에 대한 비관이나 절망이 더 할 수 있다. 사례관리에서 특히 신중하고 계획성 있게 접근해야 하는 장애인은 정신장애인이다. 최근 사회적인 주목을 받으면서 정신장애인에 대한 사례관리의 필요성이 대두되고 있다. 이들이 갖는 정신적인 문제에만 관심두지 말고, 강점을 인정하고 개발한다면 사례관리의 성공확률도 높아질 것이다.

4) 아동

18세 미만 아동인구는 2018년 12월 현재 8,176,335명으로 전체 인구 51,826,059명 중 16%에 이른다. 이는 2014년 9,186,841(18%)에서 많이 줄어든 숫자이다. 저출산의 영향이다. 참고로 1970년 아동은 1,600만 명으로 전체 인구의 49%를 차지한 적도 있을 만큼 다수였지만 지속적으로 줄어들었고 앞으로도 줄어들 전망이다.

사례관리의 대상이 될 수 있는 가정위탁 아동은 2018년 12월 기준 9,575세대에 11,983명이다. 이들이 부모의 곁을 떠나 위탁가정에서 생활하고 있는 것이다. 또한 2018년에만 보호대상 아동 4,538명이 발생하였는데, 이들은 유기된 아동 320명, 미혼부모 출생 아동 623명, 비행가출부랑 아동 231명, 피학대 아동 1,415명 등이 발생하였다. 아동은 가정이라는 울타리 안에서 양육되는 것이 일반적이지만 여건에 따라 다른 환경으로 이동하는 경우도 있다. 부모가 있다 하더라도 제대로 양육을 못하여 유기, 학대, 무관심한다고 하면 사례관리를 통해 보호를 제공해야 한다.

5) 다문화가구

최근 국제결혼의 증가로 다문화가구가 빠르게 증가하였다. 2017년 12월 현재 결혼이민자는 159,958명이며 귀화자는 160,687명으로 외국에서 우리나라로 결혼을 통해 들어온 인구가 320,645명이다. 이들의 자녀가 220,950명에 이르고 있어서 다문화가정의 구성원은 사례관리의 주요 대상이 된다. 다문화가구는 대부분 남편은 한국인, 아내는 외국인 특히 동남아시아나 중국, 몽골인 경우가 많다. 이들은 한국의 낯선 문화, 언어, 습관에 적응하지 못하여 주변인으로 남아 있는 경우가 많고 심하면 폭력과 학대로 어려움을 겪기도 한다. 다문화 자녀들은 언어발달 지체, 다른 피부색 등으로 따돌림을 당하는 등 사회적으로 어려움을 겪기 때문에 사례관리의 필요성이 대두된다고 할 수 있다.

2. 사례관리자

사례관리자는 클라이언트의 사례관리 전 과정에 직간접적으로 개입하면서 클라이언트의 자활과 자립을 위한 활동을 하는 전문가이다.

사례관리자는 클리언트의 문제를 확인 후 욕구사정, 계획수립, 자원개발 등을 한다. 또한 사례관리자는 상황에 따라 옹호자, 중재자, 중개자 등의 다양한 역할을 담당해야 한다. 지역사회 사례관리의 통합성이 강조되면서 사례관리자는 개입에서 자원 연결의 역할이 강조되고 있다(박수선 외, 2015).

1) 사례관리자의 역할

사례관리자의 역할은 학자에 따라 구분하는 방법이 다르다. 그러나 사례관리 실천현장에서 사례관리자는 아웃리치어, 욕구사정자, 상담가, 서비스 제공 계획자, 자원개발자, 중재자, 중개자, 점검자, 조정자, 네트워커, 평가자 등의 역할을 한다. 사례관리자의 역할은 제3부 사례관리자의 역할과 역량 부분에서 자세히 소개하고 있다.

2) 사례관리자의 자격과 훈련

사례관리자는 클라이언트가 궁극적으로 자활 및 재활이 가능하도록 하는 전문가이다. 이는 클라이언트의 초기 면접부터 종결에 이르는 전 과정에 직간접적으로 개입하면서 실천을 해야 하기 때문에 단순 서비스 제공 차원과는 다른 경험, 지식, 기술이 요구된다. 최근에는 읍·면·동 행정복지센터의 사회복지공무원, 시·군·구청의 통합사례관리사 등이 사례관리를 하고 있고, 민간 사회복지 분야에서는 사회복지관과 같이 전통적으로 사례관리를 시행했던 기관뿐만 아니라 거주시설, 지역아동센터, 지역자활센터 등 거의 모든 사회복지 현장에서 사례관리가 행해지고 있다. 때문에 어떤 자격을 가진 전문가들이 사례관리를 해야 하는지에 대한 언급은 있어야 할 것이다.

사례관리자는 사회복지사 1급 자격증 취득 후 사회복지실천 경력 2년 이상인 자이거나 사회복지사 2급 자격증 취득 후 사회복지실천 경력 4년 이상 되어야 하며, 사례관리와 관련된 교육과 훈련을 받은 자이어야 한다(사례관리표준실천지침, 2016).

[그림 5-2] 사례관리자의 자격

여기에 덧붙여 사례관리자는 최소한 그 지역에서 1년 이상 사회복지사로 근무하면서 지역의 자원을 많이 알고, 자원에 대한 네트워킹이 되어 있는 사람이라면 더 바람직할 것으로 본다.

그리고 사례관리자가 자신의 전문성을 더 강화하기 위해서는 최소한 1년에 4시간 이상의 전문성 강화 훈련을 받기 바란다. 사례관리 전문성 강화 훈련은 사회복지사 보수교육이나 학회에서 시행하는 사례 콘퍼런스 등을 통해 전문성을 강화할 수 있을 것으로 기대한다.

또한 사례관리자는 다음과 같은 기초적인 지식을 가지고 있어야 사례관리를 보다 효과적으로 할 수 있을 것이다.

첫째, 사례관리를 둘러싼 제반 환경, 정책에 대한 내용을 알고 있어야 한다. 사례관리는 큰 틀에서 국가와 지방자치단체의 사회복지정책에 영향을 받을 수밖에 없다. 국가나 지방자치단체에서 시행하는 각종 사회복지제도와 정책을 이해해야 클라이언트에게 정확한 정보제공이 가능하다. 제도와 정책은 해마다 기준이 달라지고 지침이 바뀌기 때문에 새로운 정보에 접근하지 못하면 사례관리를 수행함에 있어 뒤쳐진 내용으로 접근하여 잘못된 방향으로 실천할 수 있다.

둘째, 사례관리에 필요한 가치를 습득해야 한다. 클라이언트를 대하는 기본적인 가치인 인격적 대우, 비밀보장, 자기결정, 윤리적 민감성 등 클라이언트에게 상처 주지 않고 지지하고 역량을 강화할 수 있는 가치 습득이 필요하다. 아무리 지식과 기술이 풍부하다 하더라도 인격적이지 않고 윤리적이지 않다면 지식과 기술은

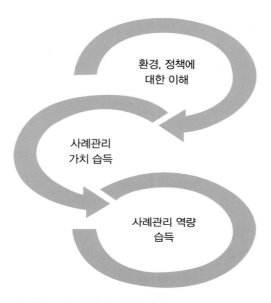

환경, 정책에
대한 이해

사례관리
가치 습득

사례관리 역량
습득

[그림 5-3] 사례관리자가 갖추어야 할 기초지식

하나의 도구에 지나지 않을 것이다. 가치는 습득하여 몸에 익혀 자연스럽게 발현할 수 있어야 한다.

셋째, 사례관리를 위해 필요한 역량을 익혀야 한다. 사례관리를 위한 욕구사정, 계획수립, 평가, 자원개발, 자원 네트워킹, 의사소통 등 다양한 역량을 습득하여 진일보한 사례관리자로 성장해야 한다. 클라이언트는 상황에 따라 변화하고 욕구도 다양하기 때문에 사례관리자의 역량이 정체되어 있으면 그에 상응하는 서비스를 제공할 수 없다.

3. 자원

사례관리를 하면서 클라이언트의 욕구를 사례관리자나 사례관리자가 속한 기관에서 모두 해결한다는 것은 매우 어려운 일이다. 클라이언트가 가지고 있는 다양한 욕구를 해결하기 위하여 지역사회의 다양한 자원들을 연계한다면 그 효과는 매우 높아질 것이다.

일반적으로 자원(resources)이라 함은 사회복지 대상자인 개인, 가족, 지역사회 주민, 그리고 국민의 사회적 욕구를 충족시키거나 그들이 당면한 문제를 해결해 주기 위한 수단을 의미한다. 때문에 지역사회자원은 사회적 욕구(social needs)를 충족시키기 위해 동원된 지역사회의 시설·설비, 자금, 물자 그리고 집단이나 개인이 가지고 있는 지식이나 기능이라 할 수 있다. 지역사회자원은 지원방법에 따라 공식적 자원과 비공식적 자원으로 나눌 수 있는데, 구체적으로 공식적 자원으로 사회복지관, 행정복지센터, 사회복지공무원, 상담기관, 공식적인 자원봉사단체 및 협의회(사단법인) 등이다. 또한 비공식적 자원으로는 가족, 친구, 동료, 이웃, 후원자, 자발적인 자원봉사자 등이고, 민간자원봉사단체나 종교단체, 자발적인 권익단체, 가족 자조모임 등이다.

그러나 지역사회자원은 단순히 서비스나 제품을 의미하는 것이 아니라 클라이언트의 욕구에 부응하여 만족시켜 줄 수 있는 질적인 성격을 의미하는 것이다. 모든 클라이언트는 자신의 욕구에 부합하는 좋은 품질의 서비스를 원한다. 품질이란 서비스 이용자에 의해서 규정되며 그 가치가 매겨지는데, 특히 대인서비스의 품질은 클라이언트의 욕구, 사회, 조직 등의 환경에 반응하는 관리체계와 프로세스를 개발하는 것을 의미한다. 객관적으로 제공되는 양적인 지역사회 서비스보다는 서비스를 받는 클라이언트로서 개인이 주관적으로 느끼는 지각된 질적 서비스가 더 중요하다. 이것은 아무리 지역사회자원이 제공되더라도 자원을 활용하고 제공 받는 사람이 느끼지 못한다면 자원 활용에 의미가 없는 것이며 영향을 주지도 못한다는 것이다. 그렇기 때문에 하드웨어나 조직의 정도나 제공자 측면에서 자원을 분류하는 것도 의미가 있지만 유형과 무형의 자원으로 나누어 보는 것도 의미가 있다.

유형의 자원은 현금, 현물, 건축물 등이고 무형의 자원은 지식, 재능, 정신, 신뢰 등 다양하다. 이러한 것은 클라이언트의 문제해결을 위한 중요한 도구로 활용 가능한 자원들이기 때문에 평소 개발하고 관리하는 것이 중요하다.

또, 지역사회자원을 구성 요소별로 구분하여 활용하는 것도 의미 있는 일이다. 구성 요소별로 보면 제도적, 조직적, 인적, 재정적, 정보 차원으로 나누어 볼 수 있다. 제도적 구성 요소는 사회복지와 관련한 각종 법, 제도, 정책을 의미하여 조직적 구성 요소는 중앙정부, 자치단체, 읍·면·동과 같은 공공조직과 복지조직, 교육조직, 기업조직, NGO 조직 등 다양하다. 인적 자원은 문화, 예술, 체육, 건축, 소방, 의료, 법률 등 사례관리에 도움이 될 수 있는 모든 분야이다. 재정적 구성 요소는 기여금, 후원금, 보조금 등 출처를 다양하게 볼 수 있고 정보차원 요소는 새로운

기준	자원 구분	내용
지원 방법	공식적 자원	사회복지관, 행정복지센터, 사회복지공무원, 상담기관, 공식적인 자원봉사단체 및 협의회(사단법인) 등
	비공식적 자원	가족, 친구, 동료, 이웃, 후원자, 자발적인 자원봉사자 등
형태	유형의 자원	현금, 현물, 건축물 등
	무형의 자원	지식, 재능, 정신, 신뢰 등
구성 요소	제도적 차원	사회복지와 관련한 각종 법, 제도, 정책
	조직적 차원	중앙정부, 자치단체, 읍·면·동과 같은 공공조직과 복지조직, 교육조직, 기업조직, NGO 조직 등
	인적 차원	문화, 예술, 체육, 건축, 소방, 의료, 법률 등
	재정적 차원	기여금, 후원금, 보조금 등
	정보 차원	지식 정보, 정책 정보, 지역사회 정보 등

[그림 5-4] 자원 구분

지식 정보, 정책 정보, 지역사회 정보 등이다. 이러한 정보는 최근 주로 인터넷 포털사이트에서 획득하기도 하지만 인터넷 포털사이트는 확인되지 않은 정보가 많기 때문에 주의해야 한다.

4. 운영체계

사례관리 운영체계는 사례관리를 보다 효과적이고 효율적으로 수행하기 위한 시스템이다. 사례관리의 업무가 많아지고, 사례관리를 누가 하며, 효과적인 사례관리를 위해서 업무 분장은 어떻게 해야 할지가 쟁점이 되고 있다. 사례관리는 만성적이고 복합적인 문제를 지닌 대상자를 지역사회자원을 통하여 다양한 사례관리 기법을 통하여 지원하기 때문에 사례관리자 혼자 이 일을 감당하기는 매우 힘들다. 따라서 사회복지 시설 내부나 외부의 조력자들과 함께 이 업무를 진행해야 하는데 그게 운영체계라고 할 수 있다.

사례관리 운영체계가 효율적으로 운영되면 클라이언트의 발굴, 의뢰, 연계가 활발하게 이루어질 수 있으며, 서비스 제공자 간 협력이 강화되어 지역사회자원을 유용하게 이용할 수 있다(권진숙 외, 2009). 이런 측면에서 시설 내부뿐만 아니라 외부와 연결된 사례관리 운영체계는 서비스 전달체계로서 중요한 기능을 수행한다고 할 수 있다.

[그림 5-5] 사례관리 운영체계 운영의 강점

1) 내부 운영체계

내부 운영체계는 사회복지시설 내 조직 구성에서 사례관리 부서를 두고 사례관리를 수행하는 경우이다. 공공에서는 시·군·구 복지정책과(팀)에서 통합사례관리사를 두고 사례관리를 하는데, 과(팀)의 책임자가 통합사례관리사를 지도 감독하면서 업무를 수행한다. 민간의 경우 처음에는 사회복지관에서 사례관리를 하였는데, 최근에는 지역아동센터, 지역자활센터, 거주시설 그리고 상담센터 등에서도 사례관리로 대상자를 지원하고 있다. 시설에서 팀을 구성할 정도로 인원이 된다면 팀장과 팀원으로 부서를 조직할 수 있지만 인원이 안 된다면 1인이 부서원이 되어 사례관리 업무를 수행해야 한다. 사례관리자는 위에서 언급한 대로 사회복지사 1급 자격증 취득 후 사회복지실천 경력 2년 이상인 자이거나 사회복지사 2급 자격증 취득 후 사회복지실천 경력 4년 이상 되어야 하며, 사례관리와 관련된 교육과 훈련을 받은 자이어야 한다(사례관리표준실천지침, 2016).

팀장은 이보다 최소 2년 정도 더 많은 사례관리 업무 수행 경험이 있는 능숙한 전문가이어야 할 것으로 생각한다. 그래야 일선 사례관리자에게 슈퍼비전을 줄 수 있기 때문이다.

내부 운영체계에서 사례관리 부서는 타 부서와 유기적인 협력관계 형성이 중요하다. 예를 들어 종합사회복지관의 경우 사례관리팀, 사회교육팀, 운영지원팀 등이 있다고 할 때, 클라이언트는 모든 팀에서 관리하고 지원한다. 따라서 타 팀에서 다른 업무로 지역 주민을 만났을 때, 사례관리가 필요하다고 인정되면 사례관리팀으로 업무를 인계할 수도 있고, 사례관리팀에서 사례관리가 종결된다면 타 부서로 대상자를 보내 자원봉사자나 후원자로 활동할 수 있게 할 수 있다. 내부 운영체계는 시설 내에서 정기적인 사례회의를 통해 특정 사례에 대해 시설 내에서 정보와 서비스 등을 공유하는 것이 양질의 자원개발 및 서비스 제공을 위해 필요하다.

2) 외부 운영체계

시설의 입장에서 외부 운영체계는 공공에서 조직한 운영체계와 시설에서 조직한 운영체계가 있을 수 있다. 지금 공공에서는 시·군·구별로 통합사례관리사를 채용하여 시·군·구 차원에서 통합사례관리를 하고 있으며, 복지사각지대를 해소하기 위한 노력을 하고 있다. 시·군·구에는 지역사회보장협의체가 조직되어 있고, 읍·면·동 단위까지 조직되어 있어서 행정의 최 말단 조직까지도 복지조직이 있다고 할 수 있다. 여기에 덧붙여, 시·군·구에서는 사례관리 지원단, 솔루션위원회, 통합사례회의 등 다양한 이름으로 운영체계를 조직하고 운영하고 있는 자치단체들이 많이 있다. 이 자치단체에서는 통합사례관리사들이 사례관리를 하면서 통합사례관리사 개인이나 시·군·구 차원에서 해결하기 어려운 사례가 있을 경우, 위와 같은 운영체계를 작동하여 클라이언트의 욕구를 해결하고 있다. 개별 사회복지시설의 입장에서는 해당 클라이언트의 욕구 해결에 그 사회복지시설의 지원이나 지지가 필요하다면 참여할 수 있다. 예를 들어, 어떤 군(郡)에서 정신질환이 있으며 혼자 아이를 양육하는 여성을 사례관리한다고 할 때 건강가정지원센터, 가정위탁지원센터, 지역사회정신건강센터 등이 참여할 수 있으며, 시설의 입장에서는 이 운영체계가 외부 운영체계가 되는 것이다. 즉, 시설에서 조직화하지 않고 군에서 조직한 운영체계에 외부 참여자로 참여하는 것이다.

또 하나의 운영체계는 시설에서 시설 밖 자원을 네트워킹하여 조직한 시설의 외부 운영체계이다. 그것은 통합사례회의나 솔루션 위원회이다. 통합사례회의는 외부 전문가의 도움과 자원 지원을 받아 사례관리를 하는 것이다. 여기에는 공공, 민간의 자원을 포함하는 것이 좋다. 어떤 종합사회복지관에서 이혼하고 혼자 초등학생을 양육하고 있는 남성을 사례관리한다고 할 때 행정복지센터 사회복지공무원, 자활센터 사회복지사, 정신건강센터 사회복지사, 건강가정센터 건강가정사, 지역아동센터 교사 등으로 구성된 통합사례회의를 통해 사례관리를 체계화할 수 있다.

솔루션위원회는 사례 대상자가 폭력, 알코올, 의료 및 정신적 문제 등을 안고 있어서 보다 전문화되고 세밀한 접근이 필요한 경우에 구성하여 운영하는 외부 체계이다. 고위험 사례가 발생했을 때 사례관리자는 지역 혹은 지역 밖의 해당 문제 전문가들로 구성한 솔루션위원회를 운영하면서 사례관리의 전문성을 발휘할 수 있다. 시설에서 또 다른 운영체계를 둔다면 외부 슈퍼바이저를 두는 것이다. 사례관리는 임상적 실천이고 행정적 과정이기 때문에 임상과 행정에 도움을 줄 수 있는 전문가를 슈퍼바이저로 둔다면 클라이언트 욕구 해결에 도움이 될 것이다.

5. 사례관리 과정

　사례관리 과정은 접수, 사정, 계획, 실행, 평가, 환류라는 기본 과정 위에 진행된다. 이 과정은 사회복지실천에서 거의 공통적으로 이루어지는 과정으로 구분을 몇 단계로 나누어 설명하느냐는 각 학자에 따라 다를 수 있다.

　이 책에서는 제2부 사례관리 실천과정과 기록에서 자세히 설명하고 있다.

　제2부에서 사례관리 실천과정을 5단계로 설명하고 있으며 초기, 사정, 목표 및 계획수립, 실행 및 점검 과정, 종결 단계로 설명하고 있다.

단계	초기	사정	목표 및 계획수립	실행 과정	종결
내용	• 사례 발굴 • 초기 상담 • 클라이언트 선정 • 동의 및 계약	• 욕구사정 • 강점 및 자원 사정 • 장애물 사정 • 종합적 사정	• 목표 설정 • 개입 및 실행 • 계획수립	• 직접실천 • 간접실천	• 평가 • 종결 • 사후관리

[그림 5-6] 사례관리 과정

학습과제

- 욕구사정을 위한 도구인 가계도 작성을 해 보시오(나의 가계도).
- 우리 지역에 있는 자원은 무엇인지 표를 만들어 작성해 보시오.
- 학습자의 욕구를 사정하고 욕구 충족을 위한 목표를 설정해 보시오.

참고문헌

강흥구(2016). 사례관리. 경기: 정민사.

권진숙, 김상곤, 김성천, 박지영, 유명이, 유서구, 이기연, 조현순(2009). 인천광역시 사회복지관 사례관리실천을 위한 매뉴얼 연구보고서. 인천광역시사회복지관협회, 사례관리연구회.

노혜련, 김윤주(2014). 강점관점 해결 중심 사례관리. 서울: 학지사.

박수선, 송인주, 신지현(2015). 지역사회복지관 사례관리자 실천지표 개발 연구. 한국지역사회복지학, 55, 61-102.

보건복지부(2019). 2019 고령자 통계.

이기연(2019). '사례관리 주요 과정의 이해'. 사례관리 전문가교육: 실무자 기초과정(2판). 서울: 학지사.

최은희, 황미영, 황명구(2016). 사례관리. 경기: 정민사.

통계청(2019). http://kosis.kr 통계자료.

제6장
한국의 주요 사례관리 실천현장 이해

 학습개요

한국에서 사례관리는 대부분의 사회복지 실천현장에서 적용되고 있는 방법론이자 사업·서비스이다. 따라서 사례관리 실천현장이 별도로 존재한다고 보기 어렵지만, 사례관리를 중점적으로 수행하고 있는 실천현장에 대하여 개괄적으로 살펴본다.
이전 장에서 학습한 개념을 적용해 보고, 현재 한국의 사회복지 실천현장에서 사례관리와 관련한 다양한 이슈를 토론해 보자.

학습목표

1. 읍·면·동과 시·군·구, 지역사회복지관, 정신건강복지센터에서 수행하고 있는 사례관리의 개념과 목적, 수행체계 및 과정의 유사성과 차별성을 설명한다.
2. 연계·협력해야 하는 상황에서 각각 기관에 소속된 사례관리자가 수행해야 할 핵심 과업과 역량이 무엇인지 설명한다.

1. 읍 · 면 · 동 및 시 · 군 · 구 통합사례관리

1) 배경

2010년부터 공공 복지행정이 단순 사업집행(대상자 선정, 급여지급, 사업관리) 중심에서 클라이언트의 욕구 · 문제를 중심으로 한 대응 필요성에 주목하고 통합사례관리체계의 운영이 추진되었다. 이는 인력 및 예산 확보의 제약 속에서 그간 방기되었던 다양하고도 위험도 높은 복지문제를 지닌 클라이언트에 대한 관심과 대책을 강구하기 위한 것으로 해석된다(강혜규 외, 2016). 공공사례관리는 욕구에 대한 보장이 중심이고, 이를 충족시키기 위한 '서비스 묶음'이 핵심(김보영, 강혜규, 2018)이며, 서비스 전달에 관여하는 다양한 공급 주체들은 복합적인 욕구를 가진 대상자의 욕구를 충족하기 위해 연계 · 협력을 수행함으로써 복지서비스의 전문성과 다양성에 대응함과 동시에 체계적이고 일원화된 전달체계를 통해 클라이언트의 접근성을 높이고자 노력을 기울이고 있다(강혜규 외, 2016). 위기가구 사례관리에서 시작한 지자체의 사례관리사업은 2012년 희망복지지원단 구축에서부터는 통합사례관리라는 용어를 사용하였고, 2017년 「사회보장급여의 이용 · 제공 및 수급권자 발굴에 관한 법률」(이하 「사회보장급여법」)에 제42조의 2(통합사례관리) 규정이 신설됨으로써 법적 근거를 갖게 되었다. 읍 · 면 · 동 복지허브화를 거쳐 현재 통합사례관리는 읍 · 면 · 동에서는 찾아가는 보건복지서비스의 주요 내용으로, 시 · 군 · 구에서는 희망복지지원단의 주요 역할로서 위상을 가지고 있다. 또한 2009년부터 배치된 민생안정전문요원이었던 통합사례관리사의 직무이자 사회복지전담공무원의 법정 업무이기도 하다.

2) 개념

(1) 근거

현재 읍 · 면 · 동과 시 · 군 · 구 희망복지지원단에서 수행하고 있는 통합사례관리는 「사회보장급여법」 법 제42조의 2에 근거를 두고 있다.

(2) 정의

- 「사회보장급여법」에 따르면, 통합사례관리는 '지원 대상자의 사회보장 수준을 높이기 위하여 지원 대상자의 다양하고 복합적인 특성에 따른 상담과 지도, 사회보장에 대한 욕구조사, 서비스 제공계획의 수립을 실시하고, 그 계획에 따라 지원 대상자에게 보건 · 복지 · 고용 · 교육 등에 대한 사회보장급여 및 민간 법인 · 단체 · 시설 등이 제공하는 서비스를 종합적으로 연계 · 제공하는 것'이다. 여기서 지원 대상자란 사회보장급여를 필요로 하는 사람을 말하며, 사회보장급여란 국가기관 및 지방자치단체가 사회보장을 목적으로 제공하는 현금, 현물, 서비스 및 그 이용권을 말한다.

- 사업으로서 통합사례관리는 지역 내 공공 · 민간자원에 대한 체계적인 관리 · 지원체계를 토대로 복합적이고 다양한 욕구를 가진 대상자에게 복지 · 보건 · 고용 · 주거 · 교육 · 신용 · 법률 등 필요한 서비스를 통합적으로 연계 · 제공하고, 이를 지속적으로 상담 · 모니터링해 나가는 사업(보건복지부, 2021c)으로 정의된다. 「사회보장급여법」에는 명시되어 있지 않지만 자원에 대한 관리 · 지원체계를 기반으로 한다는 점과 모니터링을 강조하고 있다.

- 읍 · 면 · 동의 찾아가는 보건복지서비스 기능으로서 통합사례관리는 복합적 욕구를 가진 당사자의 욕구조사를 통해 다양한 지역사회자원을 연계하고 문제해결에 나설 수 있도록 지원하는 것이라고 정의하고 있다(행정안전부, 보건복지부, 2021).

- 통합사례관리의 목적은, 첫째, 지역주민의 삶을 안정적으로 지원 · 지지하는

것이며, 둘째, 복지제도의 효과성 · 효율성을 향상시키는 것이다.

3) 구성 요소

(1) 대상자

통합사례관리 대상자는 사회보장급여를 필요로 하는 전 국민이 될 수 있지만, 중점 대상자를 다음과 같이 설정하고 있다.

- 통합사례관리를 통해 탈빈곤 · 자활 지원 가능 가구(기초생활수급자 중 특히 신규수급자, 기초수급 탈락자 등)
- 차상위 빈곤가구, 특히, 긴급지원 대상가구 및 국민기초생활수급자 자격 탈락 가구 중 통합 사례관리를 통해 빈곤예방 지원 가능 가구
- 지자체 복지사각지대 조사를 통해 발굴된 위기가구* 중 통합사례관리가 필요한 가구

   (* 청 · 중 · 장년 1인 가구, 돌봄위기가구, 저소득 한부모 및 청소년 한부모 가구, 휴 · 폐업자, 실직자, 자살 고위험군 등)

표 6-1 **위기도조사에 의한 통합사례관리 대상자 선정기준**

구분	잠재적 사례관리 대상자 선정기준
안전	• 신체적 폭력, 정서적 폭력, 성적 폭력, 방임과 방치, 경제적 폭력 중 어느 하나라도 해당하는 경우 • 도움을 요청할 지원체계가 전혀 없거나 응급상황을 인지하지 못하는 경우
건강	• 일상생활이나 사회생활이 전혀 안 되는 경우 • 관리하는 데 어려움이 있고 건강관리를 위한 지원체계가 전혀 없는 경우 • 일상생활이나 사회생활이 전혀 안 되는 경우 • 질병인식이 없거나 증상관리를 도와줄 자원이 없는 경우, • 증상관리가 안 되는 경우, 자해나 타해의 시도나 위험이 있는 경우 • 약물복용이 전혀 이루어지지 않거나 약물치료를 거부하는 경우 • 지난 6개월 동안 자살을 위한 구체적인 방법을 생각한 적이 있거나 시도한 적이 있는 경우

일상생활	• 식사, 용변처리, 옷 입기, 씻기, 청소, 정리정돈, 수면 등에서 3개 이상 도움을 받아도 충분하지 않은 경우 • 영유아의 경우, 식사, 씻기 중 하나라도 어려운 경우
가족관계	• 돌볼 능력이 부족하며, 지원체계가 충분하지 않은 경우, 돌볼 의지가 없는 경우
사회적 관계	• 필요할 때, 도움을 요청할 친구, 이웃, 지인이나 친인척이 전혀 없는 경우 • 필요할 때, 도움을 요청할 직장동료, 소속된 단체나 기관이 없는 경우 • 방이나 집에서 거의 나오지 않은 채 기본적인 생활이 어렵거나 다른 사람(가족 포함)과 접촉이 없는 경우 • 타인에게 피해 주는 언행으로 이웃과 갈등을 유발하는 경우
경제	• **식생활 곤란**, 공교육비 체납, 의복 및 신발 구입 곤란, **치료 곤란, 3개월 이상 집세 체납, 주거지 없음**, 난방 불가, 공과금 연체, **공과금 연체로 인한 사회보장급여 자격정지, 전화 중단, 가스 차단, 단수·단전 중 하나 이상의 상태** (위에서 해당 사항이 4개 이상인 경우, 진하게 강조한 항목 중 하나라도 해당하는 경우) • 빚을 갚을 능력이 없거나 빚 갚을 능력이 없으면서 계속해서 빚을 내거나 지속적으로 채무 독촉을 받고 있는 경우
교육	• 등교는 하지만 학교규칙 및 생활규정을 위반(무단이탈, 무단지각, 무단조퇴)하거나 징계(정학, 사회봉사 명령 등)를 받는 경우 • 등교는 하지만 다른 학생으로부터 따돌림을 받고 있거나 다른 학생에게 해를 입히는 경우 • 무단결석하는 경우 • 학업을 유지하려는 의지나 대안이 없는 경우, 현재 의무교육을 받고 있지 않은 경우
고용	• 개인적인 방해 요소로 직장생활을 유지하는 데 어려움이 있는 경우 • 언제든지 정리해고될 수 있는 경우
생활환경	• 화장실, 주방, 도배장판, 전기, 가스, 상하수도, 냉난방, 위생, 창호, 주변 환경, 채광 등에서 3개 이상인 경우 • 어려움이 있으나 대책 마련을 못하는 경우 • 공간 부족, 문턱, 안전바 미설치, 높낮이 미조절, 욕실 미개조, 램프 미설치 중 3개 이상 해당하는 경우 • 갈등을 유발하는 경우
권익보장	법적 문제로 일상생활이나 사회생활이 어려운 경우

출처: 욕구 영역별 위기도 평가기준과 사례관리 대상자 선정기준표(보건복지부, 2020c)를 참고하여 가공.

또한 경제적인 어려움이 없더라도 위기에 처한 경우, 잠재적 통합사례관리 대상자로 설정할 수 있다. 그 기준은 〈표 6-1〉과 같다.

(2) 사례관리자

통합사례관리를 전담하는 인력은 통합사례관리를 수행하는 조직에 소속된 구성원인데 공무원과 통합사례관리사로 구분된다. 공무원의 경우, 직렬이나 직급, 경력 등에 대한 공식적인 자격요건이 없다. 그러나 사회복지전담공무원의 경우, 법정업무에 통합사례관리가 포함되어 있다.[1] 「사회보장급여법 시행규칙」 제7조의 2에서 통합사례관리사의 자격과 업무를 규정하고 있는데 반드시 사회복지사이어야만 하는 것은 아니어서 소수이지만 통합사례관리사 중에는 간호사도 있다.

표 6-2 **통합사례관리사 자격기준**

1. 사회복지사 1급 자격증을 취득한 후 사회복지 분야 근무경력이 2년 이상인 사람
2. 사회복지사 2급 자격증을 취득한 후 사회복지 분야 근무경력이 4년 이상인 사람
3. 정신건강사회복지사 2급 이상 자격을 취득한 후 사회복지 분야 또는 보건 분야 근무경력이 2년 이상인 사람
4. 간호사 면허증을 취득한 후 사회복지 분야 또는 보건 분야 근무경력이 2년 이상인 사람

(3) 운영체계

통합사례관리는 [그림 6-1]과 같이 사회보장급여 신청·접수체계와 지역사회보

---

1) 「사회보장급여법 시행규칙」 제8조(사회복지전담공무원의 업무) 법 제43조 제3항에 따라 사회복지전담공무원이 담당하는 사회복지에 관한 전문적 업무는 다음 각 호와 같다.
　1. 취약계층 발굴 및 상담과 지도, 사회복지에 대한 욕구조사, 서비스 제공계획의 수립, 서비스 제공 및 점검, 사후관리 등 통합사례관리에 관한 업무.
　2. 사회복지사업 수행을 위한 취약계층의 소득·재산 등 생활실태의 조사 및 가정환경 등 파악 업무.
　3. 사회복지에 대한 종합적인 정보제공, 안내, 상담 업무.

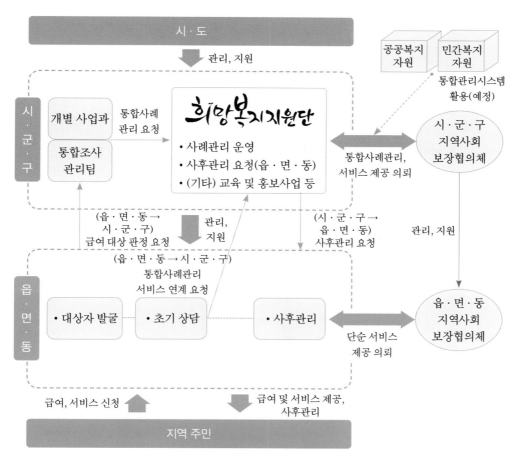

[그림 6-1] 통합사례관리 운영체계

장협의체와의 밀접한 관계 속에서 이루어진다. 이러한 특성은 개별 사회복지기관
에서 수행하는 사례관리와의 차별성이라고 할 수 있다.

읍·면·동의 경우, 찾아가는 보건복지서비스를 전담하는 팀(통상 맞춤형복지팀)
에서, 시·군·구의 경우, 희망복지지원단(통상 팀 단위)에서 사례관리를 전담한다.
희망복지지원단이란 복합적 욕구를 가진 대상자에게 통합사례관리를 제공하고, 지
역 내 자원 및 방문형서비스 사업 등을 총괄·관리함으로써 지역 단위 통합서비스

제공의 중추적 역할을 수행하는 전담조직을 말한다(보건복지부, 2020c). 2015년 하반기부터 통합사례관리가 읍·면·동으로 확대됨에 따라, 지역 내 통합사례관리 총괄·조정 기능을 담당하고 있다. 특히, 2019년도부터 공공부문 사례관리 연계·협력체계 구축 및 운영은 시·군·구 희망복지지원단과 읍·면·동의 기능으로 제시되고 있다. 공공부문 사례관리사업은 읍·면·동 찾아가는 복지전담팀과 시·군·구 희망복지지원단에서 이루어지는 '통합사례관리', '노인맞춤돌봄서비스', 드

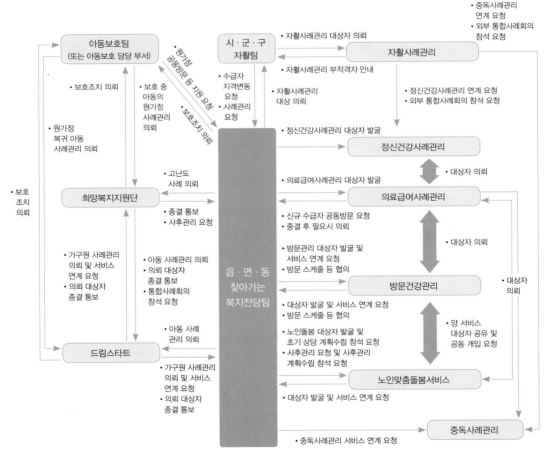

[그림 6-2] 읍·면·동의 공공부문 사례관리 연계·협력

출처: 2021년 공공부문 사례관리 연계협력 업무 안내.

림스타트(취약계층 아동통합서비스)', '아동보호서비스', '방문건강관리', '의료급여 사
례관리', '자활사례관리', '중독사례관리(중독관리통합지원)', '정신건강사례관리'로
구성되어 있다. 여기서는 읍·면·동과 시·군·구 희망복지지원단 입장에서 어
떻게 연계·협력하도록 하는지 살펴보겠다.

읍·면·동의 경우, 다양한 공공부문 사례관리사업으로부터 의뢰된 대상자에
대하여 접수·초기 상담 등의 게이트키퍼 역할을 수행하며, 희망복지지원단은 공
공부문 사례관리 간 연계를 위해 사례회의 정례화 및 구조화 등을 수행한다.

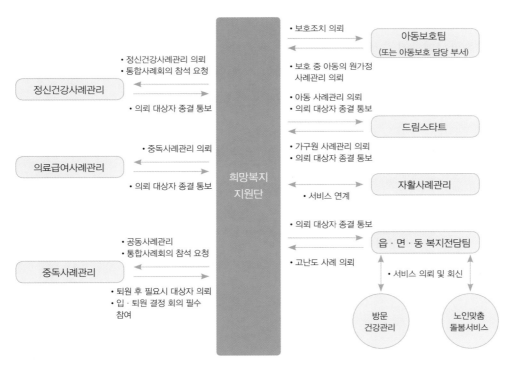

[그림 6-3] 희망복지지원단의 공공부문 사례관리 연계·협력

출처: 2021년 공공부문 사례관리 연계협력 업무 안내.

(4) 수행과정

현행 통합사례관리는 대상자 발굴, 초기 상담, 대상자 접수, 욕구 및 위기도조사, 사례회의, 대상자 구분·선정, 서비스 제공계획 수립, 서비스 제공 및 점검, 종결, 사후관리 총 10단계로 구성되어 있으며, 희망복지지원단은 읍·면·동에서 초기 상담 후 의뢰된 고난도 사례에 대해 대상자 접수부터 종결까지의 사례관리를 수행한다(보건복지부, 2020c). 물론 찾아가는 복지전담팀 설치 여부, 통합사례관리사의 읍·면·동 배치 여부에 따라서 담당하는 사례와 참여하는 단계가 다를 수 있지만 기본적인 수행과정은 동일하다. 이 모든 과정은 사례 단위로 사회보장정보시스템 (행복e음)[2]에 기록·관리되고 있다.

통합사례관리 수행 단계는 제2부에서 학습할 사례관리 실천과정과 크게 다르지 않다. 다만, 단계 구분과 용어, 구체적인 수행방식에서 차이가 있다. 보건복지부 지침에서 수록하고 있는 부분만 정리하자면 다음과 같다.

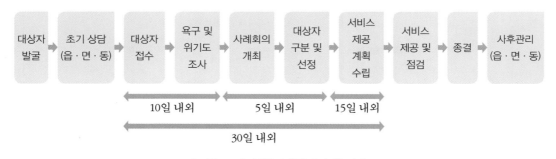

[그림 6-4] 통합사례관리 수행 단계

---

2) 각종 사회복지 급여 및 서비스 지원 대상자의 자격과 이력에 관한 정보를 통합 관리하고, 지자체의 복지 업무 처리를 지원하기 위해 기존 시·군·구별 새올행정시스템의 31개 업무 지원시스템 중 복지 분야를 분리하여 개인별 가구별 DB로 중앙에 통합 구축한 정보시스템을 말하며, 사회보장정보원에서 운영하고 있다.

① 대상자 접수

읍·면·동에서 초기 상담을 거쳐 희망복지지원단에 의뢰한 통합사례관리사업 대상가구를 접수하는 것을 말한다.

② 욕구 및 위기도조사

- 욕구조사는 통합사례관리가 필요한 가구를 대상으로 욕구 영역별 현상 및 원인을 파악하여 그 결과에 따라 사례관리 가구와 서비스 연계가구로 구분 선정하기 위한 심층조사를 말한다. 욕구조사에서 확인하는 현상은 〈표 6-3〉과 같다.

표 6-3 **통합사례관리 욕구조사―영역과 현상**

구분	세부 영역	현상
안전	가족 내 안전 유지	폭력, 성추행/성폭력, 유기, 방임, 학대, 실종
	가족 외부로부터 안전 유지	폭력, 성폭력, 협박·위협, 학대, 착취
건강	신체적 건강 유지	신체장애, 일시적 질병 및 상해, 만성질환, 희귀·난치성질환, 비만, 영양 결핍
	정신적 건강 유지	환청/환각/망상, 자해(자살행위), 약물오남용중독, 식사 거부, 수면문제, 음주문제, 공격적 행동, 대인기피, 운둔/칩거, 의사소통장애, 위생관리 문제, 이상한 행동, 불안감
일상생활	의식주 관련 일상생활 유지	식사 및 준비 곤란, 의복착용 곤란, 외출 곤란, 약물복용 곤란, 위생관리 곤란, 긴급 상황 대처 곤란
	여가생활 활용	여가활동 부족, 부적절한 여가활동
가족관계	관계 형성	부부 갈등, 부모―자녀 갈등, 고부 갈등, 형제자매 갈등, 가족 간 관계 소원, 가족 간 관계 단절, 가족 간 갈등
	가족돌봄	장애인돌봄 곤란, 노인돌봄 곤란, 아동돌봄 곤란, 환자돌봄 곤란
사회적 관계	친인척 및 이웃 간 관계 형성	친인척과 갈등, 친인척 관계 소원, 친인척 관계 단절, 이웃 간 갈등, 이웃 간 관계 소원, 이웃 간 관계 단절
	소속된 집단 및 사회생활	직장생활 어려움, 학교생활 어려움, 종교생활 어려움, 기타 사회생활 어려움

경제	기초생활 해결	식비 부족, 주거비 부족, 의복비 부족, 난방비 부족, 공과금 체납, 통신비 부족, 의료비 부족
	자산관리	자산관리 능력 부재, 부채, 과태료 · 벌금, 과소비 · 낭비
교육	기초지식 습득 및 향상	읽기 · 쓰기 · 말하기 문제, 수리계산능력 부족, 그 외 기초학습능력 부족
	교육환경 개선	수업료 · 급식비 등 부족, 특수교육 문제, 상급학교 진학의 어려움, 무단결석, 학업성적 부진
고용	취(창)업	실업 · 실직, 열악한 근로환경, 저임금, 비정규직, 구직의 어려움, 창업의 어려움, 기술교육의 필요, 취업동기 부족
	고용유지	잦은 직장 이동, 반복적인 재취업/창업 실패, 실업상태에 익숙해짐, 취업동기 부족, 사업체 유지의 어려움
생활환경	주거 내부 환경 개선	열악(화장실, 주방시설, 위생환경, 도배 · 장판, 냉난방, 전기/가스시설, 상하수도시설), 노후(지붕 노후, 벽/담 등) 주택 내 이동 곤란, 사생활 공간 부족
	주거 외부 환경 개선	학습환경 열악, 교통접근성 열악, 상습침수, 철거 등 공공수용, 거주지 이전, 화재 · 폭발 위험물에 노출, 생활환경 열악
권익보장	법률적 지원	법률처리(재산/위자료 등) 문제, 신분상실, 사고보상처리, 파산/신용불량, 국적 문제
	권익보장	차별대우, 권리침해

- 위기도조사는 사례관리 대상자 선정을 위한 기준으로, 대상가구의 위기 정도 파악 및 사례관리 종결의 적정성 판단 등에 활용한다. 위기도조사를 실시하는 목적은 사례관리 대상자의 선정기준 제시, 위기상황의 변화 가능성 파악, 사례관리 개입목표의 방향과 내용의 기반 마련, 위기도 영역별 총점 및 전체 총점을 통하여 위기상황의 변화점검 등이다. 현재 사용하고 있는 위기도조사 문항은 〈표 6-4〉와 같다.

표 6-4 통합사례관리 위기도조사 문항

욕구영역	위기도조사 문항
안전	• 가족구성원, 비동거 가족, 이웃, 친구, 사회(학교, 직장)로부터 안전을 위협받고 있는가? • 대상자가 타인의 안전을 위협하고 있는가? • 응급 시 도움을 요청할 체계가 있는가?
건강	• 본인이나 동거가족 중 신체적 질환 혹은 정신적 질환(중독*, 우울, 조현증 등)으로 약물관리를 하는가? (* 술, 담배, 약물, 의약품, 인터넷, 스마트폰, 게임, 도박, 쇼핑, 성 중독 등을 포함) • 신체적 질환 또는 정신적 질환으로 일상생활, 사회생활 등에 어려움이 있는가? • 본인이나 동거가족 중 지난 6개월 동안 자살을 시도한 적이 있는가?
일상생활 유지	• 본인이나 동거가족이 일상생활*에 어려움이 있는가? (* 식사, 용변처리, 옷 입기, 세탁, 몸 씻기, 청소, 정리정돈, 수면, 그 외 가사활동) • 외출 시 이동이 어려운가?
가족관계	• 동거 혹은 비동거 가족구성원 간 갈등이나 단절된 상황인가? • 영유아, 아동, 노인, 장애인 등을 양육하거나 돌보는 데 어려움이 있는가?
사회적 관계	• 도움을 받을 만한 친인척, 이웃, 동료관계, 단체나 기관이 있는가? • 본인이나 동거가족이 방에서 거의 나오지 않으면서 외부와 관계가 단절된 상황인가? • 본인이나 동거가족이 이웃과 갈등을 유발하고 있는가?
경제	• 돈이 없어서 기초생활(의식주, 교육비, 의료비, 집세, 퇴거 위험, 난방, 공과금 등)에 어려움이 있는가? • 금전관리(수입과 지출)나 빚 때문에 어려움이 있는가?
교육	• 본인이나 자녀가 기초학습능력(읽기, 쓰기, 말하기, 듣기, 타인 이해하기, 계산하기 등)이 부족하여 사회생활이 어려운가? • 본인이나 자녀가 학교생활이나 학업유지에 어려움이 있는가?
직업	• 본인이나 동거가족이 근로능력, 가족돌봄, 자녀양육, 일자리 발굴, 대인관계 기술, 신용, 신체 및 정신건강 등에 어려움이 있어서 일하기 어려운가?
생활환경	• 주거나 주거환경이 본인이나 가족의 안전과 건강에 해를 끼치는가? • 주거환경 문제로 본인이나 동거가족이 이웃과 갈등을 유발하고 있는가?
법률 및 권익보장	• 본인이나 동거가족이 법적 문제로 일상생활이나 사회생활에 어려움이 있는가? • 본인이나 동거가족이 차별대우나 불이익을 받고 있는가?

③ 사례회의

통합사례관리에서 사례회의는 대상자 구분 및 선정 단계와 종결 시 필수적으로 거쳐야 하는 단계이다. 그 밖에 서비스 제공계획 수립이나 점검 단계에서도 수시로 실시할 수 있다. 사례회의는 사례관리 수행 인력이 소속된 조직 내부 구성원이 참여하는 내부 사례회의와 외부 유관기관, 외부 슈퍼바이저 등이 참여하는 통합사례회의로 구분된다. 공공부문 사례관리 연계협력지침(보건복지부, 2020a)에 의해 관련 대상자에 대한 사례회의에는 유관기관이 필수적으로 참여하도록 하고 있다. 또한 시·군·구 희망복지지원단에서는 솔루션회의를 진행하고 있는데 동에서 통합사례회의를 진행해 보았으나 더 큰 범위의 자원과 다양한 분야의 전문가 개입이 필요한 경우, 의뢰하게 된다.

④ 대상자 구분 및 선정

욕구조사 및 위기도조사 결과를 토대로 사례회의를 개최하여 사례관리 대상자 여부를 판단하게 된다. 사례관리가구, 서비스 연계가구, 미선정, 타 사례관리사업 의뢰로 구분한다. 서비스 제공의 성격이 복합적인 경우, 개입기간 1개월 이상 예상되는 경우, 사례관리가구로 선정하며 단순서비스 연계인 경우, 개입기간 1개월 미만 예상 시 서비스 연계가구로 선정한다. 서비스가 불필요하거나 대상자 연락두절 및 거부 등으로 기한 내 욕구조사를 실시하지 못한 경우에는 미선정한다. 드림스타트, 아동보호전문기관, 노인보호전문기관 등에 먼저 의뢰해야 하는 경우에는 타 사례관리사업 의뢰로 판단한다.

⑤ 서비스 제공계획 수립

사례관리를 통하여 충족시켜야 할 욕구의 내용과 수준에 대한 목표를 설정하고 목표 달성을 위한 서비스 제공계획을 수립하는 단계이다. 통합사례관리는 법정 서비스이기 때문에 서비스 제공계획 수립 시 대상자의 동의가 필수적이다. 6개월을 기준으로 장기 목표와 단기 목표로 구분한다. 이때 제공되는 서비스의 개념은 공공급여, 민간서비스 및 프로그램, 비공식 자원을 포괄한다. 자원관리시스템에서 조회하여 계획서에 기록한다.

ⓖ 서비스 제공 및 점검

서비스 제공계획에 따른 서비스를 제공하고 이행 상황 및 대상가구의 환경·욕구 변화 등을 주기적으로 점검하고 파악하는 단계이다. 사례관리 대상가구에 대해서는 대상자의 변화 정도, 서비스 참여 정도, 서비스의 내용, 양, 품질, 제공방법의 적절성, 대상자의 만족도를 점검한다. 서비스 제공자에 대하여는 서비스 제공계획과 서비스 제공 내역(기간, 횟수, 내용 등)의 일치 여부, 서비스 제공여건, 서비스 제공자의 변화 여부, 서비스 제공기관 간 연계 및 협력수준 등을 점검한다. 점검 결과 조치는 욕구 재조사, 서비스 제공계획 재수립, 종결을 위한 평가로 구분된다. 욕구 재조사는 대상가구를 둘러싼 환경의 변화가 발생하여 재검토가 필요한 경우, 서비스가 진행되면서 심각한 신규 욕구 또는 문제가 발생한 경우에 실시한다. 서비스 제공계획 재수립은 서비스의 양 또는 횟수에 대해 대상자가 변경을 요청하는 경우, 주 사례관리자의 판단 결과 서비스의 양 또는 횟수의 변경이 필요한 경우, 욕구 재조사 결과 서비스의 종류 변경이 필요한 경우, 서비스 제공자의 여건 변화로 서비스 제공이 어려운 경우에 실시한다. 대상가구의 상황이 사례관리서비스가 필요하지 않을 정도로 호전된 경우, 대상가구의 이사, 연락 두절 등으로 사례관리 진행이 어려운 경우, 대상가구가 1개월 이상 지속적인 사례관리서비스를 거절 또는 포기하는 경우에는 종결을 위한 평가를 실시하고 종결 여부를 결정한다.

ⓖ 종결

사례관리 개입목표의 달성 여부와 수준, 더 이상 사례관리 개입이 불가능한 경우를 판단하는 과정이다. 서비스 제공과정, 위기도조사 결과 등을 종합하여 사례관리 개입의 적정성 및 대상가구의 변화를 평가하고 사례회의에서 종결 여부를 결정한다. 종결심사서에는 목표 달성 정도, 변화 정도, 사후관리계획 등이 포함되며, 최종적으로 팀장이 승인하게 된다.

⑧ 사후관리

통합사례관리 대상가구에 대한 사후관리는 공식적으로는 읍·면·동에서 실시하며, 유관기관에서 서비스를 지속적으로 이용하는 경우, 해당 기관과 함께 사후관리를 하게 된다.

2. 지역사회복지관 사례관리

1) 배경

사회복지관은 지역사회를 기반으로 일정한 시설과 전문인력을 갖추고 지역주민의 참여와 협력을 통하여 지역사회복지 문제를 예방하고 해결하기 위하여 종합적인 복지서비스를 제공하는 시설이다. 여기서 지역사회복지란 주민의 복지증진과 삶의 질 향상을 위하여 지역사회차원에서 전개하는 사회복지를 말한다. 사례관리가 지역사회복지관의 주요 기능으로 자리 잡게 된 것은 2012년 「사회복지사업법 시행령」 개정 이후라고 할 수 있다. 하지만 1992년 사회복지관 부설로 설치된 재가복지봉사센터의 주요 기능에 이미 사례관리가 포함되어 있었다고 보는 견해가 일반적이다. 사회복지관 평가에 사례관리가 포함된 2009년 이후에는 대다수 지역사회복지관에서 사례관리를 수행하게 되었다.

2) 개념

⑴ 근거

사회복지관 사례관리는 법률에서 그 개념에서 정의하고 있지 않다. 다만, 「사회

기능	사업 분야	사업 및 내용
사례 관리 기능	사례 발굴	지역 내 보호가 필요한 대상자 및 위기개입 대상자를 발굴하여 개입계획수립
	사례 개입	지역 내 보호가 필요한 대상자 및 위기개입 대상자의 문제와 욕구에 대한 맞춤형 서비스가 제공될 수 있도록 사례 개입
	서비스 연계	사례 개입에 필요한 지역 내 민간 및 공공의 가용자원과 서비스에 대한 정보제공 및 연계, 의뢰

표 6-5 사회복지관의 사례관리사업

복지사업법 시행규칙」 사회복지관의 사업(제23조의 2 제3항 관련)에서는 사례관리 기능, 서비스 제공 기능, 지역조직화 기능으로 명시하고 있으며, 사례관리 기능은 사례 발굴, 사례 개입, 서비스 연계로 사업 분야를 나누고 있다.

(2) 정의

한국사회복지관협회에서 발간한 「사회복지관 사례관리 매뉴얼」(2012)에 따르면, 사례관리는 삶의 전 영역에 걸쳐 장기적이고 복합적인 욕구를 가진 주민을 대상으로 욕구를 해결하고, 사회적 기능을 촉진·회복·유지·향상시키기 위해 서비스와 자원을 연계하거나 직접 제공하여 최적의 서비스를 제공하는 통합적 실천방법이다.

그런데 사회복지관 사례관리 개념은 사회복지관마다의 철학과 역량에 따라서 조금씩 다르게 정의되고 주민에게 안내되고 있는 것을 발견할 수 있다. 예를 들면, 성민종합사회복지관은 인권에 기반한 사회복지실천을 함에 있어 주권적 주체인 주민을 하나의 '사례'로 지칭한다는 것과, 사람을 '관리'한다는 용어 자체가 부적절하다고 보고 이에 기존 사례관리가 담고 있는 모든 활동들을 포괄하여 사회적 기본권을 보장하는 사업이라는 의미를 담아 '주민권리보장사업'으로 대체하자고 제안한다(성민종합사회복지관, 2018).

사회복지관 사례관리의 목적은 복합적인 상황에서 도움을 필요로 하는 주민들을 대상으로 전문성을 기반으로 한 체계적인 욕구사정과 지역사회자원 연계를 통해 사례 주민과 그 가족의 사회적 기능을 강화·유지하는 것이다(보건복지부, 2019). 보건복지부가 발간한 사회복지관 운영안내에 참고자료로 제시된 사례관리 목표는 다음과 같다.

- 사례 주민의 욕구를 정확히 분석하여 개인에게 적합한 서비스를 제공·연계하고, 강점을 강화할 수 있는 실천활동을 통해 문제해결 역량을 강화한다.
- 사례 주민의 비공식 자원 및 지역사회 지지체계 형성을 지원하여 사례 주민의 사회적 관계망을 확장한다. 지역 내 다양한 서비스와 자원을 연계·활용하기 위한 통합사례관리 네트워크를 강화한다.

3) 구성 요소

(1) 대상자
사회복지관 사례관리 대상자는 다음과 같다.

- 지역 내 복합적인 문제 및 욕구를 보이는 개인 또는 가족
- 국민기초생활수급자, 차상위 계층 및 기타 저소득층에 속하는 개인 또는 가족
- 경제적, 심리·사회적, 신체적 어려움으로 가족해체, 경제적 기능 상실 등 위기상황에 놓인 개인 또는 가족

(2) 사례관리자
사회복지관의 사례관리자에 대한 공식적인 자격기준이나 배치기준은 없는 상태이나 최소 인력 규모에 대한 권고가 있다. 서울 지역은 3명, 도와 시 지역은 2명이며, 지역사회 통합돌봄, 통합사례관리 민관협력 등에 적극 참여하는 사회복지관의 경우

사례관리 인력 3명을 추가로 우선 증원할 수 있다. 사례관리자의 전문성에 대하여는 교육이수, 사례관리 업무수행 기간, 슈퍼비전 참여 여부 등으로 평가하고 있다.

(3) 수행체계

지역사회복지관에서 사례관리를 전담하는 팀은 통상 '사례관리팀'이라는 명칭을 가지며, 관장 또는 부장이 사례관리 슈퍼바이저가 된다. 어떤 수행체계를 구축해야 하는가에 대하여는 다각적으로 논의할 수 있겠지만, 사회복지관 평가에서는 실행체계와 지원체계로 구분하고 있다. 2018년 사회복지관 평가에서 사례관리 실행체계의 적절성 여부는 다음과 같은 지표로 평가되고 있는데 사실은 사례수준으로 평가를 하기 때문에 사례관리 실천과정에 대한 평가라고 볼 수 있다.

- 클라이언트의 욕구에 기반한 사정이 이루어지고 있다.
- 사정을 근거로 한 개별화되고 적절한 개입계획이 수립되어 있다.
- 사례관리 계획에 의한 정기적 평가 및 모니터링이 진행되고 있다.
- 합의된 종결과 계획에 의거한 사후지원이 이루어지고 있다.
- 사례관리 과정에 이용자 참여가 이루어지고 있다.

사례관리 지원체계에 대한 평가는 클라이언트의 문제해결을 위한 담당자의 전문성 증진 및 자원 발굴과 이를 연계하는 지원체계가 잘 갖추어져 있는지에 대한 것이며, 다음과 같은 지표를 활용하고 있다.

- 사례관리 인력의 전문성 향상을 위한 교육 및 슈퍼비전이 이루어지고 있다.
- 협력적 사례관리 네트워크 활동에 기여하고 있다(통합사례회의 참석 등).
- 필요한 사례의 경우 연계나 의뢰가 적절하게 이루어지고 있다.
- 자원 발굴을 위한 지속적인 노력이 이루어지고 있다(자원 목록 정기적 업데이트 등).

사회복지관 사례관리사업의 운영체계가 어느 정도 갖추어진 상태이고, 이제는 인권, 자기결정, 비밀보장 등 이용자와의 수평적인 신뢰관계를 만들어 가는 과정에 그 초점을 맞추고 있다(김영례, 2018). 복지관 조직 내부에서는 기관의 서비스 및 프로그램을 제공하고 있는 서비스 제공팀과 자원개발을 담당하는 지역조직팀과의 협조가 중요한 관건이다.

그 밖에 지자체 통합사례관리서비스를 함께 이용하고 있는 대상자에 대하여는 '공동사례관리' 체계를 따르고 있으며 지자체-복지기관 정보공유시스템을 활용하고 있다. '공동사례관리'란 2개 이상의 기관이 협의에 의해 한 대상자를 공동으로 사례관리하는 협업체계로, 주 사례관리자와 공동사례관리자로 역할을 분담하여 수행하는 사례관리를 말한다. 지자체-복지기관 정보공유시스템은 민간복지시설(사회복지법인, 사회복지시설 등 사회보장 관련 민간 법인·단체·시설)의 사례관리의 표준화와 민관 공동 활용 가능한 복지자원을 관리하고, 공공과 민간복지시설 간 대상자 및 자원정보 공유를 지원하기 위하여 보건복지부가 구축한 시스템이다.

(4) 수행과정

지역사회복지관의 사례관리 수행과정은 기관에 따라서 단계 구분이나 용어가 다르기는 하지만 대개 사례 발견/접수, 스크리닝/판정, 인테이크/사정, 개입계획, 서비스 실행, 모니터링 및 평가, 사례관리 종결, 사후관리로 진행된다. 스크리닝/판정 단계가 없는 경우도 있고 계획 단계에서 대상자와의 협약 또는 계약이라는 세부과정을 두기도 한다. 2021년 사회복지관 운영 관련 업무처리 안내에는 사회복지관 사례관리 수행과정에 대한 사례가 수록되어 있는데, 그중 하나를 소개하면 [그림 6-5]와 같다.

기관별로 사례관리 수행과정에서 수집하는 정보가 약간씩 상이하지만, 욕구조사 항목과 내용은 통합사례관리와 유사한 기관들도 나타나고 있는데 지역 내에서 통합사례회의나 공동사례관리를 경험해 온 결과라고 볼 수 있다. 또한 사례 유형 구분도 기관마다 상이한데, 문제의 심각성이나 개입 내용과 수준에 따라서 구분하

사례 발견 및 접수
- 사례(의뢰) 접수
- 타 기관·시설 의뢰

스크리닝 및 판정
- 실시 후 사례회의 진행
- SVC 이용/사례관리/정보제공/의뢰/종결 대상자 판정

- 초기 상담 & 스크리닝 관리대장
- 초기 상담 & 스크리닝 sheet
- 상담기록지
- case 의뢰서
- 사례판정록/관리대장

인테이크 및 사정
- 사례관리 동의 및 계약
- 대상자와 가족의 의견을 기초로 면접상담(가정방문) 진행
- 사례선정 회의(긴급/집중/일반)

- 사례관리 대상자 전체 명부
- Intake sheet
- 사정기록지/사정양식(척도지 외)
- 사례관리 동의서/개인정보활용 동의서
- 사례선정회의록(사례관리 수준 판정)

개입계획
- 개입계획(목표 만들기/우선순위 정하기/과업 설정/개입계획/연계방안)
- 정보 공유 및 서비스 연계 조정
- 욕구 기반 자원 발굴 및 개발

- 사례관리 계획표
- 자원 연계 목록표(개별 파일)
- 자원 목록표(영역별) 활용

서비스 조정

서비스 실행
- 목표별 서비스 실행
- 사례회의팀/연합/통합/슈퍼비전 회의 등 실시

- 사례관리 진행과정 기록지
- 사례관리서비스 연계 명부
- 상담기록지
- 자원 연계 목록
- 사례회의록/관리대장
- (서비스 연계 시) 의뢰서/회신서
- (긴급지원 필요시) 긴급지원신청서

모니터링 및 평가
- 사례계획 변화, 개선 필요성 점검
  (과정 추적/계획의 적절한 실시 여부 확인)
- 목표 달성 여부 확인
  (재사정/2차 계획/종결 여부)

- 사례관리 점검표
- 재사정기록지
- 사례관리 계획표(2차)
- 사례회의록/관리대장

사례관리 종결
- 종결 사유 파악과 감정 수용
  (클라이언트 의견 재확인/감정 수용)
- 의뢰 결정

- 사례관리 종결평가서
- 생태도 변화/자가 척도지/기타 척도지
- 만족도 조사지
- case 의뢰서

사후관리
- 일정 기간을 두고 안정화 여부 점검
- 사후관리 계획/개입

- 상담기록지

[그림 6-5] **사회복지관의 사례관리 과정 예시**

출처: 2021년 사회복지관 운영 관련 업무처리 안내.

표 6-6 **사회복지관의 사례관리 유형 구분 예시**

구분	내용
긴급	• 당사자, 가족 혹은 의뢰자의 판단으로 긴급개입이 요청된 경우 • 의식주 관련 긴급 상황이 발생했을 경우 • 폭력 사건(아동학대, 가정폭력, 성폭력, 자살 등)이 일어난 직후 또는 발생 위험성이 높다고 판단된 경우 • 질병의 급격한 재발과 건강의 악화로 치료가 필요한 경우 • 위의 상황으로 인해 법적·의료적·경제적 지원이 긴급히 요청되는 경우 • 클라이언트나 가족을 위한 긴급개입이 요청되나 가족 등 자연적 지지체계가 적절한 작동을 하지 못하는 경우 • 갑작스런 사고(실직, 사고, 가족원의 사망 등)로 인해 경제적 및 사회적으로 위기상황에 직면한 경우
집중	• 부채 관련 문제가 가족의 생계비에 직접적인 영향을 끼치고 있으나 이를 위한 적절한 관리를 위한 전문적·법적 체계와 연결되어 있지 않은 경우 • 클라이언트 혹은 가족을 위해 긴급한 의료적 진단과 개입이 요구되나 현시점에서 자연적 자원 연결이 불가능한 경우 • 클라이언트 혹은 가족을 위해 정신의료적 사정과 개입이 요구되나 현시점에서 자연적 자원 연결이 불가능한 경우 • 클라이언트 혹은 가족이 심각한 의료적 문제, 중독문제(알코올, 마약, 오락, 약물, 도박중독 등)가 있으나 치료를 위한 적절한 지원체계와 연결되어 있지 못한 경우 • 클라이언트 혹은 가족원이 가정폭력(성 학대를 포함하여 방임과 학대) 사건에 연루되어 있거나, 학대받을 가능성이 있으나 현 상황에서 가족원 안전계획 및 문제해결을 위해 관련 기관의 충분한 협력을 얻을 수 없는 경우 • 사정을 위해 3개 이상의 전문체계의 연계가 요청되나 현시점에서 주 사례관리 체계와 주 사례관리자에 대한 동의가 이루어지지 않는 경우 • 클라이언트나 가족원이 법적 체계와 직접 연결되어 있는 경우 • 복합적인 욕구사정으로 인해 초기 접수 후 한 달 이상 가정방문을 포함하여 주 1회 이상 대면상담이 이루어진 경우 • 긴급사례관리 대상자로서 긴급개입 이후 위기상황이 종료되었으나 집중 개입이 요청되는 경우 • 기타 클라이언트, 가족 혹은 의뢰자에 의해 집중적 개입이 요청된 경우

일반	• 클라이언트, 가족 혹은 의뢰자에 의해 단순서비스나 일반적인 개입이 요청되었으나 사정 혹은 개입이 필요한 경우 • 클라이언트나 가족의 개인적 및 사회적 기능 강화를 위해 장기적인 목표를 설정하고 추구하는 것이 요구되는 경우 • 개인의 욕구가 지역사회 수준의 개입과 관련되어 있는 경우 • 긴급 및 집중사례관리 대상자로서 사례관리 수준이 일반 사례관리 수준으로 조정된 경우

출처: 숭의종합사회복지관 매뉴얼.

거나 강점형과 자원 연계형 등 클라이언트의 특성을 고려하기도 한다.

비교적 최근에 작성·공개하고 있는 기관의 사례관리 판정기준 예시를 보면 〈표 6-6〉과 같다(숭의종합사회복지관, 2016).

3. 정신건강복지센터 사례관리

1) 배경

사례관리는 주거 지원, 경제적 지원, 직업재활, 취업, 교육, 사회보장, 여가활동과 같은 다양한 자원들을 포괄적이고 연속적으로 조정·연결하여 궁극적으로 정신질환자들의 탈원화와 사회복귀를 이끄는 매우 중요한 서비스이며(하지선, 2016), 사례관리의 역사는 정신보건 영역에서 출발했고 정신건강복지센터 사례관리는 '지역사회 정신보건사업의 꽃'이라고 인식되어 왔다(이기연, 2011).

한국에서 공식적인 정신건강증진기관 및 시설은 정신건강복지센터, 정신의료기관, 정신요양시설, 정신재활시설, 중독관리통합지원센터가 있으나 본 절에서는 사례관리를 주요 기능으로 하는 정신건강복지센터를 중심으로 살펴보겠다. 현재 정부는 정신건강복지센터의 기능을 지역사회 내 정신질환 예방, 정신질환자 발견·

상담 · 정신재활훈련 및 사례관리, 정신건강증진시설 간 연계체계 구축 등 지역사회 정신건강사업 기획 · 조정으로 설정하고 있다(보건복지부, 2021b). 정신건강복지센터서비스는 전문적 정신건강서비스와 정신건강증진서비스로 구분되며, 사례관리는 전문적 정신건강서비스에 포함된다. 한국에서는 1998년 모델형 정신건강복지센터 4개소 운영시점부터 사례관리 접근을 해 왔다고 볼 수 있다.

2) 개념

(1) 근거

정신건강복지센터 사례관리 근거는 법에 명시되어 있지는 않고 보건복지부 정신건강사업 안내에서 설명하고 있다. 「정신건강증진 및 정신질환자 복지서비스 지원에 관한 법률」 제15조(정신건강복지센터의 설치 및 운영)에 근거를 두고 있으며, 국가 또는 지방자치단체(시 · 도지사, 시장 · 군수 · 구청장)가 설치한다. 기초정신건강복지센터의 주요 사업 영역은 중증정신질환관리, 자살예방, 정신건강 증진, 아동청소년 정신건강 증진, 재난 정신건강 지원으로 구분되고 있다. 읍 · 면 · 동이나 사회복지관과 같이 사례관리 기능이 별도로 있는 것이 아니라 기본적으로 등록 회원을 관리하는 개념과 각 사업 영역에서 사례관리가 필요한 대상자에 대하여 사례관리과정을 적용하는 개념이다.

(2) 정의

• 정신건강복지센터 사례관리 매뉴얼은 자체 개발 또는 광역 단위에서 개발하여 적용하도록 하고 있기 때문에 단일한 정의가 존재하지 않지만, 지역사회 정신건강 표준 사례관리 매뉴얼(국립정신건강센터, 2019)에서는 다음과 같이 정의하고 있다. 정신건강사업에서 사례관리라 함은 지역사회 내에서 정신질환자들이 건강한 삶을 영위할 수 있도록 다학제로 구성된 팀(정신건강의학과 의사,

정신건강전문요원, 사회복지사, 임상심리가, 간호사 등)에 의해 개인 맞춤형 돌봄을 조정, 통합, 수행 서비스를 제공하는 것을 말한다.

· 사례관리서비스는 등록 대상자와 가족을 대상으로 한 개별상담, 대상자와의 긴밀한 관계를 유지하거나 복지서비스 연계를 위한 기관과의 자원조정, 주간재활 프로그램 및 직업재활, 타 기관 의뢰 및 연계처리를 포함하고 있으며 미등록 관리 대상자, 지역 주민을 대상으로 하는 정신건강증진서비스를 포함하고 있다(보건복지부, 국립정신건강센터, 사회보장정보원, 2019).

· 정신건강복지센터 업무를 기준으로 정의하는 사례관리는 등록 단계부터 시작되며 사정평가를 통해 대상자 욕구에 따라 개인의 사례관리서비스계획(Individualized Service Plan)을 세우고 ISP에 맞게 제공되는 서비스를 통칭한다. 제공되는 서비스는 주간재활 및 직업재활서비스, 의뢰 및 연계서비스, 교육 및 훈련서비스 등이 포함된다.

· 정신건강복지센터 중증정신질환자 대상 사례관리의 경우, 목표는 다음과 같다.
  ① 중증정신질환자가 연속성 있게 지역사회 내에서 관련 서비스를 받게 하는 것
  ② 정신증 또는 서비스가 일정 수준 이상 필요한 정신질환에 대한 관리

3) 구성 요소

(1) 대상자

정신건강 문제가 매우 광범위하고 모든 국민이 정신건강 지원을 필요로 하지만, 현재까지는 정신질환자 중에서도 중증/만성정신질환자를 중심으로 서비스가 제공되어 왔으며, 이들은 주로 조현병이나 망상성 장애를 가지고 있거나 조울증이나 반복성 우울장애를 갖고 있는 대상자였다. 2000년부터 알코올 중독 예방 및 관리를 위한 사업들이 진행되면서 알코올 중독자가 정책 대상자로 포함되었으며, 2002년 아동 · 청소년 정신보건사업이 시작되면서 아동 · 청소년이, 2005년 자살예방사업이 시작되면서 자살고위험군이 주요한 정책 대상자로 포함되었다(보건복지부, 2019; 전

진아 외, 2019에서 재인용).

지역사회 내 중증정신질환자 사례관리 대상의 경우, 다음과 같이 정의한다.

- 정신병적 장애, 조현정동장애, 양극성 정동장애, 반복성 우울장애 진단으로 의학적 치료 이외의 지역사회 관리가 필요하다고 판단되는 경우
- 위 진단 분류에 해당하지 않으나, 정신건강의학과 전문의가 포함된 사례회의를 통해 뚜렷한 정신질환 증상으로 인해 의학적 치료 이외의 지역사회 관리가 필요하다고 판단하는 다음의 경우
  ① 입원에 준하는 적극적 치료적 개입이 필요한 정신질환자
  ② 정신질환의 증상으로 인해 일상생활에 중대한 제약이 있는 자
  ③ 기타 사례회의를 통해 등록 관리가 필요하다고 판단하는 자
  ④ 조기정신증(초발정신증 포함) 관리가 필요한 자

정신건강복지센터 사례관리는 기본적으로 '등록관리' 기준으로 대상자를 설정하고 있다. 그 기준은 지역, 서비스 대상자 기준, 개별서비스계획 수립, 최소 서비스 제공 횟수 등이다.
  ① 해당 지역에 거주하는 경우
  ② 서비스 대상자 기준 충족(초발정신질환자 및 만성정신질환자)
  ③ 최소 6개월에 1회 이상 개별서비스계획(Individualized Service Plan: ISP) 수립
  ④ 최소 매월에 1회 이상 서비스 제공 대상자

그 밖에도 지역의 등록정신장애인, 국민기초생활수급권자 및 취약계층 중 등록기준에 해당하는 경우, 지역 내 정신의료기관 및 시설에 입원 혹은 입소 중인 중증정신질환자 혹은 그에 준하는 정신질환자 등이 지속적인 발굴 대상이다.

공공 사례관리에서 초발정신질환자에 대한 초기 상담 및 평가 요청이 있을 경우 사전동의된 대상자에 한하여 공동 방문상담을 실시한다.

(2) 사례관리자

정신건강복지센터 사례관리자 자격요건과 배치기준은 별도로 있지 않다. 다만, 정신건강복지센터 인력의 업무분장을 통해서 보면, 주로 팀원이 사례관리 업무를 수행하며, 팀장은 슈퍼비전을 제공하고 상임팀장이 슈퍼비전 체계를 운영하도록 되어 있다. 팀원은 정신건강전문요원, 간호사, 임상심리사, 사회복지사 등이며 정신건강전문요원은 정신건강 분야에 관한 전문지식과 기술을 갖추고 보건복지부령으로 정하는 수련기관에서 수련을 받은 인력으로 정신건강임상심리사, 정신건강간호사 및 정신건강사회복지사로 구분된다.

(3) 수행체계

먼저 정신건강서비스 전달체계를 살펴보면 [그림 6-6]과 같다.

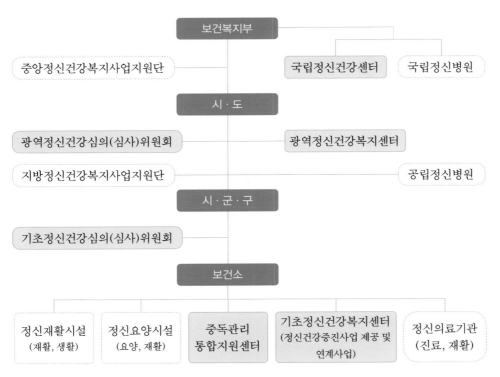

[그림 6-6] 정신건강서비스 전달체계

그리고 정신건강복지센터 사례관리가 전체 정신보건서비스체계 내에서 어떤 위치에 있는지를 이해하기 위해서는 [그림 6-7]을 참조할 수 있다.

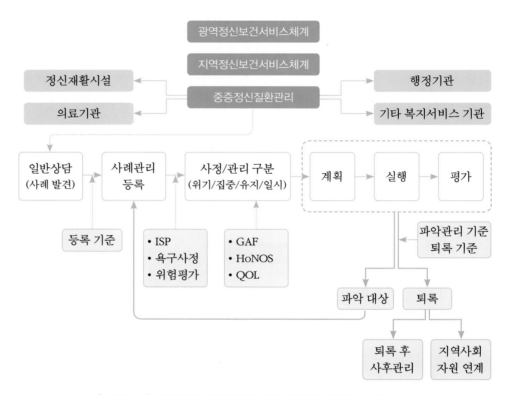

[그림 6-7] **지역사회 내 정신건강 영역 중증정신질환자 관리 흐름**
출처: 지역사회 정신건강 표준사례관리 매뉴얼.

*ISP(Individualized Service Plan) 개별서비스계획.
*GAF(General Assessment of Functioning) 전반적인 기능평가.
*HoNOS(The Health of the Nation Outcomes Scales)건강상태와 증상 심각도평가 공격적 또는 파괴적 행동, 자살사고 또는 자해, 알코올 및 약물 남용과 관련하여 나타나는 건강 및 사회적 문제, 기억력, 지남력과 이해력을 포함하는 문제, 신체적 장애와 관련한 문제, 우울한 기분, 환각과 같은 이상한 경험과 관련된 문제, 생활환경 및 관계의 문제 포함.
*QOL(Quality of Life) 삶의 질척도.

(4) 수행과정

정신건강복지센터의 사례관리는 사업과 대상에 따라서 주로 사용하는 사정도구

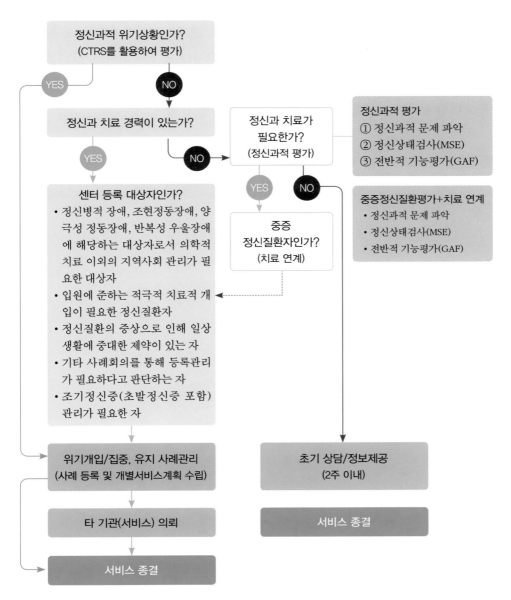

[그림 6-8] 사례관리 흐름도

출처: 지역사회 정신건강 표준사례관리 매뉴얼.

와 연계기관이 다를 수 있지만 정신질환에 대한 치료에 초점을 두고 다음과 같은 흐름으로 이루어진다. 수행과정은 국가입퇴원시스템과 사회보장정보시스템과 정보연계 기능을 가지고 있는 정신건강사례관리 시스템에 기록되고 있다.

정신건강복지센터에서는 정신건강 통합서비스 평가척도를 활용하여 욕구를 사정한다. 대상자에 대하여 평가는 내용은 정신건강상태 및 신체질환평가, 기본생활관리능력 평가, 사회적 기능평가, 가족 및 사회서비스 요구이다. 각 문항별 위험도 등에 대한 평가는 다양한 척도나 검사도구를 활용하고 있다.

표 6-7 **정신건강 통합서비스 평가척도**

영역	문항	평가
상태평가	자해 및 타해 위험	0 안정 1 낮은 위험 2 중등도 위험 3 심각한 위기 4 극도의 위기 9 확인되지 않음
	정신과적 증상	0 안정 1 경동의 증상 2 중증도의 증상 3 심각한 증상 4 극심한 증상 9 확인되지 않음
	정신약물관리	0 약물치료가 필요하지 않음 1 증상에 따른 서비스 및 약물관리가 잘 유지되고 있음 2 서비스 및 약물관리에 대한 정기적인 관찰 및 교육이 필요함 3 집중적인 서비스 및 약물관리 필요 4 지역사회기관의 서비스만으로 충분하지 않아 입원치료가 필요한 단계 9 확인/파악되지 않음

	스트레스 상태	0 인지된 스트레스 없음 1 경미한 수준의 스트레스 2 보통 수준의 스트레스 3 심한 스트레스 4 극심한 스트레스 9 확인/파악되지 않음
	신체질환	0 의료적 개입 필요 없음 1 신체질환이 있으나 적절히 관리되고 있음 2 신체질환에 대한 적극적 관리와 치료가 필요함 3 신체건강의 악화로 추가적인 외래치료가 필요함 4 신체질환으로 인한 입원이 필요함 9 확인/파악되지 않음
	음주 및 중독문제	0 중독문제 없음 1 경도의 중독문제 또는 중독에 따른 관리가 잘 유지되고 있음 2 중독에 대한 외래 유지치료나 자조집단 참여가 필요함 3 심한 중독문제로 집중적인 외래치료 또는 지역사회 서비스 　가 필요함 4 중독문제로 인한 입원치료나 응급개입이 필요함 9 확인/파악되지 않음
기본생활 관리능력	개인위생관리	0 안정적. 기능상의 문제없음 1 대부분 스스로(도움이나 조언 없이) 할 수 있음 2 몇몇 활동은 방법을 알려 주거나 감독이나 지도가 필요함 3 다른 사람의 도움이 부분적으로 필요함 4 다른 사람의 도움이 전적으로 필요함 9 확인/파악되지 않음
	일상생활관리	0 안정적. 기능상의 문제없음 1 대부분 스스로(도움이나 조언 없이) 할 수 있음 2 도움이나 조언이 부분적으로 필요함 3 많은 도움과 지속적인 조언이 필요함 4 전혀 할 수 없어서 다른 사람의 도움이 전적으로 필요함 9 확인/파악되지 않음

사회적 기능평가	가족지원	0 안정적. 보호의무자가 있으며 전적인 지원 가능 1 보호의무자가 있으며 기본적인 지원은 제공함 2 보호의무자가 있으나 최소한의 지원(입원 동의, 입원비 등)만을 제공함 3 보호의무자가 없거나 있어도 역할을 기대하기 어려움 4 성년후견제도 등 법적·행정적 지원이 긴급히 필요함 9 확인/파악되지 않음
	가족관계	0 안정적. 만족스러운 관계 유지 1 최소의 어려움: 가족관계에서 약간의 어려움이 있으나 이로 인한 스트레스가 크지 않은 편 2 경도의 어려움: 가족관계에서 중등도의 어려움이 있어 이로 인한 스트레스를 받음 3 중등도의 어려움: 가족관계에서 갈등이나 분쟁이 있어 스트레스가 매우 큼 4 심각한 어려움: 갈등이나 분쟁으로 단절되어 연락되지 않음/가족의 학대에 노출되어 있음 9 확인/파악되지 않음
	사회적 관계	0 자발적으로 사회참여를 통해 사회적 관계를 맺을 수 있음 1 제한된 범위 내에서 사회적 관계를 자발적으로 맺을 수 있음 2 주위의 도움을 받아 사회적 관계를 맺을 수 있음 3 사회적 관계를 맺는 데 상당한 어려움이 있음 4 사회적 관계를 전혀 못함 9 확인/파악되지 않음
	공공서비스 활용능력	0 안정적. 받을 수 있는 공공서비스 혜택을 받고 있거나 필요하지 않음 1 최소한의 지원: 정보제공 시 스스로 신청 가능 2 경도의 지원: 도움을 받아 신청 가능 3 적극적인 지원: 도움을 주어도 신청하기 어려움이 있음 4 전적인 지원·도움이 필요: 전적으로 다른 사람의 도움으로 이용할 수 있음 9 확인/파악되지 않음

사회서비스 평가	주거	0 적절한 주거지가 있으며 거주환경이 양호함 1 노후 등으로 거주환경에 약간의 개선이 필요한 상태이지만 스스로 해결할 수 있음 2 거주환경이 공간이 협소하고 한파 및 폭염에 취약한 상태로 개선이 필요하며 도움이 필요함 3 거주하기에 위험요인이 발견되어 즉각적인 보수가 필요하며 도움이 필요함 4 거주환경이 매우 열악 또는 퇴원 후 거주지가 없어 시급히 대체 주거지가 필요함 9 확인/파악되지 않음
	경제활동 지원	0 지원이 필요하지 않음 1 적절한 지원을 받고 있음 2 일시적 지원 필요 3 적극적 지원 필요 4 긴급지원 필요 9 확인/파악되지 않음
	취업 및 학업욕구	1 없음 2 있음 3 이미 취업 또는 학업 중이어서 욕구 없음(필요하지 않음)
	고용 및 교육가능성	취업 및 학업욕구가 있는 경우 0 안정적: 자발적으로 해결 가능함 1 대부분 도움이나 조언 없이 할 수 있음 2 도움이나 조언이 부분적으로 필요함 3 많은 도움이나 지속적인 도움이 필요함 4 정신건강 상태가 좋지 않아 전혀 할 수 없어서 다른 사람의 도움이 전적으로 필요함 9 확인/파악되지 않음

정신건강복지센터에서는 '위기관리', '집중관리', '유지관리', '일시관리'로 사례관리 유형을 구분하고 있는데 그 기준은 앞에서 살펴본 욕구도 평가에 따른다.

표 6-8 **정신건강복지센터 사례 유형**

구분	위기관리	집중관리	유지관리	일시관리
기준	대상자의 욕구도 평가 결과 욕구 미충족 항목의 심각도가 하나 이상 4로 체크된 대상자	대상자의 욕구도 평가 결과 욕구 미충족 항목의 심각도가 하나 이상 3으로 체크된 대상자	대상자의 욕구도 평가 결과 욕구 미충족 항목의 심각도가 하나 이상 2로 체크된 대상자	대상자 욕구도 평가 결과 미충족 영역은 존재할 수 있으나 심각도는 모두 1로 체크된 대상자
대상	① 즉각적인 위기개입이 없으면 자·타해의 위험이 심각하다고 판단되는 경우 ② 당장 입원치료가 필요한 경우 ③ 24시간 이내에 긴급하게 서비스가 제공되어야 하는 대상자 ④ 다음의 경우는 해당되지 않음 • 경미한 우울장애 • 술에 만취되어 있는 경우 • 기질적 정신장애가 주 문제인 경우 • 최근 자해한 적이 있지만 정신질환과 연관성이 희박한 경우	① 초기 정신질환 상태에서 재발예방을 위해 집중적 관리가 필요한 대상자 ② 다음의 사항을 포함하는 복합적이고 다양한 욕구를 가진 대상자 • (증상으로 인한) 폭력 혹은 지속적인 범죄의 과거력 • 지속적인 자해 혹은 방치의 심각한 위험 • 치료 순응도가 낮아서 잦은 재발을 하는 경우 • 물질사용장애와 정신질환의 이중진단	지역사회에서 지속적인 사례관리를 제공받을 필요가 있는 만성정신질환 대상자	집중, 유지관리를 받을 정도는 아니지만 정기적인 평가나 점검의 필요가 있는 경우
빈도	24시간 이내에 긴급하게 서비스가 제공	매주 혹은 월 4회 이상 집중적 서비스 제공	매월 혹은 월 1회 이상	3개월에서 6개월에 1회 이상
ISP 수립		최소 3개월에 1회 이상 ISP(개별서비스계획) 조정을 필요로 하는 대상자	최소 6개월의 1회 이상 수립	

제공서비스	일일 접촉(상황 종료 시까지): 입원 개입	대면상담 (주 1회 이상) • 필요에 따라 전화상담 시행 • 일일 투약관리 부작용 및 증상관리 • 치료에 대한 적극적 지원(단기입원, 의료보장 상태 지원 등) • 사회재활 프로그램 의뢰 • 질환별 증상 및 약물관리교육, 훈련 시행 • 개별욕구를 고려한 활동계획(직장, 대인관계, 생계 등 자립 지원)	월 1회 이상 대면 상담 진행 • 필요에 따라 전화상담 시행 • 사회재활 프로그램 의뢰 • 개별 욕구에 따른 활동계획(직장, 대인관계, 생계 등 자립 지원)	내소 또는 방문 1회/3~6개월

그 밖에 '파악관리'라는 유형도 있는데 다음과 같은 경우에 해당한다.

- 기존 서비스 대상자로서 정신과 병의원 혹은 정신재활시설과 대상자 관리에 대한 인수인계 또는 재등록 절차에 대한 조율이 완료된 경우
- 6개월 이상 접촉이 불가능한 경우
- 사례관리서비스에 대한 심한 거부로 서비스 제공이 현실적으로 불가능한 경우
- 정신건강의학과 전문병원이나 요양원에 장기 입원(입소)해 있고 퇴원(퇴소) 계획이 없는 경우

학습과제

> 동 주민센터 사회복지공무원은 임대아파트에 거주하는 정신질환이 의심되는 40대 아들의 폭력에 노출된 어르신 사례를 제보받았다. 이 사례에 대하여 시·군·구와 읍·면·동, 임대아파트 단지 내 종합사회복지관, 정신건강복지센터 사례관리자가 함께 공동으로 지원하기로 했다. 어떤 과정을 거쳐서 지원할 것이며, 이때 각 기관의 어떤 특성을 살릴 것인가에 대하여 토의해 보자.

참고문헌

강혜규, 박세경, 함영진, 이정은, 김태은, 최지선, 김보영, John Hudson, Aniela Wenham (2016). 사회보장부문의 서비스 전달체계 연구: 맞춤형 서비스를 위한 통합성 분석을 중심으로. 한국보건사회연구원.

국립정신건강센터(2019). 지역사회 정신건강 표준 사례관리 매뉴얼.

김보영, 강혜규(2018). 커뮤니티 케어는 가능한가? 통합사례관리 이용자 경험 분석. 한국사회복지정책학회 춘계학술대회 자료집.

김영례(2018). 사회복지관 사례관리자의 전문직 정체성 형성과정에 관한 연구. 숭실대학교 대학원 박사학위논문.

보건복지부(2021). 2021년 사회복지관 운영 관련 업무처리 안내.

보건복지부(2021a). 2021년 공공부문 사례관리 연계 협력 업무 안내.

보건복지부(2021b). 2021년 정신건강사업 안내.

보건복지부(2021c). 2021년 희망복지지원단 업무 안내.

보건복지부, 국립정신건강센터, 사회보장정보원(2019). 정신건강사례관리시스템 표준 매뉴얼.

보건복지부, 한국보건복지정보개발원 희망복지지원단 중앙지원센터(2015). 공공사례관리 위기도 사정도구 개정 내용 및 활용법.

성민종합사회복지관(2018). 성민복지용어사전.

숭의종합사회복지관(2016). 숭의종합사회복지관 사례관리 매뉴얼.

이기연(2011). 정신보건영역에서의 사례관리사업 평가: 현황 및 전망. 제4회 한국사례관리학회 추계학술대회 발표 자료.

전진아, 전민경, 김낭희, 박재현, 이용주, 윤시몬, 유혜영, 김보은(2019). 수요자 중심의 정신건강 서비스 접근성 강화 전략 연구. 한국보건사회연구원.

하지선(2016). 정신보건센터 사례관리 실천의 조직화에 관한 제도적 문화기술지. 한국사회복지학. 68(4), 199-244.

행정안전부, 보건복지부(2021). 2021년 주민자치형 공공서비스 구축사업. 찾아가는 보건복지서비스 매뉴얼.

한국사회복지관협회(2012). 사회복지관 사례관리 매뉴얼.

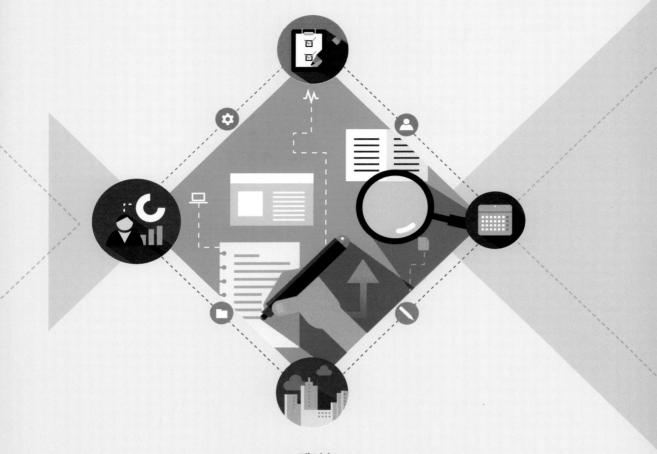

제2부

사례관리 실천과정과 기록

제**7**장
초기 단계

📄 학습개요

사례관리 초기 단계에서 사례관리 대상자의 발굴 및 등록, 초기 상담을 통한 대상자 선정 과정을 설명한다. 사례관리 초기 단계에서 수행하는 사례관리 기록업무를 설명하고 제시된 사례를 통해 기록실습을 한다.

✏️ 학습목표

1. 사례관리 초기 단계에서 사례관리 대상자 발굴 및 초기 상담과 대상자 선정의 핵심 과업을 학습한다.

2. 사례관리 초기 상담 기록양식 활용 실습을 통해 실무를 습득한다.

초기 단계는 사례관리 대상자를 발견 혹은 발굴하기 위한 노력과 잠재적인 사례관리 대상자를 초기 상담 과정을 통해 사례관리 대상자로 선정하는 단계로 구성된다.

1. 사례 발굴 및 접수

1) 정의

모든 사람에게 사례관리를 적용하여 도움을 제공할 필요는 없다. 발굴이란 다양한 복지클라이언트 중에서 사례관리라는 접근방법으로 도움이 필요한, 잠재적인 사례관리 대상자를 찾아내기 위한 구조 마련이나 실제적인 활동을 의미한다. 사례관리를 수행하는 기관은 개인과 가족이 필요로 하는 자원이나 서비스 접근을 방해하는 장벽을 최소화하기 위해 지역사회 파트너 및 자원들과 협력한다.[1] 자발적으로 도움을 요청하는 때도 있으나 잠재적인 사례관리 대상자의 특성상 복지자원에 대한 정보의 부재, 도움을 요청하는 기술의 결핍, 도움을 요청하는 것과 관련한 다양한 장애물로 인해 필요한 도움을 받지 못하고 있는 경우가 많이 있기 때문이다. 따라서 대개의 사례관리 시스템에서는 주요 실행과정 안에 적극적으로 사례를 발견 혹은 발굴하기 위한 기제를 마련하도록 주문하고 있다. 사례관리를 적용하려고 하는 기관이나 지역사회에서 사례관리라는 통합적 실천을 필요로 하는 취약계층의 삶의 모습이 어떠한지, 이와 관련한 사회적 이슈가 무엇인지에 대한 민감성을 가질 필요가 있다.

---

[1] 「사회보장기본법」과 「긴급복지지원법」에서는 위기가구 발굴에 대해 사회복지 관련자에게 신고의무를 부과하고 있다.

발굴을 위해서는 사례관리사업에 대한 홍보나 안내, 지역사회 관계기관들과의 간담회, 설명회 등 다양한 방식이 시도될 수 있다. 이를 통해 잠재적인 사례관리 대상자들이 사례관리에 관해 관심을 두고 직접 찾아올 수 있도록 하거나 관련한 서비스 제공자들이 도움이 필요한 클라이언트를 의뢰할 수 있는 구조를 마련한다.

2) 핵심 과업

사례관리기관은 잠재적인 사례관리 대상자에 대한 발굴 및 사례관리 대상자로서 적합한지에 대한 선별, 인테이크 방식이 클라이언트가 필요로 하는 적절한 서비스에 신속하고 즉각적인 대응으로 접근성을 보장할 수 있어야 한다. 사례관리 대상자는 자신에게 필요한 도움이나 요청 사항과 관련하여 기관의 서비스가 부합하는지, 어떤 서비스를 언제 이용할 수 있을 것인지에 대해 정보제공을 받을 수 있어야 한다. 이를 위해 사례관리기관은 신속하고 적극적인 인테이크 활동을 수행하여야 한다. 이때 클라이언트에게 필요한 서비스의 수준 또는 강도에 대한 심사, 공정한 대우, 긴급한 욕구와 위기상황에 우선순위를 부여하여야 한다. 또한, 서비스가 최대한 적절한 시기에 이루어질 수 있도록 지원한다. 한편 기관의 사례관리 대상자로 선정하기 어려운 경우나 필요한 서비스를 즉시 제공할 수 없는 경우는 적절한 기관이나 자원체계에 의뢰하거나 연결한다. 인테이크 시 기관은 정보를 수집하여 중요한 서비스 요구를 파악하되, 응급한 의료 욕구나 임박한 위험이나 향후 안전이 우려되는 경우 집중적인 서비스가 필요한 시기를 결정한다.

2. 초기 상담

1) 정의

초기 상담은 잠재적인 사례관리 대상자에 대한 방문 혹은 내방상담을 통해 클라이언트가 처한 어려움을 포함하여 클라이언트의 삶의 상황을 좀 더 자세히 살펴보며, 사례관리 대상자로서의 적절성을 평가하는 과정이다. 이와 함께 사례관리사업에 대한 안내, 사례관리 수행방법에 대한 설명과 이에 대한 잠정적인 동의 확보 등을 주요 목적으로 하는 단계이다. 즉, 실제적인 사례관리를 수행하기 위한 준비작업으로서의 성격을 가진다. 초기 상담에는 초기 면접을 포함하여 사례관리의 의미 및 주요 단계를 설명하는 과정, 사례관리자와의 관계 형성 과정, 좀 더 세부적인 삶의 상황을 이해하는 데 필요한 정보 수집을 위한 과정이 모두 포함된다.

2) 핵심 과업

초기 상담을 포함한 모든 상담의 과정에는 효과적인 의사소통이 필요하다. 이에 효과적인 의사소통 방법뿐만 아니라 의사소통의 한계에 대한 인식도 필요하다. 즉, 훌륭한 의사소통 기술인 경청과 면접의 기술은 사회복지실천에서 필수적이지만 민감하고 목적이 분명해야 하는 동시에 타인의 세계를 보는 일이 본질적으로 불확실할 수밖에 없다는 사실도 수용해야 한다.

초기 상담을 통해 이해하게 된 클라이언트의 삶의 모습은 새로운 정보에 의해 끊임없이 다른 모습으로 그려질 가능성이 크기 때문에, 새로운 정보를 유연하게 받아들이며 사례관리자는 다만 지금 파악한 정보의 범위 안에서 제한적으로 클라이언트를 인식하고 있을 뿐임을 인정해야 한다. 그렇지 않을 때 사례관리자는 클라이언트에 대한 제한적인 정보로 클라이언트의 삶을 규정하고 진단하게 됨으로써 새로운 정보를 받아들이지 못하거나 제대로 활용하지 못하게 될 수 있다. 특히, 사례관리의 과정이 초기 상담−사정 등의 순으로 진행되지만, 매회의 접촉을 통해서 주요 과정은 순환적이고 통합적으로 전개된다. 따라서 초기 상담 과정에서 확보한 제한된 정보로 형성된 클라이언트에 대한 인식이나 평가에 매몰되지 않도록 노력해야 한다.

3. 클라이언트 선정

1) 정의

클라이언트 선정은 기관의 사례관리사업 관련 정책하에 사례관리라는 방식을 적용할 것임을 확정하는 작업이다. 이는 초기 상담을 통해 파악한 내용을 토대로 사례관리 수행기관의 사례관리 관련 지침의 적용을 받는다.

사례관리를 필요로 하는 사람들의 특징(Ballew & Mink, 1996)은 1명 이상의 원조자로부터 도움을 필요로 하는 복합적인 문제를 경험하고 있는 사람으로서, 원조를 이용하는 데 클라이언트의 무지나 역기능으로 인해 사례관리자의 도움 없이는 효과적으로 서비스를 이용할 수 없는 경우이다. 즉, 복합적인 문제가 있다 하더라도 클라이언트 스스로 문제해결이나 욕구 충족을 위한 과정에 동기화되어 있거나 서비스에 접근할 수 있는 적절한 사회적 기능이나 기술을 가지고 있다면 사례관리라는 방식으로 접근할 필요는 없다. 사례관리를 적용하는 기관의 정책과 사업의 초점에 따라 사례관리 대상자를 선정하는 기준은 다양하며, 이 기준에 부합하는 클라이언트를 공식적인 절차를 거쳐 사례관리 대상자로 선정한다. 대부분은 사례관리자의 독립적인 의사결정보다는 사례회의 등의 공식적인 절차를 통해 사례관리 대상자 선정 여부를 결정한다.

2) 핵심 과업

초기 단계의 핵심 과업은 사례관리 대상자를 선정하는 기준이나 이유에 대해 설명이 가능해야 하며 사례관리 대상자 선정의 적절성이 공식적인 과정을 거쳐 검토되어야 한다. 가족 중심 사례관리를 실천한다 하더라도 기관과 사례관리와 관련한 계약을 맺을 때는 가족구성원 중 가구를 대표하여 1명과 계약을 맺게 된다. 따라서 1인 가구가 아닌 다가구원으로 구성된 경우 사례관리 대상자를 누구로 할 것인가는 매우 중요한 전략적 의미가 있다. 단순히 처음 접촉했다거나 가장 문제가 많다는 이유만이 아닌, 가족의 구조와 기능에 대한 사정평가를 토대로 가족구성원 중 누구를 사례관리를 수행하는 과정의 주요한 인물, 파트너로 설정하는 것이 좋을지에 대한 전략적인 선택이 필요하다. 지역사회의 다양한 사례관리 수행기관이 있다면 어느 기관에서 주 사례관리기관의 역할을 담당하는 것이 좋을지에 대한 검토를 통해 사례관리자가 소속한 기관이 가장 적절하다는 판단의 근거를 가지고 선정하도록 한다.

한편, 지역사회의 협력적인 노력을 통해 도움을 받아야 할 필요가 있으나 클라이언트가 동기화되어 있지 않은 비자발적인 클라이언트인 경우도 있다. 이 경우는 동의나 계약을 할 수 없다는 이유로 사례관리를 진행하지 않는 것을 정당화하는 것이 아니라 관계 형성 등 사례관리의 전제 조건을 마련하기 위한 노력이 필요하다. 따라서 실제 사례관리 대상자로 등록을 하지는 않더라도 지속해서 관계 형성을 위한 노력이나 클라이언트의 삶의 상황에 대해 직간접적으로 모니터링을 한다.

4. 동의 및 계약

1) 정의

　잠재적 사례관리 대상자로 선정한 후에는 실제 접촉을 통해 사례관리서비스가 있다는 사실을 알리고, 이러한 작업 과정에 동참할 것을 권유하며 필요한 동의 및 계약 절차를 수행한다.

　사례관리 과정에서 동의 및 계약의 절차를 중요하게 여기는 이유는 다음과 같다. 우선 사례관리 대상자의 문제해결이나 변화, 욕구 충족 과정은 장기적인 접근이 필요한 경우가 많기 때문이다. 즉, 이 긴 과정에서 대상자의 자발적 참여나 변화를 위한 노력 없이 서비스 제공기관의 일방적인 자원 연결이나 변화목표를 달성하는 데 기여하지 못하는 자원의 반복적인 제공은 실제적 변화를 끌어내지 못한다. 심지어 대상자의 의존성을 심화시킬 위험성도 있다. 따라서 사례관리 대상자가 선정되면 사례관리의 의미, 사례관리의 주요 진행방식 등에 대한 자세한 설명과 함께 이러한 과정에 협력적인 노력을 기울이는 것의 중요성 등을 설명하고 동기화하기 위한 노력이 필요하다.

2) 핵심 과업

　사례관리 과정을 개시하기 전에 동의 및 계약 절차가 필요한 이유는 사례관리 과정에는 사례관리자의 자원 연결을 위한 노력은 물론 사례관리 대상자가 제공되는 자원을 이용하는 데에도 많은 에너지와 노력이 투입되기 때문이다. 일반적으로 서비스 제공자는 국가 혹은 사회가 대상자의 문제해결을 위해 노력하고 또 다양한 서비스 제공을 하고 있음에도 사례관리 대상자가 '주는 서비스도 적절히 혹은 성실히 이용하지 못하는 것'에 대해 비판적 시각을 가지는 경우가 많다. 하지만 아무리 무

료 서비스 혹은 사례관리자를 통해 쉽게 연결된 서비스라 하더라도 사례관리 대상
자로서는 서비스 제공계획을 따르는 것에 많은 에너지가 필요하며, 제공되는 서비
스를 받기 위해서는 시간을 들여야 하므로 계획대로 움직이기가 쉽지 않다.

　더군다나 사례관리서비스의 의미, 방향, 주요 목적에 대한 충분한 이해 없이는
단순히 국가나 사회복지기관이 일방적으로 제공하는 것을 소극적으로 받는 과정
으로만 이해하게 될 것이다. 그렇게 되면 사례관리 과정을 통해 제공되는 서비스를
부적절하게 이용하거나 서비스의 효과를 담보할 수 없게 된다. 따라서 사례관리의
과정은 국가나 복지기관이 일방적으로 서비스를 제공하는 과정이 아닌 사례관리
대상가구의 어려움이나 문제 상황을 해결하기 위해 함께 노력하고, 대상자의 노력
을 지지하고 지원하기 위한 과정임을 분명히 해야 한다.

5. 초기 단계의 기록

　사례관리자는 사례관리서비스의 첫 단계인 초기 상담을 수행한 후 〈초기 상담지〉
와 〈사례관리 이용 동의서〉 양식에 기록하게 된다. 각 기록양식은 기관의 매뉴얼
에 의해 다양한 형태로 구성될 것이다. 이 책에서는 『사례관리 전문가교육: 실무자
기초과정』(한국사례관리학회, 2019)'의 기록양식을 재구성하였다.

1) 기록양식의 활용

　초기 상담은 초기 상담자가 클라이언트를 직접 면접하여 작성한다. 〈초기 상담
지〉는 클라이언트의 인구학적 정보, 도움 요청 내용 그리고 사례관리 클라이언트
선정 여부와 관련한 상담자의 종합의견으로 구성된다.

　〈초기 상담지〉는 먼저 클라이언트가 직접 작성하도록 안내하는 것도 좋은 방법
이다. 즉, 인구학적 정보뿐만 아니라 도움 요청 내용 역시 클라이언트가 직접 작성

하도록 한 후 그 내용을 바탕으로 상담을 진행하면서 정보를 수정·보완하며 기록을 완성해 나갈 수 있다. 클라이언트를 의뢰한 사람의 요구를 기록하는 것도 빼놓을 수 없다. 의뢰인의 의뢰 사유는 클라이언트가 진술하지 않은 주요한 과제를 포함할 수도 있고, 때로 클라이언트가 지역사회와의 관계에서 풀어 나가야 할 문제를 제시해 줄 수 있다. 예를 들어, 동사회보장협의체 위원이 의뢰한 사례가 마을 주민들과 오랜 갈등이 있었고, 이웃들이 떠나기를 간절히 바라는 가정일 수 있다. 이러한 상황을 클라이언트가 인정하지 않더라도 주민들과의 갈등을 해결하는 것이 클라이언트에게 주요한 과제임을 알 수 있고 나아가 의뢰인을 사례관리 실행과정에 자원으로 참여하도록 요청할 수 있다.

클라이언트와 가족의 도움 요청 내용은 진술자의 표현을 그대로 인용하여 기록하는 것이 좋다. 클라이언트의 표현에 대해 사정할 경우 표면적으로 드러난 '요구(want)' 이면에 숨겨진 '욕구(need)'를 발견하는 데 도움이 된다. 또한, 초기 상담에서 나눴던 질문과 대답을 사정 상담에서 반복하는 수고를 덜 수도 있어 전문가들의 일관성 있는 서비스 제공에 대한 신뢰를 얻는 데 도움이 된다. 주관적인 도움 요청 내용을 기술한 후에 그와 관련하여 면접자가 추가로 확인한 내용, 즉 가정방문을 통해 관찰하거나 의뢰인 등 기타 정보원으로부터 수집된 객관적인 정보를 추가로 기록한다. 이러한 기록방법은 사정 단계 기록에도 동일하게 적용한다.

초기 상담자는 상담 결과에 대해 전문가 소견을 상담자 종합의견에 기록한다. 클라이언트의 호소와 조사된 정보, 문제해결 능력 및 위험성에 대한 분석을 기반으로 사례관리 제공 필요성에 대해 논리적으로 기록한다.

사례회의에서는 〈초기 상담지〉를 근거로 사례관리 대상자 선정 여부를 결정한다. 상담자는 초기 상담을 통해 클라이언트가 사례관리 대상 선정기준에 부합한다고 판단되며 클라이언트의 서비스이용 동의가 있을 때 〈사례관리 이용 동의서〉를 작성하여 사례선정회의에 〈초기 상담지〉와 함께 제출한다. 「개인정보 보호법」에 의거한 〈개인정보 활용 동의서〉 역시 별도로 작성한다.

초기 상담지

접수 번호			일시	
상담자			장소	☐가정 ☐내방
상담 참여자				☐지역사회기관( ) ☐기타( )
의뢰 경로	☐본인 요청( ) ☐사례관리자의 발굴 ☐기관 내부 의뢰( ) ☐타 기관 의뢰( ) ☐주민 의뢰( ) ☐기타( )			
클라이언트	(남/여)		생년월일	
주소			전화번호	
장애 유형/급			건강상태	☐양호 ☐질환( )
보호유형	☐수급 ☐저소득/차상위 ☐한부모지원가정 ☐기타(영유아보육료 지원, 보훈 등)			
	☐의료급여 1종, ☐의료급여 2종 ☐건강보험 ☐기타			
주거 유형	☐자가 ☐전세(보증금 _____만 원) ☐월세(보증금 _____만 원/월 _____만 원) ☐임대주택(보증금 _____만 원/월 _____만 원) ☐기타( )			
가구 유형	☐소년소녀가구 ☐청장년1인가구 ☐독거노인가구 ☐한부모가구 ☐부부중심가구 ☐노인부부가구 ☐장애인가구 ☐조손가구 ☐새터민가구 ☐공동체가구 ☐기타( )			

가족 사항	관계	성명	출생 연도	결혼 상태	동거 여부	학력	연락처	장애 여부	건강 상태	기타

도움 요청	클라이언트	
	가족	
	의뢰인 및 기타	

상담자 종합의견		
	대상 판정	☐대상(☐긴급/☐일반) ☐비대상(☐정보제공/☐연계:)

[그림 7-1] 초기 상담지 양식

사례관리 이용 동의서

성명		(남/여)	생년월일	
주소			전화번호	

■ 본 사회복지관의 사업 및 사례관리서비스에 대해 설명해 드리겠습니다.

■ 본 사회복지관은 귀하의 사회복지 요구와 관련하여 최선의 사례관리서비스를 제공하도록 노력하겠습니다.

■ 아래의 목적 이외에 귀하의 개인적인 정보가 노출되지 않도록 하겠습니다.

○○종합사회복지관장   (인)

■ 본인은 귀 종합사회복지관에 관한 소개와 사례관리서비스의 과정 및 내용에 대한 설명을 충분히 듣고 이해했습니다. (필수) ················ (   )

■ 본 동의서 작성일로부터 귀 복지관에서 제공하는 사례관리서비스를 제공받는 것에 동의합니다. (필수) ················ (   )

■ 사례관리서비스를 위해 필요한 정보를 제공하는 등 제반 활동에 함께 참여하겠습니다. (필수) ················ (   )

■ 본인과 관련된 정보가 서비스의 질적 향상과 전문가 양성을 위한 교육 및 학문적 목적을 위해서 사용되는 것에 동의합니다. (선택) ················ (   )

20_____ 년 ____ 월 ____ 일

성 명 :   (인)

[그림 7-2] 사례관리 이용 동의서 양식

2) 사례 적용[2]

이경미(32/여)는 동 주민센터를 방문해 "아이들을 제가 키울 수가 없어요. 남편이 집을 나갔거든요. 네 살, 여섯 살 아이들이랑 굶고 있어요. 아이들을 시설에 보내고 싶어요." 라고 울면서 도움을 요청하였다. 이 가정이 경제 및 심리적 어려움과 함께 자살의 위험이 크다고 판단한 동 주민센터 공무원은 종합사회복지관에 사례관리를 의뢰하면서 클라이언트에게 심리적 지원을 하고 자녀들을 시설에 맡기지 않고 양육해 나갈 수 있도록 도움을 주길 요청하였다.

사례관리자가 담당 공무원과 도시락을 준비하여 클라이언트의 집을 처음 방문했을 때 집은 전반적으로 정리가 잘 되어 있었다. 지난 며칠간 아무것도 못 먹었다는 클라이언트의 말에 양해를 구하고 주방을 둘러보니 가스레인지는 조리한 흔적이 없었고 냉장고에는 식재료나 반찬, 흔한 달걀마저도 없었다.

클라이언트는 남편이 가출한 이후 몇 주간 아이들과 함께 남편을 찾아 돌아다녔다고 한다. 그 과정에서 부부 모두 신용불량인 상황임에도 남편이 아내 모르게 아이들 명의로 휴대전화를 만들어 사용하고 있었다는 사실을 알게 되었다. 시어머니에게 상황을 설명하고 도와 달라고 요청했지만, 시어머니는 아이들을 시설에 보내라는 말만 하고 그 뒤로 클라이언트의 전화를 받지 않았다. 친정에선 유일하게 남동생이 가끔 찾아오고 아이들도 돌봐 줬으나 남편의 가출 소식을 듣자 화를 내고는 연락이 끊겼다.

클라이언트는 당장 수중에 몇천 원밖에 없어 아이들을 제대로 먹일 수 없는 게 가장 큰 걱정이었다. 유치원에서 친구들과 활발하게 어울렸던 아이들이 요즘엔 선 채로 오줌을 누거나 친구들하고 놀다가도 앉아서 그냥 우는 행동을 한다는 전화가 오고 집에서도 자다가 오줌을 싸는 일이 잦아졌다.

---

2) 이 장에서 제시되는 사례는 한국보건복지인력개발원에서 발간한 『참여형 교육을 위한 사례관리실천 사례집』(2018)에 수록된 것으로 실제 사례관리자들이 수행한 사례관리서비스 내용을 교육용으로 재구성하였다. 전체 사례관리 과정에서 기록의 연속성을 학습할 수 있도록 동일한 사례의 진행과정을 정리하였다.

사례관리자는 클라이언트가 처한 지금의 상황에 대해 충분히 공감하고 클라이언트가 가진 강점을 지지하려 노력하였다. 사례관리자가 "그렇게 힘들었는데도 어떻게 견딜 수가 있었어요?"라고 물으니 "행복한 가정을 꾸리고 싶었어요. 그동안 돈은 없었지만. 아이들에게 화를 한 번도 안 내고 잘 지냈거든요. 둘째가 태어난 뒤로는 이제 정말 가족을 이루었구나 하는 생각도 했었는데."라고 대답하였다.

학습과제

- 앞의 사례를 토대로 〈초기 상담지〉를 작성하시오.
- 사례관리 대상자로 선정한 기준이나 이유는 무엇입니까?
- 앞의 가족구성원 중 누구를 사례관리 대상자로 선정하는 것이 적절하며 그 이유는 무엇입니까?
- 어느 기관이 주 사례관리를 담당하는 것이 적절하며 그렇게 판단할 만한 근거는 무엇입니까?

참고문헌

한국보건복지인력개발원(2018). 참여형 교육을 위한 사례관리실천 사례집.
한국사례관리학회 편(2019). 사례관리 전문가교육: 실무자 기초과정(2판). 서울: 학지사.

Ballew, J. R. & Mink, G. (1996). *Case management in social work: Developing the professional skills needed for work with multiproblem clients.* Springfield, IL: Charles C. Thomas.

제8장

사정 단계: 욕구, 자원, 장애물 사정

📋 **학습개요**

사정 단계에서 욕구사정, 자원 및 강점사정, 장애물 사정을 위한 사례관리자의 핵심 과업을 설명한다. 사례관리 사정 단계에서 수행하는 사례관리 기록업무를 설명하고 제시된 사례를 통해 기록실습을 한다.

✏️ **학습목표**

1. 사례관리 사정 단계에서 욕구사정, 자원 및 강점사정, 장애물 사정을 위한 사례관리자의 핵심 과업을 학습한다.

2. 사례관리 사정 결과를 기록하기 위한 양식 활용 실무를 습득한다.

사정 단계는 사례관리 대상자로 의뢰되거나 자발적으로 도움을 요청한 클라이언트가 안고 있는 문제나 어려움, 사례관리 과정을 통해서 지원해야 하는 욕구에 대한 종합적 사정평가를 하는 단계이다. 클라이언트의 포괄적이나 개별화된 욕구에 대해 강점을 기반, 문화적 민감성을 가지고 사정평가를 한다. 사정평가를 하는 인력은 훈련과 기술, 경험을 통해 자격을 갖추고, 특별한 욕구를 가진 개인과 가족을 잘 파악할 수 있어야 한다. 사정평가는 다음의 원칙을 고려하여 실시한다.

- 사정평가를 위해 수집된 정보는 포괄적이어야 하나 처음 사례 선정을 하게 된 이유와 직접적인 관련이 있어야 하며, 서비스 요청 및 목표 달성과 관련된 자료로 제한한다.
- 사정평가는 가능한 개인 또는 가족이 선택한 장소에서 직접 수행하며, 자연적 지지체계와 공식적인 지원 네트워크를 포함하여 실시한다. 필요에 따라 신속하게 전문적 평가(검사나 진단 등)를 제공하거나 할 수 있도록 연결한다.
- 사정평가는 문화적인 민감성과 그에 따른 반응성으로 나이, 발달수준 등을 고려하여 서비스 참여를 높이고 합의된 목표 달성을 지원할 수 있는 자원을 파악한다.
- 사정평가는 기관이 정한 기한 내에 완료한다.

사례관리의 시작 및 사정평가 시 당사자 또는 가족이 사례관리가 시작되는 것에 대한 의지가 있는지에 대한 민감성을 가져야 한다. 또한, 사정평가 작업이 클라이언트에게 위협적으로 느끼지 않도록 하는 태도, 인간에 대한 존중, 당사자의 자율성 및 비밀보장, 유연성 등이 잘 보장될 수 있도록 한다.

사정평가는 세부적으로 욕구사정, 자원사정, 장애물 사정의 차원으로 구분할 수 있으며 이를 기반으로 사례관리의 개입목표를 구체화한다.

1. 욕구사정

1) 정의

욕구(need)의 사전적 정의는 '결핍'이나 '필요'이지만 사회복지적으로는 특정 프로그램이나 서비스를 제공해야 할, 즉 개입의 필요성으로 전환하여 정의된다. 따라서 욕구사정이란 서비스나 지원이라는 형태의 개입을 통해 변화를 도모해야 할 클라이언트의 상황에 대한 가설을 수립하는 과정으로 정의할 수 있다. 따라서 클라이언트의 '문제(problem)'와 '요구(demand)' 혹은 '원하는 것(wants)'과 구분하는 것이 필요하다. 즉, 클라이언트의 문제가 모두 다 사례관리를 통해 도움을 줄 수 있거나 도움을 주어야 하는 것이 아니며, 클라이언트의 요구나 원하는 것 역시 사례관리시스템을 통해 반드시 충족시켜야 하는 것은 아니다. 사회복지적 책무성을 고려하여 사정된 욕구 중에서 추후 시간계획을 고려하고 클라이언트와 합의를 통해 목표로 전환되기 전 단계에 종합적으로 사정되어야 하는 다양한 삶의 상황이라 할 수 있다.

2) 핵심 과업

욕구사정을 명확히 하기 위해서는 클라이언트가 직접 도움을 요청한 경우가 아니라면 클라이언트와 의뢰자의 주 호소를 각각 분석할 필요가 있다. 자신이 처한 삶의 상황이나 사례관리를 위해 클라이언트를 의뢰한 입장에서 클라이언트가 처한 삶의 상황을 바라보는 관점이나 이유가 달라질 수 있기 때문이다. 따라서 당사자가 도움을 요청한 경우가 아니라면 의뢰 시 제시된 문제에 대해 이해관계자들의 입장과 의견을 다각적으로 분석하기 위해 다양한 정보원(정보제공자와 정보의 형태)을 활용할 필요가 있다. 즉, 클라이언트나 의뢰인의 진술 정보에만 의존하지 않도록 주의한다.

또한, 욕구사정은 클라이언트가 원하는 서비스나 자원을 제공하는 것이 아니라 클라이언트와 합의한 목표를 달성하는 데 필요한 수단으로서의 자원을 제공하는 과정임을 분명히 인식할 필요가 있다. 따라서 욕구사정은 어떤 어려움이 우선 해결될 필요가 있는지를 중심으로 사정하며 결과적으로 언제까지, 어떠한 결과를 지향할 것인지를 중심으로 사정평가하는 것이 필요하다.

2. 자원 및 강점사정

1) 정의

사례관리를 통해 클라이언트의 욕구를 충족시키기 위해서는 충족 수단에 대한 고려가 필요하다. 자원 및 강점사정을 통해 클라이언트의 문제나 결핍만이 아니라 현실적으로 투입 가능한 다양한 노력이나 자원을 고려해야 한다. 자원 및 강점사정은 투입 가능한 노력(클라이언트의 역량을 의미하는 강점이나 외부 자원을 포함)을 확인하기 위한 절차이다. 강점에 대한 정의는 다양할 수 있겠지만 본 절에서는 클라이언트가 가진 내면의 힘과 자원을 중심으로 정의하고자 하며, 외부적인 자원은 클라이언트가 아닌 가족이나 지지체계, 지역사회의 인적·물적 자원으로 구분하고자 한다.

2) 핵심 과업

강점과 자원사정의 핵심 과업은 당연히 클라이언트와 그 가족의 강점과 자원을 찾는 것과 그 활용방법을 모색하는 것이다. 강점과 자원사정은 전반적인 클라이언트의 특성만이 아니라 현재 상황을 호전시키거나 문제의 악순환을 막거나 욕구 충족에 기여하는 수단이 된다거나 다양한 방식으로 도움을 줄 수 있는 내외적 자원을 사정해야 한다. 이때 강점과 자원은 절대적인 기준이나 사회적으로 인정하는 '바람직함'에 있는 것이 아니라 클라이언트의 삶의 상황이나 맥락을 고려할 때 강점이나 자원이 될 수 있는 것으로서 생태체계적 관점이나 강점관점을 가지고 사정해야 한다. 즉, 사회적으로는 '소극적인 성격'을 바람직하지 않은 특성으로 혹은 부정적으로 평가하는 때도 있겠으나 어떤 클라이언트에게는 이 '소극적인 성격'으로 인해 문제가 더 악화하거나 부정적인 유혹에 빠지는 것을 막을 수 있었다는 점에서 특정 상황과 맥락에서는 강점이 될 수 있다. 또한, 클라이언트의 강점을 현재 상황에서 찾는 것도 중요하지만 그동안 클라이언트가 자기 삶의 문제나 어려움을 해결하기 위해 어떤 노력을 해 왔는지, 삶의 상황이 지금보다 더 나빠지는 것을 막거나 버틸 수 있었던 힘은 무엇인지에 대해 탐색할 때 더 효과적으로 발견할 수 있다. 따라서 사정평가를 위한 상담을 할 때 클라이언트가 현재 얼마나 어려운 삶의 상황인지, 현재 가지고 있는 문제가 얼마나 심각한지에 대한 탐색만이 아니라 '그럼에도 불구하고' 어떻게 버틸 수 있었으며, 더 악화하는 것을 막기 위해 어떠한 방식으로 노력해 왔는지에 대한 탐색에 무게를 두어야 한다. 아울러 이러한 노력이 성공한 부분과 실패한 부분을 탐색함으로써 클라이언트의 노력에 대한 인정과 지지, 실패나 시행착오를 반복하지 않도록 하기 위한 교훈은 함께 탐색하는 것이 필요하다. 대부분 클라이언트와 가족들은 자신들이 삶의 어려움을 해결하거나 대처하기 위해 고군분투해 온 힘이나 자신의 특성을 인식하지 못하고 있는 경우도 많다. 따라서 이러한 부분을 사례관리자가 발견하고 공유하고, 지지하는 작업도 중요하다.

한편 클라이언트가 지역사회에서 새롭게 발굴되어 복지서비스의 대상이 되기도 하지만 이미 다양한 방식으로 복지시스템 내에 있었던 경우도 많이 있다. 따라서 과거에 받았던 도움의 내용이나 방식에서 어떠한 경험을 하였는지도 사정할 필요가 있다. 즉, 과거 이 가정에 투입된 지역사회자원은 무엇이었으며 그 자원은 그 당시의 욕구와 클라이언트와 가정의 삶에 어떤 영향을 주었는지에 대한 사정평가를 함으로써 향후 이러한 성공 혹은 실패의 경험을 이번 사례관리의 방향에 어떻게 반영할지를 고려해야 할 필요가 있다.

3. 장애물 사정

1) 정의

장애물이란 사례관리를 통해 이루고자 하는 목표 달성을 위한 노력을 저해하거나 한계, 걸림돌이 되는 특성이나 조건을 말한다. 장애물은 내부 장애물과 외부 장애물로 구분해 볼 수 있는데 내부 장애물은 클라이언트가 가지고 있는 성격이나 심리 정서적인 특성으로 문제해결이나 변화를 위한 협력적인 노력을 해 나가는 데 걸림돌이 될 수 있는 특성을 말한다. 과거의 부정적 경험으로 인해 인간관계에서 신뢰 관계를 형성하기 어렵거나 냉소적인 태도로 인해 사례관리자와의 관계 형성이 어렵거나 사회적 참여나 관계 형성을 하는 데 어려움이나 한계로 작용하는 것 등이 그 예가 된다. 외부 장애물은 클라이언트가 처한 삶의 상황이나 환경적 특성으로 인한 장애물을 의미한다. 지지체계나 자원 부족, 지역사회의 협력체계가 잘 작동하지 않는 것 등이 그 예가 된다.

2) 핵심 과업

장애물 사정을 하는 목적은 사례관리를 수행하는 과정에 놓인 장애물을 명확히 하고 사례관리를 통한 변화의 가능성과 한계를 객관적이고 현실적으로 예측하기 위함이다. 또한, 장애물이나 한계 중에서 극복하여 정면 돌파하거나 쉽게 해결하기 어려운 장애물이라면 우회하기 위한 전략을 마련할 필요가 있다. 특히, 신뢰관계를 형성한다는 것은 쉽고 빠른 시간에 이루어지지 않으며, 지역사회의 자원 확충이나 전달체계의 변화 역시 빨리 이루어지지 않을 수 있다. 이러한 어려움을 고려한 현실적인 목표, 실현 가능한 계획을 수립하기 위해 검토해야 할 전제 조건으로 인식할 필요가 있다.

4. 종합적 사정

1) 정의

종합적 사정은 욕구, 자원, 장애물 등에 대한 각각의 상황에 대한 종합적인 평가 및 분석적 작업을 하는 단계이다. 클라이언트의 삶의 문제나 어려움, 결핍 등 부족한 부분만이 아니라 강점이나 자원 등 종합적인 내용을 고려한 균형 잡힌 시각이 요구된다. 이는 본격적인 사례관리를 추진하기 위한 가장 중추적인 단계로 이후의 계획수립이나 실행을 하는 전 과정에 영향을 미치는 중요한 단계이다. 즉, 사정 결과를 기반으로 욕구의 우선순위를 선정하고 클라이언트와 제한된 시간 안에 달성 가능한 결과목표에 대해 합의를 하게 된다. 한편 클라이언트의 욕구나 주변 상황, 자원은 다양한 환경적 맥락에서 변화가 생길 수 있으므로 정기적인 재사정이 필요하다.

2) 핵심 과업

종합적 사정은 클라이언트가 문제시하거나 요구하는 서비스와 관련한 특정 욕구 영역에 국한하는 것이 아니라 전반적인 삶의 상황을 재검토하는 의미가 있다. 이를 위해서는 개인-환경의 상호작용에 초점을 맞춘 생태체계적 사정을 해야 한다. 즉, 클라이언트뿐만 아니라 비공식적 지지체계, 나아가 지역사회 환경에 이르는 다양한 차원에 대한 포괄적이고도 세밀한 사정이 요구된다. 사정 단계에서 사례관리자는 다음의 내용을 포함하는 포괄적 사정활동에 집중한다(Moxley, 2004).

- 클라이언트의 능력과 대인서비스 욕구에 대한 사정
- 클라이언트의 사회적 망과 이러한 망 구성원이 클라이언트의 욕구에 부응하는 능력에 대한 사정
- 대인서비스 제공자에 대한 사정과 이러한 제공자가 클라이언트의 욕구에 부응하는 능력에 대한 사정

사정은 사례관리 대상자의 욕구 영역별 주요 문제점, 원인과 해결방안, 욕구 충족에 활용 가능한 내외적 자원의 파악을 위해 심층적으로 조사 및 상담을 하는 과정이다. 사정은 현 상황에 대한 명확한 분석, 이후의 개입구조 및 구체적인 개입 방안의 기본 틀과 투입자원을 추정하기 위한 과정으로서의 의미가 있다.

사례관리자는 클라이언트와 그 가족의 안녕과 삶의 질 향상에 초점을 둔 강점관점 사정이 이루어지도록 하며, 문화적 민감성을 가지고 임하여야 한다. 또한, 클라이언트와 가족의 자발성 및 주관적 욕구에 기초하되 사례관리자의 객관적이고 전문적 판단이 더해진 종합적이고 포괄적 사정이 이루어지도록 한다. 사정은 일회적인 과정이 아니며, 대상자와 가족의 욕구 및 상황 변화에 따라 정기적으로 재사정해야 한다. 정기적 사정은 기관이 설정한 기준에 따라 그 주기를 달리하되, 클라이언트와 가족의 욕구 및 상황 변화에 따라 서비스계획의 수정이 요구되는 때는 수시로 수행한다.

사정 내용을 토대로 실행계획이 수립되므로 현실적인 계획을 수립하기 위해서는 대상자와 가족의 의견에 기초하여야 하며, 가정방문을 통한 면접상담을 1회 이상 실시하도록 한다. 또한, 클라이언트와 그 가족의 진술뿐만 아니라 이웃, 주변인, 친구, 친척, 지역사회 안의 사회복지 관련 기관이나 단체의 다양한 의견 및 관점을 종합해 현 상황을 객관적으로 파악한다.

5. 사정 단계의 기록

사정 단계에서는 욕구사정, 강점 및 자원사정, 장애물사정을 실시하여 〈사례관리 사정 결과표〉에 기록한다.

1) 기록양식의 활용

〈사례관리 사정 결과표〉는 사례관리자와 클라이언트가 함께 수집한 정보를 분석한 사정 결과의 목록을 기록한다.

상담 과정에서 클라이언트들이 표현하는 것은 클라이언트가 체감하고 인지하고 있는 문제 상황과 스스로 고민하고 기대하는 해결책들이다. 클라이언트는 이것들에 관해 자신이 이해하는 의미를 담아 자신만의 방식과 언어로 표현한다. 클라이언트가 제시한 요구는 문장을 보존하여 기록하며("남편이 술만 마시지 않아도 살겠어요.") 푸념이나 불만 호소를 넘어서 해결되기를 바라는 상황이나 조건에 대한 진술을 기록하는 것이 좋다("~하게 되면 좋죠."). 제시된 요구에는 사례관리자가 수집하고 직접 확인한 객관적인 정보가 추가로 기록되어야 한다.

사례관리자는 다차원적인 사정과 반복적인 재사정을 통해 클라이언트의 상황에 대한 주관적인 인식이 가득 담긴 표현을 객관적 정보를 통해 더욱 정확한 욕구로 정제하게 된다. 욕구는 상식적 혹은 사회적 삶의 기대기준과 현재 상태의 차이로 나타난 결핍 혹은 부족한 상황을 내외적 자원이나 서비스를 통해 해결 혹은 충족되어야 할 필요가 있는 상태나 필요성에 대해 정의한다. 욕구는 서비스가 아닌 결과목표와 밀접한 관련을 가진다.

욕구를 해결하기 위한 자원은 클라이언트의 내적인 강점과 환경적인 자원에 관해 기술한다. 이용하고 있는 공식적 자원과 비공식적 자원 및 이전에 클라이언트나 가족이 이용한 경험이 있는 자원, 사정 과정에서 사례관리자와 함께 찾아낸 자원,

장차 이용 가능성이 있다고 판단되는 자원 역시 기록한다. 이용 가능한 자원은 클라이언트의 내적인 강점(외모, 사회적 기술, 능력, 경험, 의지, 성향 등)과 비공식적 자원을 우선적으로 사정하여 기록하려는 노력이 필요하다. 자원은 기관명이나 사람의 이름이 아닌 자원의 속성과 내용을 구체적으로 기록하는 것이 좋다(예: 막내 이모가 월 1회 반찬을 가져오면서 청소도 해 줌, 주민센터 ○○ 주무관이 자주 방문하여 안부를 확인함).

욕구 해결에 방해가 되는 장애 요인은 내부 장애물과 외부 장애물로 나누어 사정한다. 신체적·정신적 건강문제가 있으면 반드시 확인된 객관적 근거가 동시에 명시되어야 한다. 예를 들어, 우울증이 있다고 진술할 경우 병원치료 근거(처방전이나 영수증) 또는 진단서를 통해 질병 사실과 정확한 진단명을 확인하거나 치료병원에 직접 확인한 내용을 기록한다.

사례관리자는 사정에서 객관성과 전문성을 담보하기 위해 생태도, 가계도 및 기타 표준화된 척도를 사용한다. 척도측정 결과는 일시, 실행자와 함께 측정자의 분석소견을 요약하여 기록하며 검사지 또는 구체적인 측정 결과서는 별지로 첨부한다.

사정 결과표의 욕구 목록이 완성된 후 클라이언트의 호소 정도(클라이언트가 우선 해결하고 싶어 하는가?), 객관적 긴급성(긴급하게 해결이 필요한가?), 해결 가능성(단시간 내 해결 가능한가?), 현실 관련성(이 요구의 해결이 단계적으로 다른 욕구의 해결에 영향을 줄 수 있는가?) 등을 고려하여 전체 욕구를 대상으로 개입의 우선순위를 결정한다. 우선순위를 최종적으로 결정하는 것은 클라이언트이다.

사례관리자는 사정 결과를 요약하고 이론적 및 경험적 근거를 기반으로 분석하여 사례관리서비스의 필요성 및 사례관리의 방향성을 기술한다. 수집된 정보를 바탕으로 위의 사정에 이르게 된 경위에 대해 전문적 설명을 제시하며 사례관리 수준 판정의 근거를 설명한다. 종합의견은 욕구에 근거한 계획수립을 위하여 문제해결에 대한 가설을 제공하기 위한 것으로 구체적인 실행방법이나 자원을 기록하지 않는다.

사정 상담을 목적으로 가정방문을 할 경우에는 클라이언트와 가족에게 서면이나 구두로 사전동의를 구하고 이 내용을 〈과정기록지〉에 기록한다. 사정 면담 과정에서 녹음하고자 하면 반드시 사전에 면담 참여자의 서면 동의를 얻어 보관해야 한다. 사례관리자는 재사정을 수행할 때도 〈사례관리 사정 결과표〉에 기록한다.

사례관리 사정 결과표

등록번호		클라이언트		사례관리자	
작성일	20 . .	유형	☐신규 ☐재사정	정보제공자	

우선순위	제시된 요구	욕구	강점 및 자원	장애물

가계도	생태도

기타 척도	

사정 종합의견	

[그림 8-1] 사례관리 사정 결과표 양식

2) 사례 적용

이경미는 아버지와 이혼한 어머니와 남동생과 함께 자랐다. 클라이언트의 남편은 결혼 후 일정한 직업 없이 불법 콜영업을 하다가 사회복무요원으로 동 주민센터에서 근무하던 중 둘째를 임신한 뒤에 공익해제가 되었다. 요즘에 돌아보면 군대에 가기 싫어했던 남편이 군대를 면제받기 위해서 자신과 아이들을 이용한 게 아닐까 하는 생각이 든다고 하였다. 이후 남편은 몇 번의 가출을 하였고 생활비도 가져오지 않았으나 클라이언트는 아이들이 상처받을까 봐 큰소리 한번 내지 않고 최대한 아끼며 생활해 왔다. 부부는 모두 신용불량에 6천만 원의 은행 빚과 클라이언트 이모에게 1천만 원의 빚을 지고 있었다.

남편이 가출한 이후 몇 주간 잠을 못 자고 심장이 마구 뛰고 숨을 쉴 수 없는 괴로운 시간이 이어졌고, 식사도 하지 못하고 매일 울면서 지냈다. 아이들을 데리고 남편을 찾아다녔으나 찾을 수 없었고 생계만 더 어려워졌다. 시어머니도 연락이 안 되고 가끔 아이들을 찾아와 주던 남동생도 남편의 가출 이후 화를 내며 연락을 끊어 도움을 청할 곳이 아무 데도 없었다. 클라이언트는 생계를 위해 아르바이트를 했으나 가슴이 벌렁거리고 숨이 막혀 일할 수가 없었다. 밥도 못 먹을 정도로 살림이 어려워지고 아이들의 퇴행한 모습을 보면서 혼자서는 더 이상 버틸 수 없을 것 같아 아이들을 입양시켜 달라고 동 주민센터를 찾아간 것이었다.

사정 상담 중에 클라이언트는 자신의 어린 시절을 생각하며 이혼하지 않고 행복한 가정을 꾸리는 것이 소원이었기에 남편이 돌아오길 기다렸는데 지금은 이혼해야 할지 갈피를 잡을 수 없다고 하였다. 사례관리자가 클라이언트의 이야기에 공감하고 그녀가 자녀와 가족에 대한 책임감을 가지고 살아온 과정에 대해서 지지하자 "그래요. 내가 그렇게 강한 사람이에요. 잘 살고 싶어서 버티고 버텨왔던 거예요."라며 어떻게든 이 상황을 이겨내고 아이들을 자신의 힘으로 잘 키우고 싶다고 하였다. 클라이언트는 아이들을 위해서라도 남편과 이혼하고 자신의 힘으로 아이들을 키우며 살아가고 싶다고 명확하게 말하였다. 그러기 위해 이혼 절차에 대한 상담뿐 아니라 수급이나 한부모가정 지원을 받고 싶다고 하였다.

클라이언트는 아르바이트 외에 취업 경험이 없지만, 본인이 경제적으로 자립해야 아이들을 제대로 키울 수 있다는 강한 신념을 가지고 있었다. 현재는 아이들 때문에 당장 취업을 할 수는 없지만, 장차 안정적인 일자리를 구하고 싶고, 기회가 된다면 자신의 적성을 살려 옷가게도 운영하고 싶다고 하였다.

오랫동안 가지고 있던 우울증에 남편에 대한 원망과 불안이 겹쳐서 현재는 아무 일도 할 수 없는 상황이라 자신을 추스르기 위해서 정신과 상담도 받겠다고 하였다. 또한, 자신과 같은 처지에 놓인 사람들을 만나서 얘기를 하면 속이 풀릴 것 같다고 하며 지역 내 자조모임 참여에 동의하였다.

몇 차례 이어진 상담에 클라이언트는 시간약속도 잘 지키며 적극적으로 참여하였다.

학습과제

- 제시된 사례에 대한 〈사정 결과표〉를 작성하시오.
- 클라이언트가 요구하는 것은 무엇이며 최종적으로 사정된 욕구는 무엇입니까?
- 클라이언트의 삶의 원동력은 무엇이라고 생각합니까?
- 클라이언트의 강점(내면의 힘과 자원)은 무엇이며 외부적인 자원은 무엇입니까? 앞으로 욕구 해결을 위해 의미 있다고 판단되는 자원은 무엇입니까?

참고문헌

한국보건복지인력개발원(2018). 참여형 교육을 위한 사례관리실천 사례집.

한국사례관리학회 편(2019). 사례관리 전문가교육: 실무자 기초과정(2판). 서울: 학지사.

Moxley, D. P. (2004). 효과적인 복지서비스를 위한 케이스매니지먼트 실천론(김만두 편역). 서울:
　　홍익재.

제9장

목표 및 계획수립 단계

📋 **학습개요**

목표 및 계획수립 단계에서 사정 결과를 기반으로 체계적인 목표를 설정함으로써 클라이언트의 욕구를 해결하기 위한 실행전략을 수립하는 사례관리자의 핵심 과업을 이해한다.
사례관리 목표 및 계획수립 단계에서의 사례관리 기록업무를 이해하고 제시된 사례를 통해 기록실습을 한다.

✏️ **학습목표**

1. 사례관리 목표 및 계획 단계에서 사정 결과표를 기반으로 장기목표–단기목표–실행계획을 수립한다.

2. 수립된 목표 및 실행계획을 양식에 맞게 기록한다.

목표 및 계획수립 단계는 사정평가 작업을 통해 잠정적으로 도출한 사례관리의 추진방안 중에서 클라이언트와 욕구의 우선순위를 고려하여 합의된 목표를 도출하고 시간계획을 세움으로써 개별화된 서비스 제공계획을 수립하는 단계이다. 사례관리자는 클라이언트에게 적절한 서비스 및 지원이 이루어질 수 있도록 하는 이 과정과 지속적인 검토 과정에 참여할 수 있도록 한다. 목표 및 계획수립 단계를 통해 클라이언트는 구체적인 서비스계획, 필요한 서비스를 기관으로부터 직접 받거나 의뢰되며, 서비스와 관련하여 개별화된 실행계획과 계획의 실행, 점검이 어떻게 이루어질 것인지에 대해 지속적인 안내를 받을 수 있어야 한다.

1. 목표 설정

1) 정의

이 단계는 사례관리를 수행하는 목적에 적합한 구체적인 결과목표를 수립하는 과정이다. 목표는 정해진 시간 내에 달성 가능해야 하며, 클라이언트와 합의된 욕구에 대해 그 우선순위를 고려하여 결정한다. 또한, 설정한 목표는 달성 여부를 확인 혹은 평가가 가능한 방식으로 구체적인 내용을 포함해야 한다.

2) 핵심 과업

사례관리자와 사례관리팀 내에서 욕구사정 내용을 숙고하여 대상자와 그 가족의 바람직한 삶의 변화 방향에 대한 잠정적인 밑그림을 그렸다면, 목표 설정은 좀 더 분명한 변화 지점을 확정하기 위한 작업이다. 이는 욕구사정 내용을 숙고하는 과정과 동시에 일어나거나, 순차적 혹은 순환적으로 이루어질 수 있다.

해당 가정의 전반적인 변화목표가 가구주의 경제적 자립인지, 경제적 자립은 어렵지만 지금보다는 좀 더 인간적인 삶의 수준을 확보하는 것인지 등의 큰 방향을 설정한 후, 이와 관련한 구체적이고 측정 가능한 변화목표를 수립한다.

이때의 변화목표 수립은 사례관리자의 일방적인 작업에 따른 것이 아닌 클라이언트와의 충분한 상담을 통해 합의된 것이어야 하며, 또 대상자의 자율성과 참여가 충분히 보장된 것이어야 한다. 이러한 작업은 비록 더디고 비효율적인 것처럼 보일지라도 궁극적으로는 더욱 견고한 관계 형성 및 협력적 노력을 가능케 한다.

한편 변화목표에 대해 합의를 한다는 것은 사례관리자의 의견과 클라이언트의 의견에 대해 단순히 중간 지점을 선택하는 것이 아니다. 대신 클라이언트가 자신의 삶에 대해 긍정적으로 전망하는 부분을 발견하고 이를 실현할 수 있는 현실적인 부분에 초점을 두고 도전하도록 하는 의도적이고 적극적인 과정이다.

장기적 변화목표는 사례관리라는 서비스 제공과정이 종결되는 시점에서 어떤 변화가 이루어질 것인지에 대한 현실적 목표 상태나 수준을 반영한다. 대상자의 상황에 따라 기간은 달라지겠지만 대개 6개월 이상의 기간이 소요되며, 때에 따라서는 수년이 필요할 수 있다. 단기목표는 3개월 이내에 달성 가능한 목표이다. 단기목표는 장기목표와 무관한 별도의 과정이 아니며, 장기목표를 지향하고 그 달성에 기여하고, 장기목표 달성을 위한 과도적 목표라는 의미가 있다. 즉, 단기목표를 지속해서 추구하고 달성하면 장기목표를 달성하게 된다는 전망이 반영되어야 한다. 이와 함께 욕구 영역별로 구체적인 목표 및 과업이 제시되어야 한다.

2. 개입/실행계획 수립

1) 정의

실행계획은 기관 내·외부의 서비스나 자원의 투입계획뿐만 아니라 사례관리자와 클라이언트의 역할이나 투입하고자 하는 노력을 포함하여 수립하도록 한다. 이러한 다양한 차원의 노력(역할, 서비스, 자원)을 총동원하게 된다면 수립된 목표가 달성 가능하다는 논리가 성립할 수 있도록 실행계획을 수립하도록 한다.

2) 핵심 과업

실행계획은 목표를 달성하기 위한 구체적인 서비스 내용, 원하는 결과 및 시간 계획에 대한 합의, 서비스 및 지원을 받게 될 실제 대상자를 명확히 한다. 이 과정에 사례관리 수행기관은 가능한 옵션, 원하는 결과를 달성하는 데 기관이 어떠한 지원을 해 줄 수 있는지에 대한 구체적인 방법, 계획된 서비스의 이점, 대안 및 위험 또는 결과에 관한 내용이 충분히 설명되어야 한다. 한편 클라이언트가 요청한 내용이라 하더라도 기관의 정책 등으로 제공하지 않는 서비스 및 지원 사항에 대한 설명도 미리 고지될 필요가 있다. 그러나 현실적으로 목표 달성을 하는 데 필요한 서비스나 자원이 부족한 경우, 즉 적절한 수단 없이 무리한 목표를 수립하는 것은 의미가 없다. 이 경우는 현실적인 노력을 다했을 경우 달성 가능한 목표로 그 수준을 조정할 필요가 있다.

3. 계획수립 단계의 기록

계획수립 단계에서는 〈사례관리 사정 결과표〉를 기반으로 개별화된 사례관리 계획(Individualized Service Plan: ISP)을 수립하고 〈사례관리 계획 및 평가표〉를 작성한다.

1) 기록양식의 활용

목표에 대한 기록에 긍정적이고 행동적이며 생산적인 용어를 사용하면 클라이언트가 내용을 이해하고 변화에 대해 기대하게 될 수 있을 뿐 아니라 실행 경과를 점검하기에 유리하다.

사례관리의 목적은 클라이언트가 가장 기대하고 또 클라이언트 가족의 바람직한 변화 발전을 위해 추구하는 방향과 상황에 관해 기술하도록 한다. 전체 사례관리 실행 기간에 클라이언트와 사례관리자가 도달하고자 하는, 궁극적으로 기대하는 변화 상황에 관해 기술한다. 사례관리자는 클라이언트에게 "우리가 이 사례관리를 실행하는 목적은 무엇인가?", "우리가 예측하는 종결 상황은 어떠한가?" 등의 질문으로 목적을 얻을 수 있다. 목적의 기술은 추상적이거나 개념적일 수 있지만, 현실을 반영한 내용이어야 한다.

장기목표는 사례관리를 통해 클라이언트와 가족의 삶에 대해 기대하는 변화 상황을 기술한다. 장기목표는 6개월~1년 이내 달성이 가능한 목표로 설정한다. 단기목표는 장기목표를 단계적으로 수행하는 세부 목표이다. 즉, 단기목표의 실행과 달성은 장기목표의 달성을 의미하는 것이어야 하고 궁극적으로 사례관리 목적에 부합되는 것이어야 한다. 사례관리자는 목적-장기목표-단기목표의 연관성을 염두에 두고 설정하여야 한다. 목표는 클라이언트의 변화 상황을 구체적으로 기술하며, 실행 기간에 달성할 수 있고, 실행에 옮길 수 있도록 행동적인 용어로 기술한다. 또한, 긍정적인 용어로 동기를 부여하며 성공 여부를 측정할 수 있어야 한다. 단기목표는 1~3개월 기한 내에 달성할 수 있도록 설정한다.

실행방법은 단기목표를 달성하기 위한 실천방법으로서 계획의 내용, 장소, 빈도, 담당자, 실행 기간 등을 기술한다. 클라이언트가 실행계획에 담당자로 역할할 수 있는 계획을 명시적으로 기록함으로써 변화계획에 당사자의 적극적인 참여를 촉진하도록 한다.

〈사례관리 계획 및 평가표〉는 점검양식으로 사용할 수 있다. 기관은 사례관리 수행과정에 대해 정기적으로 점검하거나 각 실행방법의 개입 종료일에 목표 달성 여부를 평가한다. 평가 결과는 '달성', '연장', '재사정'으로 구분하여 표시하고 '달성'으로 평가된 경우 클라이언트가 목표 달성 수준을 10점 척도로 평가하여 기록한다.

〈사례관리 계획 및 평가표〉가 완성된 후에는 클라이언트에게 내용을 다시 설명하고 서비스 실행과 참여에 관한 계약서를 작성한다. 서명된 기록지는 사례관리자와 클라이언트가 1장씩 나누어 가지며 사례관리 점검 과정에서 함께 사용한다.

사례관리 계획 및 평가표

등록번호		클라이 언트	사례 관리자		작성일	20 . . .	유형	□ 신규 □ 재사정	사례 관리수준	□ 긴급 □ 집중 □ 일반
목 적										

우선 순위	대상	장기목표	단기목표	실행방법		빈도 (회/주)	담당	개입기간	평가
									□ 달성(정도:) □ 연장 □ 재사정
									□ 달성(정도:) □ 연장 □ 재사정
									□ 달성(정도:) □ 연장 □ 재사정

상기와 같은 서비스 제공 및 이용에 동의하며, 계획된 목표를 성취하기 위해 적극적으로 참여하고 협력할 것을 상호 약속합니다.

20_____년 ____월 ____일

성명: 　　　(인)　　　사례관리자: 　　　　(인)

[그림 9-1] 사례관리 계획 및 평가표 양식

학습과제

- 제8장에서 제시된 사례의 사정 결과표에 근거하여 〈사례관리 계획 및 평가표〉를 작성하시오.
- 사정된 욕구 중에서 일차적으로 선정된 합의된 목표는 무엇이며, 어떤 근거/기준으로 그 목표를 정하였습니까?
- 본 사례의 개입 기간은 얼마이며, 어떤 근거로 그렇게 설정하였습니까?
- 사례관리 계획안에서 클라이언트의 참여를 위해 어떤 내용을 포함하였습니까?

참고문헌

한국보건복지인력개발원(2018). 참여형 교육을 위한 사례관리실천 사례집.

한국사례관리학회 편(2019). 사례관리 전문가교육: 실무자 기초과정(2판). 서울: 학지사.

제10장

실행 및 점검 단계: 직간접 실천

📋 **학습개요**

실행 및 점검 단계에서 수립된 목표를 실행하기 위한 사례관리자의 직접실천 및 간접실천을 사례관리자의 핵심 과업으로 제시한다. 실행 단계에서 사례관리 기록업무를 이해하고 제시된 사례를 통해 기록실습을 한다.

✏️ **학습목표**

1. 사례관리 계획표를 기반으로 목표를 달성하기 위한 사례관리자의 직접 및 간접실천 개입방법을 학습한다.

2. 실행 단계의 연계, 점검, 조정, 재사정 등의 활동을 양식에 맞게 기록한다.

사례관리의 실행 및 점검 단계는 사례관리의 전 과정에서 가장 가시적인 과정(visible phase)이며(Sheafor & Horejsi, 2005) 사례관리의 중심 기능인 서비스의 조정이 강조되는 단계이다. 이 과정은 클라이언트의 상황에 변화를 가져오기 위한 방향으로 초점화되어야 한다. 이를 위해 계획 내에 포함된 다양한 서비스 제공자와의 협력관계를 바탕으로 서비스가 연결되도록 노력하며, 서비스의 이용 가능성을 높이기 위한 옹호활동과 변화의 지속성을 보장하기 위한 활동을 전개한다.

사례관리자는 필요한 서비스의 제공자로서 직접적인 개입활동을 수행하기도 한다. 그뿐만 아니라 간접서비스 제공자로서 클라이언트의 욕구에 적합한 서비스를 연결·조정하는 기능을 수행하며, 서비스의 분절이나 중복 문제가 발생할 때 그것을 적절히 관리하고 조정하는 능력을 갖추어야 한다.

1. 직접실천

1) 정의

직접실천이란 개인 혹은 가족과 주로 면대면 상호작용을 통해 변화를 도모하기 위한 의도적이고 목적 지향적인 개입활동을 지칭한다. 개별상담, 가족상담, 교육이나 치료(개별 혹은 집단), 지지집단 운영, 기타 프로그램이나 서비스 제공 등의 형태로 이루어진다. 직접실천의 목적은 클라이언트가 직면하고 있는 삶의 다양한 도전적 이슈들을 헤쳐 나갈 수 있도록 동기강화를 하거나, 욕구 충족 능력을 강화하거나, 클라이언트가 자신의 삶에서 주도성을 회복하도록 하는 데 있다.

2) 핵심 과업

직접실천을 위해서는 클라이언트체계 및 자원체계와의 의사소통이 중요하며 이를 기반으로 전문적인 관계를 형성하고 유지, 발달시키기 위한 노력이 필요하다. 이때 클라이언트가 처해 있는 삶의 상황과 문화적 특수성을 고려하며 문화적 민감성을 가져야 한다. 또한, 클라이언트의 자기주도성과 동기강화를 위한 노력이 일상적인 상담이나 정기적인 모니터링 상담 과정에 잘 반영될 수 있도록 한다. 직접실천을 위한 개입 프로그램의 다양성이나 수준은 클라이언트의 특성이나 지역사회의 자원체계의 수준에 따라 달라질 수 있으나 사례관리자의 업무부담 수준에 영향을 받을 수밖에 없다. 즉, 사례 부담률이 높고 사례관리에 투입할 수 있는 시간이 적을수록 직접서비스 제공 수준은 낮아질 수밖에 없다. 그 경우 다양한 서비스는 외부 기관에 의뢰하여 제공한다 하더라도 클라이언트와의 밀도 있는 접촉과 동기강화를 위한 지속적인 상담은 직접실천의 중요한 부분이다.

2. 간접실천

1) 정의

간접실천은 클라이언트의 욕구 충족을 위한 자원개발이나 전달체계 개선 등을 통한 개입방법이다. 따라서 사례관리자는 자원을 개발하거나 조직화하기 위한 역량이 필요하다. 기본적으로 클라이언트들은 이미 있는 자원이나 서비스 전달방식으로 도움을 효과적으로 받기 어려운 경우가 많다. 따라서 옹호적 시각으로 클라이언트의 욕구 충족이나 권리를 보장받을 수 있도록 자원 확충이나 사례관리와 관련한 시스템을 개선할 필요가 있으며, 이와 관련한 실천기술이 요구된다. 아울러 사례관리 시스템을 개선하거나 개입 방안에 대한 개선점을 도출하기 위한 지속적인 노력이 필요하다. 사례관리에서의 간접실천 역량은 자원개발 및 관리 역량, 옹호 역량, 평가 역량 등이 필요하며 각각을 전략적으로 잘 활용할 수 있어야 한다.

2) 핵심 과업

(1) 자원개발

계획을 실행하는 데 가장 도전적 이슈는 바로 자원을 발견하고 개발하는 것이다. 사례관리 대상자는 사례관리기관이나 사례관리자의 직접 개입 이외의 다양한 자원이 필요한 경우가 대부분이므로 사례관리자의 직접서비스만으로 클라이언트의 욕구를 충족시키기는 어렵다. 따라서 지역사회의 다양한 자원을 확인하고 이를 개발하기 위한 노력을 해야 한다. 그러나 이러한 활동은 대개 임상적인 실천과는 거리가 멀거나 사례별로 적용되는 개별화된 작업이라고 생각하여 사례관리자 간에 자원 공유가 충분히 이루어지지 않는 부작용을 낳기도 한다. 따라서 확인 혹은 개발된 자원에 대한 정보관리를 통해 자원 활용도를 높이려는 노력이 필요하다.

(2) 점검 및 조정

사례관리자는 점검 및 조정 단계에서 서비스의 흐름과 클라이언트, 그리고 클라이언트와 함께 사례관리에 참여하고 있는 서비스 제공기관, 비공식적 지지체계의 기능에 민감성을 가지고 단계별로 진행되는 과업을 잘 관리해 나가야 한다. 즉, 클라이언트와 사례관리자, 그리고 서비스 제공기관이 초반에 상호 합의한 목적을 여전히 공유하고 있는지, 초기의 약속대로 잘 협조하고 있는지, 협력관계 속에 갈등 혹은 위기가 잠재되어 있지는 않은지, 그리고 현 상황에 적절한 수준의 서비스와 협력 범위를 확보하고 있는지 등을 확인하여 조정해야 한다.

서비스 점검은 일반적인 사회복지 실천과정에서 중요한 단계이며, 특히 사례관리 과정에서의 점검은 개입계획서에 충실한 실천을 하고 있는지, 실천과정을 통해 변화목표를 잘 달성해 가고 있는지, 클라이언트의 상황이나 서비스 환경에 변화가 없는지를 종합적으로 확인하는 과정이다. 점검을 위한 준거 틀은 사정 내용이고, 점검 내용은 개입계획서와 서비스 계약서가 될 것이다. 이때 주의해야 할 점은 점검활동은 충분한 지원이나 적절한 서비스를 제공하기 위한 것에 초점이 있으며, 상대 기관의 활동을 감시하거나 평가하는 것이 아니라는 점을 분명히 하는 것이다. 즉, 상대 기관의 전문성과 역량이 충분히 발휘될 수 있도록 돕는다는 것에 중점을 두고 이루어져야 한다.

조정이란 수립된 계획이 수행되는 과정에서 각각의 서비스가 클라이언트의 삶에 변화를 가져오기 위한 방향을 향해 잘 정렬되도록 전체를 지휘하는 활동(orchestration)에 비유할 수 있다. 각 기관의 서비스 제공 방침의 범위 내에 있는 서비스를 기계적으로 연결·연계하는 활동의 의미를 넘어서서 각 기관이 새로운 수요를 적극적으로 수용하도록 한다는 의미에서 사례관리자는 조정에서 경계 확장자의 기능을 수행한다.

3. 실행 및 점검 단계의 기록

실행 및 점검 단계는 〈사례관리 계획 및 점검표〉를 실행에 옮기는 과정으로 클라이언트 자신을 포함한 다양한 자원들의 참여 내용을 기록한다. 사례관리자는 각 자원이 설정된 목표성취에 합당하게 진행하고 있는지 점검하고 서로 간의 역할과 기능을 조정하는 소통의 허브로서 기능하고 그 과정을 면밀하게 기록해야 한다.

실행 단계에서는 〈사례관리 과정 기록지〉, 〈서비스 의뢰서〉의 양식을 중심으로 기록을 한다. 이밖에 사례관리팀회의, 통합사례회의, 솔루션회의 등에서 〈사례회의록〉이 자주 사용되는데 기존 회의록 양식을 사용하는 데 무리가 없으므로 이 책에서 별도로 제시하지는 않는다. 다만 〈사례관리 점검표〉, 〈사례 보고서〉, 〈슈퍼비전 일지〉를 사용에 참고하기 위한 양식으로 제시하였다.

1) 양식의 활용

〈사례관리 과정 기록지〉에는 시간 진행순서에 따른 사례관리서비스 제공 결과를 기록한다. 이 기록양식은 사례관리 대상자로 등록한 시점에서부터 사후관리 단계까지 사용한다.

사례관리자는 클라이언트가 이용하고 있는 자원을 모두 파악하고 조정할 수 있어야 하므로 사례관리자에 의해 제공되는 서비스와 연계된 기관 내·외부 조직에서 제공되는 서비스를 모두 기록하는 것이 좋다. 상담일지 또는 프로그램 일지에 제공된 서비스에 대한 구체적인 내용을 기록할 경우, 과정 기록지에는 실행된 서비스의 제목 정도라도 기록하여 과정 기록지를 통해 사례관리의 진행과정을 한눈에

사례관리 과정 기록지

등록번호				클라이언트		사례관리자	
일시	구분	접촉 방법	접촉 대상	내용			소요시간(분)

[그림 10-1] 사례관리 과정 기록지 양식

파악할 수 있도록 한다.

대개의 기관이 사용하고 있는 서비스 정보시스템에서 상담일지, 서비스 제공일지 등을 활용할 수 있는데 정보시스템이 갖춰지지 않은 기관은 한글이나 엑셀 파일을 이용해 기록하면 활용과 관리에서 편리하다. 전산화된 기록방식은 가정방문이나 지역사회 자원기관 방문 후 스마트폰의 워드 앱을 통해 즉시 기록할 수 있다는 점에서 기록자의 부담을 줄여 줄 수 있다.

〈서비스 의뢰서〉는 사례관리자가 서비스계획을 수립한 내용 중에서 내부 기관의 타 부서나 외부 기관의 서비스연계가 필요한 경우에 활용한다. 의뢰서는 클라이언트에 대한 사정 및 계획과 연계하고자 하는 서비스의 요소를 분명히 밝힘으로써 불필요한 사정의 반복을 피하고 설정된 목표를 공유하는 것을 목적으로 한다.

사례관리자는 클라이언트와 계획에 포함된 서비스를 의뢰할 기관을 찾아 담당자와 직접 또는 전화상으로 의뢰에 관한 조율을 하고 합의한 후 의뢰서를 작성하여 전달한다. 의뢰서에 클라이언트에 대한 정보를 공유하기 위해 〈사례관리 계획 및 평가표〉를 첨부하게 될 때 클라이언트에게 이러한 사항을 공지하고 동의를 받는다. 주 사례관리기관이 의뢰 대상 기관에 〈사례관리 의뢰서〉를 전달하면 해당 기관은 의뢰 내용에 대한 의견과 서비스 개시 여부를 〈서비스 의뢰 회신서〉를 사용하여 회신한다. 기관 간의 문서교환은 공문형식으로 전달한다.

서비스 의뢰서

수신: 기관 _____ 담당자: _____ 귀하

등록번호		클라이언트		성별/나이	
주소				전화번호	

사례 요약	
의뢰 내용	
모니터링 계획	방법 □방문 □전화 □이메일 □문서 □기타_____
	빈도 월 ____ 회
첨 부	□사례관리 계획 및 평가표 기타_____

본 기관의 사례관리 클라이언트에게 전문적 서비스 제공을 통해 효과적인 문제해결을
지원하고자 위와 같이 의뢰하오니 협조하여 주시기 바랍니다.

20____년 ___월 ___일

기관명: _____ 사례관리자: _____ 연 락 처: _____

[그림 10-2] 서비스 의뢰서 양식

서비스 의뢰 회신서

수신 기관: _____   사례관리자: _____ 귀하

귀 기관에서 의뢰하신 사례에 대하여 아래와 같이 서비스를 제공하고
사례관리 실행을 위해 협력하고자 합니다.

등록번호		클라이언트		성별/나이	
주소				전화번호	

서비스계획	
모니터링 합의	**방법** □방문 □전화 □이메일 □문서 □기타_____
	빈도 월 _____ 회
기타 의견	

20_____년 _____월 _____일

기관명: _____   담당자: _____   연락처: _____

[그림 10-3] 서비스 의뢰 회신서

　사례관리 점검은 〈사례관리 계획표〉 및 〈사례관리 과정 기록지〉에 따라 서비스 진행과정을 정기적으로 점검하는 활동이다. 사례관리서비스의 점검활동을 위해서 별도의 양식을 사용하기보다 〈사례관리 계획 및 평가표〉와 〈사례관리 과정 기록지〉를 활용하는 것이 더 효율적이다. 점검은 정기적으로 실행하기도 하지만 상황의 변화가 있을 때 수시로 하게 되므로 점검표를 별도로 사용하는 것이 오히려 효과적인 점검을 방해할 수 있다. 사례관리 점검표는 체크 표시만으로 기록하면 편리하겠지만 점검 결과를 충분히 기록하지 못하므로 점검 내용을 기술하는 방식을 병행하는 것이 좋다. 〈서비스 점검표〉는 클라이언트가 직접 작성하도록 하거나 사례관리자와 클라이언트가 함께 작성하도록 한다.

　사례관리자는 사례관리서비스의 조정 및 점검을 위해 전문가와 기관 사례회의를 정기적으로 실시하며 클라이언트에 대한 구체적인 정보와 논제를 설명하기 위해 〈사례 보고서〉를 사용한다. 대개 사례등록 여부를 결정하는 사례관리팀회의에서부터 사용한다. 사례관리자는 사례회의록에 회의 결과를 기록하고, 〈사례관리 과정 기록지〉에 사례회의에서의 논제와 권고 사항을 요약하며 이 회의 결과가 이후의 사례관리 과정에 반영된 결과를 주의하여 기록하도록 한다.

사례관리 점검표

등록번호		클라이언트		사례관리자	
등록일		점검일시		점검자	

장기목표	단기목표	실행방법	담당	기간	서비스 이행 및 목표성취 정도	점검 의견
					① ② ③ ④	
					① ② ③ ④	
					① ② ③ ④	
					① ② ③ ④	
					① ② ③ ④	
					① ② ③ ④	
					① ② ③ ④	
					① ② ③ ④	
					① ② ③ ④	

[그림 10-4] 사례관리 점검표 양식

사례 보고서 I

클라이언트		나이/성별		주 소	
사례 보고일		회의 유형	■ 사례관리팀회의 ■ 통합사례회의 ■ 솔루션회의	사례관리자	

1. 사례 요약
   1) 의뢰 과정 및 내용의 요약
   2) 기본 정보
       ① 인구통계학적 정보   ② 가족 상황 및 가계도
   3) 욕구
       ① 제시된 요구   ② 욕구
   4) 자원/장애물
       ① 강점   ② 사회적 자원   ③ 장애물
2. 사례관리 목표 및 계획
3. 개입 경과
4. 논의 요청 내용
5. 회의의 권고(슈퍼비전) 내용
6. 재평가일

사례 보고서 II

클라이언트		나이/성별		주소	
사례 보고일		회의 유형	■ 사례관리팀회의 ■ 통합사례회의 ■ 솔루션회의	사례관리자	

1. 사례 요약
   1) 인구학적 개요   2) 사례관리 목표 및 계획
2. 지난 회의 권고(슈퍼비전) 내용
3. 회의 이후 경과 보고
4. 사례관리 계획
5. 회의 권고(슈퍼비전) 내용
6. 재평가일

[그림 10-5] 사례 보고서 양식

사례관리 슈퍼비전 일지

일시		20_____년 ___월 ___일 ___요일 (__ : __ ~ __ : __)
장소		
참석자	슈퍼바이저	
	실무자	
슈퍼비전 내용	개입/실행방안 관련	
	운영체계 관련	
	기타	
다음 회의		

[그림 10-6] 사례관리 슈퍼비전 일지 양식

2) 사례 적용

사례관리 계획을 실행하는 과정에서 사례관리자는 이경미가 정서적으로 안정을 되찾을 수 있도록 주 3~4회 지속적인 상담을 진행하였다. 상담 내용은 주로 클라이언트의 현재 상황에 대한 공유와 정서적 지지를 중심으로 진행되었으며, 이외에 현재 진행되고 있는 자원 연계나 동 주민센터와 진행되었던 과정들이나 변호사, 의사를 만났던 내용 등을 수시로 공유했다. 클라이언트가 직접 움직일 수 있도록 안내하였다. 예를 들면, 긴급 생계비 신청방법을 안내하고 더 효율적인 진행을 위해 직접 동 주민센터를 방문할 것을 권유했다.

사례관리자는 동 주민센터와 계속된 협력적 관계를 유지하면서 외부 자원들을 탐색했다. 남편이 가출 중이고 이혼상태가 아니어서 생계비 지원이나 수급지원 선정도 늦어졌다. 사례관리자는 구청 담당 부서에 생계비가 필요한 이유 등을 자세하게 설명하며 긴급 지원을 요청했다. 민간기관의 지원에서도 마찬가지였다. 사례관리자는 신청서에 더욱 구체적으로 클라이언트의 상황을 설명하고 대변하였다.

클라이언트가 정신과병원 진료를 유지하고 있는지도 정기적인 상담을 통해 점검하였다. 클라이언트는 이혼과 경제적인 문제 등 쉽지 않은 일련의 일들을 해결해 가면서 우울과 울화가 올라온다고 하였다. 자살위험도가 높은 클라이언트이기에 몇 차례 응급실 실려 가기도 하였다. 그때마다 사례관리자의 지원과 이웃에 살던 자조모임 엄마들이 수시로 집에 방문하여 아이들과 놀아 주고 주말에는 클라이언트의 아이들을 자기 집으로 데려가서 돌봐 주기도 하며 큰 힘이 되어 주었다.

유관 기관의 담당자들과는 전화 또는 정기적인 통합사례회의를 통해 클라이언트 가정에 대해 상황을 공유하고 진행을 점검하였다.

사례관리자는 클라이언트와 정기적인 상담에서는 클라이언트가 '해 보고 싶은 것'들에 대해 서로 이야기를 나누었다. 첫 상담 때 사회복지사로부터 "그동안 가정을 지키느라 수고했다."라는 말을 들었던 것이 큰 위로가 되었다고 했던 클라이언트는 그날부터 조금씩이라도 움직이게 되었다고 하며 상담이나 사회복지를 배워 보고 싶다고 하였다. 클라이언트는 자신이 어려운 경험을 했기 때문에 사람들의 마음을 잘 이해할 수 있을 것 같다고 하였다. 그럴 여건이 안 되면 자조모임 엄마들처럼 '좋은 이웃'으로 누군가에게 도움을 주고 싶다고 자신의 꿈을 이야기했다.

학습과제

- 사례관리자는 계획된 목표를 달성해 가고 있는지를 어떻게 점검하고 있습니까?
- 클라이언트의 동기강화를 위하여 사례관리자는 어떤 노력을 하였습니까?
- 서비스 제공자들과의 협력적 관계를 유지하기 위하여 사례관리자는 어떤 노력을 하였습니까?
- 클라이언트에게는 어떤 변화를 발견할 수 있습니까?
- 새로운 욕구나 클라이언트 환경 변화는 어떤 것이 있었으며 그에 따라 사례관리자는 어떻게 조치하였습니까?
- 모의 통합사례회의를 구성하여 진행하시오. 어떤 안건들이 어떻게 논의되었습니까? 통합사례회의에서 사례관리자는 어떤 역할을 하였습니까?

참고문헌

한국보건복지인력개발원(2018). 참여형 교육을 위한 사례관리실천 사례집.
한국사례관리학회 편(2019). 사례관리 전문가교육: 실무자 기초과정(2판). 서울: 학지사.

Sheafor, B. W. & Horejsi, C. R. (2005). *Techniques And Guidelines For Social Work Practice*. Allyn & Bacon.

제11장
종결 단계

📋 **학습개요**

사례관리의 종결 단계에서 평가실행, 종결의 유형, 종결을 결정하기 위한 기준과 준비를 학습하고 사후관리를 클라이언트와 합의하는 사례관리자의 핵심 과업을 제시한다. 종결 단계의 사례관리 기록업무를 이해하고 제시된 사례를 통해 기록실습을 한다.

✏️ **학습목표**

1. 종결 단계에서 평가실행, 종결의 결정과 사후관리를 합의하기 위한 사례관리자의 핵심 과업을 학습한다.

2. 종결 단계에서 클라이언트와 종결 및 사후관리를 합의하여 양식에 맞게 기록한다.

종결 단계는 사례관리의 과정을 마무리하고 도움을 제공하기 위해 계약한 과정을 종료하는 단계이다. 세부 과정은 평가, 종결, 사후관리로 구성된다.

1. 평가

1) 정의

사례관리자는 서비스 제공을 통해 클라이언트에게 어떠한 변화가 생겼는지에 대해 평가(evaluation)한다. 이를 위해 사례관리자는 클라이언트가 서비스를 통해 어떤 이득을 경험하고 있는지, 또 어떤 변화가 생겼는지를 판단하는 데 양적이고 질적인 방법을 적절히 활용해야 한다.

2) 핵심 과업

사례관리자의 주요 평가 질문은 계획은 효과적이었는지, 계획대로 수행한 결과가 클라이언트의 기능 향상과 복지를 개선하였는지이며, 이에 대한 답에 따라 종결 여부를 결정하게 된다. 사례관리가 클라이언트 차원의 변화만을 도모하는 것은 아니므로, 클라이언트의 사회적 지지체계가 더욱 활성화되었는지, 대인서비스 제공자가 클라이언트와 유사한 문제에 대응하기 위한 전달체계의 개선을 이끌어 냈는지 등에 대한 평가도 포함할 수 있다. 평가는 사례관리를 위해 활용한 기술이나 방법의 효과성을 측정하는 것을 가능하게 하고, 성과에 영향을 준 구조적 요소를 분석할 수 있게 한다. 특히, 성과(outcome)가 강조되는 사회복지 환경에서는 평가의 중요성이 더욱 강조될 수밖에 없다.

2. 종결

1) 정의

사례관리에서의 종결은 사례관리자의 실천적 개입이 종료되며, 사례관리를 통해 형성된 전문적인 관계의 기능이 종료되는 것을 의미한다. 종결은 대개 평가를 통해 결정되지만 예기치 않는 과정에서 종결이 결정되는 경우도 흔하다. 종결을 결정하기 위해서는 사례관리자와 대상자 간의 합의 또는 결정에 합당한 근거를 제시해야 한다.

2) 핵심 과업

종결을 결정하기 위해서는 사례관리자와 클라이언트 간의 합의 또는 결정에 합당한 근거가 명확하게 구비되어야 한다. 종결을 결정하게 되는 이유는 목표로 했던 변화가 달성된 경우, 주거지 이전이나 사망, 장기간 연락 두절, 이용자 본인이나 보호자의 의사 반영 등이 일반적이다.

종결과정에서 클라이언트는 사례관리자와의 관계가 종료되는 것에 대한 불안과 이전의 문제 상황이 다시 발생할 것을 염려하여 종결을 결정하지 못하는 경우가 발생하는데 사례관리자 역시 같은 경험을 할 수도 있다. 사례관리자는 클라이언트가 사례관리 과정에서 체득한 변화와 성취의 동력을 계속 유지하고 강화하도록 지지하며, 클라이언트가 필요할 때 다시 만날 수 있음을 알려 주어야 한다. 사례관리에 참여한 다른 서비스 제공자들에게 종결과정을 알리고 이후 각 기관의 자율적인 서비스계획을 논의할 장을 마련하여야 한다. 그리고 실천과정에 활용한 자료와 양식을 정리하는 과업도 수행해야 한다.

종결 단계에서 사례관리자는 클라이언트와 함께 종결 시기를 결정하고, 클라이언트와 사례관리자의 종결에 대한 정서적 반응을 다루며, 개입 효과의 유지와 강화 방안을 모색하고, 필요시 타 자원으로의 의뢰를 실행해야 한다.

3. 사후관리

1) 정의

사후관리는 서비스 종결 이후 일정 기간을 두고 종결 이후의 변화 상황을 안정화하고 그 과정에서 재개입 필요성을 조기에 판단하기 위해 수행된다.

2) 핵심 과업

사례관리자는 사후관리의 기능과 목적을 설명하고 담당자, 기간, 방법 및 빈도에 대해 합의한다. 사례관리자는 사후관리가 부족했던 서비스를 추가로 제공하기 위한 과정이 아니라 사례관리의 성과 유지와 재등록의 적절한 시점을 판단하여 조기개입 및 단기개입을 통해 안정적 종결을 지원하는 것이 목적이라는 점을 명확히 하여야 한다.

4. 종결 단계의 기록

사례회의를 통해 사례관리서비스의 종결이 확정된 경우 사례관리서비스 실행과정을 평가하고 〈사례관리 종결보고서〉를 기록한다.

1) 기록양식의 활용

종결보고서에는 클라이언트의 욕구, 서비스 과정 및 결과 평가에 대해 간결하게 요약 정리하여 클라이언트에게 제공된 사례관리서비스의 전반적인 내용을 한 장에서 확인할 수 있도록 한다. 종결보고서는 〈사례관리 사정 결과표〉, 〈사례관리 계획 및 평가표〉, 〈사례관리 과정 기록지〉의 기록내용을 정리하여 작성한다.

종결과정에서 사후관리에 대한 계약이 수립되므로 종결보고서와 함께 사후관리 계약서를 작성한다. 사례관리 종결 후 6개월간 사후관리가 권유되므로 계약 내용에 참고한다. 종결과정에서 클라이언트에게 사후관리의 목표 및 방법과 기간에 관해 합의하고 서명을 받는다. 종결 이후 사후관리 과정은 〈사례관리 과정 기록지〉에 기록한다.

사후관리가 종료되면 사례관리가 전체적으로 종료된다. 사례관리가 종료되면 클라이언트에 대한 모든 기록을 다음의 순서로 정리하여 보관한다. ① 사례관리 종결보고서, ② 초기 상담지, ③ 사례관리 동의서, ④ 사례관리 사정 결과표, ⑤ 사례관리 계획 및 평가표, ⑥ 사례관리 과정 기록지, ⑦ 서비스 의뢰서, ⑧ 기타 기록 및 평가자료.

사례관리 종결보고서

등록번호		클라이언트		사례관리자	
주소				연락처	
등록일			종 결 일		
종결 사유	□목표 달성　□사망　□시설 입소(6개월 이상)　□이주　□거절/포기 □타 기관 이용: _____ □기관의 조정 _____				
목적					

서비스 과정 요약	장기목표	실행 과정(클라이언트의 노력/서비스 내용)	목표 달성 정도

클라이언트 변화 사항	초기 상황	종결 상황

종결과정 요약	

사례관리자 종합의견	

사후관리 계획	목표	
	기간	20_____년 ___월 ___일 ~ 20_____년 ___월 ___일(월 ___회)
	방법	□전화　□문자　□우편　□이메일　□방문 (복수 선택)
	합의	클라이언트: _____ (서명) / 사례관리자 _____(서명)

[그림 11-1] 사례관리 종결보고서 양식

2) 사례 적용

이경미는 아직 이혼소송 중이다. 하지만 약물치료를 통해 건강을 유지하고 있으며 기초생활이 안정되어 자녀를 잘 양육하고 있다. 법률지원을 통해 신용회복을 하였으며 이혼을 위한 법적 절차를 진행하고 있다. 아직 취업은 하지 못했지만 취업성공 패키지 프로그램에 참여하면서 취업이나 창업을 준비하고 있다. 대부분의 장기목표와 단기목표가 달성되었고, 이경미가 심리 정서적으로 안정되어 있으며, 자조모임을 통해 힘을 얻고 있다. 자녀들도 자조모임 엄마들의 자녀들과 어울리며 건강하게 지역에서 살아갈 것으로 판단된다.

지역사회에 아는 사람이 없었던 클라이언트에게 선뜻 다가가 도움을 주었던 자조모임 엄마들은 클라이언트가 지역사회에서 정을 붙이고 살아갈 수 있는 동력이 되었다. 그간의 만남을 통해 자조모임 엄마들과 클라이언트가 서로의 아이들을 돌봐 주는 품앗이 그룹으로 관계가 형성되었다. 클라이언트를 만나면서 자조모임 엄마들은 예전의 상처를 극복한 치유자로서 지역에 자신들과 비슷한 아픔을 가진 사람들을 도우며 자신을 치유하기도 했다. 무엇보다도 클라이언트는 미래를 계획할 정도로 안정되어 있으며, 가족 모두가 활기를 찾고 있으므로 종결을 하게 되었다.

본 사례는 종결 이후 지속해서 모니터링하고 있으며, 자조모임을 통해 사후관리가 진행되고 있다. 현재까지도 법률적 지원서비스, 고용지원서비스는 연결된 상황이다. 특히, 지속적인 약물관리와 심리 정서적인 안정을 위해 정신건강복지센터의 사례관리 대상자로 등록하여 정기적인 상담도 받도록 연계되어 있다.

학습과제

- 제시된 사례에 대해 〈사례관리 종결보고서〉를 작성하시오.
- 종결 사유와 근거는 무엇이었습니까? 종결을 위한 조건은 무엇입니까?
- 종결 사례에 대한 사후관리 계획은 무엇입니까?
- 본 사례의 개입 전후 생태도에 어떤 변화가 있었습니까? 이 변화는 무엇을 의미합니까?

참고문헌

한국보건복지인력개발원(2018). 참여형 교육을 위한 사례관리실천 사례집.

한국사례관리학회 편(2019). 사례관리 전문가교육: 실무자 기초과정(2판). 서울: 학지사.

Gursansky, D., Harvey, J., & Kennedy, R. (2003). *Case Management: policy, practice and professional business.* Columbia University Press.

Rapp, C. & Goscha, R. (2006). *The strengths model: Case management with people with psychiatric disabilities* (2nd ed.). New York: Oxford University Press.

Woodside, M. & McClam, T. (2005). *Generalist case management: A method of human service delivery* (3rd ed.). Pacific Grove, CA: Brooks/Cole Publishing.

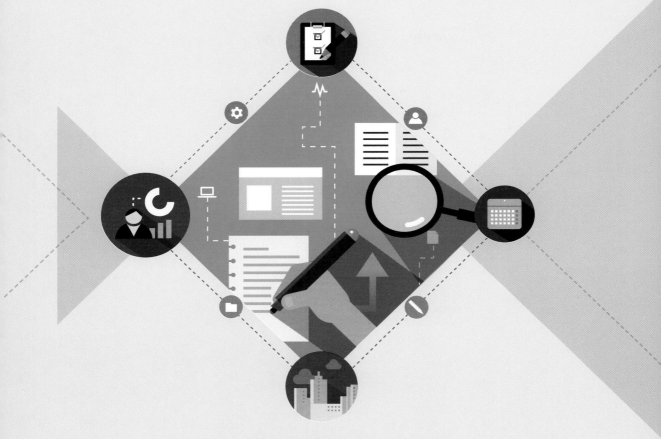

제3부

사례관리실천의 핵심 역량

제12장

사례관리 기능과 사례관리자 역할

📋 **학습개요**

이 장에서는 사례관리 기능에 대한 이해를 쌓고자 한다. 사례관리 기능을 직접적 서비스 기능 측면과 간접적 서비스 기능 측면으로 나누어 그 내용을 설명하며, 서비스 기능 측면에서 직접적 서비스 기능과 간접적 서비스 기능이 수행되는 맥락에 대하여 살펴본다. 더불어 사례관리의 기능별로 사례관리자의 역할을 제시하여 사례관리 기능에서 수행되는 사례관리자의 역할을 이해한다.

✏️ **학습목표**

1. 사례관리 직접적 서비스 기능에 대하여 이해한다.
2. 사례관리 간접적 서비스 기능에 대하여 이해한다.
3. 직접적 서비스 기능과 간접적 서비스 기능의 통합성에 대하여 이해한다.
4. 사례관리서비스 기능 구분에 따른 사례관리자의 역할을 이해한다.

1. 사회복지실천과 사례관리 기능의 변화

사회복지는 전통적으로 개인과 환경의 상호작용을 중시하여, 개인이 대상이 되는 미시적 접근과 지역사회나 전체 사회를 대상으로 하는 거시적 접근을 모두 아우르는 개입을 수행해 왔다. 사회복지 사례관리실천의 강점을 강조하고 있는 전미사회복지사협회(2013)는 개인과 환경 관점을 반영해 사회복지 사례관리의 고유한 역할과 전문성을 높이려는 노력을 해 왔다. 사회복지사례관리사 자격을 일반 사회복지사례관리사와 심화 사회복지사례관리사로 구분하고 있으며, 사회복지사례관리 자격 부여에 대한 기준이나 심사과정 등을 체계화시키고자 하였다(NASW, 2002). 한국의 경우도 사례관리실천과 관련한 노력이 이어지고 있다. 공공에서 수행하는 통합사례관리 모델이 일반형이라 한다면, 정신건강복지센터나 치매안심센터, 아동보호기관 등에서 수행하는 사례관리 모델은 심화형에 가깝다 하겠다.

사례관리 실천원칙에서 클라이언트 중심주의나 강점관점, 소비자주의 등의 가치와 철학이 강조되고 있는데, 이러한 흐름은 사례관리의 초기에 자원 연계가 강조되면서 서비스 제공자 중심의 관료주의적 관점이 반영되었다는 반성을 바탕으로 하고 있다. 사례관리가 자원 연계나 조정 등의 기능을 통하여 자원의 중복을 방지하고 비용효과에 대한 관심에서 성장하여 당사자 주의와 서비스 질에 대한 관심이 높아져 왔다는 점은 긍정적인 변화이며, 사회복지실천 관점과 가치를 공유하고 있다고 하겠다. 이런 맥락에서 강조점이 클라이언트를 대변하는 옹호 기능과 공공의 이해를 높이고자 하는 교육의 기능이 강조되고 있다. 또한 강점주의를 적극적으로 반영하고 성인과 아동의 경우 발달 단계별로 차별화된 접근을 강조하고, 클라이언트를 결핍이나 문제의 대상으로 더 이상 보지 않고 있다는 점이 사회복지 영역에서의 사례관리는 연속형 사례관리 기능을 충실히 반영하고 있다고 하겠다.

사례관리 기능에 대한 논의는 실천현장에서부터 시작되기보다는 이론적이고 체계적인 성격을 띠고 있다. 최근 한국의 사례관리가 공공 영역에서 활성화되면서, 사례관리 기능에 대한 논의보다는 사례관리 과정을 체계적으로 정리하고자 하는 관심이 높아지고 있다. 사례관리 기능과 과정은 중첩되는 측면은 분명히 있어 과정에 대한 명확한 이해를 숙지하는 것은 사례관리 기능에 대한 이해를 높일 수 있다. 그러나 과정에 치중하여 체계화하려는 노력은 자칫 사례관리에서 중요하게 대두되는 옹호와 같은 클라이언트 중심의 관점과 목소리에 대한 강조점이 잊혀질 수 있다. 사례관리 기능에 대한 체계적인 이해는 이런 면에서 중요하다고 하겠다.

2. 사회복지실천 사례관리 영역과 주요 기능

1) 다양한 사회복지 사례관리실천 영역

전미사회복지사협회(2013)에서는 사례관리실천이 사회복지 다양한 영역에 걸쳐 진행되고 있고, 사회복지사의 사례관리 전문성이 이미 사회적으로 인정받고 있음을 강조하고 있다.[1] 대상별로 영역을 제시하거나 구체적인 서비스 내용이나 지원을 기준으로 분류되고 있는 영역 등 다채로운 양상을 보이고 있다. 이는 사회복지 실천현장에서 사례관리 실천모델이 이미 깊숙이 역할을 하고 있는 것을 보여 주는 것이며, 또한 각 영역에서 요구되는 사례관리 기능의 다양화를 말해 주고 있다.

2) 사회복지실천 사례관리 핵심 기능

전미사회복지사협회(2013)에서는 사회복지 사례관리 표준화 기준을 정립하는

---

1) 노인복지, 정신건강과 약물문제 영역, 교정복지, 장애인복지, 고용지원, 보건의료, 주거, 이민자/난민 지원서
   비스, 소득지원 서비스 프로그램, 장기 서비스 및 지원, 퇴역 및 현역 군인 서비스, 그 외 기타에 해당된다.

등 사례관리의 질 관리의 중요성을 강조하고 있다. 사회복지 사례관리는 앞서 제시한 바와 같이 다양한 영역과 대상으로 수행되고 있는 현실이고, 여기에 따르는 역할과 기능이 상이할 수밖에 없다. 그럼에도 사회복지 사례관리가 수행해야 할 공통적인 핵심 기능이 있다고 보고 다음에 제시하고 있다.

(1) 클라이언트와 연결되고 신뢰관계 형성

클라이언트와 접촉하고 초기 관계 형성 및 신뢰 쌓기

(2) 사정

클라이언트가 가장 우선적으로 관심을 두는 것이 무엇인지를 사정하기, 클라이언트의 장점에 대하여 파악하고, 클라이언트가 처한 도전적인 상황이 무엇이며, 어떠한지 사정하기

(3) 서비스[2] 계획 기획 및 수행

필요한 서비스를 계획하고 이를 수행해 나가기

(4) 서비스 점검

서비스가 계획대로 전달되는가에 대해 지속적으로 점검하기

(5) 평가

서비스가 목표한 대로 성과를 보이는지, 서비스 결과에 대하여 평가하기

---

2) 전미사회복지사협회(2013) 자료에서는 보호계획(care plan)으로 표현하고 있다. 이는 사례관리 대상 클라이언트의 보호의 욕구가 사례관리 기능 수행에 중요하게 고려되고 있음을 보여 주는 것이라 하겠다. 클라이언트의 장기적이고 복합적인 욕구 발생은 사례관리 대상 선정의 주요 기준이며, 사례관리 기능의 내용과 사례관리자 역할 전반에 영향을 미치는 것이라 보아야 할 것이다.

(6) 종결/사후 서비스

서비스 종결하기, 경우에 따라 현재 진행되는 서비스를 다른 서비스로 전환하기, 사후 서비스 제공하기

3. 사례관리 기능의 다양성

사례관리 기능을 정의하고자 하는 다양한 시도가 있어 왔다. 이는 과정 전반에서 수행되는 기능을 설명하는 접근과 클라이언트의 문제나 상황별로 집중되는 기능으로 설명하는 접근이 있다. 사례관리 기능의 다양성을 설명하는 데 있어 생태체계 관점은 유용한데, 이는 클라이언트, 가족, 기관, 지역사회, 전반적인 사회체계 등에서 사례관리서비스 기능을 살펴볼 수 있다는 점에서 그러하다. 서비스 대상 영역에 따라 사례관리 기능이 달라진다. 예를 들어, 클라이언트가 서비스 대상인 경우는 심리·정서적인 지지를 위한 상담서비스와 같은 기능이 요구된다. 지역사회에 부재한 서비스를 해결해야 하는 경우, 지역사회 여론 형성이나 자원 연계 및 프로그램 개발과 같은 옹호 및 조정의 기능을 수행하게 된다. 클라이언트를 대상으로 하는 기능에서는 사례관리자가 임상서비스의 전문가 역량을 갖추어야 하며, 지역사회를 대상으로 자원을 연계하고 조정하는 기능에서는 사례관리자가 지역사회 활동 전문가 역량을 갖추어야 한다. 이 같은 기능은 구분되고 분절적으로 이루어지는 것이 아니라 사례관리의 주요 기능으로 사례관리자가 수행해야 한다. 이런 측면에서 사례관리 기능의 다양성은 사례관리를 수행하게 되는 사례관리자의 높은 수준의 실천역량을 요구하고 있으며, 임상전문가와 지역사회전문가의 정체성을 동시에 요구하기도 한다. 사례관리의 다양한 기능이 작동되는 데에는 무엇보다 클라이언트의 문제와 특성에 기인하게 된다. 클라이언트의 주요 욕구가 일시적으로 발생하고 해결되기보다는 지속적으로 발생하는 성격을 가지고 있어 지속적인 개입이 중요하다. 즉, 사례관리 기능은 장기적인 개입을 진행하면서도 복합적인 욕구에

대응하기 위한 다양한 서비스를 제공하기 위해 작동되는 것이다. 여기에는 클라이언트를 대상으로 직접적인 개입이 이루어지는 영역에서부터, 클라이언트에게 영향을 미치는 주변 환경, 그리고 문제를 해결하기 위해 지역사회의 변화를 위한 노력 등 포괄적인 영역에서 사례관리의 다양한 기능이 역할을 하게 된다. 이처럼 다양한 영역에서의 서비스가 작동되어야 하는 만큼, 욕구 기반으로 적합한 서비스를 제공하고, 이를 통합적으로 이끌어 나가는 숙련성이 요구된다.

사례관리 기능을 이해할 때, 개인과 환경에 동시에 초점을 두는 사회복지실천 관점을 적용해 보면, 클라이언트를 개인 수준이라 할 때, 환경은 클라이언트에게 의미 있는 환경체계로 볼 수 있다. 이를 클라이언트에게 직접서비스를 제공하는가 혹은 클라이언트에게 의미 있는 환경을 대상으로 서비스를 제공하는가로 분류하고, 직접적 서비스 기능과 간접적 서비스 기능으로 표현할 수 있다. 직접적 서비스

노숙인 클라이언트를 대상으로 한 사례관리 사례

클라이언트는 57세 미혼 남성으로 목에 큰 혹(표피낭)으로 인하여 사람들 앞에 나서는 것을 어려워하고 경제활동에 대한 의욕이 상실된 상태이다. 월세가 장기 체납(25개월)되어 집주인이 독촉하자 더 이상 거주하지 못하고 집을 나가 노숙생활을 하였다. 추운 겨울 날씨에 노숙하고 있는 클라이언트를 지역 주민이 발견하고 신고하여 시립복지원으로 인계되었으나 하루 만에 나가 다시 노숙 생활하던 중 주민 신고로 요청 의뢰되어 사례관리 대상자로 선정되었다.

형제 중(1남 6녀) 중 여섯째이며 고등학교 졸업 후 가출하여 생활하였으며 누나들의 도움이 몇 차례 있었으나 돈만 받고 가출하여 거의 노숙으로 생활해 왔다. 노숙을 하던 친구와 목공일을 하며 같이 생활하다 친구가 이성친구가 생겨 집을 나간 후 홀로 생활하였다. 목공일을 하다가 다리를 다친 후 집 안에서만 있었고 자연치유가 된 것으로 보인다.

청소년기부터 학교생활을 거의 수행하지 않았으며, 가출과 노숙생활이 반복되어 사회생활이나 집단생활에 어려움이 있을 것으로 보인다. 오랜 노숙생활로 우울성향을 보이며 자립의지가 없고 본인이 할 수 있는 일은 없다고 시작도 거부하고 있다.

기능이 클라이언트를 대상으로 사례관리자가 직접적인 개입을 제공하는 것이라면, 간접적 서비스 기능은 클라이언트의 욕구를 해결하기 위해 주변체계와 환경에 개입하여 클라이언트의 문제와 욕구를 해결하고자 하는 것으로, 여기에서는 주변체계와 환경이 개입의 대상이 되는 것이다.

다음의 사례를 중심으로 직접적 서비스 기능과 간접적 서비스 기능, 그리고 직접적 서비스 기능과 간접적 서비스 기능이 수행 과정에서 적절하게 통합적으로 구성되는 특성을 설명하고자 한다.[3]

1) 직접적 서비스 기능

(1) 심리 · 정서적 지지를 위한 개입

사례관리자가 클라이언트를 대상으로 수행하는 서비스는 심리 · 정서적 지지를 위한 직접적 개입이 있다. 사례관리의 성공 요소로 사례관리자의 임상적 전문성에 대한 관심이 높다. 임상기술에서 공감능력의 중요성이 강조되고 있는데, 사례관리자 양성교육에서 더욱 강조되어야 할 부분으로 꼽히고 있다. 사례관리 사례에서 보고되는 사례관리자의 주요 과업으로 상담 기술이나, 자존감 향상, 클라이언트에 대한 수용 등의 심리 · 정서적 지지에 대한 적극적인 역할 수행을 꾸준히 보고하고 있다. 구체적인 예를 들어보면, 노숙인 클라이언트를 대상으로 한 사례관리 수행에서 사례관리자의 역할 중의 하나로 지지자를 들고 있는데 구체적인 활동으로 노숙생활에서 받지 못한 정서적 지지로 인한 낮은 자존감 문제를 해결하기 위하여 안정적인 신뢰를 구축하고 클라이언트가 선택할 수 있는 과업을 제시하고 그 결과에 대한 지지를 제공하는 것으로 보고하고 있다. 클라이언트의 현재 상황에 영향을 미치는 기존의 경험에 대한 이해와 공감이 중요하며, 낮은 자존감과 동기 부여의 문제 등 심리 · 정서적 지지를 위한 개입이 강조되고 있는 것이다.

---

3) 사례는 2017년 사례관리실천 우수사례집(한국보건복지인력개발원)에서 발췌해서 사용하였다.

사례관리의 대상이 되는 클라이언트의 경우 과거와 현재의 상황과 경험으로 인한 지속적인 욕구 좌절과 낮은 자아정체성, 의욕 상실 등의 심리적 상태를 안고 있는 경우가 많아, 심리·정서적 지지는 지나치게 강조해도 부족하지 않다. 클라이언트가 경험해 온 삶에서 파생되는 심리적 결과물이라 할 수 있는 우울감, 의욕 부재, 사회적 관계와의 단절 등의 문제는 사례관리 대상 클라이언트에게 종종 나타나는 현상으로 이에 대한 직접적 서비스를 제공하는 것은 사례관리의 핵심 기능으로 보아야 할 것이다. 이를 위해 무엇보다 강조되어야 할 점은 사례관리 직접적 서비스 제공에서 높은 공감 역량을 갖추어야 한다는 것이다. 실제로 사례관리 기능에서 상담과 같은 직접적 서비스 기능은 늘 강조되고 있다. 심리·정서적 문제에 대한 이론적 이해와 이를 개입할 수 있는 공감과 경청과 같은 상담기술이 이 영역의 서비스 기능을 수행하는 데 갖추어야 하는 전문성이라 하겠다.

(2) 문제해결 역량 강화를 위한 개입

사례관리 대상 클라이언트는 문제해결의 강점과 자원을 지니고 있다. 동시에 해소되어야 하는 다양한 욕구를 가지고 있다. 문제해결 역량은 사례관리자가 클라이언트와 함께 협력하면서 클라이언트의 욕구를 해결하기 위해 클라이언트의 잠재적인 역량을 이끌어 내고, 자신의 내적 자원과 외적 자원을 활용하는 역량을 높여 가면서 성취되게 된다. 이런 의미에서 문제해결 역량 영역에서는 심리 정서적 문제에 개입하는 치료적 기능보다는 문제해결을 위한 과업을 중심으로 클라이언트의 역량을 높이고자 한다. 여기에서는 사례관리자는 클라이언트가 지역사회에서 원하는 의미 있는 삶을 살 수 있도록 지원하는 것을 목표로 하며, 이를 위해 해소되어야 하는 문제들을 지원하고자 한다. 여기에는 필요한 정보를 제공하거나, 관련 내용에 대한 교육을 담당하는 것에서부터, 실질적인 문제해결 상황에 요구되는 대처 기술을 이해하고 습득하기 위한 역할극 수행 등을 제공하기도 한다. 앞의 노숙인 클라이언트 사례에서 문제해결 역량 강화를 위한 개입으로는 사회적 관계에서 어려움을 보여 왔던 클라이언트가 자활센터에서 일자리 지원 요청을 잘 수행할 수 있도록 지원하는 것을 들 수 있다. 여기에는 일자리 지원서비스에 대한 정보와 교육을 제공하는 것과 일자리 지원 과정에서 필요한 사회적 관계기술 습득을 위한 실제 상황과 유사한 경험을 제공할 수 있는 역할극 진행도 포함된다. 이러한 과정을 통하여 클라이언트는 문제해결과 관련된 정보 습득과 대처기술을 익힐 수 있을 뿐 아니라 자신이 주도하는 결정을 경험함으로써 자기결정권 행사 역량을 높이게 되는 것이다.

2) 간접적 서비스 기능

간접적 서비스 기능이 직접적 서비스 기능과 가장 두드러진 차이점이라 하면, 대상의 주체가 클라이언트에게 영향을 미치는 주변체계와 환경이 된다는 점이다. 클라이언트의 욕구를 해소하기 위해 노력과 변화가 필요한 체계 등을 대상으로 사례관리 개입이 수행되는 것이다.

(1) 자원 연계

사례관리가 진행되는 과정은 다양한 자원과 서비스가 동원된다. 사례관리 대상 클라이언트의 문제와 욕구를 해결하기 위해서는 기관과 지역사회의 자원이 동원되게 된다. 여기에는 지역사회의 주민센터나 종합사회복지관과 같은 공식적인 지원을 제공하는 기관에서부터 클라이언트의 가족이나 주변 지인들이 제공하는 비공식적인 자원 등이 있다. 클라이언트의 욕구 해결에서 공식적 자원과 비공식적 자원이 협력하고, 연속될 수 있도록 하는데 자원 연계 기능이 주 담당 역할을 하게 된다. 여기에서 기관이나 지역사회자원 간의 소통과 협력 작업이 원활하게 이루어질 수 있도록 지원하게 된다. 비공식적 자원인 가족인 주변으로부터의 지원은 누가 그 역할을 담당하게 되며, 실질적인 도움이 되고 있는지, 그리고 될 수 있는지에 대한 파악이 이루어져야 한다. 비공식적 자원의 경우, 제공자의 상황, 예를 들면 이사를 간다든지, 이전 관계에서의 불화나 갈등 등이 방해 요소가 되는지에 따라 지속적으로 이루어질 수 있는지를 파악해야 한다. 앞의 노숙인 클라이언트 사례의 경우, 일자리 문제를 해결하기 위해 자활센터에 의뢰하는 노력과 도움이 필요할 경우 봉사자나 가족의 도움을 받기 위해 지원하는 노력이 여기에 해당된다. 또한 턱밑 큰 혹(표피낭) 수술을 위해 지역사회에서 의료기관의 자원에 연계도 자원 연계 기능의 한 예이다.

(2) 서비스 조정

사례관리 대상 클라이언트의 욕구는 복합적인 성격을 지니고 있어 제공해야 하는 서비스는 다양하고 포괄적으로 진행되게 된다. 사례관리에서 강조되는 측면 중의 하나가 서비스의 파편화와 중복을 예방하고자 하는 노력이다. 이러한 노력은 궁극적으로 클라이언트가 효과적이고 체계적인 서비스에 접촉함으로써 질 높은 서비스를 통하여 문제를 해결하고, 그 과정에서 유능한 자아정체감을 경험하여 보다 나은 삶을 영위하는 것을 목표로 하는 것이다. 이 같은 목표가 성취되기 위해서는 기관과 지역사회에서 함께 협력하게 되는 다양한 자원 간 의사소통이 중요하다. 이들 간의 소통이 잘 이루어지고, 사례관리 기능의 목표와 가치를 공유해야 한다.

사례관리 수행을 통하여 기관과 지역사회의 서비스 기능이 향상되고, 성공적인 실천 모델을 세워 나가는 등의 역량 강화가 기대되기도 한다. 이 같은 서비스 조정 기능을 위해 사례관리자는 클라이언트에게 필요한 효과적인 서비스가 적절하게 제공되고 있는지를 살펴보고 이에 대한 관리의 최종 책임을 맡게 된다. 이를 위해 서비스 제공과 관련된 기관을 파악할 수 있는 정보를 확보하고, 이들 기관이 클라이언트 욕구를 해결하는 데 도움이 되는 협력 기관으로 적합한지를 파악하고 평가하는 노력이 수반되어야 한다.

앞의 노숙인 클라이언트 사례에서는 다양한 서비스가 필요한 것으로 파악된다. 주거 지원, 생계비 지원, 의료 지원, 고용 지원, 정서 지원, 일자리 지원, 생활물품 지원, 가족관계 회복을 위한 지원 등이다. 이처럼 다양한 서비스가 제공되어야 하는데, 노숙인 클라이언트의 경우, 주거나 물품 지원과 같은 현재 임박한 욕구를 중심으로 서비스 지원이 집중될 수 있다. 또한 공식적인 기관에서의 지원과 비공식적인 자원인 지역사회의 봉사원이나 종교기관에서의 지원이 중복되는 것을 예방하기 위해 사례관리자는 지원을 담당하게 되는 기관 간에 의사소통을 원활하게 준비하여 사전에 지원의 중복을 예방하고, 필요한 지원은 요청하는 조정 기능을 수행하게 된다.

(3) 옹호

사례관리 대상 클라이언트의 경우 현재 복합적인 욕구를 안고 있는 경우이다. 이러한 욕구가 해소되지 않는 배경은 경제적 빈곤에서부터 장애로 인한 사회적 장벽 등 쉽게 해소하기 어려운 상황에 놓여 있는 경우이기 때문이다. 이러한 상황에 놓여 있는 클라이언트는 과거에서부터 축적되어 온 차별이나 낙인, 혹은 자원의 결핍으로 인한 사회적 위축이나 실패 경험이 있을 수 있다. 이처럼 클라이언트의 현재 상황은 사회·문화적 맥락에서 발생하는 차별과 낙인에 기반되는 경우가 많다. 위의 노숙인 클라이언트의 경우 다른 사람과 다른 외모로 인한 차별과 불편함, 그리고 사회적 관계에서의 차단은 지역사회에서의 일반적인 삶을 경험할 수 있는 기회를 축소해 왔다. 이는 경제활동의 위축으로 이어지는 과정을 밟아 왔다. 고용지원에서 이러한 특성은 클라이언트를 대상으로 하는 취업 지원 서비스의 필요성을 보여 주는 대목이기도 한다. 여기에서 취업 지원의 다양화를 꾀하는 정책의 변화를 위한 옹호활동을 전개해야 하는 것이다. 주거 지원의 경우, 독립주거에 앞서 전환기 주거 지원 정책도 필요한 서비스 중의 하나로 보아야 한다. 앞의 클라이언트 경우, 초기에 발견되었을 때 시립복지원으로 의뢰되었다가 도망 나오게 된 사례이다. 지역사회에서 주거 지원 정책이 이용자 중심으로 운영 원칙을 다변화하여 인간 삶의 기본권이 주거권이 보장될 수 있도록 옹호활동이 필요하다. 이를 위해 클라이언트 수준, 기관 수준, 정책 수준에서의 변화를 필요로 한다. 클라이언트 수준에서는 서비스 제공에서 이용 자격의 제한이나, 신청 과정에서 부적절한 대우를 받는 경우가 발생하기도 한다. 이러한 문제점을 해결하기 위하여 사례관리자는 클라이언트를 대변하고 옹호하는 역할을 수행하게 된다. 기관 수준에서는 서비스 이용 약관이나, 기관의 문화 및 리더십에 변화를 가져오는 활동을 들 수 있다. 기관의 서비스 제공자 중심의 관점에서 클라이언트 중심의 관점으로 전환하고 이를 맞는 기관 전략을 구축하는 노력과 공감대 형성을 위한 노력 등을 들 수 있다. 이러한 노력은 궁극적으로 관련 정책에 영향을 미치는 수준까지 확대되도록 해야 할 것이다. 옹호는 질 높은 서비스를 제공하기 위해 감당해야 하는 변화를 가져오기 위한 노력이다. 여기에서 옹호 기능은 변화를 이끄는 선도자, 최고의 서비스를 지향하는 서비스 질 관리의 가치, 윤리적인 서비스의 실현, 그리고 클라이언트 중심 관점의 철학까지를 담게 되는 것이다.

3) 직접적 서비스 기능과 간접적 서비스 기능의 통합성

사례관리는 지역사회와 사회의 변화에 민감하게 영향을 받으며, 당 시대의 가치와 관점이 반영되기도 한다. 이 같이 사회문화적인 맥락에서 수행되는 것이니만큼 지속적으로 변화하고 발전하는 과정을 거치고 있다. 서비스 대상의 특성과 문제의 상황이나 단계에 따라서도 사례관리 기능의 초점이 달라지기도 한다. 이러한 특성으로 인하여 사례관리 기능에서 직접적 서비스 기능과 간접적 서비스 기능의 비중이 달라지기도 한다. 그러나 여기에서 가장 주목해야 할 점은 직접적 서비스 기능과 간접적 서비스 기능이 통합적으로 이루어져야 한다는 점이다. 사례관리가 장기적이고 복합적인 서비스 욕구가 발생하는 클라이언트를 대상으로 한다는 공통점에 기반하여 사례관리에서 직접적 기능과 간접적 기능으로 통합적으로 구성되는 공통된 내용을 살펴보고자 한다. 로스먼(Rothman, 2002)은 사례관리서비스에서 일련 15개 기능으로 모두 수행해야 하는 경우를 연속형으로 보았다. 더불어 사례의 특성에 따라 연속적으로 진행되는 15개 기능 중에서 몇 개의 기능만을 수행하게 되는 경우를 간헐형으로 분류하고 있다. 사례관리가 복잡하고 지속적인 욕구가 발생하는 클라이언트를 대상으로 한다는 점에서 볼 때, 사례관리 기능은 포괄적이고 연속적으로 수행되어야 한다. 그러나 기관이나 지역사회의 여건 혹은 클라이언트 문제와 욕구의 특성에 따라 집중적으로 몇 개의 기능 중심으로 제공되기도 한다.

클라이언트의 특성에 따른 전문성이 강화되는 경우도 있는데, 예를 들어 정신장애인을 대상으로 하는 사례관리의 경우 사례관리자의 정신장애 전문가로서의 전문성을 갖추어야 하며, 정신장애인의 특수한 욕구에 부응하는 사례관리가 진행되게 된다. 정신장애는 만성적이고 복합적인 욕구를 동반한다. 정신장애인을 대상으로 하는 사례관리는 정신장애에 대한 전문적인 지식과 정신장애인을 대상으로 개입을 수행할 수 있는 임상적인 전문성을 요구한다(Johnson & Rubin, 1983).

정신건강 영역에서의 사례관리는 정신건강복지사가 담당하고 있으며, 주관 기관은 정신건강복지센터가 맡고 있다. 정신건강 영역에서의 사례관리가 주 초점과 노력을 기울이고 있는 영역은 정신장애인 클라이언트와 가족을 대상으로 하는 치료, 교육 등 직접적 서비스에 주력을 두고 있다고 보고되고 있다(유수현 외, 2018). 로스먼의 모델에서는 기관 간 조정, 상담, 치료, 옹호 등 네 가지 기능으로 분류하고 있는데, 유수현 등(2018)이 제시하는 모델에서는 연계, 조정, 옹호, 개발, 상담, 치료, 평가 등의 여섯 가지 기능으로 제시하고 있다.

로스먼의 모델에서도 연속적 관점에서의 사례관리 기능과 간헐적 관점에서의 사례관리 기능은 독립적이거나 배타적으로 운영되는 것이 아니라는 점을 강조하고 있다. 정신건강 영역의 사례관리 기능 모델을 집중형으로 제시할 수 있는 특성으로 치료와 상담의 기능 등 직접적인 서비스 기능을 강조하고 있다는 점이다(유수현 외, 2018). 여기에서 전문가의 임상적 서비스 제공 역량이 중요함을 알 수 있다. 정신건강 영역에서의 사례관리 기능도 지속적인 변화와 도전을 경험하고 있는 만큼, 직접적 서비스 기능이 강조되고 있는 집중형 기능에서 어떻게 변화되어 갈지에 대한 관심이 필요한 시점이다.

사례관리에서의 직접적 서비스 기능과 간접적 서비스 기능의 통합성에 대한 이해를 앞의 노숙인 클라이언트 사례에서 살펴볼 수 있다. 이 사례에서 사례관리 기능 중 간접적 서비스 기능으로 분류되는 옹호 기능에서 수행되게 되는 서비스 기능을 정리해 보는 것이다. 구체적으로 제시하면, 노숙인에 대한 정서적 지원이나 문제해결 역량 향상 등의 직접적 서비스 기능 수행과 더불어 지역사회 인식 개선과 노숙인을 위한 주거 지원 자원 연계 혹은 개발 등과 관련된 여론 형성 등과 같은 간접적 서비스 기능이 모두 요구되는 것이다. 이러한 예는 각 기능별로 클라이언트에게 직접적인 서비스 제공하는 기능과 더불어 클라이언트에게 중요한 영향을 미치는 환경체계에 개입하는 간접적 서비스 제공 기능이 통합적으로 작동되어야 함을 보여 준다. 여기에 사례관리 과정은 단계가 연속적으로 이루어지는 특성을 요구하나 사례관리 기능은 대상 클라이언트의 욕구와 상황에 따라 직접적 서비스 기능과 간접적 서비스 기능 중 어느 한 기능이 초기에 집중적으로 역할을 하게 되기도 하고, 어느 단계에서도 통합적으로 수행되기도 하기에 사례관리자는 사례관리 기능의 특성을 잘 활용하여 운영하는 전문성을 갖추어야 한다.

4. 사례관리 기능과 사례관리자의 역할

1) 사례관리 기능과 사례관리자 역할에 대한 이해

⑴ 직접적 서비스 기능과 간접적 서비스 기능에서의 사례관리자의 역할

① 목슬레이의 관점

목슬레이(Moxley, 1989)는 클라이언트를 직접적인 개입의 대상으로 하는 직접적 서비스 기능에서 사례관리자 역할을 다양하게 제시하고 있다. 여기에서 사례관리자는 서비스 실행자, 교육을 제공하는 교사, 클라이언트에게 정보를 제공하는 안내자, 함께 파트너십을 강구하는 협력자, 서비스 진행과정을 이끌어 가는 진행자, 클라이언트에게 필요한 정보를 파악하고 제공하는 정보 전문가, 심리·정서적인 지원을 제공하는 지지자 역할을 수행한다고 제시하였다. 클라이언트의 주변과 환경체계를 개입 대상으로 두는 간접적 서비스 기능에서는 기관 간 중개나, 주요 당사자 간 의사소통 중재를 하게 되는 중재자, 클라이언트와 자원 간의 연결을 이어 주

는 연결자, 기관 간 협력과 결정에서 조율을 담당하는 조정자, 클라이언트의 권익을 위한 지역사회 여론 형성이나 교육을 담당하는 옹호자, 비공식적 · 공식적 사회적 네트워크를 형성하고 활성화시키는 사회망 개입자, 서비스 과정에서 클라이언트 문제의 이해와 클라이언트의 복리를 최우선으로 하는 데 필요한 기술과 의견을 수렴하는 지원가와 자문가 등을 수행하게 된다(Moore, 1990).

② 권진숙의 관점

권진숙(2006)은 사례관리 기능을 클라이언트를 대상으로 하는 직접적 개입 수준과 클라이언트의 환경을 대상으로 하는 간접적 개입 수준으로 분류하고, 이에 따른 사례관리자 역할을 제시하였다. 직접적 개입에서 위기개입 전문가, 교사, 안내자 및 협력자, 진행자, 정보 전달자, 옹호자 등의 역할 수행을 들었다. 간접적 개입에서는 기관 및 관련 당사자 간의 중개자, 자원 연결자, 서비스 조정가, 옹호자, 협동가 및 협의자 등의 역할을 수행한다고 보았다. 직접적 개입과 간접적 개입은 사례관리가 진행되면서 상황과 여건에 따라 이루어지게 된다. 이처럼 사례관리자는 사례관리 실천과정에서 직접적 서비스 기능과 간접적 서비스 기능을 통합하여 진행해야 한다. 여기에서 사례관리의 다양한 기능과 이에 따른 역할 수행의 부담이 적절하고 효과적으로 이루어져야 하는데, 자칫 어느 측면에 치우친 기능 수행이 이루어지면 기관 간 자원 조정이 어렵게 되고, 클라이언트의 욕구 기반으로 통합적인 사례관리 기능이 실패할 수도 있음을 유의해야 한다고 강조하고 있다.

③ 통합과 연속성에서의 사례관리자의 역할

사례관리자의 주요 역할 중에서 상담가 및 교육자는 직접적 서비스 기능에서 담당하게 되는 대표적인 역할이다. 조정자와 옹호자의 경우 간접적 서비스 기능에서의 대표적인 역할이라고 할 수 있다. 그러나 앞서 사례관리 기능의 특성을 설명하면서 언급한 바와 같이 각 기능이 배타적이고 분절적으로 작동하지 않는 것과 같이 사례관리자의 역할이 대상자가 클라이언트인 경우와 환경체계에 따라 직간접 서비스 기능에 속한다고 분류가 모호한 경우가 종종 발생한다. 예를 들어, 클라이언 트에게 서비스 제공이 차단되는 경우 수행하게 되는 옹호활동 수행에서 사례관리 자는 클라이언트를 대상으로는 서비스 차단으로 인한 좌절과 같은 부정적인 감정 을 다루는 정서적 지지의 성격을 가지는 상담과 같은 직접적 서비스 기능을 수행해 야 한다. 더불어 옹호활동은 일방적으로 사례관리자가 담당하는 것이 아니라 클라 이언트의 역량 강화를 통하여 스스로 목소리를 낼 수 있거나 혹은 경우에 따라 사 례관리사가 목소리를 대변하기도 한다. 이 과정에서 서비스 차단에 대한 부당성이 나 클라이언트의 권리에 대한 정보제공과 교육을 제공하는 교육자의 역할도 담당 하게 되는 것이다.

결국 사례관리 수행에서는 직접적 서비스 기능과 간접적 서비스 기능이 통합적 으로 연속성을 가지고 진행될 때 최적의 결과를 가져올 수 있을 것이다. 이를 위하 여 사례관리자는 각 기능에서 요구하는 전문성을 갖추어야 할 것이며, 기관에서의 합리적인 업무 배정과 직무 환경의 확보가 이루어져야 할 것이다. 이는 사례관리가 요구하는 업무의 강도와 심도를 보여 주는 단면이기도 하다. 사례관리가 효과적으 로 수행되고 사례관리자가 역량 있는 전문가라는 정체성을 높이면서 업무를 적극 적으로 하는 것은 무엇보다 서비스 질 관리와 직결되는 사안이며, 클라이언트의 삶 의 질 향상이라는 역량 강화의 결과물을 낳게 될 것이다. 사례관리자가 이 같은 역 할을 수행하기 위한 가능한 수준의 업무 부담에 대한 기관 내 조정과 교육과 기관 슈퍼비전 체계가 적정의 역할을 담당해야 할 것이다.

(2) 사례관리 유형과 사례관리자의 역할

사례관리자는 모든 사례관리 기능을 수행하는 것은 아니다. 수행되는 기능의 수 준 또한 여러 가지 상황에 따라 차이를 보일 수 있다. 황성철(1995)은 기능 수행의 폭과 수준에 대하여 주목하면서, 수준별 분류를 제시하고 있다. 사례관리자는 사례 관리 기능이라고 제시되는 기능을 모두 수행하는 것은 아니며, 수행되는 기능의 수 준도 동일하지 않다고 보았다. 저자는 사례관리 유형을 기능의 구성과 수준별로 네 가지로 분류하고 사례관리자가 수행하는 역할도 제시하였다.

① 단순형 모델

단순형 모델(Simple Model)의 경우, 지역사회에 존재하는 자원을 클라이언트에게로 연계하는 과업을 수행하는 것이 주요 초점이 된다. 사례관리자는 자원 연계자와 서비스 중개자 역할을 맡게 된다.

② 기본형 모델

기본형 모델(Basic Model)은 클라이언트와 서비스 연계 기능이 수행된다. 또한 클라이언트의 동기 향상, 자립적으로 문제를 해결할 수 있는 역량 강화 등을 지원하는 상담 기능이 수행된다. 이 유형에서 사례관리자는 상담자, 중재자, 교육자, 지지자, 점검(monitoring)자 역할을 담당하게 된다.

③ 종합형 모델

종합형 모델(Comprehensive Model)에서는 클라이언트와 자원 및 서비스 연계, 기관 간 조정 등 사례관리 기능에서 일반적으로 제시되는 내용뿐 아니라 클라이언트 문제 상황에 대하여 치료적 개입을 강조한다. 이 모델에서는 사례관리자는 로스먼(2002)이 제시하는 15개 기능에 제시된 기능을 연속적으로 수행하게 된다.

④ 전문관리형 모델

전문관리형 모델(Professional Management Model)에서 자원 연계, 상담, 치료, 점검 등의 기능이 수행된다. 사례관리자는 클라이언트, 가족을 대상으로 자원 연계자, 상담자, 치료자, 서비스 관리자 역할을 수행하게 된다. 조직에서 의사결정과 인력관리 기능을 담당하는 관리자 역할을 수행하면서 사례관리 기능에서 직접적 서비스 기능과 간접적 서비스 기능을 수행하게 된다. 전문관리형은 클라이언트가 특수한 욕구가 있는 집단인 경우 적합하다. 전문관리형은 미국에서 발전되어 왔는데, 최근 보다 세분화되어 가는 추이를 보인다. 재난과 관련하여 재난 사례관리(Disaster case management), 학교 사례관리(School-based case management), 10대 임신모를 대상으로 하는 의료 및 사회서비스 통합형으로 지역사회 기반을 강조하는 사례관리(medical/social service collaborative and community-based case management), 강점 기반 관점을 적용하는 약물 문제 클라이언트 대상 사례관리(Strength-based case management), HIV/AIDS 클라이언트 대상 사례관리 등이 실행되고 있다. 한국에서는 정신건강복지 영역에서 수행되는 사례관리가 전문형 사례관리에 해당된다고 하겠다.

현대 사회문제가 심화와 다양화 양상을 보이는 추이를 감안하면, 향후 사례관리는 클라이언트 대상 층의 문제와 욕구에 따라 사례관리 기능이 발전되고 사례관리자의 역할도 전문화되어야 할 것으로 예상된다.

(3) 사례관리자의 핵심 역할

사례관리자는 다양한 영역에서 클라이언트에게 서비스를 제공하는데, 쉐퍼와 호레이시가 제시한 핵심 역할을 기반으로 정리하였다(Sheafor & Horejsi, 2006).

① 사정가

사례관리서비스 제공 대상자인 클라이언트는 복합적이고 만성적인 욕구를 안고 있다. 이들에 대한 서비스가 효과적이고 체계적으로 제공되기 위해서는 이들 클라이언트의 욕구를 잘 파악할 수 있는 정보 수집과 사정활동이 무엇보다 중요하다. 클라이언트의 욕구를 파악하는 과정에서 문제 해결에 대한 클라이언트의 관심을 확인해야 한다.

② 계획가

서비스계획에 있어 클라이언트 욕구 파악을 하고 무엇에 관심을 두는지를 파악하게 된다. 서비스 실행이 현실적으로 가능한가에 대한 판정을 하고 클라이언트의 동기를 높이는 노력이 이어지게 된다.

③ 서비스 연계 및 조정자

사례관리 대상 클라이언트에게 적합한 서비스를 제공하고 담당 전문가를 배정하게 된다. 사례관리자는 클라이언트에게 맞춤형 필요한 서비스 체계를 구축하는 노력을 하게 된다. 다양한 서비스가 연속적으로 이어질 수 있도록 서비스를 조정하는 역할이 진행된다.

④ 점검자

사례관리자는 서비스 제공이 잘 진행되는지, 이러한 서비스 제공이 클라이언트의 욕구를 충족시키고 해결하고자 하는 문제해결과 삶의 질 향상으로 이어지는지에 대하여 확인해야 한다. 사례관리가 계획대로 그리고 목표한 대로 잘 진행되는 있는지에 대한 확인을 통하여 효과를 살펴보아야 하는 것이다. 클라이언트에게 보다 적합한 서비스를 제공하기 위한 결정으로 서비스계획과 조정이 이어지기도 한다.

⑤ 의사소통 전문가

사례관리는 다양한 인적 자원이 투입되고 기관이 합류하게 된다. 서비스 제공과 자원 제공을 담당하는 담당자 간의 의사소통이 원활하게 되는 것이 중요하다. 사례관리자는 이들의 의사소통을 진행시키고, 최종적으로 확인하고 조율하는 역할을 담당하게 된다. 클라이언트와의 의사소통의 중요성도 강조되어야 한다. 클라이언트가 자신이 제공받는 서비스나 자원, 그리고 기관과 관련 전문가에 대한 궁금증을 나눌 수 있도록, 클라이언트 중심의 서비스 관점이 여기에서는 중요하다.

⑥ 옹호자

다양한 기관에서 서비스와 자원이 연계되는 경우, 각 기관이나 전문가에 따라 클라이언트 문제에 대한 이해와 시각이 상이하다. 서비스 전문가 체계 간에도 각 영역에서의 교육과 훈련 배경에 따라 클라이언트 문제에 대응하는 방법이나 수단이 달라질 수 있다. 여기에서 문제점은 이러한 차이가 때로는 클라이언트에 대한 서비스 장벽이나 편견과 차별로 이어질 수 있다는 점이다. 여기에 사례관리자의 옹호활동의 중요성이 강조된다.

⑦ 지역사회 운동가

지역사회의 자원은 공유되고 긍정적으로 확장되어야 하나, 대부분 주류 지역주민의 욕구에 선도적으로 부응하고 있는 현실이다. 사례관리 대상 클라이언트에게 필요한 정보나 자원이 부재한 경우, 이들의 욕구에 대한 지역사회의 관심과 의무를 환기시키는 지역사회 운동이 필요하게 된다. 사례관리자는 여기에서 교육자, 홍보자, 자원개발자 등의 역할을 담당하게 된다.

학습과제

- 사례관리 기능에서 직접적 서비스 기능과 간접적 서비스 기능을 설명하고 이 기능들의 통합성의 중요성을 설명해 보시오.
- 사례관리 기능 특성에 따른 사례관리자 역할에 대하여 설명해 보시오.
- 사례관리는 다양한 영역에서 수행되고 있다. 관심 영역의 세팅을 선정하여, 그 세팅에의 사례관리 기능 구성과 사례관리자의 역할에 대하여 제시해 보시오.

참고문헌

권진숙 역(2006). 사례관리: 개념과 기술(Frankel, A. J., & Gelman, S. R. 저). 서울: 학지사.

유수현, 서규동, 유명이, 이봉재, 이종하(2018). 정신건강사회복지론(3판). 서울: 신정.

한국보건복지인력개발원(2017). 2017년 사례관리실천 우수사례집. 한국보건복지인력개발원.

황성철(1995). 사례관리(Case Management) 실천을 위한 모형개발과 한국적 적용에 관한 연구. 한국사회복지학, 27(11), 275-304.

Indith, M. U. & Mary, C. (2002). Case Management and the BSW Curriculum. *The Journal of Baccalaureate Social Work, 8*(1), 69-82.

Johnson, P. J. & Rubin, A. (1983). Case management in mental Health: A Social Work Domain?. *National Association of Social Work, 28*(1), 49-55.

Moore, S. (1990). A Social Work Case Management: The Case Management Model Grid. *Social Work, 35*(5), 444-448.

Moxley, D. P. (1989). *The Practice of Case Management*. CA: Sage Publications.

National Association of Social Workers. (2002). Certified Social Work Case Manager (C-SWCM) and Certified Advanced Social Work Case Manager (C-ASACM): *Information booklet with application and reference forms*. Washington, DC: Author.

National Association of Social Workers. (2013). NASW standard for Social Work Case Management.

Rothman, J. (2002). An Overview of Case Management. In Robert, A. R., & Greene, G. J. (Eds.), *Social Workers' Desk Reference*, 472-476. New York. Oxford University Press.

Sheafor, B. W. & Horejsi, C. R. (2006). *Techniques and guidelines for social work practice (7th ed.)*. Boston, MA: Allyn & Beacon.

Wiseman, S. (2011). Transdisciplinary working: the social worker as case manager. *Social Care and Neurodisability, 2*(1), 5-14.

제13장

의사소통 역량

📋 학습개요

사례관리자가 클라이언트와 가족, 동료, 관련 전문가, 유관기관 담당자 등 모든 관계자와 의사소통하는 데 필요한 역량을 이해하는 것에 초점을 둔다.

✏️ 학습목표

1. 사례관리실천에서의 의사소통 역량의 의미와 필요성을 이해한다.

2. 사례관리자에게 요구되는 의사소통 역량에 대해 이해한다.

3. 의사소통 역량의 사례관리 실천현장 활용에 대해 이해한다.

4. 의사소통 관련 쟁점에 대해 이해한다.

사례관리자가 돕게 되는 클라이언트가 누구든지 어떤 분야(공공과 민간, 대상별, 문제별)에서 일하든지와 관계없이 사례관리자에게 요구되는 기본적인 역량은 상대방과 원활하게 의사소통하면서 관계를 발전시켜 나갈 수 있는가이다.

1. 사례관리실천에서의 의사소통 역량의 의미와 필요성

사례관리자의 업무는 클라이언트와 가족, 동료 사례관리자, 관련 분야의 전문가, 지역사회 내 자원체계, 운영체계 내 관계자들과의 의사소통을 통해 이루어진다. 누구와 함께 어떤 과업을 수행하든 상대방과 원활한 의사소통을 할 수 있느냐는 사례관리자에게 요구되는 기본적인 역량이다. 이러한 의사소통의 방향, 구체적인 기법과 기술은 대상, 상호작용의 목적, 사례관리의 과정에 따라 달라질 것이다.

클라이언트와 가족에게 면접이나 정보제공 등의 직접적인 서비스(지원)를 제공하는 과정에서는 적극적인 경청과 공감, 감정이입 등을 통해 상대편이 존중받고 있다고 느끼게 하는 것이 중요하다. 반면 관련 전문가나 자원체계 실무자와는 목적지향적이고 명확한 의사소통을 진행하는 것이 중요하다.

상호작용의 목적이 상대편의 생각이나 말의 의미를 잘 파악하는 것인지, 사례관리자가 전달하고자 하는 메시지나 정보를 제공하는 것인지, 이해관계자들과의 이견을 좁히고 협상하는 것인지에 따라서 사용할 수 있는 의사소통의 기법과 기술이 달라질 수 있다.

사례관리의 전반적인 과정에서도 사례관리자의 의사소통 능력은 매우 중요하다.

클라이언트와 가족이 사례관리자를 편안하고 신뢰할 만한 사람으로 느끼게 하고, 그들이 호소하는 어려움과 욕구를 읽어내고 확인해야 하는 초기 과정에서는 사례관리자의 진정성 있고 능숙한 의사소통 능력이 중요하다. 의사소통을 통해 클라이언트와 가족의 상황 변화에 대한 동기가 생기도록 할 수도 있고, 부정적인 감정을 표현하게 할 수도 있다. 클라이언트와 가족의 어려움과 욕구를 이해하고 어떤 방향으로 지원할 것인지를 결정한 다음, 그것을 공유하는 과정에서는 온화하지만 분명하고 명료하게 사례관리자의 판단과 계획을 전달하는 것이 중요하다.

클라이언트와 가족 간의 관계나 심적 어려움을 파악하고 확인하는 과정, 직접 상담을 하고 정보를 제공하는 과정, 클라이언트의 주변인들과 소통하고 필요한 자원을 가지고 있는 기관의 담당자와 소통하는 과정, 클라이언트의 입장과 상황을 대변하거나 옹호하는 과정 등에서 가장 필요하고 중요한 역량은 원활하게 의사소통할 수 있는 역량이다.

전통적으로 사회복지 분야와 사례관리에서는 면대면의 면접을 위한 의사소통에 초점을 두어 왔으나 사회복지행정과 지역사회 활동에서도 사례관리자의 의사소통 역량은 매우 중요하다. 앞서 언급한 바와 같이 일의 특성에 따라 요구되는 의사소통 역량의 성격은 달라질 수 있다. 가령 클라이언트를 직접 지원하는 과정에서 긍정적인 관계를 맺기 위해서는 감정이입, 온화함, 진실성을 전달할 수 있는 의사소통 역량이 필요하다. 반면, 클라이언트에게 필요한 자원개발이나 자원을 보유하고 있는 자원체계와 연계하는 의사소통에서는 정확성, 명확성, 목적 지향성이 더욱 중요하다.

2. 사례관리자의 의사소통 역량

1) 의사소통의 과정과 요소

의사소통은 서로의 생각과 뜻을 주고받는 과정을 통해 공유하는 것이다. 또한 자신의 입장을 상대방에게 전달하고 영향을 미치고자 한다는 점에서 설득의 과정이라고 할 수 있다.

  의사소통은 2인 간의 의사소통에서 출발한다. 이처럼 의사소통과 관계의 출발이 되는 2인 간의 의사소통을 기준으로 의사소통의 과정과 요소를 이해하는 것은 사례관리자가 클라이언트, 동료 및 이해관계자, 지역사회 주민과 의사소통을 하는 데 있어서 기초를 제공해 줄 수 있다. 의사소통의 과정에는 다양한 요소들이 관계된다(오미영, 정인숙, 2008: 10-17; 윤대혁, 2010).

  첫째, 송수신자 간에 이루어진다. 송신자는 생각, 아이디어, 의도와 의미, 정보와 같은 메시지를 전달하려는 사람을 의미하며 송신자의 태도, 신뢰성 등은 수신자가 메시지를 받아들이고 해석하는 데 영향을 미친다. 메시지의 내용이 그렇지 않더라도 송신자의 태도와 목소리가 강압적일 경우 수신자는 위축될 수 있고 이러한 의사소통 패턴이 반복될 경우, 억압적이거나 불평등한 관계로 발전할 수 있다. 이런 의사소통과 관계는 클라이언트와 가족관계에서도 관찰할 수 있고, 심지어 사례관리자와 클라이언트 관계에서도 발생할 수 있음에 주의해야 한다.

  수신자는 메시지를 접수하는 사람을 말한다. 사례관리자가 수신자가 되는 경우 상대가 보내는 메시지와 관련된 지식, 상대방과의 관계, 사례관리자의 성격과 선입견이 메시지를 받아들이고 해석하는 데 영향을 미칠 수 있다.

  둘째, 메시지이다. 메시지는 의사소통에 참여하는 사람들이 주고받고자 하는 것으로 단순히 언어적인 것만을 의미하지 않고 손짓이나 표정과 같은 비언어적인 형태로도 전달된다. 사례관리자와 클라이언트, 사례관리자와 관련 기관의 담당자 간에 전달되는 메시지가 의도한 대로 전달되지 않는 것은 언어적인 메시지와 비언어적인 메시지가 일치하지 않을 때 발생할 수 있다.

  셋째, 의사소통을 방해하고 교란하거나 왜곡시키는 요인이 되는 물리적 잡음, 심리적 잡음, 의미적 잡음 등에 주목해야 한다. 특히, 사례관리자와 상대방의 낮은 자존감, 상대방에 대한 감정, 경직된 신념이나 편견은 서로의 메시지를 놓치거나 왜곡하게 만드는 요인이 될 수 있다. 송수신자 간의 성장배경과 관점, 가치관 등의 차이도 잡음으로 작용할 수 있다.

넷째, 피드백은 메시지를 보내는 사람(송신자)의 의도대로 받은 사람(수신자)에게 잘 전달되었는지를 확인하는 과정으로, 서로에게 반응하는 것을 의미한다. 사례관리자가 클라이언트의 메시지에 대해 적절한 피드백을 제공할수록 원활한 의사소통이 가능해질 수 있다. 그러나 불필요한 언어적·비언어적인 공감을 표현하는 것처럼 피드백이 지나칠 경우에는 도리어 의사소통을 방해할 수도 있다. 효과적인 피드백이 되기 위해서는 다음의 사항을 고려해야 한다(윤대혁, 2010: 84).

- 도움이 되는 피드백이어야 한다.
- 수신자의 주관에 의해 평가(판단)를 하게 되면 의사소통은 단절되고 문제가 발생할 수 있다.
- 일반적인 것이 아니라 구체적이어야 한다.
- 적시에 이루어져야 한다. 제때에 피드백이 이루어지지 못할 경우 효과가 반감되거나 무의미해지기 쉽다.
- 지나치게 메시지가 길거나 복잡하고 클라이언트를 압도해서는 안 된다.

다섯째, 채널은 송수신자 간에 메시지가 도달하게 하는 방법을 의미한다. 면대면의 의사소통 상황에서는 음성과 시각이 중요한 채널이 된다. 가령 인테이크 면접 상황에서 사례관리자는 클라이언트에게 좋은 첫인상(이미지)을 주기 위해 바른 자세로 앉아서(시각) 안정된 말투로 대답을 한다(음성). 이때 언어적(음성)·비언어적(시각적인 것)인 수단이 중요한 채널이 된다.

여섯째, 세팅이란 의사소통이 이루어지는 공간을 의미한다. 세팅이 변하면 의사소통도 변화될 정도로 중요한 요소가 된다. 따라서 대상, 의사소통의 목적과 내용에 따라 적합한 세팅이 필요하다. 공간의 크기, 위치, 가구 배치, 조명 등 공간을 구성하는 요소들이 중요하다. 가령 강당은 다수의 사람이 모여서 강의나 연설을 듣는 장소로는 적합하지만, 면대면의 대화가 이루어지기에는 적합하지 않다. 송수신자 간의 원활한 의사소통을 위해서는 좀 더 친밀한 대화가 가능하도록 서로의 얼굴을 마주 대할 수 있을 정도의 작고 아늑한 공간이 더 적합하다(오미영, 정인숙, 2008: 15). 세팅이란 물리적인 공간뿐만 아니라 송수신자 간의 관계와 구조에서 만들어지는 사회적인 속성 내지는 권력 관계와 같은 사회적 공간까지도 포함하므로 사례관리자는 클라이언트와 권력 관계가 생기지 않도록 주의해야 한다. 그뿐만 아니라 클라이언트와 가족, 주요 관계자들 간의 권력관계도 면밀하게 관찰할 필요가 있다.

2) 사례관리자의 의사소통 자세와 유의점

메시지를 송수신할 때에는 상대방에게 자신의 메시지가 왜곡되지 않도록 전달해야 하고, 상대방의 메시지 또한 상대가 의도한 대로 정확하게 수신하려고 노력해야 한다. 이를 위해서는 양자의 입장에서 유념해야 할 자세와 태도가 있다.

- 모든 사람은 자신만의 방식으로 인식하고 메시지를 교환한다는 것을 이해해야 한다.
- 상대방이 이해하기 쉽도록 생각을 정리하여 전달해야겠다는 의지가 필요하다.
- 상대방이 말하고자 하는 것을 들을 수 있도록 방어를 줄이려는 의지가 필요하다.
- 주의를 기울여 듣고자 하는 의지가 필요하다.
- 자기 자신의 사고와 감정, 행동에 대한 책임을 지려는 의지가 있어야 한다.
- 상호 이해를 하는 데 필요한 시간을 갖겠다는 의지가 필요하다(Sheafor & Horejsi, 2012).

다른 사람과 원활한 의사소통을 하는 것은 그리 쉬운 일이 아니다. 불분명한 의사소통은 가족관계, 조직과 사회생활에서 발생하는 여러 문제의 원인이 될 수 있다. 사례관리자도 다양한 사람들과 일할 때 불명확하게 의사소통을 하는 실수를 범하기 쉬운데 일반적으로 의사소통상의 문제는 다음과 같은 경우에 발생한다

(Cournoyer, 2000; Sheafor & Horejsi, 2012). 여기서는 주로 클라이언트에 초점을 맞추어 설명하고 있지만 비단 미시적인 체계를 대상으로 한 실천에서뿐만 아니라 조직 내외부 체계나 자원체계와의 의사소통에서도 이러한 실수를 범하고 있지 않은지를 적용해 보아야 한다.

- 선심을 베푸는 척하거나 겸손한 척하는 방식으로 상호작용할 때
- 빠르게 질문을 하거나 끊어서 이야기함으로써 심문하는 듯이 들리게 할 때
- 자기중심적으로 의사소통할 때(예: 타인의 상황을 잘 이해하기도 전에 질문을 정하는 것)
- 클라이언트의 경험에 일차원적으로 대응할 때(사고나 감정, 개인이나 상황적인 측면 중에서 어느 한 측면에만 응대하는 것)
- 의사소통 도중에 코멘트나 질문을 함으로써 이야기를 중단시킬 때
- 다른 사람이 스스로 말하게 두지 않고 대신 말하는 경우
- 듣기 위해 시간이나 노력을 기울이지 않고 경청하지 않는 경우
- 상대방의 이름을 부르지 않거나 잘못 발음하거나 다른 이름으로 부르는 경우
- 적극적인 경청을 통해 상대방을 이해하고 있다는 것을 보여 주지 못할 때
- 사람이나 집단을 고착화하는 용어를 사용하는 것
- 상대방이나 문제 상황에 대한 충분한 이해 없이 지나치게 빠르게 제안이나 해결책을 제시하는 것
- 절대적인 의미가 포함된 단어를 사용하는 것(항상, 결코, 아무도 등)
- 너무 일찍 개인적 느낌이나 의견을 제시하거나 생활경험을 이야기하는 것
- 관계가 형성되기도 전에 상대에게 맞서거나 도전하는 것
- 클라이언트(상대방)가 자신의 문제와 상황에 대해 탐색하기도 전에 원인을 추측하는 것
- 클라이언트(상대방)의 행동이나 진전을 재촉하는 것
- 진부한 표현이나 알아듣기 어려운 전문용어를 사용하는 것

- 다른 사람이나 집단을 비판하거나 판단적인 코멘트를 하는 것
- 지나치거나 부적절한 감정을 보이는 것(클라이언트를 만나서 기쁘다는 표현을 과하게 하거나 클라이언트가 고통스러운 감정을 표현할 때 억제하지 못하고 함께 우는 것과 같은)
- 지시나 위협, 설교, 판단, 비난, 비웃음 등으로 의사소통을 방해할 때
- 낮은 자존감 때문에 남들에게 자신의 이야기를 잘 하지 않거나 남들도 내 이야기를 잘 들으려 하지 않으리라 생각하고 말하지 않는 것

3) 사례관리자에게 요구되는 의사소통 기술

의사소통에 능한 사례관리자가 되기 위해서는 구체적인 의사소통 역량을 갖출 필요가 있다. 여기서는 의사소통의 주요 기술이라고 할 수 있는 관찰, 경청, 자기노출, 질문하기, 말하기를 중심으로 살펴보고자 한다. 이러한 기술들은 비단 클라이언트를 직접적으로 도울 때뿐만 아니라 동료 사례관리자나 이해관계자와의 행정적 의사소통, 지역사회를 대상으로 한 간접적 지원활동에서도 매우 유용한 도구가 될 수 있다(김혜란, 공계순, 박현선, 2013: 204).

(1) 관찰

관찰은 의사소통에 있어서 매우 중요한 기술이다. 특히, 비언어적인 메시지는 관찰을 통해서 파악할 수 있다. 또한 상대방이 전하는 언어적인 메시지와 표정, 태도, 감정의 변화가 일치하지 않는 부분도 관찰을 통해서 알 수 있다. 즉, 의사소통 시 모든 측면이 관찰의 대상이 되지만, 특히 상대방의 비언어적인 측면, 말하는 방식이나 모순된 내용과 같은 부분을 관찰을 통해 알아차릴 수 있다.

사례관리자는 상대방의 앉은 자세, 표정, 음성의 고저 등 비언어적 측면을 관찰함으로써 상대방에 대한 정보를 파악할 수 있으며, 신체 자세와 비언어적 몸짓 등은 감정을 드러내는 중요한 단서가 된다. 관찰을 통해 클라이언트의 특성, 자기표

현 능력, 문제해결 역량 등 클라이언트에 대한 이해를 중진시킬 수 있는 중요한 정보를 얻을 수 있다(최해경, 2017: 214-215).

그러나 이러한 관찰은 선택적일 수 있기 때문에 주의해야 한다. 즉, 같은 상황에서 다르게 관찰할 수 있는데 이는 각자가 보고 싶은 것만 보거나 선입견에 따라 왜곡된 관찰을 하기 때문이다. 관찰은 자동적으로 이루어지는 것이 아니기 때문에 상대방의 상황과 욕구를 민감하게 파악하기 위한 연습과 훈련이 필요하다. 사례관리자는 학대 피해자의 학대 흔적뿐만 아니라 자살 징후, 소진, 우울, 불안, 분노 등 피해자의 어려운 상황을 반영하는 행동이나 몸짓, 외모 등을 민감하게 관찰해야 한다(김혜란, 공계순, 박현선, 2013: 196).

사례관리 과정에서 다른 관찰자가 참여하게 될 경우에는 클라이언트에게 목적과 이유를 설명하고 사전에 양해를 구해야 한다.

(2) 적극적 경청과 구체적인 기술

① 적극적 경청

경청은 클라이언트와의 면접, 동료들 간의 대화, 회의 시, 타 기관들과의 협의 등 의사소통이 필요한 상황에서는 필수적인 기술이다.

경청이 의사소통 과정에서 매우 중요하다고 알려졌지만 여러 이유에서 경청하지 못하는 사람들이 있는데 이들은 다음과 같이 분류해 볼 수 있다(우국희, 최경원, 황숙연 역, 2005: 91-94).

- 듣는 척하는 사람(pretend listeners): 실제로는 전혀 듣고 있지 않으면서 듣는 척만 한다. 적절한 지점에서 반응을 하기 때문에 진짜로 듣고 있는 듯한 인상을 줄 수 있다.
- 제한적인 경청자(limiting listeners): 이야기의 특정 부분만을, 보통 흥미 있다고 생각되는 부분만을 듣기로 하고 듣는 사람

- 자기중심적 경청자(self-centered listeners): 자기 자신에게만 관심이 있어서 타인에게는 거의 주의를 기울이지 않는다.

듣는 척하거나 선택적으로 듣는 것을 상대방이 알아차릴 수 있기 때문에 이런 방식으로는 신뢰를 쌓기가 쉽지 않다.

경청이란 단순히 듣는 것이 아닌 적극적인 경청(active listening)을 의미한다. 적극적인 경청은 상대방의 감정과 어려움에 공감하고 필요한 반응을 해 가면서 듣는 것을 의미하며 이를 통해 감정의 정화나 안정이 가능하다. 적극적인 경청을 위해서는 상대방의 언어적 · 비언어적인 메시지에 주의를 기울여야 한다. 클라이언트와의 면접에서는 자신의 메시지가 정확히 전달됐는지를 알 수 있도록 들은 것에 대해 반응을 해 줄 필요가 있다. 적극적인 경청을 위해서는 다음의 사항에 유의해야 한다.

- 단지 상대방이 말한 단어 뜻보다는 내재한 감정이나 정서 상태에 주목한다.
- 목소리는 분명하고 조용하게, 흥미를 느끼고 있는 어조를 사용한다(아, 네에……).
- 상대방의 말을 듣고 있으며 관심이 있다는 몸짓을 사용한다.
- 상대방이 말한 것을 명확화하는 질문을 사용한다.
- 논지를 잡거나 의견을 제시하기 위해서가 아니라 상대방을 더 잘 이해하기 위해 말한다.

② 적극적 경청의 구체적인 기술

상대방의 생각이나 감정의 변화에 적극적으로 반응하면서 듣기 위해서는 상대방의 이야기를 구체적으로 명확하게 하고 바꾸어서 말하는 등의 구체적인 기술을 활용할 수 있어야 한다(임철일, 최정임 역, 2004: 36-40; Sheafor & Horejsi, 2012: 20).

명확화(clarification)

애매모호한 상대방의 메시지를 명확하게 이해하고 윤곽을 잡을 때까지 질문한다. 종종 바꾸어 말하기와 동시에 이루어진다. 의사소통의 내용이나 상대방의 메시지를 이해하는 것이 목적이기 때문에 더 많은 정보와 배경에 대해 질문해야 한다. 명확화를 통해 의사소통의 초점이 뚜렷해질 수 있으므로 애매한 일반화보다는 상대방에게 '기꺼이 당신에 대해 알고 싶고 이해하고 싶다'는 메시지를 전달해야 한다.

면대면의 면접 상황에서는 상대방이 더욱더 명시적으로 말하도록 격려하고 말한 것에 대해 사례관리자가 이해했음을 입증하기 위해 질문을 사용하기도 한다.

> **사례관리자:** 수미 어머니께서 방금 '남편과 싸웠다고 하셨는데' 제가 정확한 의미를 이해하지 못했는데…… 그건 치고받는 몸싸움까지를 포함하는 건가요?(명확화)
>
> **클라이언트:** 저는 왜 늘 이 모양일까요? 이 상황을 바로잡을 수 있을지 모르지만…… 어려워 보여요.
>
> **사례관리자:** 음…… 그 의미는…… 기대하셨던 것에 비해 상황이 너무 변하지 않는다는 것인가요? 지금의 상황이 과거보다 더 나빠졌다는 것을 말씀하시는 건가요?

바꿔 말하기(paraphrase)와 반영(reflection)

바꿔 말하기는 상대방이 방금 이야기한 것을 사례관리자의 단어로 진술하는 것을 의미하며 적극적인 경청을 위해서는 절대적으로 필요한 기술이다. 적극적인 경청을 한다는 것은 상대방이 한 말의 어의적 뜻뿐만 아니라 관련된 정서적 구성 요소에도 주의를 기울여야 하는데 이를 효과적으로 할 수 있는 방법이 바꿔 말하기와 반영이다.

바꿔 말하기: 상대방의 말을 새로운 단어로 재진술하는 것으로, 감정보다는 인지적 측면에 초점을 둔다. 면접 상황에서 클라이언트가 말한 내용의 어의적 뜻을 다시 말하는 것은 클라이언트의 감정을 무시하는 것처럼 받아들일 수 있으므로 공감과 함께 사용해야 한다.

반영: 감정이나 메시지의 정서적 요소의 표현으로, 상대방 메시지의 감정 부분을 재언급하는 것이다.

클라이언트: 작업장의 그 사람은 정말 이상한 사람이에요. 그 사람이 다른 사람을 어떻게 대하는지 아세요? 제가 거기 갈 때마다 제가 어린애가 된 느낌이에요.

사례관리자: 당신이 그곳에 갔을 때 좋지 않은 대접을 받았다는 이야기로 들리네요. (바꿔 말하기) 그래서 그곳에서 당황하고 좌절감을 느꼈다는 것으로 들리는데요. (감정의 반영)

요약기술

몇 개의 메시지 내용과 감정적 요소를 하나로 모으는 것으로, 예를 들어 면담과정에서 논의된 것의 핵심적인 내용뿐만 아니라 감정적 요소를 모으기 위해 요약기술을 사용한다.

한 주제에서 다른 주제로 넘어가기 전에 논의된 바를 간단히 요약하는 것이 도움이 되며 상대방이 문제에 대해 좀 더 명확한 관점 갖도록 하는 데에도 도움이 될 수 있다.

사례관리자: 수미 어머님의 말씀에서 많은 걸 알게 되었어요. 일자리를 필사적으로 찾았지만 못 찾아서 화도 나고 우울해지셨고…… 고용노동센터에 가서 좌절감이 더 커졌지요. 우선 어머니께서 고등학교를 중퇴해 버린 것에 대해 깊은 후회를 하시게 되었다는 거지요? 제가 수미 어머님의 말씀을 잘 요약한 건가요?

침묵을 탐색하는 기술

적극적인 경청 과정에서는 상대방이 침묵을 지키고 있을 때 특히 주의를 기울일 필요가 있다. 침묵은 의미가 포함된 행위이기 때문에 때로는 그 의미를 밝히는 것이 중요하다. 신입 사례관리자의 경우, 침묵을 견디지 못하고 주제를 바꿔 버리는 실수를 범할 수 있다. 짧은 침묵에는 정중한 침묵으로 대응하는 것이 효과적이며 침묵이 길어지면 그 침묵의 이유에 대해 탐색을 해야 한다.

> **클라이언트:** (생각에 잠겨 침묵)
>
> **사례관리자:** 정식 씨 어머니의 병환에 관해 이야기하는 것이 정식 씨에게는 무척 힘이 들었나 보네요. 대답하시기 힘든 것을 제가 여쭤 보았나요?

(3) 자기 노출(self-disclosure)하기

사례관리자는 상대방의 말을 경청하고 그 내용이나 감정에 반응하는 과정에서 자신의 경험, 생각과 감정을 표현하는 자기 노출을 할 수 있다. 단 사례관리자의 자기 노출은 클라이언트에게 도움이 되는 때에만 타당성이 인정될 수 있다.

사례관리 과정에서의 자기 노출이란 사례관리자가 자신에 대한 정보, 생각과 느낌, 삶의 경험을 클라이언트에게 드러내고 전달하는 것을 의미한다. 자기 노출에서 핵심적인 단어는 '자기 자신'을 의미하며 거짓말이나 왜곡 또는 가면적인 것을 의미하는 것이 아니라 진정한 '자기'를 말한다. 자기에 대한 정보란 상대방이 이미 알고 있거나 알려진 사실이 아닌 새로운 것을 의미한다. 그 정보는 관찰한 사실일 수도 있고 과거에 느낀 것이나 지금 경험하고 있는 느낌, 자신이나 다른 사람에 대한 생각, 과거와 현재의 요구나 욕망을 나타내는 것일 수도 있다.

사례관리 과정에서 자기 노출을 적절하게 사용하면 클라이언트와 조금 더 편안하게 관계를 맺을 수 있다는 장점이 있다.

이처럼 상대방과 친밀한 관계를 형성하는 데 도움이 될 수는 있지만 지나치게 노출하는 것은 관계유지를 저해하는 원인이 될 수 있으므로 적절한 수준에서 자기 노출을 할 필요가 있다. 일반적으로 자기 노출은 관계 형성의 초기 단계에는 피하고 다른 시기에도 조심스럽게 사용해야 한다. 사례관리자에 대해 밝힐 수 있는 내용과 범위는 클라이언트의 관심사와 명확한 관련성이 있어야 한다.

자기 노출과 관련해서 사례관리자가 난감해질 수 있는 상황은 사적인 질문에 어떻게 대처해야 하는가이다. 클라이언트들은 자신의 상황과 연결하여 사례관리자에게 자녀가 있는지 부부 갈등이나 이혼 경험이 있는지 종교가 있는지 등의 사적인 질문을 할 수 있다. 이것은 친밀함의 표현 내지는 친밀하고자 하는 의지일 수도 있고 저항의 일환으로 사례관리자의 질문을 회피하기 위해서일 수도 있다. 순수한 호기심에서 질문을 할 수도 있는데 이 경우 사례관리자는 질문의 의도가 무엇인지를 파악하고 적절하게 대응해야 한다. 서로의 관계가 어느 정도 진전되어 상호 이해에 기반한 질문이라고 판단된다면 간단하고 솔직하게 답변할 수도 있다. 그러나 사례관리자의 가치나 신념과 클라이언트의 그것이 차이가 있다면 대답을 적절하게 피하는 것도 방법이다(임철일, 최정임 역, 2004; Sheafor & Horejsi, 2012).

(4) 질문하기

사례관리자는 사례관리 과정에서 필요한 정보를 얻기 위해서 혹은 상대방의 생각과 느낌을 표현하도록 하기 위해서 동료들과 질문을 하게 된다.

면접 상황에서 질문하기는 중요한 기술이 되는데 다음과 같이 면접에 도움이 되지 않는 질문 형태들도 있다.

- 지나치게 주도적이거나 제안하는 듯한 형태의 질문
- '예'나 '아니요'라는 답변을 요구하는 질문
- 혼란스럽거나 불명확한 질문
- 두 가지 혹은 여러 가지를 동시에 하는 형태의 질문
- '왜'를 빈번하게 사용하는 질문

사례관리 과정에서는 주로 구체적으로 필요한 정보를 얻기 위해서 질문을 하게 된다. 면접은 질문을 하고 그 대답을 듣는 단순한 행위가 아닌 사람과 사람 사이의 상호작용이기 때문에 질문하는 태도나 어조가 질문의 내용을 전달하는 단어보다 더 중요할 수 있다.

일반적으로 질문방식은 개방형과 폐쇄형으로 구분된다. 개방형 질문은 폐쇄형 질문보다 더 많은 정보를 얻는 데 도움이 되지만 상황에 따라 개방형 질문 혹은 폐쇄형 질문 중 어느 형태가 더 적절한지를 고려해야 한다. 개인적 호기심으로 필요 이상으로 많은 질문을 하는 것은 바람직하지 않고, 질문을 너무 적게 하면 탐색해야 할 영역을 충분히 파악할 수 없다. 너무 많은 질문은 클라이언트를 혼란스럽게 할 수 있다. 또한 유도적인 질문이나 단답형 답변을 끌어내는 질문은 피해야 하며 질문 속도는 클라이언트의 준비도나 속도에 맞추도록 해야 한다(최해경, 2017; Sheafor & Horejsi, 2012).

(5) 말하기

의사소통에서 말하기는 상대방의 질문에 답을 하거나 의견을 제시하거나 조언하기 위해서 하게 된다. 이때 상대방에게 의사를 표현한 것과 의사소통을 하는 것에는 차이가 있음에 주의할 필요가 있다. 즉, 자신은 표현했다고 생각하지만, 상대방에게는 전달되지 않을 수 있으므로 의사소통이 이루어지고 있는지를 지속적으로 확인할 필요가 있다. 상대방이 이해할 수 있는 방식으로 메시지를 전달하고 중요한 메시지는 반복적으로 전달해야 한다. 개입이나 옹호, 분노, 애도 반응과 같이 사례관리자에게는 익숙한 용어가 일반적으로 사용하는 용어가 아니기 때문에 클라이언트에게는 낯설고 불편함을 줄 수 있다는 점에 주의할 필요가 있다(김혜란, 공계순, 박현선, 2013: 208-209).

3. 의사소통 역량의 사례관리 실천현장 활용

1) 정보제공과 조언을 위한 의사소통

사례관리자는 클라이언트의 문제해결을 돕기 위해 종종 정보나 조언을 제공하게 된다. 이때에는 클라이언트가 원하지 않는 조언을 하는 실수를 범하지 않아야 한다. 또한 정보를 제공하는 데도 유의할 점들이 있다. 조언과 정보제공을 하는 과정에서는 다음의 지침을 따르는 것이 유용하다(Sheafor & Horejsi, 2012).

- 누군가가 당신에게 조언했을 때 어떻게 느껴지는지 생각해 보라.
- 조언의 적절성 여부는 클라이언트와 사례관리자가 상호작용하는 목적에 달려 있다. 상담보다는 의뢰, 중개, 옹호하는 목적일 경우에 적절하다.
- 클라이언트가 원하지 않는다고 판단되면 하지 않는다.
  (예시: "수민이 어머님이 원하실 경우에만 그것에 관련된 몇 가지 정보를 드릴 수 있습니다.")
- 사례관리자의 조언 때문에 클라이언트가 겪을 개인적 · 재정적 어려움에 대한 법적 책임을 고려한다.
- 조종하는성향이 있는(manipulative) 클라이언트에 대한 조언은 주의를 기울여야 한다.
- 클라이언트의 현재 심리상태, 교육 배경, 지적 수준, 언어구사력 등을 주의 깊게 고려해야 한다.
- 정보나 지시를 논리적 · 체계적 · 단계적으로 제공한다.
- 복잡하고 다단계적인 지시사항(타 기관 이용방법 등)은 서면으로 작성한다.
- 이것, 저것과 같은 대명사 사용은 조심하고 정확한 단어를 사용한다.
- 분명한 용어, 속도, 어려운 단어, 잘못된 문법, 어색한 문장 사용을 피해야 한다(Sheafor & Horejsi, 2012).

면접 상황에서 사례관리자는 관련된 문제를 논의하거나 정보나 조언을 주기 위해 말을 하게 되는데, 관련 문제에 관한 말하기는 주로 '요약하기', '내용 반영 (reflection)', '감정 반영'을 활용할 수 있다. 클라이언트가 말하는 내용이 명확하지 않을 때, 면접 시작 단계에서 이전 면접 과정의 주요 내용을 정리할 때, 면접 종료 단계에서 그날 면접에서 있었던 일을 정리할 때 '요약하기'를 활용할 수 있다.

'내용 반영'은 클라이언트의 이야기를 부연 설명하거나 요약하는 것을 말하는데, 클라이언트가 말하고 있는 것을 사례관리자가 이해하고 있다는 것을 전달할 때 도움이 된다.

'감정 반영'은 클라이언트의 감정을 파악해 적절한 정서적인 표현으로 그 감정에 반영해 주는 것을 의미하는데, 특히 말로 표현하지 못한 클라이언트의 감정을 반영해 주는 것이 중요하다(임철일, 최정임 역, 2004; 최해경, 2017: 211-214).

2) 방어적인 의사소통에 대응하기

사례관리자는 일정한 거리를 두면서 의미 있는 대화나 상호작용을 회피하는 상대방을 만날 수 있다. 클라이언트와 가족, 동료 사례관리자와 주요 관계자, 자원체계와의 의사소통 과정에서 방어적인 반응을 적지 않게 경험할 수 있기 때문에 이를 적절하게 다룰 수 있는 기술과 역량이 필요하다.

방어적인 반응은 말이나 직접적인 표현보다는 비언어적인 표정이나 태도, 행동으로 나타나는 것이 일반적이다. 타 기관으로부터 의뢰된 클라이언트와 인테이크 약속을 잡아야 하는데 전화 연락이 되지 않거나, 이런저런 핑계를 대면서 약속을 회피하는 것도 방어적인 반응일 수 있다. 어렵게 만난 초기 면접 장면에서 무표정과 침묵으로 일관하는 것, 무기력한 모습을 보여 주는 것과 같이 소극적인 방어적 반응을 보일 수도 있지만 "내 전화번호는 어떻게 알았어요?", "왜 나를 만나려고 해요?"와 같이 의심 어린 반응을 직접적으로 표현할 수도 있다. 가정방문을 간 사례관리자에게 소리를 지르거나 물건을 던지는 등의 거친 행동을 보이며 강하게 거부감을 표현할 수도 있다.

그러나 사례관리 초기 과정에서의 방어적인 반응은 자연스러운 과정이라고 볼 수 있다. 사례관리자와 지속해서 만나 가면서 신뢰가 쌓이면 초기의 방어적인 태도는 자연스럽게 줄어들게 된다.

문제는 사례관리 과정이 이러한 방어적인 반응으로 인해 진전되지 않을 때이다. 일반적으로 사례관리자들은 방어적인 의사소통이 클라이언트의 문제라고 치부할 수 있는데 자신의 행동이나 스타일이 상황을 더 심화시킬 수 있음에 주의해야 한다. 특히, 클라이언트의 방어적인 태도를 참지 못하고 지나치게 서두르거나, 지난 만남에서 클라이언트가 보였던 부정적인 태도나 반응(방어적 태도)을 마음에 담아 두고 퉁명스럽게 대하는 것, 클라이언트의 감정 변화에 민감하게 반응하지 못하는 것, 클라이언트와 가족을 판단하는 듯한 언사, 전문용어의 남용, 사전 설명 없이 규정을 적용하는 것, 성인의 이름을 함부로 부르거나 무시하는 듯한 태도, 권위적인 말투나 태도 등이 클라이언트의 방어적인 태도를 강화하는 이유가 될 수 있다.

클라이언트의 방어적 의사소통에 적절하게 대응하기 위해서는 다음의 지침에 유의해야 한다.

- 방어적 태도의 원인이 클라이언트가 생각하는 위험으로부터 자신을 지키려는 시도이자 두려움의 표현일 수 있다는 점을 이해해야 한다. 따라서 이 두려움에 초점을 두고 그 원인이 무엇인지를 파악하고 제거해야 한다.
- 방어적 행동이 일상적인 패턴(일시적인 것이 아니라)이라면 과거의 부정적인 경험(거부와 상실 등)이나 두려운 사건(폭력, 질환 등)으로 인한 고통으로부터 클라이언트를 지켜 주던 방법일 수 있음을 이해하고 참을성과 인내심을 가지고 대한다.
- 클라이언트의 방어적인 자세나 어조에 대해 개방적이고 비방어적인 자세, 부드럽고 편안한 어조로 대응하는 것이 효과적이다.
- 두려움이나 분노 때문에 말이 빨라지는 것에 대해서는 다소 천천히, 부드럽게

반응함으로써 클라이언트를 차분하게 만드는 효과를 얻을 수 있다.

- "수미 어머니(클라이언트)가 어떻게 결정하시냐에 달려 있어요."와 같이 클라이언트가 선택하고 통제할 수 있는 여지를 많이 주고 존중하는 어투를 사용한다.
- "그렇게 오래 기다리셨다니 저라도 화가 났겠어요."와 같이 클라이언트의 감정을 공감해 주고 클라이언트의 감정표현(저항)에 동의하는 방법을 사용함으로써 저항을 줄이고 감정을 환기할 수 있다.
- "기초생활수급대상자는 이 양식을 작성해야 합니다."는 식으로 클라이언트가 낙인감을 가질 수 있는 단어를 사용하거나 "장애인이 대상이 됩니다."와 같이 특정 범주에 포함하는 듯한 표현에 주의해야 한다.
- 클라이언트가 공격적인 언어를 계속 사용한다면 안개(fogging)처럼 아무런 반응을 보이지 않으면 자신의 행동이 효과가 없다는 것을 깨닫고 불편감을 주려는 시도를 포기할 수 있다.

3) 설득을 위한 의사소통

설득은 상대방에게 영향을 미쳐서 생각이나 입장을 바꾸어 태도나 행동을 바꾸도록 하는 것이다. 강압적인 방법은 피하고 논리적인 근거를 가지고 상대방이 납득할 수 있도록 설명을 통해 변화가 나타나도록 해야 한다. 이러한 설득의 기술은 클라이언트와의 관계에서도 활용할 수 있지만, 클라이언트의 상황을 옹호하고 필요한 자원을 확보하기 위해서도 활용할 수 있다.

사례관리자의 방문을 강하게 거부하면서 현관문 열기를 거부하거나 무기력감에 빠진 클라이언트를 설득하여 자신의 상황을 다른 관점에서 바라보도록 하기란 쉽지 않은 작업이다. 또한 클라이언트를 지원하는 방식에 이견이 있는 동료 사례관리자나 이해가 엇갈리는 타 기관의 실무자를 설득해서 그들의 입장을 바꾸도록 하는 것 또한 쉽지 않은 일이다. 일반적으로 사람들은 자신의 방식으로 고착되어 있기 때문에 설득하기가 쉽지 않다. 자칫 상대방이 충분히 납득이 되지 않고 준비가 안된 상태에서 강제로 영향력을 미치려고 할 때 더 강하게 거부할 수 있기 때문에 주의를 기울일 필요가 있다.

상대방이 납득할 만한 충분한 정보와 지식, 경험을 가지고 설득할 때 성공의 가능성을 높일 수 있다. 설득을 위해서는 다음의 것들에 유의해야 한다(Sheafor & Horejsi, 2012: 174).

- 설득을 위해서는 신뢰를 쌓는 것이 중요하다.
- 상대방의 눈높이에 맞추어 쉽게 이해할 수 있도록 설명한다.
- 상대방이 긍정적으로 생각할 수 있는 대안이나 입장을 명확하게 알려 준다.
- 상대방이 주저하거나 망설이는 것을 충분히 이해한다는 마음을 전달한다.
- 특정 행동을 취했을 때나 선택을 하지 않았을 때의 긍정적, 부정적인 결과를 설명한다.
- 사례관리자가 제안한 바대로 따랐을 때 클라이언트에게 어떤 변화가 있을지를 설명한다. 더불어 비슷한 문제나 상황을 가진 사람들에게 어떤 도움이 될 수 있는지를 설명한다.
- 상대방에게 영향력을 미칠 수 있는 사람이나 신뢰하는 사람을 파악하여 함께 설득해 주도록 부탁한다(오미영, 정인숙, 2008: 135; 우국희 외 역, 195; Sheafor & Horejsi, 2012).

4) 갈등관계에서 협상을 위해 의사소통하기

의사소통에는 갈등과 협상(negotiation)이라는 한 쌍의 개념이 포함되어 있다. 서로의 이해가 달라 대립하거나 충돌이 생길 때 양자가 이를 해결하기 위해 협의를 하고 그 상황을 해결해야 만이 관계를 지속해나갈 수 있게 된다.

사람은 다 같지 않기 때문에 각자의 의도, 요구사항, 관심, 가치, 문제에 있어서 입장 차이가 있을 수밖에 없으며, 이 차이를 좁히고 조정해 나가기 위해서는 반드시 협상의 과정을 거쳐야 한다. 차이를 좁히지 못해 갈등이 유발될 경우, 협상은 더욱 중요해진다(임칠성, 1998: 370-371).

갈등이란 개인 또는 집단이 자신들의 욕구가 좌절되었거나 좌절되리라 예측할 때 나타나는 상태로서, 의지나 이해관계가 다른 상대방을 적대시하거나 충돌이 일어나는 것을 의미한다. 극단적인 갈등 상황은 개인의 정상적인 활동이나 생활을 방해하고 조직의 정상적인 운영을 어렵게 만들기도 한다. 갈등은 심리적 충격이나 좌절을 초래하기도 하고 의사소통의 장애물로 작용하기도 한다. 이러한 갈등이 갖는 공통적인 특성은 다음과 같다(윤대혁, 2010: 285-286).

- 모든 갈등은 인식(perception)하게 되면서부터 시작된다. 서로의 생각, 신념, 목표나 행동 등이 양립할 수 없을 것이라는 것을 깨닫게 되면서 시작되게 된다.
- 갈등은 적대감을 느낄 때, 양립할 수 없는 상황에 직면할 때, 상호작용(interaction)과 상호 의존성(inter-dependance)이 있을 때 나타난다.
- 갈등은 상호작용적이면서 역동적인 과정(dynamic process)이다.
- 갈등은 공공연하게 나타날 수도, 드러나지 않고 잠복할 수도 있고, 합리적·논리적일 수도이고, 비합리적·비논리적일 수도 있다(임철일, 최정임 역, 2004: 252; 임칠성, 1998: 371; 윤대혁, 2010: 284).

이러한 갈등을 해결할 수 있는 효과적인 방법은 협상하는 것이다. 모든 사람은 협상한다. 협상이라는 단어는 노사 합의나 외교활동처럼 거창한 활동이나 의미만을 가지고 있는 것은 아니다. 상충하는 이해관계를 가지고 있거나 갈등 상황이 빚어질 때 협상을 통해 해결할 수 있다.

상대방을 소외시키지 않으면서 자신이 원하는 것을 획득할 수 있는 것이 협상기술이다. 협상은 일차적으로 상대방의 동의나 이해를 얻는 것을 목표로 한다. 사례관리 과정에서도 협상기술이 필요한 경우가 있는데 여기서는 두 가지 면에서 살펴보고자 한다. 먼저 클라이언트의 상황을 변화시키기 위해 상황과 욕구를 어떻게 이해하고 어떻게 극복할 수 있을지에 대해 여러 당사자 간에 합의를 끌어내는 것은 협상을 통해서 가능하다. 다음으로는 사례관리자가 소속된 기관이나 다른 조직, 혹은 주요 자원을 가지고 있거나 지위에 있는 관련자들과의 협상이 포함된다. 자원이 부족할 경우 협상의 기술은 더욱 중요해지게 된다. 사례관리자가 찾는 자원과 클라이언트 간에 '적합성'이 존재하는지를 확인하는 경우에 협상이 성공할 가능성이 더 커진다(우국희 외 역, 2005: 227-229).

4. 의사소통 관련 쟁점

1) 권한 공유

전통적인 사회복지실천에서는 클라이언트를 원조하는 핵심 수단을 사회복지사로 인식해 왔으며 이는 사회복지 사례관리에서도 크게 다르지 않았다. 따라서 클라이언트와 사례관리자 간에 구축되는 신뢰를 매우 중요한 수단으로 간주했으며 이를 효과적으로 형성하기 위한 의사소통 기술을 강조해 왔다. 또한 사회복지 분야와 사례관리에서의 의사소통은 주로 면대면의 관계 내지는 면접을 위한 의사소통에 초점을 두어 왔다. 클라이언트가 자신의 상황을 인정하고 받아들이도록 하거나 사례관리자의 권유를 받아들이도록 하는 것은 클라이언트의 상황 해결을 위해서는 필요한 접근이기는 하다.

그러나 클라이언트를 원조하는 핵심 수단과 역할이 사례관리자에게로 옮겨지면서 권력관계의 불균형이 초래될 수 있음을 유의해야 한다. 클라이언트와 사례관리자 간의 동등한 관계를 강조해 왔지만, 원조를 받고 제공하는 입장의 차이가 권력 불평등을 유발할 수 있는 구조임을 간과해서는 안 된다. 따라서 클라이언트와 사례관리자 간의 관계는 자신의 의견을 상대방에게 강요하기보다는 서로의 느낌을 교환하고 배워 나가는 관계로 발전할 수 있도록 의사소통해야 한다(김성천 외 역,

2007). 즉, 클라이언트와 사례관리자가 평등하고 권한이 공유되는 관계가 유지될 수 있는 방향으로 의사소통해 나가는 것이 중요하다. 이를 위해서는 사례관리자가 자신의 기술, 가치, 가정 등을 클라이언트와 공유하고 때에 따라서는 논쟁할 수 있는 개방적인 세팅(의사소통의 요소로서의)을 조성해야 한다. 또한 사례관리자의 의견이나 제안에 클라이언트가 의구심을 갖는다면 언제든 표현할 수 있는 세팅을 조성하는 것도 중요하다. 이처럼 상호 허심탄회하게 대화할 수 있는 분위기 조성이 필요하다.

뿐만 아니라 사례관리자가 자신을 활용하는 의사소통 방식도 재고해 볼 수 있다. 앞서 사례관리자의 자기 노출에 대해 신중할 것을 강조했으나 클라이언트와 함께 자신의 긍정적인 경험과 부정적인 경험을 공유한다면 클라이언트는 사례관리자를 동떨어진 전문가가 아닌 평범한 사람으로 느낄 수 있게 되며 의사소통을 통해 사회에 대한 인식을 공유함으로써 문제의 구조적인 측면을 이해하는 데에도 도움을 받을 수 있을 것이다(김성천 외 역, 2007: 171).

2) 협상 당사자로서의 클라이언트

지금까지 협상의 당사자가 사례관리자인 것을 가정해 왔으며, 협상의 기술 또한 사례관리자가 가지고 있어야 하는 것으로 간주해 왔다. 이것은 사례관리의 가장 중요한 목적 중 하나가 클라이언트가 필요한 서비스와 자원을 획득하도록 원조하는 데 있으며, 클라이언트들은 그들이 필요로 하는 것을 잘 표현하지 못할 뿐만 아니라 그들에게 어떤 선택지가 있는지를 이해하지 못하는 경우가 많다고 생각해서 또한 클라이언트 스스로 필요한 정보를 얻을 방법이나 기술이 부족하고 자신감이 결여되어 있는 데 반해 자원을 제공해 줄 수 있는 기관이나 개인은 클라이언트의 불만이나 슬픔, 관심에 귀를 기울일 만한 인내심이 부족한 경우가 많다고 여기기 때문이다. 또한 클라이언트가 원하지 않는 방법으로 원조의 방향을 결정짓거나 클라이언트가 서비스나 자원에 접근조차 할 수 없을 때가 많기 때문에 사례관리자의 옹호자의 역할이 중요하다고 강조해 왔다(Woodside & McCalm, 2003; 우국희, 2016: 214 재인용).

사례관리를 통한 지원이 필요한 클라이언트의 특성상 사례관리자의 옹호자로서의 역할도 필요하고 중요하지만 클라이언트 스스로가 자신의 옹호자가 될 수 있는 가능성을 배제해서는 안 된다. 이를 위해서는 클라이언트 스스로가 자신을 옹호할 수 있는 다양한 정보를 보유하는 것이 중요하며 당사자인 클라이언트를 협상 과정에 참여시키는 것, 클라이언트가 협상기술을 갖도록 훈련시키고 지원하는 역할을 수행하기 위한 의사소통이 필요하다.

3) 갈등 해결과 협상

사례관리 과정에서는 클라이언트와 사례관리자 모두 갈등 상황에 직면할 수 있다. 클라이언트와 가족, 클라이언트와 자원체계, 클라이언트와 사례관리자, 사례관리자와 자원체계, 사례관리자와 운영체계 사이에서 갈등 상황이 발생할 수 있다. 앞에서도 언급한 바와 같이 서로의 입장 차이를 극복하지 못하면 갈등이 유발될 수 있고 표면적으로 드러나지 않더라도 지속적으로 갈등이 내재된 상태를 유지하다가 되돌릴 수 없을 정도로 갈등이 심화될 수도 있다. 이처럼 상충되는 이해관계나 갈등 상황이 빚어질 때 협상을 통해 해결해야 한다.

이때 앞에서 언급한 바와 같이 협상의 당사자가 클라이언트가 될 수 있음을 간과하지 말아야 한다. 클라이언트의 가능성과 잠재력이 빛날 수 있는 기회를 주변인이나 심지어 사례관리자가 차단하고 있는 것은 아닌지를 진지하게 살펴보아야 한다.

다음으로 클라이언트의 상황을 변화시키기 위한 자원체계와 운영체계 간에 협상이 필요한 경우 사례관리자가 협상의 당사자로서 임해야 할 수도 있다. 협상의 당사자가 누구이건 간에 협상에서는 다음의 사항을 유의해야 한다(장인호, 2013).

• 커뮤니케이션이 곧 핵심 역량이다.

- 상대를 알고자 노력해야 한다.
- 상대방의 욕구에 맞춘 협상을 한다.
- 합리적인 설득을 한다.
- 진심은 마음을 여는 열쇠가 될 수 있다.
- 관점의 전환을 통해 공동의 이익을 추구해야 한다.
- 상대방의 프레임을 전환할 수 있는 방법을 찾는다.
- 상호 이익이 되는 창의적 대안을 모색한다.
- 가치의 중요도를 파악하여 서로 교환할 수 있도록 한다.
- 적극적으로 경청하고 공감능력을 높인다.
- 갈등을 피하지 않고 윈윈할 수 있는 전략을 찾는다.
- 갈등 상황이 일어나는 이유를 분석해 본다.
- 갈등을 마주하고 해결할 용기를 낸다.

학습과제

- 사례관리 과정에서 필요한 기본적인 의사소통 기술에 대해 설명해 보시오.
- 특정 상황에서 필요한 의사소통 역량에 대해 설명해 보시오.

참고문헌

강미선(2017). 커뮤니케이션 능력. 서울: 커뮤니케이션북스.

김성천, 박순우, 장혜림, 이현주, 이해령 역(2007). 급진사회복지실천. Fook, J. (1993). *Radical Casework: A Theory of Practice*. 서울: 학지사.

김우룡, 장소원(2005). 비언어적 커뮤니케이션론. 경기: 나남.

김혜란, 공계순, 박현선(2013). 사회복지실천론. 경기: 나남.

오미영, 정인숙(2008). 커뮤니케이션 핵심 이론. 서울: 커뮤니케이션북스.

우국희(2016). 사례관리론. 경기: 공동체.

우국희, 최경원, 황숙연 역(2005). 사회복지실천기술. Trevithick, P. (2000). *Social Work Skills*. 경기: 청목.

윤대혁(2010). 인간관계와 커뮤니케이션. 서울: 탑북스.

임철일, 최정임 역(2004). 효과적인 의사소통을 위한 기술. McKay, M., Davis, M., & Fanning, P. (1995). *Messages: The Communication Skills Book*. 서울: 커뮤니케이션북스.

임칠성(1998). 대인관계와 의사소통. 서울: 집문당.

장인호(2013). 협상의 심리학. 서울: 경향비피.

최양호, 민인철, 김영기 역(2012). 비언어적 커뮤니케이션. Knapp, M. L., & Judith, A. H. (2006). *Nonverbal Communication in Human Interaction* (6th ed.). 서울: 커뮤니케이션북스.

최해경(2017). 사회복지실천론(2판). 서울: 학지사.

Cournoyer, B. R. (2011). *The Social Work Skills Workbook* (6th ed.). Belmont, CA: Brooks/ Cole.

Sheafor, B. W. & Horejsi, C. R. (2012). *Techniques and Guidelines for Social Work Practice* (8th ed.). Pearson Education, Inc.

사정 역량

📄 **학습개요**

사례관리 실천과정에서 사정 역량의 중요성을 이해하고, 사정 역량을 강화하기 위한 방안에 대해 살펴본다.

✏️ **학습목표**

1. 사례관리실천에서 사정 역량의 필요성을 이해한다.

2. 클라이언트와 가족을 사정할 수 있는 역량을 강화한다.

3. 사례관리 실천현장에서 활용할 수 있는 다양한 사정도구의 특성을 이해하고, 이를 사용한다.

1. 사례관리실천에서 사정 역량의 의미와 필요성

사례관리자와 클라이언트 사이의 협력적 관계와 사정 과정에 사회적 요인과 환경적 요인을 포함하는 일반적 원칙을 강조해 사정을 정의하자면, 사정은 진행 중인 과정으로서 그 과정에는 클라이언트가 참여하고 인간을 그의 환경과 관련해서 이해하는 것이 포함되며, 사람이나 환경, 혹은 양자를 유지, 개선, 변화시키기 위해서 무엇을 해야 하는가를 계획하기 위한 기초 과정이라고 할 수 있다(Coulshed & Orme, 1998). 실천 접근법에 근거하여 정의하자면 클라이언트와 가족의 욕구, 강점 및 자원, 그리고 장애물과 관련한 정보를 수집 및 분석하여 우선순위화하고 이를 종합하는 과정(민소영 외, 2015)을 사정이라고 할 수 있다.

이러한 사정 과정을 통하여 확인된 클라이언트와 가족의 욕구에 기초하여 목표를 설정하고 목표를 달성하기 위한 서비스의 계획과 개입, 그리고 목표의 달성 여부에 대한 평가가 이루어지게 된다. 무엇보다도 궁극적인 사례관리의 목표인 클라이언트와 가족의 변화가 사정의 정확성에 기인하기 때문에 사례관리실천에서 사례관리자의 사정 역량은 매우 중요하며 고도의 숙련된 활동이라고 할 수 있다.

2. 사례관리자의 사정 역량

사례관리자는 클라이언트와 가족의 욕구를 탐색하기 위해 자료를 수집하고 목표와 우순순위에 대해 클라이언트와 협의하면서 이를 분석하고 통합하는 협업의 과정을 거치게 된다. 이러한 과정은 클라이언트와 가족, 그리고 사례관리자 간의 신뢰관계에 기반할 때 보다 원활하게 진행되므로 사례관리자와 클라이언트의 관계 형성은 매우 중요한 토대가 된다고 할 수 있다. 사정 과정을 통하여 사례관리

자는 클라이언트 혹은 클라이언트의 가족과 관계를 형성하게 되는데, 사례관리자
는 클라이언트가 원하는 변화에 초점을 두어야 하고, 클라이언트가 원하는 변화
에 관심을 두고 클라이언트의 경험에 대해 공감하고 긍정적으로 반응하게 되면 클
라이언트는 자신이 존중받고 있음을 알게 되어 더욱더 협조하게 된다. 사례관리자
는 항상 클라이언트의 생각과 의견을 진심으로 궁금해하면서 클라이언트와 만나
는 것이 중요하고(노혜련, 김윤주, 2014), 사례관리자가 의사소통 기술, 관찰기술, 분
석 및 통합기술, 그리고 팀워크 기술과 협상기술 등을 종합적으로 활용할 때 보다
객관적이고 정확한 사정이 가능해진다. 따라서 사례관리자는 단순하게 매뉴얼이
나 표준화된 사정도구에 의존하는 것에서 벗어나 이러한 도구를 최적으로 활용할
수 있어야 한다. 사례관리자의 사정 역량과 관련된 과업으로는 정보조회와 가정방
문, 욕구와 강점, 자원 파악, 목표 설정과 우선순위 결정을 통한 계획 세우기, 수집
된 정보의 통합 등을 들 수 있다(함철호, 2013; 최지선 외, 2015). 이 절에서는 사정 역
량과 관련된 과업으로 욕구 확인, 지식 기반, 적절한 질문을 통한 사정 면담의 구조
화, 관찰, 자신에 대한 점검과 성찰, 정보 수집, 목표와 우선순위 결정, 수집된 정보
통합 등을 중심으로 살펴보고, 특히 사정을 위한 면접기술이 갖는 중요성을 강조
한다.

1) 욕구 확인

사정은 목적적인 활동이다(Wilson et al., 2008). 사례관리자는 클라이언트와 가족
의 욕구 탐색이라는 사정의 목적을 지속적으로 상기하며 상호작용해야 한다. 클라
이언트와 가족들은 대개의 경우 자신들이 처한 상황의 심각성과 어려움에 대해서
많은 이야기를 한다. 이러한 상황에 반응하면서 사례관리자는 문제가 무엇인지, 원
인이 무엇인지 등에 대해 탐색하기도 하는데, 사정의 목적에 기반할 때 사례관리자
와 클라이언트의 대화는 문제를 해결하거나 문제를 줄이기 위해 무엇이 어떻게 변
화해야 하는지에 대해 초점을 맞추는 것이 보다 바람직하다. 클라이언트와 가족은

주로 문제에 빠져 있기 때문에 자신들의 문제에 대해서 잘 알고 있는데, 클라이언트와 가족, 그리고 사례관리자들은 이들이 묘사하는 많은 문제들을 없애는 것이 욕구라고 혼동할 때가 간혹 있다. 그러나 클라이언트의 문제가 곧 욕구를 의미하는 것은 아니다. 그렇다고 해서 클라이언트와 가족이 호소하는 문제에 주의를 기울이지 말라는 것은 아니다. 적어도 클라이언트와 가족이 호소하는 문제가 현재 이들의 삶에 어떠한 영향을 미치고 있기에 위기가 발생한 것인지에 대한 탐색은 요구된다(노혜련, 허남순, 2015). 클라이언트와 가족은 자신들이 원하는 것이 무엇인지 구체적으로 대답하는 것을 어려워하고 때로는 추상적으로 이야기하기도 한다. 따라서 사례관리자는 클라이언트와 가족이 이야기한 추상적인 내용을 구체화하는 작업을 해야 한다. 클라이언트가 현재 처한 문제 상황에서 무엇이 조금 달라지기를 바라는지, 자신이 원하는 변화로 나아갈 수 있게 도와야 한다. 이들이 원하는 변화가 무엇인지 클라이언트와 사례관리자가 함께 사정 과정에 참여하여 탐색하고, 변화를 위한 동기와 의지, 가용 가능한 자원 등에 대한 질문들, 그리고 클라이언트의 강점과 능력에 초점을 맞추는 것은 욕구 확인에 유용하다. 이때 클라이언트와 가족뿐만 아니라, 이들이 관계 맺고 있는 지역 주민, 친구, 의미 있는 관계자 등을 만나 정보를 파악하고, 지역사회 차원에서의 위험과 욕구, 자원을 파악하는 것도 필요하다. 물론 이러한 과정에서도 사정의 목적을 유지할 수 있어야 한다. 중요한 것은 사례관리자 자신이 클라이언트와의 상호작용을 통해 무엇을 알아내야 할 것인지를 분명하게 인지하고 있어야 한다는 것이다. 어떤 내용을 얻는 것이 중요한가에 대해 상기하면서 면담과정을 사례관리자가 통제할 수 있어야 하고 클라이언트가 주제를 이탈한다면 다시 원래의 주제로 옮겨 올 수 있도록 반응하되, 클라이언트가 이러한 과정을 편안하게 받아들일 수 있도록 해야 할 것이다.

2) 지식에 기반

사정 과정에서 사례관리자는 클라이언트와 가족에 대해 보다 풍부한 정보 수집을 하게 되며 이를 통해 이들에 대해 보다 심층적인 이해를 하게 된다. 물론 이 과정에서 새롭게 알게 된 정보들이 향후의 사례관리 단계에 의미 있는 영향을 미치게 되기도 하지만, 사례관리자는 클라이언트와 가족을 만나기에 앞서 클라이언트와 가족에 대한 기록과 배경에 관해 검토 가능한 정보들에 대해서는 사전에 숙지해야 한다. 단, 이전 정보에 근거하여 편견이나 선입견을 갖지 않도록 주의해야 한다(엄명용 외, 2015).

또한 인간행동과 발달(생애주기)에 관한 지식, 이론과 모델에 관한 지식, 정신건강이나 중독, 가정폭력, 아동학대 등과 같은 특정 분야에 관한 지식, 모든 형태의 억압을 비판하고 개인적인 변화와 사회적 변화를 이어 줄 전략을 개발하는 비판적 관점을 유지하는 등 인간에 대한 이해를 돕는 전문지식은 물론 변화하는 사회 환경과 가족 환경 등 급변하는 사회복지 실천현장에서 요구하는 전문지식도 기본적으로 요구된다. 모든 사례관리자가 정신건강전문가나 중독전문가가 될 필요는 없지만, 적어도 이와 관련된 기본 지식이 있다면 사정 과정에서 클라이언트나 가족의 욕구를 보다 정확하게 탐색하는 데 유용하게 활용할 수 있고, 클라이언트의 변화를 위하여 어떤 분야의 전문가와 함께 일해야 하는지 알 수 있으며, 때로는 적절한 전문가에게 적시에 의뢰할 수 있는 문지기 역할을 할 수도 있을 것이다.

3) 적절한 질문을 통한 면담 구조화

전반적으로 사정을 위한 면담과정은 구조화되어야 한다. 클라이언트가 사례관리자에게 말하기 수월하고 편안한 사실적인 내용부터 점차적으로 깊이 있는 내용으로 옮겨 가는 것이 중요하다(Kavle & Binkmann, 2008).

사례관리자는 클라이언트 및 가족과 상호작용하는 과정에서 가능한 한 명확하고 단순하며, 짧은 질문을 함으로써 클라이언트가 질문의 요지를 분명하게 이해할 수 있도록 해야 한다. 따라서 학술적인 용어나 전문용어는 사용하지 않는 것이 도움이 되며, 모호하고 불분명하거나 양면성을 갖는 질문은 피해야 한다. 클라이언트와 가족의 눈높이에 맞는 개방형 질문을 할 수 있도록 다양한 유형의 질문 유형을 축적하고 이를 변용하여 활용할 수 있어야 하며, 가능한 한 자연스럽고 유연한 태도를 취하는 것도 도움이 된다.

또한 사례관리자는 클라이언트와 가족이 하는 말을 주의 깊게 듣고, 이들의 비언어적 몸짓이나 자세를 관찰하고 자유롭게 표현하도록 적극적으로 격려해야 한다. 이때 단순하게 클라이언트의 말을 듣는 것이 아니라 클라이언트가 무엇을 표현하고자 하는지, 이들의 감정과 사고는 어떤 것인지 등을 이해하고 파악하면서 듣는 것이 중요하다(양옥경 외, 2018). 경청은 누구나 할 수 있다는 오해는 경청과 단순한 듣기를 혼동하는 데서 기인한다. 경청은 보다 적극적인 몰두를 통해 다른 사람의 감정과 생각에 접근하는 기술로, 이것은 쉽게 배울 수 있는 것이 아니며, 훈련이 필요한 것이다(Kadushin, 1990: 276). 무엇보다도 사례관리자는 클라이언트보다 자신이 더 많은 이야기를 하고 클라이언트에게 말할 기회를 적게 주는 실수를 범하지 말아야 한다. 또한 사례관리자가 클라이언트의 말을 잘 듣고 있다는 것을 클라이언트가 알 수 있게끔 전달하는 것이 중요하다.

4) 관찰

사례관리자들은 종종 상황을 관찰하거나 정보를 숙지하기 위한 충분한 시간을 갖지 못한 채 문제해결을 시도하기도 하는데, 관찰할 수 있는 기회를 자주 갖는다는 것은 사례관리자로 하여금 사정 과정에 필요한 다음의 기술들을 갖추는 데 도움이 된다(Miles, 2004).

- 개입에 대한 기대와 개입하고자 하는 경향으로부터 조금 물러서는 것
- 강화된 자기 인식
- 사정의 주관적인 성격과 개인이나 상황에 대해 갖게 되는 가정이나 편견을 심층적으로 성찰하는 것이 중요하다는 인식

- 지속적인 사정의 중요성 이해
- 불확실성과 잘 알지 못함(not knowing)을 인내하는 능력의 향상

이와 함께 물리적 환경이나 가족 간의 상호작용, 편안함을 느끼기 위해 확보해야 하는 공간 등 클라이언트와 가족이 나타내는 비언어적 단서들에 주목하는 것은 클라이언트를 이해하는 데 도움이 된다. 때로는 클라이언트가 표현한 비언어적 메시지가 클라이언트가 의도한 대로 사례관리자에게 전달되지 않을 수도 있다. 대개의 경우 사례관리자는 자신의 경험에 비추어 클라이언트가 표현한 것들을 보고 듣게 되는데 이것은 장점과 단점을 동시에 갖는다. 만약 클라이언트가 표현한 메시지가 모호하다면 편견과 오해를 피하기 위해 당사자에게 직접 물어서 확인하는 것이 바람직하지만 클라이언트가 어떤 이유로든 자신의 솔직한 생각이나 감정을 드러내지 못하는 경우에는 이것도 어려워지므로 주의해야 한다.

그리고 가능한 한 클라이언트가 보는 앞에서 면담 내용을 기록하지 말고 기억해 두었다가 면담 직후에 자세하게 기록하는 것이 효과적이다. 클라이언트가 보는 앞에서 사례관리자가 무언가를 기록한다면 클라이언트는 사례관리자가 무엇을 기록하는지, 자신이 말한 내용을 제대로 기록하고 있는지 등에 주의를 기울이게 된다. 반면 사례관리자는 기록하는 동안 클라이언트의 비언어적 표현을 놓치게 될 위험이 있다.

5) 자신에 대한 점검과 성찰

클라이언트와 가족을 이해하기 위해서는 사례관리자 자신을 먼저 이해하는 것이 선행되어야 한다. 자신의 생각, 감정, 경험의 경계를 알아야 하고, 이를 다른 사람을 이해하는 기반으로 활용하는 것이 중요하다(엄명용 외, 2015).

자신을 이해하기 위해서 사례관리자는 본인이 자기 자신에 대해서 어떻게 생각하고 있는지, 자신의 기본적인 욕구를 어떻게 다루고 있는지, 가치관은 어떤지, 기

본적인 철학은 무엇인지 등을 스스로 점검해 보는 것이 필요하다. 또한 타인에 대한 수용 정도를 점검해 보는 것은 자신과 다른 클라이언트와 문제해결을 위해 함께 노력하는 과정에서 클라이언트의 독특한 특성에 민감하게 반응하는 것을 수월하게 한다. 그리고 현재 자신이 갖고 있는 편견이나 차별적인 행동을 검토하여 비차별적이고 비심판적인 태도를 유지하는 것이 중요하다.

6) 필요한 정보 수집

클라이언트와 가족이 자신들의 어려움을 묘사할 때, 사례관리자는 다른 사람과 보다 큰 체계가 그들이 경험하는 문제 상황에 관련되어 있다는 것을 확인해야 한다. 클라이언트와 관련된 체계가 어떻게 문제를 생산하고 지속시키는 상호작용을 하는지, 문제를 해결하기 위해 어떤 시도들이 있었는지, 누가 문제해결에 도움이 될 수 있는지 등에 대한 보다 깊은 이해는 이러한 관련 체계들의 기능과 상호작용에 관련된 구체적인 정보를 요청할 수 있게 된다.

가정방문이나 클라이언트가 관계 맺고 있는 관련 기관들을 방문함으로써 필요한 정보를 수집할 수도 있다. 가정방문 시에는 위기상황이 발생할 수 있으므로 이에 대한 사전 대비가 요구되며, 사례관리자의 안전을 확보한 상태에서 방문에 임해야 한다. 그리고 학교나 정신건강증진센터 등 관련 기관을 방문할 때는 해당 기관의 담당자가 사정 과정에 함께 참여할 수 있도록 하는 것이 중요하다. 수집해야 하는 정보는 다음과 같다.

- 개인 정보
- 대인관계 정보
- 사회적 정보
- 물리적 환경과 관련된 정보
- 클라이언트와 가족이 원하는 것 또는 기대

- 클라이언트와 가족의 강점
- 현재 확보하고 있는 내적 · 외적 자원
- 목표 달성에 필요한 자원
- 자원의 확보 및 연계방안

7) 목표와 우선순위 결정, 수집된 정보 통합

클라이언트의 모든 욕구를 일시에 충족하는 것은 어려운 일이고 현실적인 여건 상 불가능하다. 클라이언트가 문제 상황을 주로 이야기하고 원하는 바를 추상적으로 묘사할 때 사례관리자는 이를 구체적이고 문제를 없애는 것 대신에 원하는 행동으로 표현할 수 있도록 하는 것이 우선순위를 결정하는 데 도움 된다. 작고 구체적이며 현실적으로 실행 가능한 행동, 그리고 실제적으로 클라이언트와 가족, 의미 있는 타인, 사례관리자 등이 클라이언트가 현실에서 실행한 행동(변화)을 알 수 있는 것(노혜련, 허남순, 2015) 등을 중심으로 우선순위를 정한다.

예를 들어, 어린 자녀를 돌보아 줄 사람이 없고 특정 기술이 없는 클라이언트가 취업을 원한다고 해서 '취업'이 욕구의 우선순위가 되는 것은 바람직하지 않다. 취업을 통해 안정적인 생활을 하는 것이 궁극적으로 클라이언트가 원하는 것이라고 한다면, 지금 클라이언트의 현실적인 여건이 어떠한지를 클라이언트 관점에서 파악해야 할 것이다. 우선 어린 자녀를 돌보아 줄 사람이나 기관이 필요하고, 어떤 분야에 취업을 할 것인지에 대한 탐색과 클라이언트가 할 수 있는 일이 무엇인지에 대한 탐색이 선행되어야 한다. 그리고 이에 대한 결정이 완료되면 자격을 갖추기 위한 준비 작업이 있어야 한다. 이후 구직활동을 통해 취업까지 연계될 수 있는 것이기에, 우선순위는 '취업'이 아닌 '자녀 돌봄 대안 마련하기'나 '취업 관련 자격 취득하기' 등으로 기술될 수 있을 것이다. 그리고 이렇게 클라이언트가 원하는 바를 클라이언트의 준거틀에 맞게 구체화하고 우선순위를 정하는 과정에는 클라이언트와 함께 협의하고 논의하는 과정이 필수적이다. 다음과 같은 척도질문은 클라이언트와 가족의 준거틀에서 원하는 바를 구체화하는 데 유용하게 활용될 수 있다. 만약 아동과 함께 하는 작업이라면 도구나 그림 등을 활용하는 것도 도움이 된다.

- 어떤 상황이 되면 안정적인 생활을 하고 있다는 것을 알 수 있을까요?
- 무엇을 다르게 한다면 상황이 지금보다 조금 나아졌다고 할 수 있을까요?
- 안정적인 생활을 하고 있다는 것이 10점, 너무 힘든 상황이 1점이라고 할 때, 지금은 몇 점 정도에 해당될까요?
- 2점이라고 하시는 것은 무엇을 보고(어떤 것을 근거로) 그렇게 말씀하시는 건가요?
- 2점에서 희망하시는 8점까지 한 번에 가는 것은 너무 어려운 일이지요. 2점에서 1점 정도 나아지기 위해서는 무엇을 해야 할까요?

또한 사정 과정에서 수집된 다양한 정보들을 통합하여 서로 어떤 관계를 갖고 있는지 이 정보들의 관계형태를 배열하고 통합하여 정리할 수 있어야 한다. 일반적으로 어떤 특정 정보가 다른 정보와 맞아떨어지는지, 혹은 정보들이 일관된 주제로 통합될 수 있는지 등 정보들 간의 관계를 파악하기 위해 이론적인 개념을 적용하기도 한다.

중요한 것은 제시된 위험 요소뿐만 아니라 확인된 욕구와 이용 가능하고 적합한 자원에도 동일하게 주의를 기울여야 한다는 것이다. 사정 과정에서 클라이언트와의 파트너십을 강조하고 강점관점을 유지하는 것은 사정의 장애물을 극복하는 데 도움이 되는 것은 분명하지만 그러나 클라이언트와 협력한다고 해서 사례관리자의 전문적인 판단을 무시해서는 안 된다(Wilson et al., 2008). 사례관리자는 클라이언트의 관점과 판단을 고려하면서 전문가적인 관점을 갖고 자료들을 분석하고 통합하여 정리할 수 있어야 한다.

3. 사정 역량의 사례관리 실천현장 활용

기존에 개발되어 사용되고 있는 다양한 사정도구들은 클라이언트의 욕구와 문제를 각 영역별로 구분하여 점수화함으로써 양적 측정이 이루어질 수 있도록 하였고, 이를 통해 클라이언트와 가족이 자신을 보다 잘 이해할 수 있도록 도와준다. 현장에서는 가계도, 생태도, 사회적 지지망, 강점척도나 가족관계척도 등 검증된 측정도구를 활용하기도 한다. 이러한 도구와 함께 척도질문을 활용하는 것도 좋은 방법 중의 하나라 할 수 있다.

1) 가계도를 활용한 사정

가계도는 가족의 구조나 특성, 복잡한 가족관계 양상 및 속성 등을 구체적으로 나타낼 수 있으며 쉽게 이해할 수 있도록 하는 일종의 도식화라고 할 수 있다(김용석 역, 2013). 가족 구조를 나타내는 기호는 다음과 같다.

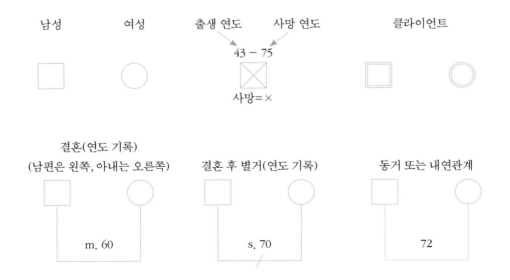

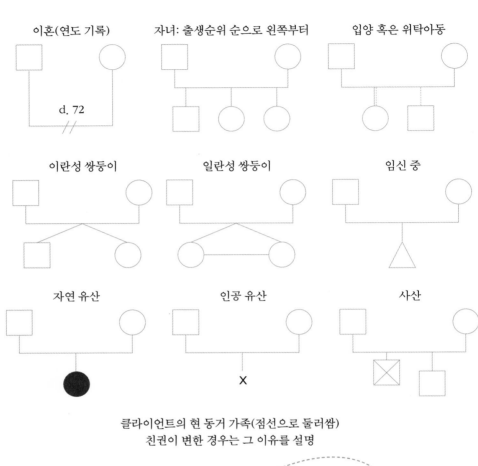

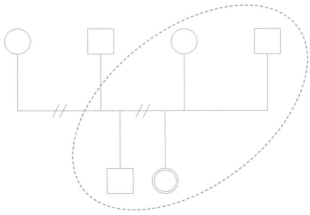

[그림 14-1] 가족 구조를 나타내는 기호

가족의 상호작용 관련된 기호의 사용 여부는 사례관리자에게 달려 있다.

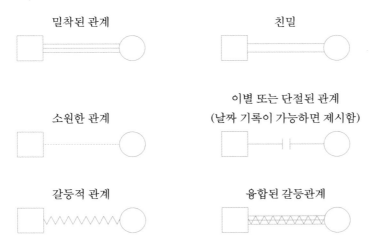

[그림 14-2] 가족의 상호작용을 나타내는 기호

 가계도는 클라이언트에 관한 많은 정보를 한눈에 신속하게 파악할 수 있다는 장점을 가지고 있다. 따라서 가계도를 통해 가족의 구조를 파악할 수 있으며, 한 가족이 적응하고 있는 생활주기의 적합성을 이해할 수 있고, 가족 유형이 세대에서 세대로 전달될 가능성이 있으므로 여러 세대에 걸쳐서 반복된 유형을 조사해야 한다. 이와 함께 인생의 중대사와 가족의 역할 변화가 어떻게 서로 관련되어 있는지 이해하는 것이 필요하고, 가족의 친밀하거나 소원한 관계, 단절된 관계 및 삼각관계 유형과 가족의 균형과 불균형 등을 파악할 수 있어야 한다.
 클라이언트는 가계도를 통해서 자신과 자신의 가족 간의 관계를 인식하여 문제를 좀 더 명확하게 직시할 수 있고, 이러한 과정을 통해 문제에 대한 배경을 파악할 수 있고, 이를 통해 문제해결에 도움이 된다. 또한 원가족과의 관계를 파악해 보는 것은 한 개인이나 가족을 돕는 상황에서는 필연적인 것이다. 비자발적인 클라이언트의 경우에는 자신의 문제에 대한 언급을 꺼려 하는 경향이 있다. 이때 가계도를 작성하는 것으로 작업을 시작하면 자연스럽게 자신의 가족배경, 전체적인 가족의

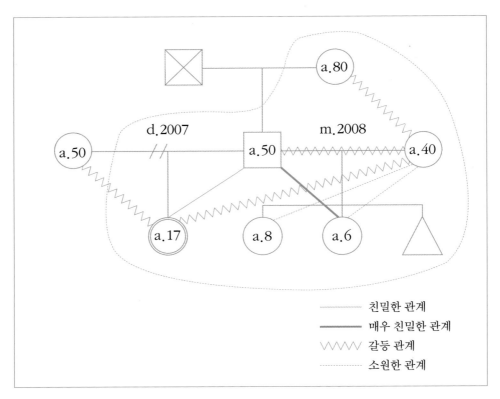

[그림 14-3] 가계도 작성의 예시

분위기 등에 관한 정보나 문제 등을 끌어낼 수 있다.

2) 생태도

생태도는 클라이언트 및 그 가족의 사회적 맥락과 클라이언트와 가족을 둘러싼 사회체계들과의 상호작용 상태를 하나의 그림으로 나타낼 수 있도록 고안된 도구이다(엄명용 외, 2015). 생태도는 쉽게 작성할 수 있고, 주요 주변 환경체계 간의 관계표시가 가능하며, 가족의 자원, 에너지의 유입 및 유출을 표시할 수 있다. 사례관리자와 클라이언트 및 가족은 공동노력을 통하여 조정되어야 할 자원을 확인하고,

가족의 건강한 성장에 기여하는 상호작용과 가족생활을 해치는 상호 교류에 대한 이해를 도모해야 한다. 또한 사례관리자는 생태체계적인 공간에서 클라이언트와 가족의 현 상태에 대한 객관적인 이해와 수용을 유도하고, 생태도 그리기를 마친 후 필요한 자원 및 행동 목록을 확인할 수 있다.

생태도를 작성하는 방법은 다음과 같다.

- 백지의 중앙에 가족체계를 상징하는 큰 원을 그린다.
- 큰 원 안에 현 가족의 구성원들이 표시된 간략한 가계도를 그린다.
- 큰 원 주변에 가족구성원 또는 가족체계에 영향을 미치는 주변 환경체계들을 그린다.
- 가족체계와 주변 환경체계들과의 교류 상황 그리고 외부 환경체계들 간의 교류 상황을 파악하고, 상호 교류의 성격을 선으로 표시한다.

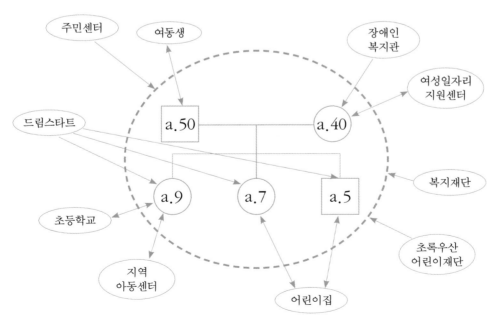

[그림 14-4] 생태도 작성의 예

- 각 교류 성격을 나타내는 선들 중 하나를 골라 가족체계와 주변 환경체계들 사이를 선으로 연결한다.
- 외부 체계가 가족 전체와 연결되어 있으면 외부 체계와 큰 원을 선으로 연결하고 외부 체계가 가족 내의 특정 개인과만 연결되어 있으면 그 개인과 외부 체계를 선으로 연결한다.
- 간략한 설명을 선 옆에 적는다. 사례관리자와 클라이언트가 협력하여 수행해야 할 가장 중요한 일은 가족과 외부 체계와의 상호작용 요소들 중 가장 크고 신속하고 효과적인 가족 변화를 가져올 요소를 찾아내는 것이다.

3) 위기 영역 사정

사정을 위한 면담과정에서 사례관리자는 안전, 건강, 일상생활 유지, 가족 및 사회적 관계, 경제, 교육, 일자리, 생활환경, 권익보호 등 다양한 영역에 대해 욕구를 탐색하게 된다(민소영 외, 2015).

(1) 안전 관련 사정

클라이언트 및 가족의 안전을 위협하는 문제와 1인 가구의 응급상황에 대한 문제해결 욕구를 중심으로 조사한다. 클라이언트와 가족이 생활하고 있는 가정 내에서 동거 가족구성원에 의해 발생하는 위협과 반대로 클라이언트가 동거 가족구성원을 위협하는 상황, 그리고 가족 외부적 요인으로부터 클라이언트가 위협받는 상황 등을 조사한다. 응급상황 관련 문제 사정 시, 클라이언트가 도움을 받을 수 있는지의 여부와 그 응급상황을 인지할 수 있는 능력 여부 등을 파악한다. 클라이언트나 가족이 신체적·정서적·성적·경제적 폭력이나 방임을 경험하고 있는지 파악한다.

- 화재 또는 자연재해 등으로 인하여 거주하는 주택 또는 건물에서 생활하기 곤란한 경우
- 수도 또는 가스 중단

(2) 건강 관련 사정

클라이언트와 가족의 신체적 및 정신적 건강을 관리하고 유지하는 데 나타나는 어려움이 무엇인지를 중심으로 조사한다. 건강은 신체적 건강과 정신적 건강으로 구분하여 사정한다. 클라이언트와 가족이 신체적인 건강 문제로 일상생활과 사회생활을 하는 데 어떤 어려움이 있는지, 그리고 이러한 건강 문제를 관리하는 것은 어떠한지 조사한다. 이와 함께 클라이언트나 가족이 정신건강 문제로 일상생활이나 사회생활을 유지하는 데 어려움이 있는지, 증상 관리는 어떻게 이루어지는지 파악한다.

- 적절한 의료서비스 이용 여부
- 중한 질병 또는 부상 정도
- 영유아 자녀의 국가예방접종 여부
- 재난이나 자살, 범죄피해 등으로 인한 상실과 애도, 트라우마 경험 등

(3) 일상생활 유지 관련 사정

클라이언트와 가족이 현재 일상생활을 유지하는 데 나타나는 어려움이 무엇인지를 중심으로 조사한다. 위생, 식사, 수면, 용변처리, 세탁, 외출 등의 상태를 24시간을 기준으로 파악한다. 수면이나 식사시간 등이 규칙적으로 이루어지는지, 의식주 관련 일상생활 수행 문제와 이동 문제를 구분하여 사정한다.

- 돌보아야 하는 아동, 노인, 장애가 있는 가족구성원 존재 여부

(4) 가족관계 관련 사정

클라이언트와 가족이 도움을 받는 데 어려움이 있는지 파악하며, 가족 갈등으로 인한 어려움 및 가족 돌봄과 관련된 문제를 중심으로 사정한다. 돌봄이 필요한 가족구성원을 돌보는 데 어떤 어려움이 있는지 조사하고, 가족이나 비공식적 지지체계 환경을 파악한다.

- 가족구성원으로부터 방임 또는 유기되거나 학대 등을 당한 경우

- 가정폭력 또는 성폭력을 당한 경우
- 폭력이나 위협의 위험이 있는 경우

(5) 사회적 관계 관련 사정

클라이언트와 가족의 사회적 관계와 관련된 문제 및 이웃 간의 갈등 등을 중심으로 조사한다. 클라이언트와 가족이 소속된 집단에서 갈등을 경험하고 있는지 파악한다.

(6) 경제 관련 사정

기본적인 생활에 필요한 경제적 문제해결 및 기본적 자산관리 욕구를 중심으로 조사한다. 기초생활 문제와 금전관리 문제, 그리고 채무 문제를 사정하고, 기초생활 문제는 기본적 의식주 충족이 가능한지, 교육과 보건 관련 기초욕구 충족에 어려움을 겪는지 등을 종합하여 사정한다. 금전관리 문제는 수입과 지출을 관리하는 과정에서 과다하게 지출되는 소비가 있는지, 채무에 대한 대처 방법 등을 종합하여 사정한다.

- 주 소득자의 사망, 가출, 행방불명, 구금시설에 수용, 실직 등으로 소득을 상실한 경우
- 소득활동 미미, 기초수급 중지/미결정
- 사회보험료, 주택임차료 등 체납

(7) 교육 관련 사정

일상생활 유지에 필요한 기초적 지식 습득에 관한 문제와 클라이언트 및 가족의 학습과 관련된 문제를 중심으로 조사한다. 학교나 직장에서의 관계가 아닌 '학습' 차원에서 접근한다. 생애주기별로 필요한 기초지식의 습득이 이루어지고 있는지(교육 및 학습 문제), 기초지식을 습득하는 데 어떠한 어려움이 있는지 등을 파악한다.

- 의무교육을 받고 있는지 여부

- 학교에 재학 중인 아동·청소년과 학교 밖 아동·청소년의 기초학습능력 및 교육환경을 점검
- 장기 결석하는 자녀 여부

(8) 일자리 관련 사정

현재 취업/창업 상태를 유지하는 데 나타나는 어려움과 취업/창업을 하는 과정에서 해결해야 하는 어려움이 무엇인지를 중심으로 조사한다.

(9) 생활환경 관련 사정

클라이언트와 가족이 살고 있는 거주지의 내부적 안전과 환경문제, 주거 내·외부 환경으로 인한 갈등을 중심으로 조사한다. 이는 쓰레기 수집과 집적, 반려동물 소음이나 냄새, 악취 등으로 초래되는 어려움 등을 포함한다.

(10) 권익보호 관련 사정

클라이언트와 가족의 권익보장 욕구를 중심으로 조사한다. 각종 제도와 절차로 인한 불이익이나 권리침해의 문제 영역으로 구분하여 조사한다. 클라이언트와 가족이 법적인 문제(파산, 신용회복, 주민등록 말소, 무호적, 임금체불 등)로 어려움을 겪고 있는지 파악한다. 또한 클라이언트와 가족이 겪고 있는 어려움이 사회적 인식이나 제도로 인한 것인지 조사하고 환경적 장애물에 대해 파악한다. 성별, 연령, 결혼상태, 장애, 건강, 신체적 특징, 경제적 능력, 민족/인종, 언어, 국적, 종교, 성적 지향, 출신 지역, 학교, 정치적 입장, 범죄경력 등으로 차별이나 불이익을 받고 있는지, 이로 인한 정신적·신체적·사회적·경제적 어려움을 겪고 있는지 파악한다.

4) 가족생활주기에 근거한 사정

가족생활주기는 가족을 역동적으로 변화하는 체계로 간주하고 시간이 경과함에

따라 가족 내의 발달적인 내용을 묘사하기 위해 일반적으로 사용되는 용어이다. 특정 생활주기의 (같은) 단계에 속한 가족은 비슷한 특징을 보이며, 비슷한 경험을 하고 비슷한 발달과업을 갖는다. 가족이 생활주기의 특정 단계의 과업을 성공적으로 수행하지 못하거나 가족생활주기의 한 단계에서 다음 단계로 넘어갈 때 적응의 문제가 생기기 쉬운데, 가족생활주기상의 이러한 위기와 부적응은 가족 문제의 원인이 된다(조흥식 외, 2017). 가족생활주기의 세대기준이나 단계별 특성은 학자마다 다소 다르게 나타난다. 이와 함께 전통적 가족생활주기와는 다른 단계를 경험해야 하는 이혼 및 재혼가족의 생활주기별 특성과 과업에 대해 숙지하고 있어야 한다.

(1) 결혼전기

이 시기는 원가족으로부터 분화하며 이성과 친밀한 관계를 발달시키는 시기로, 일과 경제적 독립을 확립하는 시기이다. 부모-자녀 간 분리를 받아들이는 정서적 과정을 경험한다.

(2) 결혼적응기(결혼부터 첫 자녀 출생까지)

부부체계를 형성하면서 개인적인 욕구와 관련하여 타협하고 협상하는 것이 요구된다. 배우자를 포함한 확대가족과 기존 관계에 대한 재정비가 이루어진다. 원가족과 정서적으로 미분화한 경우 부부 및 고부간의 정서갈등 문제가 발생한다. 배우자 폭력, 알코올 문제, 계획하지 않은 임신, 난임 등의 문제가 발생할 수 있다.

(3) 자녀 아동기(첫 자녀 출생부터 막내 출생까지)

부부체계에 자녀를 위한 공간을 만들고, 부부 위주가 아닌 자녀를 돌보아야 하는 책임이 요구되므로 새롭게 요구되는 부모 역할에 적응하고 에너지 고갈이나 사생활이 줄어드는 부분에 대해 적절하게 대처해야 한다. 자녀 돌봄과 일 사이의 불균형이 발생할 수 있으므로 이에 대한 지원이 요구된다. 또한 자녀의 발달 및 정서적 문제가 출현하기도 한다.

(4) 자녀 청소년기

자녀에 대한 부모의 경계를 조정하여 10대의 독립에 대처하고, 개인의 자율성에 대한 새로운 개념에 적응한다. 자녀가 낮은 학업성적, 학교폭력, 약물중독 등으로 인해 정상적인 학업 및 사회관계 형성에 실패할 수도 있다. 부모는 자녀의 사생활과 독립심을 존중하고, 청소년 자녀와 함께 가족 내 규칙과 관계를 재정립한다.

(5) 자녀 독립기/중년기

자녀를 독립시키고 자녀에게 할애한 시간과 정서적 친밀감을 배우자에게 전환하는 과정에서 부부 갈등이 발생할 수 있다. 사회생활에서 물러나게 되면서 정서적으로 위축되고 경제적인 어려움을 경험한다. 장성한 자녀와 부모와의 관계가 성인 대 성인관계로 발달하게 되며, 사돈과 며느리, 사위, 손자녀가 포함되도록 관계를 재정비한다.

(6) 노년기

이 시기는 경제적으로 불안정하여 빈곤과 건강상의 문제가 나타나기도 한다. 사례관리자는 노인의 신체적 약화에 관심을 갖고 이들이 새롭게 참여할 수 있는 사회적 역할을 탐색한다. 이와 함께 배우자의 죽음에 대처하면서 자신의 죽음을 대비할 수 있도록 하고 노년의 고독감, 노인학대 등의 문제에 주목한다. 자신의 삶을 되돌아보고 통합할 수 있도록 지원한다.

5) 강점사정

강점사정을 위해서는 강점관점을 유지하는 것이 중요하다. 강점관점은 클라이언트와 가족의 결함보다는 상황을 보다 나아지게 만드는 능력, 기술, 자원, 동기에 집중할 것을 강조한다(한국사례관리학회, 2019). 따라서 클라이언트와 가족이 가장 역기능적이고 복합적 문제로 어려운 상황을 경험하고 있다고 할지라도 사례관리

표 14-1 **강점 요소와 사정 방법**

차원	강점 요소	강점 사정 질문
특성/덕목	• 특성: 자아개념, 동기, 용모, 대처능력, 호기심 등 • 덕목: 인내심, 생활력, 영성, 창의력, 유모, 신뢰 등 • 기술: 대인관계 기술, 문제해결 기술, 의사결정 기술 등	어려움을 견딜 수 있었던 힘은 무엇인가요? 어려움을 통해서 얻게 된 교훈은 무엇인가요?
재능	잘하는 것, 좋아하는 것, 즐겁게 하는 것, 열심히 하는 것 등	지금 원하는 것은 무엇인가요?
자긍심	이전 삶의 성공, 현재 삶의 성공, 교육적 성공, 직장에서의 성공 등	다른 사람들은 당신의 장점을 뭐라고 말하나요?
사회적 지지와 커뮤니티	공식적 지원망, 비공식적 지원망, 소속되어 있는 커뮤니티	특별한 지원을 해 주고 있는 사람이나 기관으로는 어떤 곳이 있나요?

출처: Saleebey, 2006.

자는 강점을 찾기 위한 질문을 통해 이들의 강점을 발견하는 것이 중요하다.

클라이언트와 가족이 가지고 있는 강점은 특성/덕목, 재능, 자부심, 사회적 지지와 커뮤니티 등의 차원에서 발견할 수 있다. 사례관리자는 이러한 강점을 클라이언트와 가족이 발견할 수 있도록 질문해야 한다.

4. 사정 역량 관련 쟁점

사정은 지속적인 과정으로(허남순 외 역, 2007; O'Hare, 2019) 사례관리자는 사례관리의 전 단계의 사정 과정에 참여해야 하며 사례관리가 진행되는 과정에서 나타나는 새로운 정보를 수집하고 분석하며 조직화하는 등 역동적으로 참여하는 것이 요구된다. 사례관리 실천과정에서 클라이언트와 가족의 욕구를 해결하고자 노력하지만, 결과적으로 목표를 달성하지 못하기도 하며, 이때 사례관리자는 목표 달성의 장애물이 어디에서 발생하였는가를 파악한다. 클라이언트나 기관, 또는 연결된 자원이 내부·외부적인 요인에 의해 계획상의 목표를 달성하지 못해 재사정을 하게 된 경우를 기록한다. 이러한 재사정 과정에서 중요한 것은 클라이언트와 가족의 견해, 선호, 그러한 욕구를 다루는 서비스의 효과성에 초점을 맞추는 것이다(장인협 외, 2005).

사례관리자는 위험요인에 초점을 맞추기보다 종합적이고 포괄적인 사정을 해야 한다. 이를 위해 사례관리자는 특정한 상황에 대한 위험 요소와 욕구, 그리고 자원의 영향을 가늠할 수 있어야 하는데 잘못된 판단과 미숙한 사정에 대한 사례관리자들의 걱정은 소극적인 실천으로 연결되기도 한다. 포괄적인 사정 과정을 통해 위험요인뿐만 아니라 보호요인을 함께 고려해야 하고(Wilson et al., 2008) 욕구와 자원 간의 간극을 좁히면서 사정할 수 있어야 한다.

과거 사례관리자들은 과학적인 전문지식을 적용해 클라이언트와 가족의 문제를 사정해왔고 사례관리자의 인식을 클라이언트의 인식보다 가치 있는 것으로 생각해 왔다. 그러나 최근에는 클라이언트를 자기 자신의 삶에 대한 전문가로 보는 인식이 보편적이다(Adams & Payne, 2005). 가능하다면 클라이언트, 가족, 또는 보호자와 함께 작업하고 그들의 아이디어나 해결책 등과 같은 그들의 의견에 대해서 기록한다. 사례관리자는 클라이언트의 관점을 따라가고, 이에 기초하여 클라이언트와 함께 협력적인 파트너십을 통해 사정 과정에 참여하는 것이 무엇보다 중요하다.

학습과제

1. 팀을 이루어 욕구사정을 위한 면접을 실시해 보시오.
2. 자신이 갖고 있는 편견이나 차별적인 행동에 대해 점검해 보시오.

참고문헌

김용석 역(2013). 사회복지 실천기술(6판). 서울: 박영사.

노혜련, 김윤주(2014). 강점관점 해결중심 사례관리. 서울: 학지사.

노혜련, 허남순(2015). 해결을 위한 면접(4판). 서울: 박학사.

민소영 외(2012). 홀트아동복지회 사례관리 매뉴얼. 서울: 홀트아동복지회.

민소영 외(2015). 공공사례관리 위기도 사정도구 개선연구. 보건복지부.

민소영, 양소남, 박소연, 이영순(2015). 공공사례관리 위기도 사정도구 개선연구. 보건복지부, 경기대학교 산학협력단.

양옥경, 이정진, 서미경, 김미옥, 김소희(2018). 사회복지실천론(5판). 경기: 나남.

엄명용, 노충래, 김용석(2015). 사회복지 실천기술의 이해(3판). 서울: 학지사.

장인협, 우국희, 최경원, 황숙연(2005). 사회복지실천기술. 사회복지실천연구소.

조흥식, 김인숙, 김혜란, 김혜련, 신은주(2017). 가족복지학(5판). 서울: 학지사.

최지선, 민소영, 엄태영(2015). 희망복지지원단 통합사례관리사의 사례관리역량 자기평가지표 개발 연구. 한국사회복지행정학, 17(3), 229-254.

한국사례관리학회 편(2019). 사례관리 전문가교육: 실무자 기초과정(2판). 서울: 학지사.

함철호(2013). 공공전달체계 내 사례관리자의 사례관리 수행과 영향요인. 한국지역사회복지학, 44, 1-31.

허남순, 한인영, 김기환, 김용석 역(2007). 사회복지실천 이론과 기술. 서울: 나눔의 집.

Adams, L. D. & Payne, M. (2005). *Social Work Futures: Boundaries, Transforming Practice*. Basingstoke: Palgrave Macmillan.

Coulshed, V. & Orme, J. (1998). *Social Work Practice: An Introduction*. Basingstoke: Macmillan/BASW.

Kadushin, A. (1990). *The Social Work Interview* (3rd ed.). N.Y.: Columbia University Press.

Kvale, S. & Brinkmann, S. (2008). *InterViews* (2nd ed.). CA: Sage.

Miles, G. (2004). Commentary (12 years on) on 'The contribution of child observation training to professional development in social work' by Judith Trowell and Gillian Miles. *Journal of Social Work Practice*, 18(1), 61-64.

O'Hare, T. (2019). *Essential Skills of Social Work Practice: Assessment, Intervention, and Evaluation* (3rd ed.). Oxford: Oxford University Press.

Saleebey, D. (Ed.). (2006). *The Strengths Perspective in Social Work Practice* (4th ed.). Boston: Pearson Education, Inc.

Wilson, K., Ruch, G., Lymery, M., & Cooper, A. (2008). *Social Work: An Introduction to Contemporary Practice*. England: Pearson Education Limited.

제15장

관계 역량

📋 **학습개요**

사례관리는 사례관리자가 클라이언트와 그 가족 및 다양한 관련 체계들과 형성하는 관계를 기반으로 이루어지며, 초기 단계에서 종결 단계에 이르는 전 과정을 통해 '관계'는 사례관리의 성과를 좌우하는 핵심적인 역할을 하게 된다. 이 장에서는 사례관리자가 갖추어야 하는 '관계' 역량에 관해 살펴보았다.

✏️ **학습목표**

1. 사례관리자가 클라이언트와 그 가족 및 다양한 체계들과 형성하는 '관계'의 특성을 이해한다.

2. 사례관리자가 관계를 맺어야 하는 다양한 체계들을 이해한다.

3. 사례관리에서 만나게 되는 클라이언트와 그 가족 및 다양한 체계들과 '좋은 관계'를 맺을 수 있는 역량을 증진한다.

4. 사례관리에서 관계 형성과 관련된 어려움들을 이해하고 이에 대처한다.

1. 사례관리실천에서 관계 역량의 의미와 필요성

사회복지는 클라이언트의 긍정적 변화를 촉진시키는 전문직이고, 이러한 변화는 관계를 통해서 일어난다. 사례관리자와 클라이언트의 관계는 매우 중요하며, 관계의 질은 사례관리의 과정과 결과에 영향을 미치는 필수적인 구성 요소가 된다(Harrison et al., 2009). 사례관리는 클라이언트와 관계를 맺는 것으로 시작하고, 이 관계를 바탕으로 클라이언트의 욕구 충족과 문제해결을 위한 일련의 목표 지향적 활동들을 함께 수행하는 과정이라 할 수 있을 만큼 사례관리실천에서 관계가 지니는 의미는 매우 크다.

사례관리실천에서 관계 역량이란 사례관리자가 클라이언트와 그 가족 및 공식적·비공식적 자원체계들과 협력적 동반자 관계를 형성하고, 이를 활용하여 클라이언트의 변화과정을 지원하는 능력과 기술을 포괄하는 개념이다. 사례관리자가 클라이언트를 비롯하여 다양한 체계들과 맺는 관계는 사례관리자의 관계기술과 역량, 그리고 클라이언트 및 관계를 맺는 체계의 당사자의 특성이 함께 조화되어 이루어지는 결과물로서 이러한 역량은 사례관리자가 다양한 체계들과 함께 일하는 사례관리의 경험이 더욱 풍부해질수록 함께 증진된다.

1) 관계의 개념과 특성: 클라이언트와의 관계를 중심으로

사회복지실천에서 관계는 사회복지의 '심장', '초석', '필수', '절대적 전제조건'으로 묘사되어 왔다(Alexander & Grant, 2009; O'Leary et al., 2013). 관계는 필수적으로 상호성을 포함하는 양방향적인 것으로 클라이언트의 인성과 선호는 형성되는 관계의 친밀감 수준에 영향을 미치며, 따라서 사회복지실천에서 어떤 전문적 관계라 할지라도 클라이언트에 따라 다양하게 나타나는 특성을 지닌다(Ingram & Smith,

2018). 효과적인 사회복지실천은 사회복지사가 클라이언트의 정서적 세계에 초점을 맞추고 관계성 속에서 이를 이해하고 소통하는 것을 요구하며, 관계의 개념은 개인적인 것을 넘어서 힘(권력), 전문적 역할, 빈곤, 사회적 배제, 그리고 정치적 이념 등과 같은 상황적 요인들에 대한 이해를 수반하는 것으로 확장되고 있다(Ingram & Smith, 2018).

사회복지사와 클라이언트의 관계는 전통적으로 실천의 통로이자 수단이며, 실천의 결과에 영향을 미침과 동시에 클라이언트의 변화를 가져오는 핵심 요소로서 실천의 전 과정에 영향을 미치는 것으로 알려져 왔다(Biestek, 1957; Perlman, 1978; Corrpton & Galaway, 1994; 조성심 외, 2015). 사회복지실천에서 관계는 치료나 상담, 돌봄 등 서비스 이용자인 클라이언트와 서비스 제공자인 사회복지사 간의 관계로 두 사람이 서로 협조하여 문제를 해결해 나가는 의식적이고 현실적인 관계이며(Gelso & Carter, 1985; Koovtovic & Tracey, 1990; 권자영, 2013), 목적 지향적이고 초점이 있으며, 시간제한적인 특성을 지닌다(Comptom & Galaway, 1994).

Macmurray는 인간을 자율적이고 이성적인 개인으로서보다는 다른 사람과의 관계성에 의하여 존재하는 '관계 속의 인간'으로 보았다(Sharpe, 2016). 사회복지실천에서 관계는 위임된 상황에서 존재하고 클라이언트의 긍정적 변화 성취를 위한 특별한 목적을 위해 조성된다(Ingram & Smith, 2015). 그러나 관계는 복합적이고 사회복지사가 이해하고 그들 자신을 활용하는 것을 요구하는 일련의 역동적 과정이기에 때로는 도전이 된다. 관계는 갈등을 통해 서서히 나아갈 수도 있으며, 인위적인 민감성보다는 솔직한 관여와 협상이 클라이언트의 변화를 독려하고 양성하는 것을 가능하게 할 수 있다(Kleipoedszus, 2011).

사례관리자가 클라이언트와 맺는 관계는 전문적 지식, 기술, 유능감, 그리고 공감적 태도와 행동을 통해 형성되고 유지되며, 비심판적이고 무조건적 긍정적 고려, 공감, 신뢰, 솔직성, 그리고 따뜻함에 기반을 두고 있다. 또한 사례관리자에 의한 힘과 권위의 적절한 사용에 의지하고 있다(Harrison et al., 2009). 사례관리에서 이러한 관계는 신뢰, 존중, 친밀감 등에 바탕을 둔 정서적 차원과 클라이언트의 욕구 충족과 변화를 위해 합의된 목표 및 과제를 설정하고, 이를 달성하기 위해 클라이언트와 그 주변의 자원체계들과 협력적 작업들을 수행해 나가는 협력적 차원으로 그 특성을 구분하여 정의할 수 있다. 친만과 동료들(Chinman et al., 2000)은 이러한 사례관리자와 클라이언트의 관계를 상호 신뢰하고 존중하며, 애정을 갖는 인간적인 측면과 목적 달성을 위해 함께 상호 협력하는 관계로 정의하였다(권자영, 2013).

2) 관계의 구성 요소

사회복지실천에서 관계는 클라이언트의 삶에 긍정적 변화를 가져오기 위해 클라이언트를 돕는 목표를 가진 두 사람의 만남으로 지지적 관계차원과 협력적 관계차원을 지니고 있는 것으로 규정된다(Walborn, 1996: 권자영, 2013). 또한 이러한 관계는 인간적인 친밀감과 유대로 만들어진 '실제 인간관계'와 목표를 합의하고 함께 작업해 나가는 '작업동맹(working alliance)'으로 구성되는 특수한 관계로도 정의된다(Hartley, 1985). 일반적으로 '작업동맹'이란 '상담자와 내담자가 의식적이고 현실적인 관계를 바탕으로 공유된 목표를 향해 서로 협조해 나가는 것'이며, 여기에는 정서적 유대, 목표에 대한 합의, 과제에 대한 동의가 포함된다(Bordin, 1979; 박향경, 권자영, 2016). 사회복지사와 클라이언트의 관계는 이들의 개인적 특성을 포함하여 두 사람 간의 정서적 흐름이 반영되고, 이들이 처한 사회, 환경적 맥락과 상호적으로 영향을 받게 되는 광범위하고 포괄적인 개념으로 이해해야 한다(박숙경, 2010; 임정현, 2012).

해리슨과 동료들(Harrison et al., 2009)은 사례관리에서 형성되는 관계를 구성하는 요소로서 힘/권력(power), 신뢰(trust), 존중(respect), 공감(empathy)을 들었다. 구체적으로 살펴보면, 첫째, 힘/권력(power)의 경우 사례관리에서 관계는 사례관리자의 지위가 갖는 권위, 특화된 지식, 건강이나 법률전문가에게 미치는 영향력, 특정 정보에 대한 접근으로 인해 평등하지 않은 권력관계라 할 수 있으며, 관계 내에서 적절한 힘의 사용은 취약한 클라이언트를 보호할 수 있다. 둘째, 신뢰는 관계를 양성하고, 발전시키고 유지하는 데 매우 중요한 것이다. 신뢰를 안전하게 지키는 것은 사례관리자의 명확하고 개방적인 의사소통 능력과 신뢰관계를 깨뜨릴 수 있는 오해나 실망적인 상황을 피하는 능력에 달려 있다. 셋째, 클라이언트의 인간성과 존엄성에 대한 존중은 관계의 기반이 된다. 넷째, 공감으로 이는 기술적이거나 기계적이기보다는 깊이 있는 인간적 과정을 의미하며, 사례관리자가 클라이언트의 욕구와 환경에 대한 더 깊은 통찰력을 지닐 수 있도록 해 준다. 즉, 사례관리에서 관계는 사례관리자가 기관이나 사회로부터 부여받은 지위나 권위에 기반을 두고 형성되는 사회적 측면의 요소와 클라이언트와의 직접적인 만남을 통해 발전시켜 나가야 하는 신뢰, 존중, 관심, 공감과 같은 심리적 차원의 요소들이 모두 함께 어우러진 복합적인 것임을 알 수 있다.

3) 사례관리실천에서 좋은 관계

이상에서 제시된 바와 같이 사례관리에서 좋은 관계란 신뢰, 존중, 관심, 공감이 필수적인 요인이 되며, 목표 달성을 위해 사례관리자가 클라이언트와 그 가족, 그리고 변화과정에 관여되는 주변 체계들과 상호 협력할 수 있는 관계를 말한다.

사례관리자와 클라이언트의 관계를 주제로 한 연구에서 클라이언트는 사례관리자가 존중, 상호 신뢰, 가족이나 친구 같은 친밀감과 개별적인 관심을 보이고, 필요한 도움을 제공하며, 가능성을 이끌어 줄 때 그 관계를 좋은 관계로 인식하는 것으로 나타났다(박향경, 권자영, 2016). 반면, 클라이언트들은 사례관리자가 보이는 과보호, 무시와 권위적 태도, 형식적이고 사무적인 태도, 편견과 선입견 등을 관계 형성에 부정적 영향을 미치는 태도로 인식하고 있었다(박향경, 권자영, 2016). 또한 이 연구에서 사례관리자들은 존중과 진정성 있는 태도, 직업에 대한 소명감, 반성적 성찰, 긍정적이고 수용적 자세 등을 클라이언트와 좋은 관계를 형성하기 위한 기본 요소로 제시하였다. 이는 좋은 관계의 필수요건으로 신뢰, 존중, 수용, 진실성, 긍정적이고 성찰적인 자세 등이 매우 중요함을 시사해 주는 것이다.

이러한 요소들에 더하여 사례관리자는 클라이언트의 주변 체계들과 좋은 관계 형성을 위해 신뢰와 존중에 바탕을 둔 의사소통, 필요한 정보의 공유와 활용, 협력적 작업을 수행할 수 있는 역량을 함께 갖추고 있어야 한다.

4) 관계의 초점 변화: 전문적 원조관계에서 협력적 동반자 관계로

전통적 사회복지실천에서 사회복지사가 클라이언트와 맺는 관계는 '전문적 원조관계'로 지칭되었다. 전문적 원조관계 형성을 위해 사회복지사는 클라이언트에 대한 무조건적 긍정적 존중, 공감에 바탕을 둔 의사소통, 클라이언트 삶에 대한 진지한 관심, 클라이언트의 문제해결을 돕고자 하는 의도, 클라이언트 상황에 대한 이해, 온화함, 진솔성 등의 자질을 갖추고 있어야 한다(엄명용 외, 2015).

그러나 최근 사회복지실천에서 강점관점과 임파워먼트 접근 등이 실천의 기반을 이루는 이론체계로 부각되면서 사회복지사가 클라이언트와 맺는 관계는 파트너십을 강조하는 '협력적 동반자 관계'로 조명되어 클라이언트의 주체성과 참여 및 수평적 관계를 중시하는 것으로 그 속성이 변화해 가고 있다(Miley et al., 2007; Saggese, 2005; 박향경, 권자영, 2016). 이러한 변화는 사례관리실천에도 반영되어 사례관리자와 클라이언트의 관계는 '협력적 동반자 관계'로 합의된 목표 달성을 위한 변화노력을 함께하는 관계로 설명될 수 있다. 따라서 사례관리자는 사례관리의 전 과정을 통해 클라이언트와 협력적 동반자 관계를 형성, 유지, 발전시켜 나가면서 치료자, 상담자, 교육자, 자원 연계자, 정보제공자, 옹호자 등과 같은 다양한 역할들을 수행하게 된다. 뿐만 아니라 사례관리자는 클라이언트의 공식적 및 비공식적 자원체계에 속한 여러 사람들과도 협력적이며 지지적인 관계를 형성하고 발전시켜 나가면서 사례관리에 필수적인 자원 발굴, 개발 및 연계의 업무를 함께 수행하게 된다.

2. 사례관리자의 관계 역량: 사례관리 실천과정별 과업을 중심으로

사례관리실천에서 클라이언트와 처음 대면하는 순간부터 서비스를 종료하는 순간까지 사례관리자가 클라이언트와 그 가족, 그리고 주변 체계들과 맺는 관계는 실천의 모든 단계에 영향을 미친다. 동시에 사례관리실천의 모든 단계에는 클라이언트를 비롯한 이들과 좋은 관계를 형성하고 강화하며, 이를 발전시켜 나가는 데 필요한 사례관리자의 과업들이 존재한다. 사례관리의 각 과정별로 이들과 좋은 관계를 형성하고 유지하기 위해 사례관리자가 수행해야 하는 주요 과업들은 다음과 같다.

1) 초기 단계 및 사정 단계

초기 단계 및 사정 단계는 사례관리실천의 시작 단계로서 사례관리자가 클라이언트와 처음으로 대면하여, 사례관리서비스에 관해 소개하고, 클라이언트와 그 가족의 주요 욕구를 파악하는 단계이다. 이는 클라이언트체계와의 신뢰관계가 구축되는 첫 단계로서 사례관리자의 주요 과업은 이들과 좋은 신뢰관계를 형성하는 것이다. 이를 위해 사례관리자는 적절한 옷차림을 갖추고 권위적이거나 사무적이지 않은 친절한 태도로 클라이언트를 대하며, 자신이 소속된 기관에 대한 소개와 함께 사례관리서비스가 무엇인지 클라이언트가 이해할 수 있도록 잘 설명하고, 클라이언트와 그 가족의 삶에 진심 어린 관심을 표현하는 과업을 수행해야 한다.

또한 클라이언트와 대화를 나누는 과정에서 클라이언트의 삶의 방식을 존중하고, 비심판적 태도를 유지해야 하며, 클라이언트의 상황과 감정에 대한 공감을 표현함과 동시에 클라이언트의 강점 및 변화에 대한 동기를 발견하고 이를 지지할 수 있어야 한다. 이와 같은 사례관리자의 태도가 클라이언트와 그 가족에게 전해질 때 사례관리실천의 기반이 되는 협력적 동반자 관계의 초석이 마련될 수 있으며, 클라이언트는 자신의 마음을 열고 보다 적극적으로 사례관리자와의 면담과정에 임할 수 있게 된다.

아울러 사례관리의 첫 단계에서부터 관계 형성에 무엇보다 중요한 것은 강점관점의 적용이다. 사례관리서비스를 이용하게 되는 클라이언트들은 대개 여러 가지 문제들과 어려움에 직면해 있으며, 때로는 변화에 대한 동기나 의지를 드러내지 않는 경우도 있어 사례관리자가 이들과 첫 대면하는 과정에서 강점관점을 적용한 실천을 하는 것은 쉽지 않다. 그러나 사례관리자는 클라이언트의 강점이 잘 보이지 않는 순간에도 클라이언트의 내면에 잠재된 강점이 있음을 믿고 이를 신뢰하고 탐색하는 자세로 클라이언트를 대해야 클라이언트와 좋은 관계가 조성될 수 있다. 즉, 사례관리를 위한 초기 면담과정에서 클라이언트의 강점을 발견하려고 노력하는 사례관리자의 태도나 피드백이 클라이언트에게 언어적 및 비언어적 소통을 통해 전달될 때 클라이언트와의 신뢰관계가 잘 구축될 수 있으며, 이는 '협력적 동반자 관계'의 기초가 된다.

2) 목표 설정 및 계획수립 단계

목표 설정 및 계획수립 단계는 이전 단계에서 클라이언트와 형성된 신뢰관계를 바탕으로 클라이언트의 삶에 어떤 구체적인 변화가 초래되기를 바라는지를 사례관리자와 클라이언트가 함께 합의하는 과정이다. 이 단계에서 사례관리자는 클라이언트와 그 가족이 진정으로 바라는 변화가 사례관리의 목표로 설정될 수 있도록 해야 하는데 이를 위해서는 클라이언트가 자신의 내면에 있는 바람이나 욕구, 희망 등을 사례관리자에게 터놓고 이야기할 수 있을 만큼 사례관리자와 클라이언트의 관계가 발전되어 있어야 한다.

이를 위해 사례관리자가 수행해야 하는 과업은, 첫째, 클라이언트와 그 가족이 원하는 삶의 변화 내용이 무엇인지에 관해 관심을 지니고 있다는 것을 지속적으로 표현하는 것이다. 둘째, 클라이언트의 강점이 발휘되고 강화될 수 있도록 하는 목표와 계획이 수립될 수 있도록 클라이언트의 강점과 잠재력, 미래의 희망에 초점을 두고 면담을 하는 것이다. 셋째, 목표 달성을 위한 과업설정에서 반드시 클라이언트가 주체적으로 할 수 있는 일을 사례관리 계획안에 포함시켜서 클라이언트가 변화과정에 직접적으로 참여할 수 있도록 하고 이에 대한 설명을 제공하는 것이다. 사례관리자가 이러한 역할들을 잘 수행할 때 클라이언트와의 정서적 유대감이 더욱 깊이 있게 형성되고, 긍정적 변화를 위한 협력적 동반자 관계가 더욱 강화될 수 있다.

3) 실행 및 점검 단계

실행 및 점검 단계는 목표 달성을 위해 계획된 다양한 과업들을 수행하며, 계획된 서비스가 클라이언트와 그 가족에게 잘 제공되고 있는지, 계획된 변화과정에 클라이언트와 그 가족이 잘 참여하고 있는지, 그리고 개입을 통해 클라이언트와 그 가족의 삶에 어떤 변화가 일어나고 있는지 등을 지속적으로 파악해 나가는 단계이다.

이 단계에서 사례관리자가 수행해야 하는 관계 역량과 관련된 과업은, 첫째, 클라이언트와 그 가족이 수행하는 새로운 시도와 변화노력들에 관해 지속적으로 관심과 지지를 보내는 것이다. 사례관리자는 때로는 기대하는 변화가 빨리 일어나지 않거나 클라이언트와 그 가족이 변화노력에 소극적이더라도 인내심을 가지고 이들이 변화과정에 참여할 수 있도록 클라이언트와 그 가족과 협력적 관계를 더욱 강화시켜 나가야 한다. 사례관리자가 클라이언트체계와 형성한 관계는 이들이 지속적으로 삶의 변화를 위한 도전을 하고, 보다 주체적인 삶을 살아갈 수 있도록 하는 동기를 부여하고 증진하는 데 중추적인 역할을 하게 된다. 그러므로 사례관리자는 클라이언트와 그 가족이 자신의 삶의 변화에 주체가 되어 사례관리 과정에서 주어진 과업들을 수행해 나가며, 변화목표를 달성해 가는 모든 과정들에 동기화될 수 있도록 클라이언트체계와의 관계를 통해 지속적으로 일해야 한다.

둘째, 이 단계에서 사례관리자는 클라이언트의 공식적 및 비공식적 자원체계와 함께 일하게 되는데 이때 사례관리자는 이들 자원체계와의 관계 형성 및 네트워크가 더욱 강화될 수 있도록 관계 역량을 발휘해야 한다. 자원 발굴과 연계 및 자원 네트워킹은 사례관리의 필수요건으로서 사례관자의 관계 역량을 논할 때 자원체계와의 관계 역량 또한 매우 중요하다. 사례관리자는 클라이언트의 자원체계로 기능하는 다양한 개인, 기관 및 단체에 속한 서비스 제공자들과 일차적으로 좋은 관계를 형성해야 하며, 사례관리 과정에서 클라이언트의 상태와 변화노력 등을 이들 자원체계에 속한 사람들과도 공유하는 등 사례관리 과정에서 클라이언트의 자원체계가 더욱 활성화되고 강화될 수 있도록 자원체계들과의 관계를 잘 유지해 나가야 한다. 또한 사례관리자는 타 기관의 서비스 제공자들의 전문성과 견해를 존중하고, 클라이언트의 변화를 위해 이들이 공동의 목표를 지니고 함께 팀이 되어 사례관리를 진행해 나갈 수 있도록 팀워크 형성의 기술과 의사소통의 기술을 갖추고 있어야 한다.

4) 평가 및 종결 단계

평가 및 종결 단계는 사례관리실천을 마무리하는 단계로서 사례관리서비스가 주어지는 동안 클라이언트와 그 가족에게 어떤 변화가 있었는지를 평가하고, 사례관리의 전체 과정과 그 성과에 대해 평가한 후 사후관리에 대한 계획을 세우고 서비스를 종결하는 단계이다. 이 단계에서 사례관리자가 초점을 두어야 하는 관계 역량은 클라이언트와 그 가족의 그동안의 변화노력과 달성된 긍정적 변화들에 대해 적극적으로 인정하는 것이다. 또한 사례관리자는 클라이언트의 이러한 변화노력이 앞으로의 삶에서도 지속될 수 있도록 관계를 활용하여 이를 격려하고 지지하는 역할을 수행해야 한다.

또한 이 단계에서 사례관리자는 사례관리 종결에 대한 클라이언트의 감정에 대해 다루며 클라이언트와의 관계가 끝나는 것이 아니라 앞으로도 클라이언트의 삶에 긍정적 변화가 유지될 수 있도록 응원자로서의 역할을 수행하겠다는 것을 클라이언트에게 인식시킬 수 있어야 한다. 이는 향후 사후관리나 사례관리서비스가 재개될 때 클라이언트와의 관계 형성에 중요한 기여를 하게 된다.

3. 다양한 체계들과의 관계 역량

사례관리자가 관계를 맺고 관계 역량을 발휘해야 하는 대상은 클라이언트와 그 가족, 그리고 클라이언트의 공식적 및 비공식적 자원체계에 속하는 다양한 개인들과 기관 및 단체의 실무자들이다. 사례관리 수행과정에서 사례관리자는 이러한 다양한 체계들과 관계를 형성하고 유지하며 이를 강화해 나가야 한다. 다음에서는 각 체계들과의 관계 형성 및 유지에 중요한 역량들이 무엇인지에 관해 살펴보았다.

1) 클라이언트 및 가족체계에 대한 관계 역량

사례관리를 수행하는 과정에서 사례관리자는 클라이언트와 그 가족체계와 일차적으로 함께 일하게 되며, 가장 먼저 클라이언트와 그 가족들을 만나게 된다. 이때 사례관리자는 클라이언트와 그 가족의 말에 귀를 기울이며, 수용, 존중, 관심을 보이면서 이들과 신뢰관계 및 협력적 동반자 관계를 형성해야 한다.

특히, 가족은 클라이언트의 일차적 환경체계로서 클라이언트의 변화과정에 중요한 역할을 하게 될 뿐만 아니라 사례관리의 초점체계로서 변화가 필요한 클라이언트체계에 포함되기도 한다. 그러므로 사례관리의 전 과정에서 클라이언트와 그 가족은 사례관리의 중요한 동반자가 되며, 사례관리자는 이들과 관계를 잘 형성하고, 정서적 유대감을 돈독히 해 나갈 수 있도록 관계 역량을 발휘해야 한다.

예를 들면, 사례관리자가 아동이나 청소년을 대상으로 사례관리를 진행한다면, 그들을 양육하고 있는 부모나 조부모들은 아동과 청소년에 대한 일차적 정보제공자이자 보호자로서 이들이 사례관리를 통한 변화과정에 함께 참여하는 것이 매우 중요하다. 이를 위해 사례관리자는 가족원 개개인의 의견이나 욕구, 바람 등에 진솔한 관심을 표현해야 하고, 비록 제시된 문제에 대한 가족원 각자의 의견이 다를 때에도 각 사람의 의견을 존중하는 자세를 취하며, 가족원 개개인의 강점을 파악하여 이를 피드백해 주고, 가족원들이 직면한 어려움에 관해 공감과 지지를 보내야 한다. 또한 사례관리를 위한 목표 설정 시에도 클라이언트뿐만 아니라 가족원 각자의 욕구가 반영될 수 있도록 하고, 가족이 보다 기능적이고 건강한 체계가 되기 위해 필요한 변화 내용이 사례관리의 목표에 반영될 수 있도록 하는 것이 중요하다. 사례관리자가 이러한 역할을 잘 수행할 때 클라이언트 및 그 가족과 좋은 관계를 형성하고 유지해 나갈 수 있다.

2) 비공식적 자원체계에 대한 관계 역량: 확대가족, 친척, 이웃, 지인 등

사례관리를 진행하면서 사례관리자는 클라이언트의 확대가족이나 친척, 이웃, 또는 가까운 지인들과도 관계를 맺게 된다. 이들은 클라이언트의 비공식적 자원체계로서 클라이언트에게 필요한 정서적 지지와 경제적 또는 실질적 도움을 제공할 수 있는 체계로서 중요하다. 사례관리자는 사례관리의 초기 단계에서부터 클라이언트의 비공식적 자원체계를 파악하려는 노력을 해야 하며, 이들과 관계를 맺거나 협력관계를 형성하며 사례관리를 진행하게 된다. 그러므로 사례관리자는 클라이언트의 비공식적 자원체계에 속한 개인들과도 관계를 맺고 협력하는 능력과 역량을 갖추어야 한다.

클라이언트의 비공식적 자원체계와 좋은 관계를 형성하기 위해 사례관리자가 수행해야 하는 일련의 과업들은 다음과 같다. 첫째, 그들과 관계를 형성하는 목적이 클라이언트의 욕구 충족이나 목표 달성 등 클라이언트를 지원하는 것임을 명확히 해야 하며, 둘째, 비공식적 자원체계에 속한 개인들이 클라이언트와의 관계에서 어떤 역할을 수행해야 하는지에 관해 명확히 소통해야 하고, 셋째, 이러한 비공식적 자원체계에 속한 자들이 클라이언트와의 관계에서 정서적 지지를 제공하거나 필요한 도움을 제공할 수 있도록 자원제공자로서의 기능이 강화될 수 있도록 지지하는 것이다. 사례관리자가 이러한 과업들을 수행하는 데에는 명확하고 지지적인 의사소통의 기술이 필요하며, 이러한 역할들이 잘 수행될 때 비공식적 자원체계에 속한 사람들이 클라이언트에 대한 지지자로서 지역사회 내에서 서로 연결될 수 있다.

3) 공식적 자원체계에 대한 관계 역량

자원을 발굴하고, 연계하고, 클라이언트가 이를 지속적으로 활용할 수 있도록 지원하는 것은 매우 중요한 사례관리자의 과업이다. 사례관리에서 지역사회 내 공식적 자원체계로 기능할 수 있는 대표적 기관들은 행정복지센터, 종합사회복지관, 정신건강복지센터, 건강가정지원센터, 다문화가족지원센터, 청소년상담복지센터, 지역아동센터, 노인 및 장애인복지관, 일자리지원센터, 직업훈련기관, 복지재단, 학교, 병원 등이다.

사례관리자는 각 사례의 특성과 설정된 목표에 따라 클라이언트와 그 가족을 지원할 수 있는 자원체계를 발굴하고, 자원을 연계하며, 이러한 자원체계들이 클라이언트와 그 가족에게 필요한 서비스를 지속적으로 제공할 수 있도록 이들 자원체계들과의 관계를 유지하고 발전시켜 나가야 한다. 이를 위해서는 사례관리자가 지역사회 내 타 기관의 서비스 제공자들과 좋은 관계를 맺고, 클라이언트 체계 지원을 위한 협력적 관계를 더욱 공고히 해 나갈 수 있는 역량이 필요하다.

사례관리자가 지역사회 내의 다양한 공식적 자원체계들과 협력적 관계에 기반한 관계 역량을 발휘하기 위해서는, 첫째, 타 기관의 실무자들과 공식적으로 소통할 수 있는 의사소통의 창구가 마련되어 있어야 한다. 둘째, 클라이언트와 그 가족의 사례관리 목표 달성을 위해 여러 기관의 실무자들이 각각 어떤 서비스를 제공하고, 어떤 역할을 수행해야 하는지 명확한 역할분담이 이루어져 서비스의 중복이나 누락이 발생하지 않도록 자원체계들 간의 관계를 효율적으로 조율할 수 있어야 한다. 셋째, 타 기관에 서비스 연계 시 의뢰 당시부터 클라이언트의 상황을 해당 기관의 실무자와 충분히 공유해야 한다. 넷째, 사례관리가 진행되는 동안 타 기관의 실무자들에게 클라이언트의 상황이 어떻게 변화해 가는지에 관해 지속적인 정보를 제공하고, 변화 상황을 함께 공유하여 이들이 모두 클라이언트의 변화를 위한 공식적 자원체계로서 상호 협력하는 팀워크가 강화될 수 있도록 해야 한다. 다섯째, 이러한 공식적 자원체계들과 협업을 하는 가운데 관료주의, 권위주의, 또는 행정편의주의에 입각하여 관계 형성이 잘 안 되는 상황이나 부득이한 경우 갈등적 상황이 일어날 수도 있다는 것을 알고 있어야 한다. 사례관리자는 지역의 자원체계가 되는 여러 기관들과 협업할 때 발생할 수 있는 이와 같은 문제나 갈등 상황들에 잘 대처하고 이를 해결해 나갈 수 있는 관계기술 또한 갖추고 있어야 한다.

이상에서 살펴본 사례관리자의 관계 역량은 사례관리 업무를 수행하면서 다양한 클라이언트들을 만나고, 이들의 공식적 및 비공식적 자원체계에 속한 사람들과 함께 일하는 경험을 통해 더욱 증진될 수 있으며, 사례관리에 대한 슈퍼비전과 교육 및 워크숍에 참여하는 것을 통해서도 강화될 수 있다.

4. 관계 역량 관련 쟁점

사례관리에서 다양한 체계들과 관계를 맺는 역량은 매우 중요하다. 그러나 사례관리자가 사례관리 업무 수행과정에서 항상 모든 사람들과 좋은 관계를 형성하는 것은 현실적으로 불가능한 일이다. 다음에서는 사례관리자가 유념해야 하는 관계 역량과 관련된 주요 쟁점들에 관해 논의하였다.

첫째, 관계의 질에 관한 것으로 사례관리자가 다양한 클라이언트들과 맺는 관계는 항상 좋은 것일 수만은 없으며, 때로는 갈등적이고 소진을 유발하는 것이 될 수도 있다. 사례관리자들은 관계 형성이 어렵고, 잘 되지 않는 클라이언트들을 실천현장에서 빈번하게 만날 수 있으며, 어떤 클라이언트와의 관계는 그 자체가 부담과 스트레스를 주는 것이 될 수도 있다. 뿐만 아니라 극단적으로는 폭력적이거나 욕설, 위협을 가하는 클라이언트, 자신의 주장을 관철시키기 위해 공공기관에 지속적으로 민원을 제기하는 클라이언트 등 신뢰관계 형성이 어려운 클라이언트를 만날 수도 있다. 실제로 사회복지전담공무원들을 대상으로 클라이언트와의 관계 경험을 연구한 결과 일부 클라이언트들은 소득을 감추거나 근로능력이나 가족관계를 속이거나 악성민원을 제기하기도 하는 등 관계에서 사례관리자들을 지치게 만드는 부정적 관계 경험을 유발하기도 하였다는 것이 보고되고 있다(조성심 외, 2015).

이는 사례관리자가 클라이언트와 맺는 관계의 속성 안에 사례관리자의 개인적 요소와 전문적 특성뿐만 아니라 클라이언트의 개인적 속성, 도움 받는 것에 대한 가치, 태도 등이 동시에 함께 상호작용하고 있기 때문이다. 그러므로 사례관리자는 모든 클라이언트와 맺는 관계가 항상 이상적인 좋은 관계일 수만은 없다는 사실을 인지하고, 폭력적인 클라이언트와 함께 일할 때는 사례관리자 자신의 안전을 확보해야 하며, 비록 관계 형성이 잘 되지 않는 클라이언트를 만나게 되더라도 좌절하지 말고 그 상황에서 관계 형성을 위한 최선의 노력을 해야 할 필요성이 있다.

둘째, 첫 만남에서부터 사례관리서비스를 거부하거나 관계를 형성하지 않으려는 클라이언트를 만나게 될 수도 있다. 이때 사례관리자는 클라이언트를 비난하지 말고 인내심을 가지고 클라이언트를 계속 방문하거나 전화, 문자메시지, 메모 등을 활용하여 클라이언트의 안녕에 대한 지속적인 관심을 표현하는 것이 클라이언트가 마음의 문을 열고 사례관리자와 관계를 형성하는 데 도움이 된다. 실제로 현장의 사례들을 살펴보면 초기 단계에는 관계 형성이나 서비스 자체를 거부하고 사례관리자를 불신했던 클라이언트가 사례관리자의 지속적인 관심표현과 노력으로 신뢰관계가 형성되면서 변화에 대한 동기가 생기며 협력적 동반자 관계를 맺게 되고 궁극적으로 삶에 긍정적 변화가 초래되는 결과를 낳는 것을 적지 않게 발견할 수 있다. 그러므로 사례관리자는 초기에 관계 형성이 되지 않거나 서비스 자체를 거부하는 클라이언트를 만나더라도 이러한 변화 가능성을 염두에 두고 클라이언트와의 관계 형성을 위한 노력을 멈추지 않아야 한다.

셋째, 클라이언트체계와 신뢰관계를 형성하는 데 투입되는 에너지와 시간은 사례마다 다를 수 있다. 사례관리자의 입장에서는 첫 만남에서부터 변화에 대한 동기가 있고 협력적 관계 형성이 잘 되는 클라이언트를 만나는 것이 좋겠지만 현실적으로 사례관리 현장에서 만나게 되는 클라이언트 가운데는 지속되는 삶의 어려움과 역경으로 변화에 대한 동기가 저하되어 있고, 무기력하며, 사람에 대한 신뢰감이 상실되어 있는 자들 또한 많은 것이 사실이다. 이러한 클라이언트를 만나게 될 때 이들이 사례관리자를 신뢰하고 협력적 관계를 형성하게 되는 데는 예상보다 긴 시간이 걸릴 수 있다. 클라이언트와 긍정적이고 변화 지향적인 관계를 형성하는 데 얼마나 많은 시간이 소요되는지는 각 사례마다 다르므로 일반화해서 말하기는 어렵지만 사례관리자는 이러한 관계의 속성을 인지하고 비록 신뢰관계 형성에 예상보다 많은 시간이 걸릴지라도 포기하지 말고 관계 형성에 지속적인 노력을 기울여야 한다.

넷째, 발달장애, 지적 장애, 정신장애, 알코올중독, 충동조절장애 등의 문제를 지니고 있는 클라이언트와의 관계 형성은 다른 사례보다 더 어렵고 많은 시간이 걸릴 수 있으며, 사례에 따라 깊이 있는 정서적 유대감 형성이 제한적일 수도 있다. 현장에서 사례관리 업무를 수행하다 보면 다양한 정서적 및 정신적, 행동적 장애를 지니고 있는 클라이언트들을 빈번히 만나게 되는데, 이러한 클라이언트들과의 관계 형성은 어려우며, 때로는 한계 상황에 부딪힐 수도 있다는 것을 사례관리자는 인식하고 있어야 한다. 이러한 특성을 지닌 클라이언트와 일할 때 사례관리자는 각 클라이언트들의 기능 수준과 능력이 어느 정도인지를 파악해야 하며, 이를 고려하여 클라이언트와 관계 형성을 해 나가야 한다. 또한 이러한 클라이언트들 가운데는 약속이행을 잘 하지 않거나 치료가 필요한 상황에서 치료에 소극적이거나 극단적으로는 치료를 거부하는 클라이언트들도 있다. 그러므로 이러한 사례를 만난다면 사례관리자는 반드시 지역사회 내 이러한 문제를 다룰 수 있는 기관과 긴밀한 협력적 관계를 맺고 그 기관의 실무자와 함께 사례관리를 진행해야 하며, 기관 내부 및 외부 전문가에게 사례에 대한 슈퍼비전을 요청하여 클라이언트와의 관계 형성 및 사례에 대한 적절한 개입이 이루어지도록 해야 한다.

학습과제

- 클라이언트와 좋은 관계를 맺기 위한 다양한 방안들에 관해 토론해 보시오.
- 사례관리 과정에서 관계를 맺어야 하는 다양한 체계들은 누구이며, 어떻게 좋은 관계를 형성할 수 있는지 토론해 보시오.
- 관계 형성이 어려운 클라이언트의 유형과 이에 대한 대처방안에 관해 논의해 보시오.
- 예비 사례관리자로서 자신이 클라이언트와 좋은 관계를 맺기 위해서는 어떤 능력을 증진해야 하는지 점검해 보시오.

참고문헌

권자영(2013). 한국형 실천관계척도 정신장애인용 개발연구. 한국사회복지학, 65(3), 239-263.
박숙경(2010). 사회복지실천가의 지적 장애 이용자와의 관계 인식. 성공회대학교 대학원 박사학위논문.
박향경, 권자영(2016). 실천관계에 대한 사례관리자와 정신장애인의 인식 연구-지역사회 정신보건 실천현장을 중심으로. 정신건강과 사회복지, 44(4), 154-183.
엄명용, 노충래, 김용석(2015). 사회복지 실천기술의 이해(3판). 서울: 학지사.
임정현(2012). 바우처 도입에 따른 사회복지사와 클라이언트 관계 변화에 관한 연구 동향. 사회복지리뷰, 16, 66-83.
조성심, 윤호순, 권지성(2015). 사회복지전담공무원의 클라이언트 관계경험에 관한 현상학적 연구. 한국사회복지학, 67(1), 109-142.

Alexander, C. & Grant, C. (2009). "Caring, mutuality and reciprocity in social worker–client relationships: rethinking principles of practice". *Journal of Social Work, 9*(1), 5-22.

Biestek, F. P. (1957). *The Casework Relationship.* Illinois: Loyola University Press.

Bordin, E. S. (1979). "The generalizability of the psychoanalytic concept of the working alliance". *Psychotherapy, 16,* 252-260.

Chinman, M. J., Rosenheck, R., & Lam, J. A. (2000). "The case management relationship and outcome for homeless person with serious mental illness". *Psychiatric Service, 51,* 1143-1147.

Corrpton, B. R. & Galaway, B. (1994). *Traditional Fields of Practice* (5th ed.). Belmont, CA: Wadsworth.

Gelso, C. J. & Carter, J. A. (1985). "The relationship in counseling and psychotherapy: Components, consequences, and theorectical antecedents". *The Counseling Psychologist, 13,* 155-243.

Harrison, J., Ainsworth, H., Chantler, C., Chapman, C., & Saltrese, A. (2009). *Case Management Society UK: Standards & Best practice guidelines,* 2nd Edition". CMSUK.

Hartley, D. E. (1985). "Research on the therapeutic alliance in psychotherapy". *American Psychiatric Association Annual Review, 4,* 532-549.

Ingram, R. & Smith, M. (2018). "Relationship–based practice: emergent themes in social work literature". *Insight 41,* 1-16.

Kleipoedszus, S. (2011). "Communication and conflict: an important part of social pedagogic relationships". In C. Cameron, C. Moss, & P. Moss (Eds.), *Social Pedagogy and Working with Children and Young People: Where Care and Education Meet.* London: Jessica Kingsley Publishers.

Koovtovic, A. M. & Tracey, T. J. (1990). "Working alliance in the early phase of counseling". *Journal of Counseling Psychology, 37,* 16-21.

Miley, K. K., O'melia, M., & Dubois, B. (2007). *Generalist Social Work Practice: An Empowerment Approach* (5th ed.). Boston, MA: Pearson Education.

O'Leary, P., Tsul, M., & Ruch, G. (2013). "The boundaries of the social work relationship revisited: towards a connected, inclusive and dynamic conceptualisation. *British Journal of Social Work, 43*(1), 135–153.

Perlman, H. H. (1978). *Relationship: The Heart of Helping People.* Chicago: University of Chicago Press.

Saggese, M. L. (2005). "Maximizing treatment effectiveness in clinical practice: An outcome-informed, collaborative approach". *Families in Society: The Journal of Contemporary Social Services, 86*(4), 558–564.

Sharpe, C. (2016). "From the individual, to the relational and communal: the Kirk's influence on three Scottish thinkers: Ronald Fairbairn, John Macmurray and Ian Suttie". *Ethics and Social Welfare, 10*(3), 224–238.

Walborn, F. S. (1996). *Process Variables: Four Common Elements of Counseling and Psychotherapy.* US: Thomson Brooks/Cole Publishing Co.

제16장

자원개발과 관리 역량

📄 **학습개요**

사람들은 누구나 자신과 가족 앞에 놓인 상황을 해결하기 위해 자원을 찾고, 그 자원에 접근하여 관계를 맺는다. 그리고 부단히 자원과의 상호작용을 시도한다.

사례관리자는 그 일련의 과정 어딘가에서 더 이상 나아가지 못하게 만드는 어떤 장애물을 가진 클라이언트와 함께 일한다. 멈춰서야만 했던 이유를 발견하고, 해결 대안을 찾거나, 자원까지 동행하거나, 자원과의 관계 맺기와 상호작용이 유지되도록 클라이언트와 함께한다. 뿐만 아니라 자원이 클라이언트의 욕구를 객관적 시각으로 이해하고, 돕고자 하는 반응 역량이 형성되도록 설득하거나, 자원들이 클라이언트와 가장 좋은 방법으로 상호작용을 유지하도록 자원들과 함께 일한다.

이렇게 사례관리자는 클라이언트와 자원 사이를 분주히 오간다.

이번 장에서는 이러한 사례관리자의 자원개발과 관리 역량에 대해 학습한다.

✏️ **학습목표**

1. 사례관리 모델에서의 자원 개념과 자원개발 역량의 필요성을 이해한다.

2. 사례관리에 필요한 자원체계의 종류와 역할을 설명한다.

3. 자원 범주와 유형에 따른 다양한 개발 역량을 이해하고 실천에 적용한다.

4. 자원개발자가 중점을 두어야 할 관점과 태도를 내면화한다.

1. 사례관리실천에서 자원개발 역량의 의미와 필요성

1) 자원의 개념

자원이란 가장 넓은 의미로는 "인간이 물질적·정신적 욕망을 만족하고 인류의 사회생활을 유지·향상시키기 위한 원천"이라고 정의할 수 있는데, 협의의 개념으로는 "토지·자본·노동 등 생산에 투입되는 물적·인간적인 생산 요소"를 의미한다. 다음 백과사전에 의하면 자원의 내용은 인류의 기술적·사회적 발전에 따라 변화하고 증가되어 왔고 상대적이고 유동적인 개념이며, 그 범위는 자연·기술·경제, 나아가 문화의 인적·물적 상호관계에 의해 질적으로도 양적으로도 변화한다고 하였다.

그러므로 "개인이나 가족이 삶을 유지하기 위해 자신들의 삶에 다가오는 다양한 도전과제를 해결하며 살아갈 때 자신의 삶의 터전에서 관계를 맺고 상호작용을 하게 되는 모든 환경 요소들"을 자원이라고 정의할 수 있다. 사례관리에 있어서 자원의 개념 또한 이와 크게 다르지 않다. 즉, 클라이언트의 욕구 해결, 다시 말하면 사례관리 목표 달성을 위해 필요로 하는 모든 수단을 총체적으로 이르는 말이라고 정의할 수 있다.

(1) 클라이언트 입장에서의 자원 개념

클라이언트의 입장에서 자원이란 '문제해결을 위해 지금 당장 필요로 하는 것'이라고 볼 수 있다. 그러나 이때 지금 당장의 요구(want)나 문제에 대응하는 자원이 모든 문제를 해결할 수 없다는 점을 간과하여서는 안 된다. 일례로 쓰레기더미에 쌓인 집에서 살고 있는 클라이언트를 발견하였다고 하자. 이때 우리가 볼 수 있는 문제는 불결한 환경이고 당장 필요로 하는 자원은 대청소와 방역일 것이다. 이렇게 자원개발자의 사정이 끝나면 이어지는 자원 연계 계획은 신속하게 주민을 동원한 대청소를 실시하고 보건소를 활용한 방역을 연계하는 것이 될 것이다.

그렇다면 자원이 연결된 이후 클라이언트는 계속 깨끗한 집 상태를 유지하며 살아갈 수 있을까? 물론 그럴 수도 있겠지만 쓰레기를 치우지 못하는 근본 원인이 해결되지 않았다면 클라이언트의 집은 오래지 않아 대청소 이전으로 돌아가고 말 것이다. 즉, 쓰레기를 왜 치우지 못하는 것인지, 클라이언트도 쓰레기라고 생각하는지, 쓰레기를 모아 무엇을 하려 했는지 쓰레기를 모아 두면 왜 좋은지, 쓰레기를 치우고 싶지만 치우지 못한다면 그 이유는 무엇인지 등 궁극적으로 해결되길 원하는 문제 상황의 원인이나, 클라이언트가 진정 변화하고 싶은 것을 우리는 욕구(need)라고 표현한다. 청소 방법을 모르는 것인지, 외로움과 두려움을 해소하려는 것인지, 신체적 기능이 원활하지 못한 것인지……

같은 쓰레기더미에 쌓여 있는 집이라 하더라도 클라이언트에게 필요한 자원은 클라이언트의 궁극적 욕구(need)에 따라 다르게 연결되어야 했다. 누구에게는 위로와 정서적 지지가, 누구에게는 일손이, 또 다른 이에게는 정리 방법의 코칭이 연결될 때 각각의 클라이언트는 비로소 자원으로 인식한다. 그러므로 우리는 문제 상황 그 자체보다는 클라이언트의 욕구에 기반하여 자원의 개념을 정의해야 할 것이다.

또한 사례관리에서의 자원은 클라이언트가 직면하거나 직면할 수 있는 역경에 대해 직접적 해결을 위한 보호 요인과 완충작용을 하는 예방 요인이 조화를 이룰 때 자원으로서 기능한다. 그러므로 표면적 문제해결의 수단이 아닌, 현재의 문제나 당면한 상황과 관련된 깊은 통찰과 이해를 통해 클라이언트의 삶의 맥락을 이해하고, 삶에 대한 동기를 반영하여 자원이 개발되어야 비로소 진정한 자원이라 할 수 있다.

(2) 사례관리자 또는 기관 입장에서의 자원

사례관리자나 기관의 입장에서 정의해 보면 자원은 "클라이언트에게 연결할 수 있는 유, 무형의 자산"이라고 정의할 수 있을 것이다. 그러므로 클라이언트의 욕구가 발견되면 즉각적으로 연결이 가능한 자원을 미리 갖추어 놓았다면 사례관리자 입장에서는 매우 큰 힘이 될 것이다. 그래서 사례관리자는 다양한 욕구 영역에 부합되는 자원들을 조직화하여 자원망을 구축하거나 다양한 자원개발을 위해 에너지를 투입하게 된다. 특히, 공식 자원체계, 전문가체계, 비공식 자원체계 등 운영체계를 조직하고 공식화 하여 사례관리자를 중심으로 반응적인 협력체계를 구축하는 것은 사례관리를 위한 필수 요소라 할 수 있다. 이러한 활동들은 다양한 서비스 자원들이 수시로 발견되는 클라리언트에게 사례관리자를 중심으로 팀을 이루어 즉각적 협력이 이루어질 수 있고, 클라이언트에게 효율적 서비스 전달을 할 수 있기 때문에 유용하다.

사례관리자의 역할과 기능은 욕구 해결 그 자체보다는 클라이언트의 욕구가 해결되기 위한 복지자원과의 관계를 맺도록 지원하고, 클라이언트와 관계 맺어진 자원 간의 상호작용이 원활하도록 지원하는 데 있다. 그러므로 클라이언트를 중심으로 한 복지 생태계의 구축과 활성화에 기여하고 클라이언트의 욕구 영역에 대응하는 지역자원 간의 협력적 체계를 미리 조직화하여 놓고 이러한 관계를 클라이언트에게 이전되도록 도움으로써 클라이언트 혼자서 자원 접근이나 문제해결을 시도할 때보다는 좀 더 신속하고 효율적으로 접근 내지 해결되도록 하여야 한다.

다만, 이때 자신이 조직 또는 확보해 놓은 자원 중심으로 클라이언트의 욕구를 디자인하거나 연결함으로써 클라이언트의 욕구나 우선순위가 무시되지 않도록 경계해야 하며, 공식 자원 네트워크 중심의 자원 연계에 치우쳐 비공식 자원개발, 클라이언트의 내적 자원개발이 경시되지 않도록 해야 한다.

2) 사례관리자의 자원개발 역량의 필요성

사례관리에 있어서 자원개발과 관리 역량은 두 가지 측면에서 필요하다.

(1) 클라이언트의 문제해결 역량의 강화

사례관리를 통해 클라이언트의 문제해결 역량, 즉 사회적 기능을 강화하기 위해 필요하다. 사례관리자의 문제해결 역량은 자신의 역량으로 클라이언트의 현재 보이는 문제를 해결해 주는 것에서 끝나지 않고 클라이언트의 문제해결 역량을 강화하는 데 활용되기 때문이다.

사례관리자로부터 클라이언트에게 이전되는 자원개발과 관리능력이란 무엇일까?

첫째, 자원개발은 욕구사정 역량이다. 자원을 개발하고자 할 때 클라이언트 자신의 문제 상황이 어디로부터 기인한 것인지 심도 있는 통찰로부터 시작되어야 한다. 만약 클라이언트가 자신의 복잡하고 만성적인 문제 상황에 압도되어 정확한 원인, 진정한 욕구사정이 어려운 상황이라면 이때 사례관리자는 클라이언트와 함께 클라이언트의 욕구를 민감히 알아차리고 통찰할 수 있도록 도와야 한다. 이 과정은 사례관리 종결 이후 클라이언트가 스스로 자신의 문제 상황을 통찰해 가는 역량으로 남게 될 것이다.

둘째, 자원접근 역량과 자원과의 상호작용 역량이다. 사례관리자는 자신의 자원개발과 관리 역량을 발휘하여 클라이언트가 다양한 자원에 대한 정보를 접하고, 자신의 상황을 고려한 최선의 선택을 해 가는 문제해결 과정을 함께한다. 이 과정에서 클라이언트는 자원 정보를 수집하는 방법, 자원에 접근하여 자신에게 필요한 자원을 획득하기 위한 설득과 협력적 상호작용 방법, 자원을 효율적으로 활용하는 방법 등을 습득하게 되며 결국 사례관리자의 자원개발과 관리 역량을 클라이언트 자신의 것으로 내재화하게 될 것이다.

(2) 자원의 반응 역량의 강화

사례관리는 개별의 기관이나 서비스가 클라이언트에게 제공되는 방식이 아니라 클라이언트에게 필요한 지역사회의 자원들이 클라이언트를 중심으로 팀을 이루어 돕는 서비스 전달방식이라고 할 수 있다. 그러므로 자원 간의 협력적 관계 형성과 효율적 지원을 위해서는 전문적이고 일관성 있는 협력방식이 공유되고 상시로 작동되어야 한다.

저자는 개별조직의 경계를 넘어 이러한 협력을 할 수 있도록 준비된 정도를 "자원의 반응 역량"이라고 정의하고자 한다. 자원의 반응 역량은 두 가지 속성을 갖는데, 첫째, 집단적 협력을 통한 서비스 제공 역량으로서 자원들이 사례관리 방식으로 일하기로 동의하고, 자원으로서의 역할을 할당받고 서비스를 제공하는 방식, 사례관리자를 중심으로 정보를 공유하고 조정활동에 능동적으로 참여하는 것이다. 둘째, 클라이언트의 상황과 욕구를 이해하고 적절한 서비스와 상호작용을 함으로써 클라이언트에게 유용한 자원으로 기능하는 전문적 역량이다.

자원의 반응 역량이 강화되면 클라이언트 상황과 욕구에 대한 자원들의 이해가 공유되어 클라이언트에 대한 편견이 배제되고 목표가 공유되며, 돕고자 하는 동기가 높아진다. 이로써 클라이언트는 자원 접근이 수월해지고, 중복이나 누락 등 서비스에 대한 혼란이 줄어들고 클라이언트의 욕구에 부응하는 체계적이고 일관성 있는 지원을 편리하게 이용하게 된다.

이렇게 지역사회에 존재하는 사례관리 자원이 될 가능성이 있는 조직이나 개인들을 반응 역량이 강화된 사례관리를 위한 자원기관으로 만들기 위해서는 지역자원 정보 수집과 정리, 자원의 인식 변화와 동기화 활동, 운영체계 조직, 자원 간의 소통 구조 마련과 운영, 자원 간 중재와 조정 등 다양한 사례관리자의 자원 조직과 관리 역량이 필요하다.

2. 사례관리자의 자원개발 역량

1) 자원의 소재에 따른 자원개발 역량

벨류와 밍크(Ballew & Mink, 1996)는 자원 범주를 설명함에 있어 자원의 소재에 따라 클라이언트를 중심으로 내적 자원과 외적 자원으로 크게 구분하고 자원 제공 주체의 성격에 따라 공식 자원과 비공식 자원으로 구분하여 설명하고 있다.

사례관리자는 자원개발을 위해 지역사회 내의 자원소재에 따른 다양한 정보의 수집과 협력체계의 개발을 위한 역량이 필요하다.

(1) 내적 자원을 개발하는 역량

내적 자원은 욕구 해결에 활용할 수 있다고 판단되는 개인 또는 가족의 특성을 말한다. 흔히 개인의 강점과도 혼용되어 사용되고 있다. 가족에서의 내적 자원으로는 가족 간의 충성심, 정서적 지원을 강화하고 제공하기 위한 능력, 명료하게 의사소통하기 위한 능력, 가족 구조의 유연성, 가족의 신념체계 등을 비롯하여 개인이 갖는 지능, 신체적 강점, 건강상태, 긍정적인 성향(정직, 자아상, 낙관적, 인내, 친절 등), 영성, 개인의 경험, 성격특성 등을 포함한다.

강점이라 함은 흔히 장점과 혼동되어 사용되는 경우가 많은데 구분하여 본다면 장점은 보편적으로 바람직하다고 생각되는 특징, 즉 성실함, 부지런함, 적극적임 등과 같은 사회적으로 긍정적 특성을 이르는 말이다. 그러나 비록 장점이더라도 그의 장점이 욕구해결 과정에 재료로 활용되지 않는다면 그것을 내적 자원이라 하지 않는다. 비록 사회적으로 긍정적이지 않은 개인의 특성이더라도 자신의 욕구 해결 수단이나 방법으로 활용할 수 있는 개인적 특성이 있다면 우리는 내적 자원으로 사정하고 욕구 해결에 자원으로 개발하여 활용한다. 이렇게 사례관리자는 클라이언트의 강점을 발견해 낼 수 있는 시각과 클라이언트로 하여금 자신의 강점을 자원화하여 욕구 해결에 활용할 수 있도록 지원하는 역량이 필요하다.

(2) 외적 자원을 개발하는 역량

외적 자원이란 개인 또는 가족이 합리적인 질적 생활을 유지하도록 도와주는 재화와 서비스를 제공하는 사람이나 조직을 의미하며 공식 자원과 비공식 자원, 공공 자원과 민간자원으로 설명될 수 있다. 사례관리자는 공식, 비공식 자원에 대한 정보를 수집하고 정리하여 효율적으로 연결할 수 있어야 한다. 공식 비공식 자원 개발 방식에는 지역 조직화, 네트워크, 사회적 마케팅 등 다양한 방법을 적절히 활용한다.

① 공식 자원

공식 자원은 기관이나 전문가에 의해 제공되며 기금이나 서비스 이용요금을 통해 재원이 충당되며, 기관, 조직, 전문가, 정책과 규정에 의해 원조를 제공하는 것으로 법과 행정적 규칙에 의해 통제받을 수 있다. 자원 접근성을 규제하는 규칙들은 명문화되어 있다.

공식 자원은 제공 주체의 성격에 따라 다시 공공과 민간의 두 유형으로 구분할 수 있다. 공공 자원은 공적 급여와 같이 세금에 의해 운영되고 법으로 통제되며, 민간 자원은 자선적 기부에 의해 혹은 서비스 이용료에 의해 운영되는 사회복지시설이나 기관의 서비스 등이 이에 속한다. 민간기관 중에는 순수한 비영리 민간기관과 영리를 추구하는 민간기관이 있을 수 있다.

② 비공식 자원

친척, 친구, 이웃, 자원봉사자 등을 포함하는 광범위한 개념이다. 종교단체, 여가활동단체, 사회단체뿐만 아니라 개인적 모임, 동료집단, 통장·반장, 슈퍼아저씨, 경비아저씨 등 클라이언트와 가까이에서 평소에 상호작용을 하고 있는 모든 것이 이에 속한다. 특히, 클라이언트 자조집단은 자신들의 욕구에 대해 누구보다도 전문가이며 서로에게 필요한 자원이 되어 줄 수 있어 유용한 비공식 자원이라 할 수 있다.

2) 자원의 유형별 자원개발 역량

매과이어(Maguire, 2001)는 지지체계의 유형에 따라 자원을 사회적 자원, 정보 자원, 물리적 자원, 세 가지로 구분하고 있다. 자원 유형의 개념과 개발 방식을 알아보면 다음과 같다.

(1) 사회적 자원을 사정하고 개발하는 역량

사회적 자원은 진실한 관심을 가진 전문적 네트워크(사회복지사, 간호사, 의사, 변호사)와 비공식적 지지체계(형제, 자매, 남편, 이웃, 동료, 교회 신자 등)를 포함한다.

클라이언트의 사회적 자원을 사정하고 개발하기 위해서는 다음과 같은 과정으로 진행하는 것이 좋다.

① 환기: 사회적 관계 속에서 자기 개념과 타인에 대한 긍정, 부정적 정서를 경험하고 이것이 패턴화되어 살아가는 경우가 많다. 그러므로 사례관리자는 자유로운 분위기와 신뢰관계를 구축하여 클라이언트가 가지고 있는 자신과 타인에 대한 자신의 감정을 풀도록 지지한다.

② 사정: 관계가 안정화되면 어릴 적 충격, 낮은 자존감, 심리사회적 이유 등 현재 지지체계가 부족한 이유를 탐색해 본다.

③ 명확화: 네트워크 지도, 생태도, 가계도를 사용하여 자신의 지지망을 평가하여 보고 상호작용의 문제점 등을 명확화한다.

④ 계획: 클라이언트와 사례관리자가 함께 사정한 내용을 바탕으로 사회적 자원을 개발할 전략을 세운다.

⑤ 재구성: 직접실천과 간접실천의 방법을 활용한다. 중재, 옹호활동을 통한 사회적 관계 개선, 모델링, 코칭, 대안 탐색과 제시 등 교육훈련 방법을 동원한 사회기술 향상, 레크리에이션, 쇼핑 등 다른 사건과의 관계를 만들어 간다.

⑥ 이외에도 상담, 치료 등의 기술을 활용하여 심리 내적 장애물을 해소하는 방법도 활용할 수 있다.

(2) 정보자원을 사정하고 개발하는 역량

정보자원은 의료 정보 등 전문적 정보, 건강 정보, 취업 정보 등 클라이언트의 욕구 영역에 대한 구체적 정보를 제공할 수 있는 자원을 말한다.

사례관리를 하면 대상자의 욕구가 다양하듯 필요한 정보도 다양해진다.

예를 들어, 당뇨, 고혈압을 앓고 있는 노인 등 건강에 관련된 욕구가 있는 특수한 집단에게는 질병과 건강을 관리하기 위해 건강, 의학상식은 필수로 제공되어야 하며, 이에 대한 정보자원이 필요하다. 즉, 의료 정보, 정신건강, 자살, 아동 학대, 노인 학대, 가족 폭력 등 정신건강과 위기상황에 대한 판단 및 대응 법에 관련된 정보, 영양 관리, 비만 관리 등 보건과 영양에 관한 정보, 자녀 양육, 집 정리, 경제 관리 등 일상생활 기능 지원을 위한 정보, 법률적 정보, 노사관계에 관한 정보, 세법과 민법에 관한 정보자원은 클라이언트를 다양한 기회에 접근하게 하거나 동기화하는 데 매우 필요한 자원이다.

이를 위하여 사례관리자는 의사, 심리학자 등 다양한 분야 전문가와 긴밀한 연계망을 확보해야 하고 지역자원에 대한 다양한 정보를 정리하고, 수시로 업데이트해야 한다. 또한 동일한 욕구를 가진 이들이 모인 자조집단은 클라이언트에게 중요한 정보자원이 될 수 있다.

정보자원을 개발하기 위해서는 중개활동, 교육활동, 온라인매체 활용 등의 방법을 활용할 수 있다.

(3) 물리적 자원을 개발하는 역량

도구적 자원이라고도 부르는 물리적 자원은 생존의 욕구 충족을 위한 자원, 즉 주거, 음식, 세탁, 쇼핑 등등 경제적 자원과 고용기회, 주택 등이 이에 속한다.

이러한 물리적 자원을 개발하고 연계하는 사례관리자는 다음과 같은 부분을 유념해야 한다.

① 기본적 욕구가 충족되어야 상위욕구 성취가 가능하다.
② 자원 접근을 위한 정보나 지식의 부족으로 권리를 못 누리는 클라이언트를 위한 협조활동과 정보제공은 물론 자원과의 협상과 옹호활동이 요구된다.
③ 일회성 자원보다는 자원의 연속성을 확보하기 위한 방향으로 자원을 연계한다.

3) 자원 역할에 따른 사례관리 운영체계 개발 역량

한국 사례관리학회는 사례관리 전문가 교육교재(2019)를 통해 사례관리를 위한 운영체계를 구축함에 있어 전담체계, 자원체계, 지원체계로 구성하여 운영할 것을 제안하고 있다. 이에 따르면 자원체계는 사례 발굴, 서비스 제공, 전문적 자문과 솔루션 제공 등을 위해 공식 자원과 비공식 자원으로 구성하여야 한다.

(1) 사례 발굴과 의뢰체계

기본적으로 자발적 클라이언트와 비자발적 클라이언트의 발굴, 기관 내 · 외부 기관에서 의뢰되는 경우가 대부분이므로 사례관리 대상자와 접촉이 가능한 개인이나 광범위한 지역사회조직이 사례 발굴과 의뢰체계가 될 수 있다. 사례 발굴과 의뢰체계는 학교사회복지사, 주민센터, 통반장, 각 사회복지 분야 직능단체, 부녀회장, 기타 시민단체, 기존 서비스 이용자 등 다양하게 구성할 수 있다. 이러한 사례 발굴 및 의뢰체계는 평소 클라이언트의 지지체계, 모니터링 체계로서 비공식 자원 망으로 상호작용을 하며 사례관리가 필요한 상황이 발생하면 신속하게 사례관리 자에게 의뢰하는 역할을 수행한다.

(2) 공식 자원체계

클라이언트 욕구에 대해 맞춤서비스를 신속하게 제공하고 욕구가 해결될 때까지 지속적으로 서비스를 제공하려면 1개 기관 내의 서비스만 연결하고, 자체적으로 해결하는 것이 불가능하다. 그러므로 다양한 클라이언트의 욕구에 대한 서비스를 제공하는 기관들 간에 네트워크 구성을 통해 클라이언트가 필요한 서비스를 제공받을 수 있어야 한다.

그래서 주 사례관리기관은 욕구 해결을 위한 서비스의 신속성, 지속성, 포괄성을 확보하고 지역사회 내의 사례관리기관 간의 사례관리에 대한 점검과 조정 역할에 대한 권한을 위임받고 사례관리 역할을 분담하기 위해 서비스 제공자 간의 네트워크를 구성한다. 이를 공식 자원체계라 한다.

공식 자원체계는 사회복지서비스 기관(직능협 협의체, 개별기관)뿐 아니라 지역사회 유관기관(유치원, 체육관, 문화센터, 학원 등)까지도 포괄적으로 구성해야 한다.

서비스의 중복 방지, 서비스연계와 협력, 공동 정책개발 및 건의, 자원개발, 사례관리에 있어 클라이언트의 자원망으로 역할을 분담받고 수행한다.

(3) 비공식 자원체계

사례관리자는 조직 자체가 보유하고 있는 자원의 조직화는 물론 지역사회에서 사용할 수 있는 공적·사적 자원망을 구성하여, 서비스의 충분성, 질, 지속성을 확보하여야 한다. 보편적으로 사례관리를 위해서는 공적 자원을 조직화하는 것에 관심을 갖게 된다. 물론 공공이든 민간이든 지역사회 내에 있는 공적 자원들이 있다면 그것에 대한 정보를 수집하고 조직화하여 효율적으로 전달할 필요가 있다. 그러나 이러한 공적 자원은 한시적이고 자원 접근에 필요한 자격을 갖추어야 하며 클라이언트가 살아온 생활방식과 다른 새로운 자원 활용 기술과 역량이 필요하다. 이러한 기술과 역량이 키워지기까지는 또 다른 어려움과 희생이 수반된다. 이에 비해 대상자와 함께 대상자 주변에서 찾아낸 비공식 자원들은 비교적 영구적으로 대상자 주변에 있을 가능성이 높으며, 대상자에게 익숙하고 대상자의 생활방식을 먼저 경험했거나 이해하고 있으며 그들만의 스타일로 터득한 해결방식을 전수해 줄 수 있다는 장점이 있다. 또한 비공식 자원체계를 개발할 경우 심리적 위안과 지지자원으로서의 역할은 공통적으로 수행하게 된다. 그러므로 클라이언트의 주변에서 친인척, 동네 주민, 동네 유지, 또는 이미 사례관리서비스를 이용해 본 이들의 자조모임 등을 조직화하여 사례관리 자원으로 활용할 필요가 있다. 인적 자원으로는 가족, 친구, 이웃 등을 비롯하여 일반 자원봉사자와 전문지식을 나누는 자원봉사 등 다양한 공식, 비공식적 인적 자원이 포함된다. 물적 자원으로는 현금, 현물 등의 형태가 있으며, 가능한 특정 클라이언트에게 직접적으로 지원되는 전략이 효과 있다. 비공식 자원을 개발할 때는 특히 다음과 같은 부분을 유의해야 한다.

- 지속적으로 활용 가능한 자원개발과 자원의 지속성이 가능하도록 철저한 관리를 해야 한다.
- 클라이언트의 강점과 기존 자원을 중심으로 개발한다.
- 클라이언트가 살고 있는 지역사회 중심으로 개발한다.
- 사례관리 종결 이후에도 클라이언트의 비공식 지원망으로 연계될 수 있도록 한다.
- 클라이언트와의 상호작용을 활발히 촉진시킨다.
- 현물 또는 매칭펀드(예: 학원비를 기관 또는 클라이언트와 학원이 분담하여 제공) 형태로 참여할 경우에 현물급여에 상응하는 현금으로 계산하여 세제 혜택을 받도록 해 주며, 지속적인 현물 또는 매칭펀드 참여를 위해 기간 관 협약을 맺는 것도 효과적이다.

(4) 전문가체계

　서비스 지원계획수립과 개입의 전문성 확보를 위하여 구성한다. 전문적 도움이 필요한 사례의 경우 문제해결에 도움이 되는 이론적ㆍ실천적 전문성을 지닌 전문가 집단(해당 분야 현장 전문가, 변호사, 의사, 교수, 기타 해당 분야 전문인력)이 이에 해당된다. 전문가 자원체계는 사례계획 수립과 개입 등 사례관리 전 과정에 자문과 솔루션을 제공하기도 하고 클라이언트에 대해 직접적으로 자원의 역할을 수행하기도 한다. 사례관리자는 다음과 같은 부분을 유의하여 자원을 개발하도록 한다.

- 욕구가 많은 분야의 집단부터 구성한다.
- 유명한 인사보다는 실질적 도움을 줄 인력으로 구성한다.
- 가능한 지역사회 중심의 인력으로 구성한다.

4) 자원사정 결과에 기반한 자원개발 역량

조현순(2010)은 자원개발 계획을 수립하기 위해 클라이언트와의 면접 내용을 기반으로 자원사정을 해야 하며, 그 내용을 다음과 같은 기준으로 분석하여 자원개발 방식을 결정해 볼 것을 권하고 있다.

(1) 이전의 사용 결과가 나빴던 자원

클라이언트가 사용해 보았으나 문제해결에 도움이 안 되었거나 더욱 나쁜 상황을 만들었던 자원(해결 방식, 인식, 함께한 사람, 도구) 등을 찾아본다.

이는 클라이언트의 현재 문제 상황을 가져오게 된 맥락을 이해하고 클라이언트의 욕구는 인정하되 현재 사용하는 자원으로 인한 부작용을 최소화할 수 있는 대체자원을 찾을 수 있게 하는 데 유용하다. 이 방식은 클라이언트로 하여금 현재 상황에 대한 평가나 비난 없이 자신의 욕구가 타인에게 공감과 인정을 받는 경험을 하게 하고 클라이언트의 욕구 해결 노력을 수용하되 클라이언트의 기대와 다르게 나타난 결과에 초점을 맞추고, 대체할 만한 새로운 해결 방법을 찾아가는 동기를 만들 수 있다는 데 의의가 있다. 클라이언트의 문제해결 방식을 비난하지 않고 동기화하는 데 유효한 방법으로 나쁜 자원임을 인지하고 활용을 하지 않거나 다른 자원으로 대체할 수 있도록 치료, 상담, 대체자원의 탐색 등의 지원을 한다. 이때 클라이언트의 욕구는 인정 · 존중되어야 한다.

(2) 자원의 존재를 인지하고 있으나 현재는 활용이 중지된 자원

이전의 부정적 관계 경험 등 타의 또는 자의에 의해 자원의 출처를 알고 있거나 과거에 활용했던 경험이 있는데도 현재는 사용하지 못하고 있는 자원을 의미한다. 이러한 자원들은 자원 접근과 활용의 장애물이 무엇이었는지 탐색함으로써 인지될 수 있다.

타의 또는 자의에 의해 사용하지 못하고 있는 자원이므로 자원 접근성을 높이기 위한 장애 요인을 파악하여 대안을 모색한다. 이때 클라이언트의 내적 장애물을 해소하거나, 클라이언트와 자원과의 관계를 중재하거나 옹호자 역할을 수행할 수 있다.

(3) 자원의 정보 취득, 접근 및 활용에 어려움을 가지고 있는 자원

접근방법을 모르거나 자원의 소재를 알지 못하거나 활용 방법을 모르는 등 자원 자체에 대한 지식이나 자원 접근 및 활용 방법에 대한 지식과 기능이 부족하여 사용하지 못하는 자원을 말한다.

이러한 경우에는 접근상의 지식이 부족한 자원에 대하여 정보를 수집, 정리하여 제공함으로써 사례관리자의 정보가 클라이언트에게 이전되도록 돕거나, 교육훈련을 통해 정보 수집 및 활용 역량이 강화되도록 돕는다. 이때 중개, 의뢰, 코치, 모델링의 기술을 활용한다.

(4) 욕구 해결을 위해 필요로 하나 존재하지 않아 개발이 필요한 자원

필요성을 인지하더라도 주변에 존재하지 않는 자원을 말한다.

클라이언트의 강점을 개발하여 활용하거나, 비공식 자원망, 지역사회, 정책 등에 옹호활동을 전개하거나 각종 재단에 공모 지원활동, 매스컴을 활용한 방법, 캠페인, 주민 조직화 등 다양하고 창의적 방법을 활용한다.

조현순의 자원사정 결과에 기반한 자원개발을 하기 위해서는 다음의 과정을 거쳐야 하며 클라이언트와의 관계 형성과 접촉의 정도에 따라 정확한 사정과 개발계획이 수립될 수 있으며 클라이언트의 참여의 중요성이 강조된다.

- 욕구를 명료화하기, 공감하기, 인정하기
- 이전에는 해결을 위해 어떤 시도를 하였는지 알아보기
- 그 결과는 어떠하였는지 알아보기
- 사용했던 자원의 활용상의 어려움을 나누고 대안을 마련하기

• 욕구를 해결하기 위해 새롭게 개발되어야 할 자원을 탐색하고 검토하기

또한 자원개발의 목적은 자원 그 자체를 구하는 데 있기보다는 자원들이 클라이언트의 상황을 이해하고 적절한 서비스를 적합한 방식으로 전달하며 클라이언트와 상호작용을 유지하는 '자원의 반응 역량'을 개발하는 데 초점을 두는 것이 중요하다.

5) 지역 조직화를 활용한 자원개발 역량

(1) 공식 자원과 함께 일하는 역량

사례관리자들은 다양한 분야의 전문가 또는 전문가가 속한 조직과 함께 일하게 된다. 이에 조직을 이해하고 네트워크를 개발하고 협력적인 관계를 유지하며 효율적으로 사례관리를 운영해야 한다. 이때 다음과 같은 경험적 지식이 유용하다.

① 네트워크 조직화 방식

첫째, 사례중심 네트워크 방식인데 구체적 사례가 발생했을 때 실제 사례를 가지고 자원개발에 나서는 방식이다. 이러한 방식은 1명의 클라이언트를 중심으로 팀을 이루어 사례관리에 참여하는 과정을 통해 사례관리 성과를 공유하면서 보람과 협력에 대한 동기가 강화된다. 이러한 경험은 다른 사례의 자원 역할로 확대될 수 있는 장점이 있다. 즉, 이러한 사례 중심 네트워크는 사례관리자의 네트워크를 구성하여 거둬 들인 자원을 사례관리자가 클라이언트에게 제공하는 방식이 아니라 클라이언트를 매개로 맺어지는 네트워크이므로 일차적으로 대상자의 영구적 상호작용이 일어날 수 있는 자원망이 되며, 이러한 성공적 경험 속에서 강화된 자원망의 참여 동기는 사례관리기관의 공식적 협력체계가 되는 이차적 성과를 가져오는 강점이 있다. 우리아이 희망네트워크 사업 성과 보고서(2008)에서도 자원을 따라다니던 기존의 자원 중심 네트워크에서 '서비스 이용자'가 있고 각 서비스 이용자의

욕구가 있을 때 그 사례를 가지고 자원을 찾아가는 사례 중심 네트워크'를 수행한 것이 클라이언트의 변화에 영향을 미친다고 보고하고 있다.

둘째, 실무자로부터 출발하여 공식화하는 네트워크 방식이다. 사회복지시설 및 기관들은 행정적 체계를 가지고 있기는 하지만 실제로 서비스를 담당하는 것은 일선 실무자의 역할이다. 이에 기관장이 지시한 과업에 대해 실무자가 그 취지를 체감하고 수행으로 옮겨 가기까지는 상당한 교육과 실무 경험이 필요하다. 이에 실무자와 실무자가 자신의 사례를 함께 돕는 방식의 네트워크는 이러한 행정적 체계로 인한 비효율적 요소를 감소시킬 수 있는 강점이 있다. 단, 이때 한 사례만의 협력으로 끝나지 않고 지속적 협력체계를 유지하며, 사례관리에 필요한 조정과 점검활동 참여와 같이 주 사례관리기관과 협력하는 업무에 대하여 소속 기관 내에서 보장받게 하기 위해서라도 공식적 관계로 발전하는 상향식 네트워크 방식으로 이끌어야 한다.

셋째, 기존 네트워크를 활용하는 네트워크 방식이다. 사회복지서비스의 통합적 연계를 위해 우리는 다양한 시도들을 하고 있다. 민간기관 단체 간의 자생적 회의 조직을 만들어 협력하는 유형, 지역사회보장협의체가 아동·노인·청소년 등 대상별 분과를 구성하여 통합서비스를 위한 연계활동을 활성화한 유형, 지자체 내에 사례관리팀을 구성하고 이들이 중심이 되어 민간기관을 협력체계로 구성한 유형 등 다양하다. 구체적으로 사례관리를 위해 어떤 업무와 역할을 담당할 것인지가 명확하지 않으나 지역사회 내의 복지자원과의 상호작용을 촉진하기 위하여 사례관리의 원활한 협력을 이끌어 내도록 유도하는 비정형 형태로부터 사례관리를 위해 명확한 역할 규정과 회의구조를 가지는 형태까지 성숙 정도는 다양하다. 때문에 주 사례관리기관은 무조건적으로 자신의 기관 중심의 외부 체계 개발을 새롭게 주도하려고 하기보다는 지역사회 내에 네트워크 구조를 파악하고 기존 네트워크를 어떻게 활용할 수 있을지를 고민하고 이를 위한 설득과 협상, 지역 네트워크에 대한 참여와 기여 등의 전략을 구사하여야 한다.

넷째, 관계 중심에서 과업 중심으로 넘어가는 방식이다. 다양한 자원들이 사례관리의 당위성을 먼저 생각하다 보면 실무자 간의 개인적 관계가 형성되기도 전에 행정적 절차 속에서 만나게 되는 경우가 많이 있다. 이때 의뢰나 연계가 원활하지 않을 수 있다. 사례관리자는 실무자들과의 협력을 위한 친분관계를 형성하기 위해 취미모임 가입, 개별방문, 비공식적 만남의 기회 마련 등 노력을 할 필요가 있다. 지역사회 내에서 서비스 주체 간의 사례관리에 중심을 둔 통합적 서비스 전달체계로의 변화에는 전달체계의 변화뿐이 아니라 전달체계를 둘러싼 실무자 간의 이해와 친밀감 형성이 필수적이다.

다섯째, 쌍방향 네트워크 방식이다. 이전의 자원전달 방식은 사례관리자 또는 주 사례관리기관이 다양한 자원체계로부터 자원을 끌어모아 일방적으로 클라이언트에게 전달하는 방식, 즉 일방적 전달방식이었다. 그러나 쌍방향 네트워크의 경우 자원을 제공하는 이와 자원을 활용하는 대상자 사이에 상호작용이 일어날 수 있도록 하는 방식을 취한다. 그 결과 네트워크의 중심에 서비스 이용자가 있고 그 이용자의 욕구에 따라 자원이 헤쳐 모이는 형상이 된다. 이러한 '쌍방향 네트워크'는 관계에 초점을 두어 형성되므로 지속적으로 서비스를 필요로 하는 사람들의 안전망과 보호망으로 작동하도록 하는 장점이 있다.

네트워크를 조직할 때 다음과 같은 과정을 거치는 것이 좋다.

첫째, 사례관리의 이념과 가치를 공유하는 단계
- 사례관리 실무자와 클라이언트는 지역사회자원을 조사한다.
- 사례관리를 통해서 성취하고자 하는 부분을 설득한다.
- 설명회, 교육기회 제공, 방송 활용, 회의 참여 등 다양한 방법을 활용할 수 있다.
- 실무자를 중심으로 설득하는 것이 필요하다.

둘째, 성공과 보람을 맛보는 단계
- 실제 사례를 통해 사례관리에 필요한 역할을 분담하여 수행한다.

- 자원체계가 맡은 역할 이외에도 사례가 진행되는 과정을 모두 알 수 있도록 점검회의, 사례회의 또는 보고 메일 발송 등 다양한 경로를 통해 소속감과 보람을 가질 수 있도록 한다.
- 사례관리의 성과가 있을 때 그에 관한 보상이 해당 기관에 돌아가도록 한다.
- 비용의 절감, 전문성의 증진, 지역사회에서의 기관 평판의 호전, 실적의 향상 등 해당 자원에게 돌아오는 이점이 있도록 다양한 활동을 전개한다.
- 실제 변화되는 사례를 통해 성취감과 보람을 느낀다.

셋째, 공식적 관계로 발전시키는 단계
- 실무자들 간의 개인적 관계에서의 협력을 공식적 협력체계로 업그레이드하는 단계이다.
- 어렵게 맺어 놓은 개인적 인맥에 의한 협력관계가 실무자의 이직이나 개인적 사정에 의해 유지되지 않는 경우를 예방하고 실무자들 간의 사례관리 협력 업무(사례회의 참석, 각종 보고서 교환, 프로그램 제공 등)가 해당 기관에서 업무 보호를 받을 수 있도록 하기 위하여 필요하다.
- 사례관리기관 또는 자원체계로서의 명확한 역할 포지셔닝이 중요하다.
- 사례 발생과 서비스 연계가 어느 정도 불특정한 시기에 수시로 발생하는 특성이 있어 사례관리자가 의뢰한 사례에 대해서도 정원 초과 등을 이유로 자원기관으로서의 실질적 역할을 하지 못하는 경우가 발생되고 있다. 이러한 문제를 예방하기 위해서 공식적 협약을 하게 되면 해당 자원기관은 차년도 사업계획안에 사례관리를 통한 의뢰 사례에 대해 서비스 연결이 가능하도록 미리 사업량을 할당해 두어야 한다.
- 위촉, 협약, 발대식 등 외부 체계의 여건에 따라 적절한 형태로 변형하여 적용하는 것이 바람직하다.

넷째, 확대 적용의 단계

- 자원체계가 할 수 있는 역할이 다른 사례에게도 확대되어 가는 단계를 말한다.
- 지속적 관계를 위해 교육, 훈련 활동, 점검과 조정체계의 개발, 응집력 향상을 위한 비공식 모임과 활동들을 구상하여 진행한다.
- 사례관리 자원체계로서의 역할을 유지하는 데 장애가 되는 요소들을 파악하고 이를 지원한다.
- 자원체계의 역할 유지가 원활하기 위해, 교육활동, 상담 및 지지활동, 기술적 지원이나 공동 슈퍼비전, 협상활동, 대안모색 및 연결활동 등을 실시한다.

(2) 클라이언트 네트워크 조직화 역량

이용자 또한 단순한 서비스 수혜자가 아니라 사례관리사업의 동반자로서, 주요한 자원으로서 인식하고 주체적으로 참여할 수 있는 네트워크로 자조집단이 대표적인 예다.

유사한 어려움을 가진 이들이 스스로 움직이고 돕는 '자생적 네트워크'로서 가용할 수 있는 '자원의 범위와 폭'이 넓어진다. 사례관리자에게는 자원 부족을 해소하는 대안이 되며, 이 같은 네트워크의 자생성은 '지역사회가 스스로가 보호망으로서의 역할을 감당하는 건강한 마을로의 역량이 강화된다'는 의미가 있어 매우 중요하다.

6) 사회적 마케팅 방식을 활용한 자원개발 역량

지역사회를 대상으로 의식, 태도, 가치의 변화를 목적으로 실시하는 제반 활동을 의미하며 다음과 같은 방법을 활용한다.

캠페인과 이벤트, 교육, 워크숍, 인터넷 매체를 활용한 자원 동원 방법, 주민 조직 형성 공모지원 등이 유용하게 사용되고 있다.

7) 복지자원 정보 수집과 정리 역량

사례관리자들은 다양하고 정확한 자원 정보를 확보하고 수시로 업데이트하여야 한다.

자원정보 출처를 예로 제시하면 다음과 같다.

(1) 복지로(http://www.bokjiro.go.kr/) 등 정부 및 해당 지역사회 포털 시스템 활용

다양한 복지 정보를 검색하고 신청할 수 있는 국민 포털 시스템으로서 생애주기별, 주요 욕구별, 가구 상황별로 공적 급여와 민간사회복지서비스에 이르는 다양한 정보를 확인할 수 있다. 이외에도 각 지자체 홈페이지나 보건소 홈페이지 등은 정보를 얻고 알리기에도 매우 유용하다.

(2) 법제처 국가법령정보센터(http://www.law.go.kr/)

국민이 실생활에 필요한 법령이나 판례를 검색하려면 각급 행정기관 홈페이지를 방문해야 했지만 국가법령정보센터가 운영됨에 따라 모든 법령정보를 한 곳에서 확인할 수 있게 만든 사이트로서 모바일 앱 이용도 가능하다. 클라이언트를 위한 다양한 최신 법률을 쉽게 조회하고 각종 제도 변화를 수시로 알 수 있어 편리하다.

(3) 각종 복지재단

사회복지공동모금회(http://www.chest.or.kr/)를 비롯하여 각종 기업복지재단, 사회복지재단 등 기금을 마련하여 지원하는 자금출처의 정보 수집이 필요하다. 이들 재단들은 각기 설립 목적에 따라 제공되는 기금의 사용 용도가 미리 정해져 있기도 하고 공모 시기가 정해져 있기도 하다. 따라서 지원방법, 지원시기, 지원 분야 등을 조사하여 적절한 시기를 놓치지 말아야 지원이 가능하다.

(4) 각종 전자도서관

클라이언트의 욕구와 문제에 대응하기 위해 연구자들의 최신 연구 결과들은 다양한 지원방법을 찾는 출발점이 된다. 국회전자도서관(http://dl.nanet.go.kr/)은 최신 연구 논문이나 기사, 발표 자료들을 축약하여 검색하기에 용이하다. 예를 들어, 우울증이 심하신 독거어르신의 사례관리를 위해 유용한 방법을 간단한 키워드만으로도 많은 영감을 받게 될 것이다. 이외에도 대형문고의 인터넷 매장을 즐겨 찾는 것도 자원 정보를 정리하는 데 유용하다.

(5) 지역에서 만든 자원지도

지역사회협의체나 민관 네트워크를 통해 지역자원을 조사하고 지도 또는 책자로 구성하여 활용하는 경우가 늘고 있다. 따라서 지역사회 내의 자원 정보가 공유되는 복지자원지도를 활용하는 것도 유용하다.

3. 자원개발 역량의 사례관리 실천현장 적용 사례

사례 1) 사례 발굴 자원개발: 우리 동네 밴드 만들기

K동의 사례관리자는 동네 주민들이 지역 주민의 어려움을 쉽게 발견하기 위해 밴드 회원을 모집하기로 결정한다. 우선 통장 회의, 자생 단체장 회의 등 다양한 경로를 통해 주민들에게 사례관리의 개념에 대한 교육을 실시하고 주민들의 역할을 설명한다. 이후 취지를 이해한 주민들은 자신이 알고 있는 지인들에게 밴드 회원이 되어 줄 것을 권유하게 되었다. 결국 1년간 회원의 수는 500여 명에 달하게 되었다.

이후 사례관리자는 매일 바쁘다. 등굣길에 B군이 연락을 전한다.

"등굣길 버스 정류장에 술 먹은 아저씨가 길에 누워 있어요. 저는 학교를 가야하는데 저렇게 누워 계시다가 큰일 날 것 같아요! 출동 바랍니다!"

"택시 기사인데요. ○○로 △△길에 어떤 아이 엄마가 아이에게 소리를 치며 질질 끌고 가요. 아이 다칠까 봐 걱정입니다. 출동 바라요."

쉼 없이 울리는 벨소리에 사례관리자는 바빠지기 시작한다.

담당 직원과 즉시 의논을 하고 방문 준비를 서두른다. 방문 후에는 적절한 조치를 하게 된다. 그 이후 사례관리자는 결과를 밴드에 올린다. 그리고 필요한 자원이 있을 때 협조를 부탁하여 자원 동원을 하기도 한다.

－경기도 오산시 사례

사례 2) 사례 발굴 자원개발: 우리 동네 CCTV

지역 주민이 많이 이용하는 상가를 활용한 사례이다.

분식집, 김밥전문점 ,약국, PC방, 문구점, 목욕탕, 미용실······ 어느 마을이나 있을 법한 생활 시설들이다. 사례관리에 대한 설명과 함께 지역 주민을 살피고 알리는 역할을 하는 점포들에게 우리 동네 CCTV 스티커를 제작하여 부착하여 드렸다.

이후 같은 기간 대비 사각지대 주민 발견율이 두 배 이상 증가하게 되었고, 지역 주민 간의 신속한 지원도 가능하게 되었다.

－경기도 광명시 사례

사례 3) 의료, 건강 영역 자원개발

광정동지역사회보장협의체가 지역자원을 설득하여 치과 치료를 위한 자원으로 개발한 사례이다.

군포시 광정동지역사회보장협의체(민간위원장 박병수, 이하 협의체)는 26일 산본 H치과와 관내 저소득 청소년의 치아 치료를 지원하기 위한 업무협약(MOU)을 체결했다.

이번 협약은 지난 2월부터 협의체 위원으로 활동하고 있는 산본 H치과 한태민

원장을 통해 실시됐으며, 한 원장은 평소 지역사회봉사는 물론 정기적인 후원으로 나눔문화 확산에도 앞장서고 있다. 협약에 따라 산본 H치과는 학업과 경제적 여건으로 치아 우식증(충치) 치료 시기를 놓친 지역 학생들의 치아치료는 물론 예방과 관리 방법까지 알려 주게 된다.

구체적인 치료 방법은 상담과 검진을 통해 이루어지며, 상태에 따라 간단한 치료에서 크라운 치료 등 비용이 많이 드는 치료까지 지원할 계획이다.

－경기도 뉴스 포털, 2018

사례 4) 주거 영역 자원개발

500원의 희망 나눔

삼성화재 직원이 계약 한 건당 500원을 후원하여 장애아동이 있는 가정의 주거환경 개선을 위한 기금으로 활용하도록 하였다.

－경남 칠곡군, 2011, 다음 카페

구미시 재능나눔

이사 비용이 없어 제때 이사를 하지 못하고 있는 저소득가정에게 민간 이삿짐센터를 발굴하여 오던 중 삼진익스프레스(대표 김현목, 고아읍 원호리) 이사 업체가 참여하여 지난 7월 17일 가정형편이 어려운 김○○(상모사곡동, 기초생활수급자 가구)에게 무료이사 서비스를 지원했다.

이날 이삿짐서비스를 실시한 삼진익스프레스 김현목 대표는 "가지고 있는 자원과 재능으로 지역사회 어려운 이웃이 경제적 형편으로 이사에 어려움을 겪고 있어 조금이라도 도움이 되길 바란다."며 앞으로도 구미시 관내 기초생활보장수급자 및 차상위계층 중 독거노인, 장애인가구 등 거동이 불편한 이웃에게 포장에서 정리까지 무료 이사를 지원해 줄 것이라고 말했다.

－경북 구미 TV 뉴스, 2012

사례 6) 발굴 및 의뢰 자원개발 캠페인 사례

아주동 지역사회보장협의체는 복지사각지대 발굴 및 민간자원(기부자) 발굴 홍보활동을 위해 지난 6일 아주 동민의 날 행사장에 이어 지난 14일 웰빙 걷기대회 행사장에서도 캠페인을 실시했다. 이날 아주동 지역사회보장협의체 위원들은 도움의 손길이 미치지 못한 복지사각지대 발굴과 아주동 후원자를 발굴하기 위해 노력한 결과 네 분의 소중한 기부자를 발굴하는 성과를 이루었다.

박○○ 위원장은 "내리는 봄 비 속에서도 고생해 주신 위원 분들과 아주동 직원들에게 감사하다."며 "앞으로도 지역에 어려운 이웃들을 위해 최선을 다하겠다."라고 말했다.

–거제타임라인 webmaster@gjtline.kr 2019

사례 7) 공식 자원 네트워크 구축 사례

제주도 서귀포 종합사회복지관은 3개년 계획으로 사례관리 네트워크 구축계획을 세우고 공동모금회에 제안서를 제출하였다. 처음에는 직원 교육 사업이 아니냐며 반신반의하였으나 사례관리자의 끈질긴 설득으로 우선 1년간 지원을 받게 되었다. 사례관리자는 관내 사례관리를 하고 있는 시청, 주민센터와 사회복지기관을 일일이 방문하며 네트워크의 중요성에 뜻을 모으고 우선 교육 기회를 가져 보기로 했다. 이후 복지관을 통해 사례관리에 대한 기본 개념을 함께 이해하고 사례관리를 위해 자원과 정보 공유의 중요성에 대한 가치 합의가 이루어졌다.

2차 연도에 이를 계기로 서귀포시 복지자원지도를 개발하고 실질적 사례관리에 협력을 경험하는 것을 목표로 공동모금회에 제안서를 또 한 번 제출했다. 2년 지원을 받게 되고 기관 간의 역할 분담과 협력 방식을 다져 갔다. 또한 실무자들이 현장에 교육내용을 적용하면서 겪는 어려움 해소를 위해 교육, 워크숍, 슈퍼비전과 사례 콘퍼런스를 진행하였다. 이런 과정을 통해 서로를 인정하고 신뢰하며 협력의 성과를 경험하게 되었다. 3년 차에 접어들면서 지금은 주 사례관리기관으로서 공공

기관과 지역사회의 다양한 자원 기관과 정보 공유는 물론 자원 연결의 협력 속에서 사례관리를 진행하고 있다. 3년 차에는 사례관리자의 소진예방을 위한 협력기관 사례관리자들의 정서적 지원을 위한 1:1 슈퍼비전 기회를 제공하고 있어 모름지기 주 사례관리기관으로서의 역할을 수행해 가고 있다.

4. 자원개발 역량 관련 쟁점

사례관리자들은 끊임없는 질문을 한다. '언제까지 얼마만큼 지원해야 하는가?', '사례관리자가 연결하는 자원이 클라이언트에게 양약인가 독약인가?' 등 저자의 슈퍼비전 경험을 통하여 빈번히 등장하는 이슈를 중심으로 자원개발 역량과 관련된 쟁점을 정리하면 다음과 같다.

1) 자원 부족의 문제

사례관리자들은 제한된 자원 속에서 사례관리를 하는 것이 적절한지에 대한 이의를 제기하곤 한다. 예를 들어, 기초수급 자격의 엄격함으로 인해 일상생활 유지에 필요한 경제적 지원이 필요한 대상의 경우 민간자원을 연계한 일시적 후원금이나 생활지원이 궁극적 해결 대안이 될 수 없고, 결국 사례관리는 종결 없는 악순환을 반복하게 된다. 때문에 사례관리를 통한 민간자원 연계와 제도적 확대와 유연화 사이에서 많은 논의가 필요한 시점이다.

2) 운영체계 미비로 인한 사례관리자의 부담감

사례관리를 위해서는 자원이 필요한데 이를 사례관리자 개인의 자원 동원 역량으로 해결하려 하는 것에 대한 부담감을 심하게 느낀다. 사례관리는 개인의 능력으로 자원을 동원하는 것이 아니라 지역사회자원 기관 간의 긴밀한 연결과 효율적 운영 시스템 안에서 운영되어야만 가능하다. 팀과 팀의 경계, 부서와 부서의 경계, 부처와 부처의 경계를 넘나드는 통합과 조정 기능이 사례관리자를 통해 구현되어야 하기 때문이다.

3) 정보 보호의 문제

클라이언트에게 필요한 자원을 개발하는 과정에서 클라이언트에 대한 정보가 공유되는 것에 대한 윤리적 논란이 계속되고 있다. 특히, 공공행정 시스템에서 확보된 정보량이 방대해지고 있고, 민간 사회복지 현장의 정보와의 교류가 추진되고 있어 클라이언트의 정보를 어디까지 공유해야 하는가에 대한 윤리적 갈등을 가지고 있다.

이에 사례관리자에 대한 정보관리 및 개인정보 보호에 관한 교육이 강화되어야 한다. 또한 실천적 관점에서는 클라이언트 스스로의 자기결정권이 존중되는 가운데 진행될 필요가 있다. 클라이언트는 자기 스스로가 자신을 위해 정보를 공유할지 여부를 판단할 수 있는 존재임을 간과해서는 안 된다.

학습과제

다음에 제시된 사례를 읽고 질문에 대해 답하시오.

1. 클라이언트의 주요 문제 상황과 욕구는 무엇이었습니까?

2. 사례관리자를 만나기 전까지 세 모녀가 사용해 온 자원은 무엇이며 어떤 특성이 있습니까?

3. 욕구 해결을 위해 우선 해결되어야 하는 장애물은 무엇입니까?

4. 클라이언트가 욕구 해결을 위해 활용할 수 있는 내적 자원은 무엇이라고 생각합니까?

5. 본 사례에서 활용한 자원 목록을 범주화해 보고 자원개발 방법을 나열해 보시오.

6. 만약 당신이 사례관리자라면 더 연결할 수 있었다고 생각하는 자원이 있습니까? 있다면 무엇이고 어떻게 개발할 수 있을지 계획해 보시오.

7. 다음 사례를 읽고 자원개발과 연계를 위한 사례관리자의 역할은 무엇이었습니까?

사례-바퀴벌레와 생활하는 세 모녀

지역 주민을 통해 어려운 이웃이 있다는 얘기를 듣고 가정방문하였으나 부재중이라 만나지 못하고 돌아왔다. 다음 날 오전 방문한 결과 심각한 위기가정임을 알게 되었다.

반지하 방에 거주(100/20만 원)하고 있으나 월세가 10개월 이상 체납된 상태이며 방 안은 형광등도 들어오지 않아 컴컴했으며, 가전제품과 가구도 전혀 없는 방에 바퀴벌레만이 가득 하였다. 집에서는 도저히 상담이 어려워 세 모녀를 설득하여 복지관으로 모시고 나와 상담한 결과, 남편의 가정폭력으로 인해 7년 전 빈손으로 집을 나오게 되었으며 노숙 생활 등을 하다 2년 전 ○○동으로 이사를 왔다고 하였다. 신변 노출에 대한 극도의 불안감 때문에 주민등록도 말소된 상태로 주위에 도움도 요청하지 않고 생활해 왔다고 하였다.

상담 당시에도 이름 이외에는 전에 살던 곳이나 자녀들의 나이도 밝히지 않고, 불안해하였다. 그러나 사례관리자는 어머니가 두 딸을 계속 염려하였으며 아이들도 엄마를 의지하는 모습을 보며 어머니가 자녀들을 위해 사례관리자와의 문제해결에 협조할 수 있으리라는 마음이 들었다. 다음 날 우선 선풍기 1대와 쌀 20kg, 김치를 가지고 재방문을 시도하여, 형광등을 교체해 드리고 안심을 할 수 있도록 계속 상담하였다. 이후 어머니의 동의를 얻어 사례관리를 시작할 수 있었다. 우선 복지관에서 조직해 놓은 지역 살피미 주민 모임을 통해 지역의 주민들이 모여 지원 방안을 의논하였다. 의논 끝에 마을 부녀회장 연계로 중고가전제품(TV, 냉장고, 세탁기, 김치냉장고)을 모아 가정에 전달하였다. 사례관리자는 보건소에 의뢰하여 방역 서비스를 해 주기로 하였다. 그러나 다음 날 아침 세 모녀는 옷가지만 챙겨서 사라지는 일이 벌어졌다. 아마도 자신의 신변이 알려져 남편이 찾아오게 될 것에 대한 두려움이 아직도 남아 있었던 것 같다. 사례관리자는 인근 경찰서에

신병확보를 요청했지만 찾지 못하다가 며칠 후 복지관 로비에서 딸들을 발견하여, 여관에 임시 거처를 마련해 주었다.

여관 주인을 통해 세 모녀의 안부를 지속적으로 모니터링하였으며, 관내 마트에서 생필품을 지원하고 지역 주민과 이웃들을 통해 옷을 구해다 주었다.

여관에서 임시거주하고는 있으나, 바퀴벌레가 가득한 방으로 세 모녀를 돌려보낼 수가 없어 거주할 곳을 알아보던 중 마을 부녀회장의 도움으로 당초 500/25만 원인 1층(방 1칸)을 200/20만 원에 거주할 수 있도록 집주인과 협의하게 되었고, 복지관에서 조직한 마을 리더 회의를 긴급 소집하여 세 모녀의 사연을 소개하고 지역에 모금활동을 시작해 보증금 200만 원을 마련했다. 계속해서 ○○ 교회에서 20만 원, △△초등학교 학부모 운영위원회 11만 원 등 지역 주민들의 후원이 이어졌다.

동 주민센터를 통해 공공에서 진행하는 긴급지원에서 생계비를 지원받아 살림살이 등을 장만하였고, 긴급복지에서 생계비와 주거비를 3개월 동안 지원하며, 복지관에서는 사회복지공동모금회에 이 가정의 딱한 사정을 알리고 긴급지원을 신청하여 이웃돕기 성금을 지원받게 되었다.

주민들이 장롱, 주방용품, 이불, 식탁 등을 지원해 주어 오전 세 모녀가 이사를 할 수 있었는데 복지관 직원들과 주민 10여 명이 모여 케이크와 떡, 음료 등을 준비하고 "입주를 환영합니다. ○○동은 여러분을 사랑합니다"라는 환영 글과 작지만 가슴 따뜻한 입주식도 마련했다.

주거지로 이사한 이후 세 모녀에게 말소된 주민등록을 재등록하도록 권유하였으나 신변 노출에 대한 부담감으로 계속 거절을 하였지만 주민들이 따뜻하고 가족같이 매일 왕래도 하고 지내면서 최근 말소된 지 8년 만에 드디어 주민등록을 재등록하여 새로운 인생을 출발하게 되었다.

그 후 맞춤형 급여를 신청하여 드디어 맞춤형 급여 수급자로 선정되었으며, 세 모녀가 모두 근로능력이 있어 조건부수급자로 자활사업과 직업훈련에 참여할 수 있게 되었다.

*위 사례는 사례관리 자원개발 실습을 위한 가상 사례입니다.

참고문헌

권진숙, 김성천, 유명이, 이기연, 조현순, 함철호(2019). 사례관리 전문가교육: 실무자 기초과정(2판). 한국사례관리학회 편. 서울: 학지사.

김승권, 조현순, 김연우(2010). 취약·위기 및 다문화가족의 예방맞춤형 복지체계 구축 및 통합 사례관리연구.

김영종, 진재문(2005). 한국 사회복지행정의 변화 전망과 과제. 2005년 한국사회복지행정학회 춘계학술대회 자료집.

박지영(2010). 빈곤 취약계층을 위한 공공−민간 체계의 협력적인 사례관리 실천과제. 한국사례 관리학회 추계학술대회 자료집.

보건복지부 인력개발원(2018). 통합사례관리 심화과정(파트너십) 교육교재.

보건복지부, 중앙노인보호전문기관(2014). 노인학대사례관리 매뉴얼.

부천시 무한돌봄센터(2010. 12.). 사례관리교육 자료집.

부천시 지역복지 자원 종합 안내(2014).

사회보장정보원(2018). 통합사례관리 실천 가이드.

사회보장정보원, 경기대학교 산학협력단(2018). 공공부문 사례관리 연계 협력 모형 개발연구.

서울시(2017). 「찾아가는 동주민센터」 업무 매뉴얼.

우리아이 희망네트워크(2009). 2006~2008년 우리아이 희망네트워크 결과보고서.

웹진 '행복 e야기'(2017. 10.). 사회보장정보원 사례관리 정책지원센터 웹진.

위스타트 운동본부(2010. 11.). 2010 전국 위스타트 마을 운영진 워크숍 자료집.

이봉주(2005). 통합적 복지서비스 전달체계 구축 전략과 모델: 사례관리와 지역사회복지 네트워크를 중심으로. 주민 통합서비스 실현을 위한 민관 협력체계 모형개발 정책 토론회 자료집. 한국사회복지관협회.

인천광역시사회복지관협회, 사례관리연구회(2010). 사례관리실천을 위한 매뉴얼 연구보고서.

인천광역시사회복지관협회, 사례관리연구회(2010). 인천광역시 사회복지관 사례관리 사업보고서.

조현순 외(2016). 사례관리 전문가 심화과정교육. 한국사례관리학회 편. 서울: 학지사.

조현순(2006). '한부모가정 사례관리 보고회'. 갈산종합사회복지관자료집. 인천시 건강가정지원센터.

조현순(2007). 업무 매뉴얼. 인천시 부평구 건강가정지원센터.

조현순(2007. 11.). 지역사회복지서비스 향상을 위한 효과 & 효율적인 사례관리 방안 세미나 자료집. 남양주 시청.

조현순(2010). 사례관리전문가 양성교육교육 자료집. 한국사례관리학회, 부산시장애인복지관.

조현순(2019). 사례관리 심화교육 자료집. 서귀포종합사회복지관.

중앙건강가정지원센터(2010). 취약가정 역량강화사업 운영안내.

한국자원봉사협의회, 숭실대학교(2007). 우리아이 희망네트워크 지원사업 성과평가 연구.

한국자원봉사협의회, 숭실대학교(2008). 우리아이 희망네트워크 지원사업 평가와 운영모델 개발 연구.

함철호, 조현순(2017). 사례관리 수행에 있어서 민-관 기간의 장단점, 정보공유의 필요성과 협력 방안에 대한 탐색적 연구. 사례관리연구, 8(1), 69-98. 한국사례관리학회.

해피존 네트워크(2010). 해피존 네트워크 사업보고 사례집.

홍선미(2010. 4.). 사례관리전달체계로서의 경기도 무한돌봄센터의 발전 장안. 경기도 무한돌봄센터 개소 기념 심포지엄 '한국의 사례관리 실천 경험을 통한 전달체계 발전 방안'.

드림스타트센터 홈페이지(http://icjg.dreamstart.go.kr/)

Bellew, J. R. & Mink, G. (1996). *Case Management in Social Work*. The Charles C. Thomas Publisher, Ltd.

Franke, A. J. & Gelmanm, S. R. (2004). 사례관리: 개념과 기술(권진숙 역). 서울: 학지사.

Kirst-Ashman, K. K. & Grafton, H. H. (1999). *Understanding generalist practice*. Nelson-Hall Publishers/Chicago.

Lambert, M. (2002). *Clinical social work*. Brooks/Cole.

Miley, K. K., O'Melia, M., & DuBois, B. L. (1995). *Generalist Social Work Practice: An Empowering Approach*. Boston, London, Toronto, Sydney, Tokyo, Singapore: Allyn and Bacon.

Moore, S. (1990). A Social Work Practice Model for Case Management: The Case Management Model Grid. *Social Work, 35*.

Moxley, D. P. (1992). 사례관리실천론(김만두 편역, 1993). 서울: 홍익재.

Woodside, M. & MacClam, T. (2006). *Generalist Case Management: A Method of Human Service Delivery* (3rd ed.). Thomson Brooks/Cole.

〈참고 자료 1〉 복지자원 목록 예시

연번	기관	제공 서비스	서비스 내용	홈페이지
1	CJ문화재단	Creative Minds (공간 지원 사업)	국내 창작단체/극단 대상 공연비 등 부대장비 지원	www.cjculturefoundation.org
2	CJ문화재단	Creative Minds (뮤지컬리딩 워크숍 사업)	창작뮤지컬 개발비 및 부대장비 지원	www.cjculturefoundation.org
3	남북하나재단	영농정착	영농창업을 위한 실습, 운영자금 지원 등	www.koreahana.or.kr
4	남북하나재단	창업 지원	예비, 기창업자에 대한 컨설팅, 자금 지원 등	www.koreahana.or.kr
5	남북하나재단	취업 지원	북한이탈주민구직자 대상컨설팅,일자리연계 등	www.koreahana.or.kr
6	남북하나재단	취업 역량 강화	북한이탈주민 대상 취업 지원 바우처, 자격취득 교육 등 지원	www.koreahana.or.kr
7	사회복지법인 에버그린복지재단	똘레랑스	지적 장애인 고용 및 근로 지원 (쿠키제조 판매업)	www.egreen.org
8	우리청년사업단	장애인지원사업	장애인 대상, 전통체육 지도자 양성교육	www.woori-biz.com
9	한국농아인협회	직업재활 지원사업	청각장애인 대상 구직상담 및 취업알선	www.deafkorea.com
10	한국신장 장애인협회	직업재활 지원사업	신장장애인 대상 구직상담 및 취업알선	www.koreakidney.or.kr
11	현대오일뱅크 1% 나눔재단	1% 나눔 주유소	저소득층, 장애인 등 대상으로 주유소 관련 교육 및 고용	www.oilbanknanum.or.kr
12	메리츠화재	걱정해결사업 (직업개발비 지원)	저소득 가정(협약지자체) 직업개발 관련 비용 지원	www.meritzfire.com
13	아동자립지원단	건설기계 운전과정 모집	양육시설 및 가정위탁보호 종결아동 대상 교육비, 자격증 취득비 지원	www.kohi.or.kr
14	한국여성 경제인협회	여성가장 창업자금 지원사업	저소득 여성가장 창업희망자 대상 점포임대보증금 지원	www.wbiz.or.kr
15	KBS한국방송공사	강연100도씨 라이브 꿈 트럭 프로젝트	사연방송 및 창업트럭 지원 (선별)	www.kbs.co.kr

16	열매나눔재단	마이크로크레딧 창업자금 지원사업	창업희망자 대상 자금 지원	www.merryyear.org
17	한국예술인 복지재단	창작준비금 지원	예술인 대상 창작준비금 지원	www.kawf.kr
18	KRX 국민행복재단	KRX 종합홍보관 방문 금융교육	전시관 관람 및 금융교육	www.krxfoundation.or.kr
19	KRX 국민행복재단	청소년(중·고생) 금융 교육 & 특성화고 진로특강	청소년 금융 교육 및 진로특강	www.krxfoundation.or.kr
20	KT&G복지재단	행복가정학습 지원사업	저소득 아동 대상 학습물품 구입비 지원	www.ktngwelfare.org
21	KSD나눔재단	금융교육사업	찾아가는 금융교육	nanum.ksd.or.kr
22	KSD나눔재단	장학사업	상경계열 재학 대학생 대상 장학금 지원	nanum.ksd.or.kr
23	KT그룹희망나눔 재단	IT 역기능 예방	사이버범죄, 보이스피싱 예방 교육 등	www.ktgf.or.kr
24	KT그룹희망나눔 재단	맞춤형 IT 교육	정보검색, 한글, 엑셀 등 활용법 교육	www.ktgf.or.kr
25	KT그룹희망나눔 재단	실생활용 IT 기기 활용	인터넷뱅킹, 쇼핑 등 실생활 활용 IT교육	www.ktgf.or.kr
26	KT그룹희망나눔 재단	최첨단 IT 기기활용	스마트폰, 태블릿PC 이용법 교육	www.ktgf.or.kr
27	LG 공익재단	시각장애인 정보화사업	시각장애인 전용 디지털 콘텐츠 보급(음성도서)	foundation.lg.or.kr
28	건강가정지원센터	공동육아나눔터	자녀양육을 위한 지역사회 네트워크 구축	www.familynet.or.kr
29	건강가정지원센터	권역별 미혼모부자 거점기관 운영지원	미혼모 부자가구 대상 출산양육, 정서지원 등	www.familynet.or.kr
30	건강가정지원센터	모두가족품앗이	자녀학습, 활동을 위한 이웃교류 활동	www.familynet.or.kr
31	대한불교조계종 사회복지재단	의지나눔 플러스	중·고등학생 대상 자격증 취득과정 지원	www.sharewill.co.kr
32	대한불교조계종 사회복지재단	청소년 내 꿈 찾기 의지나눔	수도권 거주 새터민, 다문화가정 대상 진로 및 문화체험 캠프	www.jabinanum.or.kr

33	사회복지법인 백암재단	지구촌하나장학	고등학교 대학교에 재학 중인 외국거주동포 대상 등록금, 학비 지원	www.baek-am.org
34	건강가정지원센터	시간제 돌봄서비스	맞벌이, 다자녀 등 돌봄서비스가 필요한 가정 임시보육 지원	www.familynet.or.kr
35	건강가정지원센터	영아 종일제 돌봄서비스	영아 종일제 돌봄서비스 제공	idolbom.mogef.go.kr
36	건강가정지원센터	전염성 질병지원 돌봄서비스	전염성 질병 영유아 일시 돌봄	www.familynet.or.kr
37	한국난임가족 연합회 아가야	위탁모 및 입양지원사업	난임가정 아동 위탁 및 입양 지원	www.agaya.org
38	이랜드복지재단	이랜드 인큐베이팅 사업(교육비)	가족소득 상실로 학업중단 위기에 처한 청소년 대상 교육비 지원	intra.incubating.or.kr
39	우리청년사업단	다문화가정 전통문화체험	유학생, 다문화가정 전통문화체험 지원	www.woori-biz.com
40	장미란재단	드림장학사업	소득 스포츠꿈나무 장학금, 의료나눔 지원	www.roseran.org
41	중소기업사랑 나눔재단	희망Dream 장학사업	중소기업 임직원 자녀 대상 장학금 지원	www.kbiz.or.kr
42	초록우산 어린이재단	부모교육	부모 양육교육 지원	www.childfund.or.kr
43	초록우산 어린이재단	장난감도서관	해당 지역 종합복지관에서 장난감 대여	www.childfund.or.kr
44	한국장학재단	국가근로장학금	저소득 대학생 근로장학금 지원	www.kosaf.go.kr
45	한국장학재단	희망사다리 장학금	저소득 중소기업고용계약 대학생 장학금, 취업장려금 지원	www.kosaf.go.kr
46	한국펄벅재단	교육지원	다문화가정 대상 특기적성, 이중언어 지원, 직업교육 등	www.pearlsbuck.or.kr
47	삼성재단	드림클래스	저소득 중학생 대상 주요 교과목 학습료 지원	www.dreamclass.org
48	초록우산 어린이재단	어린이도서관	요보호아동 이용 도서관	www.childfund.or.kr
49	현대차 정몽구재단	온드림스쿨장학사업	저소득, 교통사고 피해, 탈북, 순직자 자녀 장학금 지원	www.hyundai-cmkfoundation.org

50	JA코리아	아동 금융박사 경제교육	찾아가는 금융교육	www.jakorea.org
51	세이브더칠드런	언어 두 개, 기쁨 두 배 지원사업	다문화가정 아동 대상 이중교재 제공, 부모교육 등	www.sc.or.kr
52	아이러브재단	눈건강교육	러브아이 대학생 봉사단 방문 교육(초등학생 대상)	www.loveeye.or.kr
53	한기장복지재단	교육비 지원	저소득가정, 장애아동 교육비 지원	www.prokwfm.org
54	아름다운 동행	장학금 지원사업	저소득가정 아동 장학금 지원	www.dreaminus.org
55	(사)한국장애인 재활협회	교육비 및 재능 지원 사업 '두드림 스타'	장애인 대상 장학금 지원	www.dodreamfund.com
56	다솜이재단	교보다솜이 간병봉사단	간병을 받을 수 없는 환자 대상 무료간병서비스	www.dasomi.org
57	남북하나재단	여성쉼터	가정폭력, 성폭력피해 탈북여성 일시보호소	www.koreahana.or.kr
58	사회복지법인 에버그린복지재단	에버그린하우스	정신건강상담 및 교육, 자조모임 운영 등	www.egreen.org
59	초록우산 어린이재단	가정위탁	돌봄이 필요한 아동 가정 위탁	www.childfund.or.kr
60	초록우산 어린이재단	재활치료	장애아동 재활치료 지원	www.childfund.or.kr
61	초록우산 어린이재단	학대피해아동지원	학대피해아동 생활 지원	www.childfund.or.kr
62	한국재가 노인복지협회	방문요양서비스	장기요양노인 방문요양 지원	www.kacold.or.kr
63	한국재가 노인복지협회	재가지원서비스	요보호노인 재가서비스 지원	www.kacold.or.kr
64	한국재가 노인복지협회	단기보호서비스	장기요양노인 단기보호 지원	www.kacold.or.kr
65	KRX국민행복 재단	다문화가정지원	다문화가정대상 의료비, 교육비, 캠프 등 진행	www.krxfoundation.or.kr
66	건강가정 지원센터	모두가족봉사단	가족구성원 대상 자녀돌봄, 지역사회 참여 등 지원	www.familynet.or.kr

67	건강가정 지원센터	토요가족돌봄나눔	맞벌이가구 등 토요돌봄요구되는 가구 대상 체험, 멘토링 등 돌봄서비스 제공	www.familynet.or.kr
68	롯데월드	롯데월드 어드벤처 체험활동	저소득가정 아동 롯데월드 관람 지원	www.bokji.net
69	서울랜드	가족나들이	저소득 가정 서울랜드 관람 지원	www.bokji.net
70	사랑의 장기기증운동본부	우리 가족 힐링캠프	혈액투석환우 및 보호자 제주도 관광지원	www.donor.or.kr
71	밀알복지재단	밀알첼로앙상블 '날개'	등록장애인으로 악기연주 가능자 대상 레슨지도, 콩쿨 참가	www.miral.org
72	사단법인 그린라이트	초록여행	등록장애인 가구 대상 여행 차량 및 기사 제공 서비스	www.greentrip.kr
73	사)한국장애인 문화협회	교육사업	장애인 대상 교육 프로그램 제공	www.bluesky82.org
74	초록우산 어린이재단	문화예술학교	요보호아동 문화예술교육 지원	www.childfund.or.kr
75	한국혈액암협회	펜션무료숙박지원	저소득 백혈병환자 휴가시 숙박 지원	www.bloodcancer.or.kr
76	현대차 정몽구재단	문화사랑의날	소외계층 아동·청소년 대상 공연 초청 관람	www.hyundai-cmkfoundation.org
77	아이들과미래	엔젤포유	저소득 환우가정 대상 문화활동 위한 바우처 지급	www.kidsfuture.or.kr
78	에버랜드	가족체험	저소득가정 아동 에버랜드 관람 지원	www.bokji.net
79	사단법인 그린라이트	민들레카	취약계층, 장애인 가족 대상 차량 및 경비, 기사 지원	www.mincar.kr
80	한국사회 복지협의회	공연관람 및 문화체험	저소득가정 문화활동 지원	www.bokji.net
81	한국산림 복지진흥원	산림복지서비스 이용권	산림휴양, 캠핑 등 서비스 이용권 제공	www.fowi.or.kr
82	파라다이스 복지재단	아이소리앙상블 청각장애아동 합창단	청각장애아동 가창교육 및 전문음악교육	www.paradise.or.kr

83	건강가정 지원센터	법원연계이혼상담	가정폭력 등 보호 대상자 법률 지원	www.familynet.or.kr
84	대한법률구조 공단	무료법률상담 및 소송 지원	저소득가정 법률서비스 지원	www.klac.or.kr
85	법무부	법률홈닥터	전국민 대상 법률상담 지원	www.moj.go.kr
86	신용회복위원회	신용회복지원	신용회복이 필요한 대상자 서비스 제공	www.ccrs.or.kr
87	IBK행복나눔재단	치료비 지원	중소기업 재직가정 치료비 지원	www.ibkfoundation.or.kr
88	KRX국민행복 재단	다문화가정 중증질환 치료비 무상 지원	다문화가정 중증질환 치료비 지원	www.krxfoundation.or.kr
89	롯데재단	산재 외국인근로자 지원	산재 외국인근로자 치료비 등 지원	www.lottefoundation.or.kr
90	밀알복지재단	기적을 품은 아이들	재활치료를 받지 못하는 중증 뇌병변, 뇌성마비 장애아동 대상 가정방문 재활치료 서비스 제공	www.miral.org
91	밀알복지재단	신장이식수술비 지원사업	신장장애인 대상 이식 수술비 지원	www.miral.org
92	밀알복지재단	안면장애인 무료 성형수술 지원사업	안면장애인 성형수술 지원	www.miral.org
93	밀알복지재단	장애아동 의료비지원사업	장애아동 의료비 지원	www.miral.org
94	(사)한국인체조직 기증지원본부	천사의 선물	인체조직 이식이 필요한 의료소외계층 대상 치료비 및 이식재 지원	www.kost.or.kr
95	남북하나재단	의료 지원	탈북자 의료지원	www.koreahana.or.kr
96	서울특별시 한부모가족지원센터	싱글맘 Smile Again 의료지원사업	모자가정 대상 의료비 및 의료보조기구 지원	www.seoulhanbumo.or.kr
97	남북하나재단	치과 지원	탈북자 치과 지원	www.koreahana.or.kr
98	사랑의달팽이	무료보청기지원	청각장애인 보청기 지원	www.soree119.com
99	사회복지법인 한림화상재단	의료비지원사업	화상환우 의료비 지원	www.hallymburnfund.org
100	삼성서울병원	삼성 밝은 얼굴 찾아주기	안면외상, 기형 등 질환에 대해 무료 진료 및 수술 지원	www.samsunghospital.com

101	삼성서울병원	저소득 소아개안수술 지원사업 [Heart For Eye]	저소득 아동 개안수술 지원	www.samsunghospital.com
102	삼성서울병원	저소득 청각장애인 인공와우수술 지원사업 [세상의 소리로 이어지는 사랑]	저소득 아동 인공와우수술 지원	www.samsunghospital.com
103	삼성전기	인공관절 무료시술 사업	저소득 노인 인공관절 수술 지원	www.samsungsem.co.kr
104	세방이의순재단	장애우 지원사업	장애인 재활기구 지원	www.esun.or.kr
105	세이브더칠드런	검사 및 외래비 지원사업	저소득 아동 의료 진료비 지원	www.sc.or.kr
106	스마일재단	구강암, 얼굴기형 환자 치과진료비 지원사업	안면장애인 치과 진료비 지원	www.smilefund.org
107	스마일재단	전국 저소득 장애인 전신마취 하 치과진료비 지원사업	저소득 장애인 치과 진료비 지원	www.smilefund.org
108	아산사회복지재단	의료복지사업	긴급 의료비, 의료봉사, 방문간호 등 지원	www.asanfoundation.or.kr
109	KT&G복지재단	캥거루의료비 지원사업	저소득가구 대상 치료비, 수술비, 보장구 구입비 지원	www.ktngwelfare.org
110	아이러브재단	눈 수술비 지원	시각장애인 눈 수술비 지원	www.kfpb.org
111	양현재단	양현 미술치료 교실	소아암, 각종 장애 아동 미술치료 지원	www.yanghyun.org
112	유당복지재단	의료비 지원	18세 미만 아동 의료비 지원	www.yudangwelfare.or.kr
113	장미란재단	의료 나눔사업	저소득가정, 스포츠 꿈나무 한방진료 지원	www.roseran.org
114	푸르메재단	장애아동청소년 보조기구 지원사업	장애아동 재활보조기구 지원	www.purme.org
115	푸르메재단	장애아동 재활 치료비 지원사업	장애아동 재활치료비 지원	www.purme.org
116	푸르메재단	정형신발(인솔) 지원사업	장애아동 정형신발 지원	www.purme.org
117	푸르메재단	푸르메재활센터	장애아동 재활운동 지원	www.purme.org

118	푸르메재단	장애어린이, 청소년 의료비지원사업	장애아동 의료비 지원	www.purme.org
119	하트하트재단	미숙아 지원	이른둥이 의료비 지원	www.heart-heart.org
120	하트하트재단	화상환아 지원	저소득 화상아동 치료비 지원	www.heart-heart.org
121	한국난임가족 연합회 아가야	미세영양소 지원사업	난임부부 대상 계획 임신 프로그램 제공 등	www.agaya.org
122	한국난임가족 연합회 아가야	아가야 보듬이 지원사업	난임부부 대상 체외수정 시술지원	www.agaya.org
123	한국난임가족 연합회 아가야	좌훈기 무료대여 지원사업	임산부 대상 좌훈기 3개월 대여	www.agaya.org
124	한국난임가족 연합회 아가야	난임에 관한 지원	난임가족 상담, 복지서비스 안내	www.agaya.org
125	한국백혈병소아암 협회	치료비 지원	백혈병, 소아암환우 치료비 지원	www.soaam.or.kr
126	한국신장 장애인협회	의료비 지원사업	신장장애인 의료비 지원	www.koreakidney.or.kr
127	한국심장재단	진료비지원사업	심장병, 얼굴기형, 콩팥이식, 골수이식 진료비 지원	www.heart.or.kr
128	한국지엠 한마음재단	의료비지원사업	65세 이상 노인 안과, 치과, 내과 질환 등 치료비 지원	www.gmkorea-foundation.or.kr
129	한국혈액암협회	치료비 지원	저소득 백혈병환자 치료비 지원	www.bloodcancer.or.kr
130	한마음 사회복지재단	한마음 의료바우처 카드	저소득 가정 진료, 약제비 바우처카드 제공	www.hmcs.or.kr
131	현대차 정몽구재단	온드림 어린이 희망의료사업	소아암, 백혈병, 희귀질환을 앓는 아동 청소년 대상 의료비 지원	www.hyundai-cmkfoundation.org
132	화물복지재단	건강검진사업	화물운송업 종사자 건강검진 지원	www.fordrivers.or.kr
133	새생명지원센터	희귀난치성질환 경제적 지원	희귀난치성질환아동 현금 지원	www.kids119.or.kr
134	새생명지원센터	소아암, 백혈병 경제적 지원	소아암, 백혈병 아동 현금 지원	www.kids119.or.kr
135	한국산림 복지진흥원	숲치유센터 운영	청소년 등 숲치유센터 이용	www.kofofo.or.kr
136	한국펄벅재단	의료지원	다문화가정 의료 지원	www.pearlsbuck.or.kr

137	남촌재단	의료지원사업	저소득 가정 의료 지원	www.jkhuhfoundation.or.kr
138	우천복지재단	소액치료비 지원사업	치료 중이거나 치료 예정인 저소득 환우, 환아 대상 소액치료비 지원	www.woocheon.or.kr
139	푸르메재단	장애아동 이동편의 지원사업	교통사고 후유장애가 있거나 장애 등록된 청소년 대상 재활치료비 등 지원	www.purme.org
140	대한의료사회 복지사협회	핑크하트 프로젝트	저소득 유방암 환자 대상 수술비, 유방 재건비용 지원	www.kamsw.or.kr
141	이랜드복지재단	이랜드 인큐베이팅 사업(의료비)	위기상황에 처한 가구 대상 의료비 지급	intra.incubating.or.kr
142	기아대책	의료지원사업	저소득 아동, 극소저체중 출생아 의료 지원	www.kfhi.or.kr
143	노인의료나눔재단	저소득층 노인 무릎인공관절 수술비 지원사업	저소득 노인 인공관절 수술 지원	www.ok6595.or.kr
144	한국사랑봉사협회	저소득층 의료비 지원사업	저소득가정 의료비 지원	www.kals1004.or.kr
145	한국사회 복지관협회	의료비 지원	저소득가정 의료비 지원	www.kaswc.or.kr
146	아이러브재단	자가시력검진	미취학, 농어촌아동 시력검진표 제공, 순회 검진	www.kfpb.org
147	대한의료 사회복지사협회	소아청소년 중증질환 치료비 지원사업	중증질환아동 치료비 지원	www.cheer-up.or.kr
148	바보의나눔	자살시도 환자 지원사업	저소득 자살시도환자 의료비, 생계비 등 지원	www.babo.or.kr
149	한국백혈병 어린이재단	소아암 환자 경제적 지원	백혈병, 소아암환우 현금 지원	www.kclf.org
150	새생명찾아 주기운동본부	진료비 지원사업	수술로 치유가 가능한 저소득가정 수술비 지원	www.findlife.or.kr
151	세이브더칠드런	청소년정신건강 지원사업	저소득 청소년 및 부모 대상 진료비 지원	www.sc.or.kr

152	대한결핵협회	학생 행복나눔 지원사업	초·중·고 결핵환자로 판명된 자 대상 독려금, 영양식 섭취 지원비 지급	www.knta.or.kr
153	심장학연구재단	수술비 지원사업	저소득 심장병환우 의료비 지원	www.crf.or.kr
154	한국백혈병 소아암협회	재활치료비 지원	소아암 재활이 필요한 29세 미만 재활서비스 지원	www.soaam.or.kr
155	아름다운 동행	개안수술 지원사업	저소득가정 망막 질환, 각막이식수술 등 지원	www.dreaminus.org
156	이주배경청 소년지원재단	다톡다톡 프로젝트 상담 및 심리치료비 지원	이주배경청소년 대상 심리상담, 치료비 지원	www.rainbowyouth.or.kr
157	(사)한국인체조직 기증지원본부	천사의 미소	저소득 장애인 중증 구강질환자 대상 치료비, 이식재 지원	www.kost.or.kr
158	KT&G복지재단	상상펀드 의료비지원 사업	저소득가정 의료비 지원	www.ktngwelfare.org
159	(사)한국장애인 재활협회	두드림 일시· 긴급 지원	기초생활수급자, 차상위 대상 의료비, 주거비 등 지원	www.dodreamfund.com
160	생명보험사회 공헌재단	희귀·난치성질환자 의료비 지원	희귀난치성 질환 저소득가정 현금 지원	www.lif.or.kr
161	마뗄암재단	암환자 진료비 지원	저소득가정 암환자 진료비 지원	www.mcancer.com
162	한국소아암재단	수술비 및 병원치료비 지원사업	국내외 소아암 백혈병 환아 지원	www.angelc.or.kr
163	(재)한국의료 지원재단	약제비 지원 (류마티스 질환자)	병원/기관 추천 류마티스 질환 환자 약제비 지원	www.komaf12.org
164	(재)한국의료 지원재단	약제비지원(암환자)	각종 암환자 연간 50만 원 한도 의 약제비 지원	www.komaf12.org
165	(재)한국의료 지원재단	소외계층 비만환자 의료지원 사업 '비만제로 행복더하기'	저소득층 비만환자 진료, 병원비 지원	www.komaf12.org
166	(사)한국희귀· 난치성질환연합회 (KORD)	의료비 지원사업	희귀난치성질환환우 진료비, 의료용품 구입비 등 지원	www.kord.or.kr
167	㈜문화방송	지금은 라디오시대 후원금	위기가정 방송모금 성금 전달	

168	더나은세상	실명질환 수술비 지원사업	실명예방 수술이 시급한 저소득층	www.1.or.kr
169	서울아산병원	수술치료비 지원사업	저소득가정 환자 수술치료비 지원	www.amc.seoul.kr
170	밀알복지재단	장애아동 수술비 지원사업	장애아동(미등록 포함) 수술비 지원(최대 500만 원)	www.miral.org
171	귀뚜라미재단	난방시설 지원사업	저소득가구 대상 난방시설 개보수 지원, 월동비용 지원 등	www.kfoc.or.kr
172	롯데재단	소외계층지원	요보호가정 지원요청 내용 검토 후 지원	www.lottefoundation.or.kr
173	밀알복지재단	위기가정지원사업	정보 공개에 동의한 저소득가구 대상 모금활동	www.miral.org
174	남북하나재단	생활안정키트	탈북가정 생활안정키트 제공	www.koreahana.or.kr
175	KT&G복지재단	사회복지지원사업	다문화가정 합동결혼식, 저소득가구 공과금, 공공보험료 지원, 교복상품권 지원 등	www.ktngwelfare.org
176	세방이의순재단	SOS 긴급구호사업	위기가정 의료비, 재해복구비 지원	www.esun.or.k
177	월드비전	위기아동지원사업	위기가정 아동 생계비, 주거비, 의료비 등 지원	www.helpchild.or.kr
178	유당복지재단	급식비 지원	저소득 위기아동 급식비 지원	www.yudangwelfare.or.kr
179	유당복지재단	가정보호아동 및 저소득층 아동 지원	저소득아동 생계비 지원	www.yudangwelfare.or.kr
180	이랜드복지재단	위기가정지원사업	위기가구 생계, 주거, 의료비 등 지원	intra.incubating.or.kr
181	한국백혈병 소아암협회	일상생활지원 (희망다미웰니스센터)	저소득 백혈병소아암 환아 일상생활 관련 지원	www.soaam.or.kr
182	한국새생명 복지재단	독거노인 생활 지원사업	저소득 독거노인 선물, 공연관람 등 지원	www.knewlife.org
183	현대오일뱅크1% 나눔재단	사랑의 SOS 기금	화재, 사고, 질병 등의 생계곤란 문제를 겪는 자를 대상 생계, 의료, 주거비 등 지원	www.oilbanknanum.or.kr
184	화물복지재단	교통사고생계비 지원사업	화물운송업 중 교통사고로 사망한 운전자 유가족 대상 비용 지원	www.fordrivers.or.kr

185	KT그룹 희망나눔재단	다문화 가정 지원	다문화가정 컴퓨터교육 지원	csv.kt.com
186	바보의 나눔	근로빈곤여성가장 긴급생계비 지원사업	비정규직 종사 여성가정 긴급생계비 지원(최대 400만 원)	www.babo.or.kr
187	한국전기안전공사	전기안전봉사	농어촌, 산간벽지 등 취약 지역 대상 전기설비 점검, 개선활동	www.kesco.or.kr
188	(사)함께하는 사랑밭	생필품 지원	저소득 가정 연탄, 쌀, 김치 등 생필품 지원	www.withgo.or.kr
189	(사)함께하는 사랑밭	후원금 지원	저소득 가정 아동 결연후원금 지원	www.withgo.or.kr
190	KBS 한국방송공사	방송국 ARS 후원금	KBS '동행' ARS 후원금 지원	
191	MBN 매일방송국	소중한 나눔 무한행복	MBN '소나무' ARS 후원금 지원	www.mbn.co.kr
192	SBS	방송모금성금지원	SBS '세상에서 가장 아름다운 여행' 후원금 지원	www.sbs.co.kr
193	기아대책	결연후원금 및 물품후원	19세 미만 아동 결연후원금 및 물품 지원	www.kfhi.or.kr
194	세이브더칠드런	정기후원금	저소득 빈곤가정 아동 1:1 결연후원금 지원	www.sc.or.kr
195	아름다운가게	현물나눔	저소득가정 쌀, 생필품 등 보따리 지원	www.beautifulstore.org
196	한국사랑봉사협회	소년소녀가정 독거노인 생활비 지원사업	기관 추천 소년소녀가정, 독거노인 생계비 지원	www.kals1004.or.kr
197	월드휴먼브리지	출산용품 무료 지원	저소득 임산부 출산용품, 태교음악회 지원	www.whb.or.kr
198	한국장애인개발원	발달장애인 지원	장애인 정보제공, 프로그램 연계 지원	www.koddi.or.kr
199	아름다운 동행	모자가정 지원사업 위시박스	모자가정 아동 청소년 대상 자기 발전, 진로를 위한 물품 지원	www.dreaminus.org
200	한국건강 가정진흥원	한국생활 가이드북	다문화가족, 외국인을 위한 가이드북	www.liveinkorea.kr
201	한국백혈병 어린이재단	소아암 환자 가발지원	소아암, 희귀난치성 질환 아동, 치료 종결 30세 미만 가발 지원	www.kclf.org
202	세이브더칠드런	난민아동지원사업	난민아동 양육, 교육비 지급	www.sc.or.kr

203	(사)한국미혼모 지원네트워크	미혼모를 위한 트라이앵글 프로젝트	미혼임산부, 양육미혼모 대상 자립, 심리정서 지원	www.kumsn.org
204	월드휴먼브리지	사랑의 곳간 (쌀 지원 프로젝트)	단체, 지자체 추천 한부모가정 쌀 지원	www.whb.or.kr
205	밀알복지재단	EBS 나눔0700 방송	의료비, 재활치료비, 빈곤가정 등 ARS모금 지원	www.miral.org
206	(재)아름다운 동행	생계비 지원	저소득 가정 생계비 지원	www.dreaminus.org
207	베스티안재단	희망사업(물품, 생계비, 교육비 지원)	중증화상환자 간병물품, 생계비 등 지원	www.ibestian.org
208	아름다운재단	생계형 건강보험 체납자 지원사업	생계형 건강보험 채납자 탕감 신청 및 분할납부 지원	www.healthforall.or.kr
209	건강가정지원센터	가족사랑의 날	가족참여형 프로그램 지원	
210	건강가정지원센터	가족상담	가족대상 부부상담, 자녀상담 등 지원	www.familynet.or.kr
211	건강가정지원센터	가족성장 아카데미교육	부모대상 교육	www.familynet.or.kr
212	건강가정지원센터	가족역량 강화 지원	한부모, 위기가정, 조손가정 통합 서비스 제공	www.familynet.or.kr
213	건강가정지원센터	노년기 가족교육	노년기 생활, 가족관계 등 교육	www.familynet.or.kr
214	건강가정지원센터	아동 · 청소년기 가족교육	아동 · 청소년 자녀를 둔 부모 교육	www.familynet.or.kr
215	건강가정지원센터	아버지교육	자녀와의 놀이, 일가정양립 등 교육	www.familynet.or.kr
216	건강가정지원센터	예비부부 및 신혼기 가족교육	예비부부 및 신혼기 가족교육	www.familynet.or.kr
217	건강가정지원센터	장애아동 휴식지원	장애아동 양육가정 상담, 자조모임 등 지원	www.familynet.or.kr
218	건강가정지원센터	중년기 가족교육	중 · 노년기 가족관계, 경제, 신체심리 변화 등 교육	www.familynet.or.kr
219	부스러기 사랑나눔회	빈곤아동 심리정서치유사업	저소득 가정 초등학생 심리, 정서치료 지원	www.busrugy.or.kr
220	아모레퍼시픽	메이크유어라이프	암수술 후 2년 이내 환우로 미용 관련 프로그램 지원	makeupyourlife.amorepacific.com

221	아모레퍼시픽	메이크유어라이프	항암 또는 방사선 치료 중인 여성을 대상 메이크업 카운셀링 진행	makeupyourlife.amorepacific.com
222	밝은청소년	집단상담 프로그램	초·중학생 학교부적응 등 집단상담 지원	www.eduko.org
223	남북하나재단	전문상담사	북한이탈주민 정착과정 상담 지원	
224	사랑의 전화복지재단	자살유가족상담 및 자조모임	자살유가족, 자살충동자 개인, 가족상담 지원	www.counsel24.com
225	웅진재단	다문화가족음악방송	다문화가정 모국 소식, 음악 소개, 한국어 수강기회 제공 등	www.wjf.kr
226	한국난임가족 연합회 아가야	난임상담 및 교육지원사업	난임부부 교육, 상담, 정보안내	www.agaya.org
227	굿네이버스	심리정서지원사업	심리정서 프로그램이 필요한 아동·청소년 지원	www.goodneighbors.kr
228	한국마사회	승마힐링센터	지적 장애를 가진 소아·청소년 대상 승마, 상담 프로그램 지원	www.krahc.or.kr
229	한국메이크어위시 재단	소원성취사업	난치병을 앓는 아동·청소년 대상 소원성취 프로그램	www.wish.or.kr
230	한국백혈병 소아암협회	환아방문 서비스 (가족희망파트너 파견사업)	소아암 환아 및 가족 신체활동, 학습지도, 정서 지원 등	www.soaam.or.kr
231	현대차 정몽구재단	서울 온드림 다문화가족교육	다문화, 중도입국자녀 한국어, 컴퓨터, 검정고시 교육 지원 등	www.hyundai-cmkfoundation.org
232	남북하나재단	무연고 청소년 그룹홈	무연고 탈북청소년 공동생활가정 지원	www.koreahana.or.kr
233	남북하나재단	주택 미배정자 공동생활시설	북한이탈주민 임시거주 공동생활시설 지원	www.koreahana.or.kr
234	주거복지재단	주거취약계층 주거지원사업	쪽방, 고시원 등 생활 저소득가구 주거임대	www.hwf.or.kr
235	영산조용기 자선재단	주거환경개선서비스	수도권 등록장애인 경사로, 문턱 제거 등 환경개선 지원	www.yonggicho.org
236	평원재단	장애인자립주택	저소득 중증장애인 공동생활 주택 지원	www.pyongwon.org

237	이랜드복지재단	이랜드 인큐베이팅 사업(주거비)	저소득 위기가정 주거 관련 비용 지원	intra.incubating.or.kr
238	한국해비타트	주거환경개선사업	저소득가정 집 짓기, 집 고치기 지원	www.habitat.or.kr

[* 본 자료는 한국사회보장정보원 사례관리 정책 지원센터에서 운영하는 웹진 '행복e야기' 2017. 10.에 게재된 '한국복지자원 안내'에 수록된 내용입니다. 제공 주체와 제공되는 자원은 시기에 따라 변화되므로 현재 시점의 정보와 상이할 수 있습니다. 다만 복지재단의 종류, 제공되는 서비스 영역이나 내용 등 학습자들의 이해를 위해 수록하였습니다. 실제 현장에서 활용하실 때에는 자원 출처를 조사하고 실시간 데이터 정리가 필요합니다.]

〈참고 자료 2〉 종합사회복지관 사례관리 자원 목록 예시

주거	공식	양천구청 복지정책과	희망온돌 행복한 방 만들기
		영등포주거복지센터	주거복지 관련 상담, 주거환경개선 서비스
		LH주택공사	주거복지 관련 상담, 주거환경개선 서비스
		한국공항공사	주거복지 관련 상담, 주거환경개선 서비스 연계
		재단	주거비 지원
		서울시전월세보증금지원센터	대상자 법률 상담 지원(임대차 관련)
		재단	보증금 지원
		신월2동 주민센터	임대주택 신청 지원
		신정3동 주민센터	임대주택 신청 지원/전입신고 지원
		SH양천주거복지센터	주거비 지원
		재단	장학금 지원
		양천장애인종합복지관	장애인생활환경개선사업
	비공식	업체	도배 및 집수리 지원
		공인중개사	도배 및 집수리 지원
		부동산	
		공인중개사	주거 탐색 및 당사자 모니터링
교육	공식	한국사회복지관협회	장학금 지원
		초등학교	학교생활 모니터링
		초등학교	학업생활 모니터링 등 심리검사 비용 지원
		중학교	교육복지사업
		중학교	교육복지사업
		중학교	교육복지사업
		교육복지센터	심리치료 지원사업
		드림스타트	심리치료 지원사업
		후원회	학습비 지원사업
		스포츠센터	재활수영 지원
		아동발달센터	자녀치료 지원

		네트워크	장애여성 지원
			동료상담가
		재단	장애인부모 자녀 교육비 비장애형제자매 교육비
		한부모지원센터	중졸, 고졸 학력 취득
		중 · 고등학교	중학생, 고등학생 모집 요강
	비공식	○○○	학습멘토링
		○○○	학습멘토링
		○○○	학습멘토링
		○○○	정서지원 멘토
		○○○	학습멘토링
		○○○	학습멘토링
의료	공식	건강보험공단 양천지사	장기요양신청 지원
		병원	무료간병실
		재단	저소득층 백내장, 녹내장, 망막질환 수술비 지원
		병원	요양 서비스
		요양병원	요양 서비스
		실버케어	요양 서비스
		정신과	심리치료
		양천구 정신건강복지센터	알콜릭, 우울증 등 정신건강질환 개입, 지원 종합심리검사 지원
		재단	여성암검진
		드림스타트	초등학생 자녀 심리치료 비용 지원
		NGO	심리치료 비용 지원 수술비 및 치료비, 치과치료비, 보장구구입비, 특수치료비
		양천구 건강가정지원센터	심리치료 지원(야간)
		서울심리지원 서남센터	개인상담 및 집단 프로그램
		중학교	교육복지사업
		중학교	교육복지사업
		중학교	교육복지사업
		정신병원	정신건강 의료 지원

		○○병원	의료 지원
		교육복지센터	심리치료 지원사업
		양천드림스타트	심리치료 지원사업
		청소년상담복지센터	청소년심리상담 지원
		양천구정신건강복지센터	알코올릭, 우울증 등 정신건강질환 개입, 지원 종합심리검사 지원
		○○정신과	자녀 정신과 상담 및 약물치료 지원
		○○정신과	정신건강 의료 지원
		○○병원	신체건강 의료 지원
		○○정신과의원	정신건강 의료 지원
		시설	알코올중독여성 자립재활 지원
		양천보건소	인지기능검사 만성질환관리사업(대사증후군, 영양사업, 한방사업)
		정형외과	무료 진료 및 치료
		치과	저렴한 진료비 지원
		교회	무료 진료 및 치료
		의료원	재활치료, 의료 보장구
		재단	의료, 재활배분사업
		후원회, 재단	의료비 지원
경제	공식	후원회	아동·청소년 결연후원금 지원
		재단	아동·청소년 결연후원금 지원
		자문	다문화 청소년 결연후원금 지원
		재단	재능장학생
		재단	청소년 결연후원금 지원
		양천구청	수급연장
		교회	후원금(100만 원)
		서울남부고용센터	취업성공패키지
		NGO	위기가정 재기지원사업
		한부모가족지원센터	한부모 주거자금 소액대출사업
		NGO	위기가정지원사업

법률	공식	한국가정법률사무소	대상자 법률상담 지원
		법률홈닥터	신월지역교육복지협의체 대상자 법률상담 지원
		대한법률구조공단(서울 남부)	대상자 법률상담 지원
		대한가정법률복지상담원	대상자 법률상담 지원
		서울금융복지상담센터	파산절차 법률상담 지원
		밝은내상담치료센터	법률상담
취업	공식	지역자활센터	자활근로사업 연계
		센터	여성직업교육 연계
		센터	취업 알선 및 상담 서비스
		센터	대상자 일자리 관련 정보제공 및 연계 취업상담 지원
		목동종합사회복지관	여신(女新) 프로젝트
		공사	일자리연계사업
		센터	이주배경 청소년 지원(진로, 심리, 경제 등)
일상 생활 지원	공식	양천장애인복지관	가사간병인 헬퍼 서비스
		센터	성장과정에 맞는 장난감 대여 서비스
		신정3동 주민센터	가사간병 서비스
		후원회	책, 분유, 기저귀 등 지원
		재단	이랜드 인큐베이팅 사업
		재단	(노인장기요양보험제도 지원 대상에서 소외된) 경중치매 어르신을 위한 주간보호 프로그램
		재단	난치병 환아소원성취 서비스
		협회	저소득층을 대상 공연관람 서비스 제공
		위원회	기초, 차상위 대상 문화누리카드 지원
		서울특별시한부모가족지원센터	꽘 리프레시 여행
		서울시가정위탁지원센터	위탁가정 지원사업
		교회	결혼 지원
		재가복지센터	요양 서비스
		양천구치매지원센터	치매검사 지원

		지역아동센터	방과후 아동보호
		지역아동센터	방과후 아동보호
		NGO	해외여행
		서울시립남부장애인종합복지관	서울시 이동식 이불빨래방
		신정3동 주민센터	소원을 말해봐
	비공식	지역단체	장애인활동보조인 파견
		집주인	추석 등 위기상황 관리
		자원봉사캠프	자원봉사활동
		옆집	
		요양보호사	요양 서비스
기타	공식	출입국관리사무소(남부)	영주권 변경, 귀화신청 지원
		가정법원	
	비공식	발달장애아동부모자조모임	
발굴체계	기타	우리 동네 행복돋보기(30개소)	

[*위의 자원 목록표는 '신월 종합사회복지관' 사례관리팀의 동의를 얻어 게재하였습니다. 2020년 3월 현재 사례관리팀에서 개발하고 활용하는 자원 목록입니다. 욕구 영역별로 공식 자원과 비공식 자원을 구분하여 정리하고 있어 자원개발과 목록 데이터 정리를 할 때 도움이 될 것입니다.]

제**17**장

옹호 역량

학습개요

사례관리에서 옹호는 클라이언트가 이 사회에서 당당하게 살아갈 수 있는 기회를 주고 역량을 키울 수 있도록 지원한다. 이 장에서는 옹호의 개념과 유형에 대해서 살펴보고, 사례관리 과정에서 옹호의 개입의 중요성을 논한다.

학습목표

1. 사례관리 실천과정에서 옹호 역량을 이해한다.
2. 사례관리 과정 속에서 사례관리자의 옹호활동을 이해한다.
3. 옹호의 유형을 이해한다.

1. 사례관리실천에서 옹호 역량의 의미와 필요성

타자의 윤리학으로 유명한 프랑스 출신의 윤리학자 레비나스(Lévinas)는 "이 세상에 존재하는 모든 존재자는 자신이 존재하는 그 존재성을 자신 안에 가지는 까닭에 그 누구도 함부로 할 수 없는 존귀한 자여야 한다. 그래서 이 세상에 존재하는 모든 존재자는 존귀한 존재자로 존중받아야 함과 동시에 자기와 다른 존재자들을 존귀하게 여길 책임이 우리 모두에게 있다."라고 했다(박남희, 2019). 그러므로 사회복지 실천현장에서 옹호(擁護)란 클라이언트를 함부로 할 수 없는 존귀한 존재자로 여기기 위한 기본 행위이며, 존재자의 존엄성을 회복시킴으로써 사회적으로 소외된 '타자'가 아닌 '자기'로 바로 설 수 있도록 지원하는 행위라고 볼 수 있다.

최근 사회복지실천에서 이념과 가치(관점)들이 크게 변화되어 오면서 클라이언트에 대한 옹호실천 또한 그 필요성이 부각되고 있다. 또한 국내외의 사회복지사 윤리강령에서도 옹호활동이 폭넓게 진행되어야 한다고 명시하고 있다.

그러나 유럽이나 미국처럼 옹호실천이 시스템화되어 있는 나라들과는 달리 우리나라는 아직 사회복지 전달체계나 실천에서 옹호가 적극적으로 실시되고 있는지는 의문이다. 그러므로 사례관리의 진행과정에서 클라이언트를 지원하기 위한 옹호 역량을 습득하도록 하는 것은 매우 중요하다고 볼 수 있다.

1) 옹호의 개념과 특징

옹호에 대한 사전적 의미는 '두둔하고 편들어 지킴'이라는 뜻이 있다. 이는 '인간으로서 당연히 가지는 권리'라는 뜻과 '이익'이라는 뜻이 포함되어 있어, 당사자의 권익과 이익을 옹호하는 사회복지사의 역할을 잘 드러내 주는 표현이라 할 수 있다(김용득 외, 2012).

누군가를 옹호하고 지지하는 활동은 1960년대 중반 미국의 다양한 당사자 중심의 사회운동들로부터 시작되었고, 1980년대 초반에는 영국에 도입되어 발전되어 왔지만, 여전히 우리나라 사람들에게 옹호는 모호하다고 볼 수 있다.

그럼에도 불구하고 일반적인 의미에서 옹호는 변호, 지지, 주장 등을 포괄하는 개념으로, 영어의 권익옹호(advocacy)는 프랑스어로 'voco'라는 단어에서 그 어원을 찾을 수 있으며, 영어로는 목소리를 높인다는 의미가 있다(이명현, 2004). 또한 옹호(advocacy)는 사회복지실천의 역사 안에서 가장 대표적인 권리 지향 활동 중 하나로 제시되어 왔다. 옹호란 "사회정의를 확보 · 유지하기 위한 목적에서 하나 이상의 개인이나 집단 또는 지역사회를 대신해서 일련의 조치를 직접 주장, 방어, 개입, 지지, 추천하는 행위"이다(Mickelson, 1995). 또한 옹호야말로 사회복지를 다른 인간 원조 전문직들과 구별해 주는 고유의 특징적 행동이라고 강조하고 있다(전선영, 2005: 92에서 재인용). 특히, 사회복지실천에서는 취약한 클라이언트들의 권익을 대변하는 역할을 의미하고 있다.

이 중 사회복지 영역에서 정의되는 권익옹호의 개념을 보면 다음과 같다.

사회정의를 확보 · 유지하기 위한 목적에서 하나 이상의 개인이나 집단 또는 지역사회를 대신해서 일련의 조치를 직접 주장, 방어, 개입, 지지, 추천하는 행위이다.
                                                                    −사회복지대백과사전, 1999

옹호는 누군가 자신이 원하는 것을 말하고, 권리를 확보하고, 이익을 표현하고, 필요한 서비스를 얻도록 돕는 조치를 취하는 것이다. 옹호인 및 옹호체계는 그들이 지원하고 편을 들어야 하는 사람들과 협력관계를 이루어 일을 해 나간다. 사회통합(social inclusion), 평등, 사회정의를 증진시키는 것을 목적으로 한다.
                                                                    −영국의 2002년 옹호헌장

옹호는 누군가의 목소리가 경청됨으로 인해 어떤 상황을 변화시킬 수 있는 것
이다. 옹호는 그들이 필요로 하는 지원을 받아, 자신이 선택을 할 수 있고, 자신의
삶을 통제할 수 있고, 그들이 원하는 만큼 독립적일 수 있게 하는 것이다.

-BILD, 2002

2) 자기결정과 사회통합에 기반한 옹호

사회복지 실천 영역에서 옹호는 클라이언트의 권리 획득과 자기주장과 결정을
대변하고 변호하는 활동으로 주체성과 자기결정의 이념과 가치를 중요시하는 개
념이다. 그러므로 사례관리자가 어떤 결정을 하는 것이 아니라, 클라이언트가 사회
복지실천의 모든 의사결정 과정에 참여하여 자기결정을 최대한 존중받을 수 있도
록 정보를 체계화하여 제공한다. 그리고 그 결정이 진행될 수 있도록 노력함으로
써 자기결정권이 훼손되지 않도록 지원하는 역할을 한다. 만약 자기결정권이 훼손
된다면 옹호는 더욱 중요해지며, 사례관리자는 적극적으로 자기결정권을 가로 막
는 주변 환경을 제거해야 하여 자기결정이 향상될 수 있도록 해야 한다. 이는 단순
히 클라이언트를 보호하는 것이 아니라 클라이언트가 사회 속에서 존재자로 거듭
날 수 있도록 하게 하는 것이다.

사회통합(Social inclusion)운동은 1960년대 중반부터 일어난 미국의 사회운동(공
민권운동, 자립생활운동, 여성운동 등)이 대표적이다. 이 운동은 근대사회를 지배해
온 '정상성'의 사회에서 오랫동안 주변부로 내몰린 사회적 약자가 경계를 허물고
사회의 중심으로 진입할 수 있는 근거를 마련해 주었다. 그리고 이러한 운동은 옹
호활동에 커다란 영향을 주었다.

또한 1980년대에 활발해진 자립생활운동이나 당사자운동은 사회복지사가 권리를
옹호해 주는 것이 아니라 클라이언트 스스로가 자신에게 권리가 있음을 인식하는 것
이야말로 진정한 권익옹호라고 주장하면서 스스로 옹호의 개념 확립에 이바지했다.
따라서 사회통합운동은 주변부로 내몰렸던 사람들과 사회가 상호작용할 수 있도록

인간을 배제시키는 사회 자체를 변화시켜 가는 것으로, 이는 옹호활동과 맥을 같이 하고 있다. 결국 사회통합에서는 클라이언트를 계몽해서 그 결과로 나타난 변화보다는 다른 사회구성원에 대한 사회제도의 변화를 더욱 중요하게 생각한다.

3) 옹호를 지지하는 모델(구조적 모델, 사회행동 모델)

구조적 모델에서는 사회복지사에게 클라이언트의 환경을 변화시키는 것을 고려하도록 하였다. 특히, 구조적 접근은 환경을 먼저 개선시켜, 개인의 욕구에 잘 부합되도록 하는 것을 목적으로 한다(서울대사회복지실천연구회, 1998). 그러므로 구조적 모델에 사회복지사는 자신의 의무를 협의자, 중재자, 중개자, 옹호자로 명확히 하고 있다. 또한 이 모델은 몇 개의 기본 원리를 가정으로 세워졌다.

첫째, 이용자에 대해 책임

둘째, 이용자와 비슷한 관심, 문제 상황에 놓인 사람들을 확인하고 참여시키는 행동

셋째, 이용자 환경에 있는 지지를 최대화

넷째, 이용자가 자신의 생활을 조정하는 데 원조하며 이를 강화시키는 것이 기본

이처럼 구조적 모델은 임파워먼트 모델이나 상호작용 모델 등 다양한 모델과 적용이 가능한 사회복지 옹호의 대표적인 실천모델이라고 볼 수 있다.

사회행동(social action) 모델은 지역사회의 취약계층 주민들이 사회적·정치적·경제적으로 보다 나은 조처를 받을 수 있고, 정책이나 실천을 변화시키려는 일반적인 시도이다. 즉, 지역사회의 공인된 힘과 자원의 공정한 분배, 사회적 약자에 대한 의사결정권을 강화하여 지역사회를 긍정적으로 변하시키는 것을 말한다. 또한 사회복지사들은 사회적 취약계층을 지원하는 역할과 옹호하는 역할을 수행하게 되는데, 사회행동에서 가장 중요하게 여기는 것은 옹호이며, 이는 클라이언트의 권리를 우선한다는 점에서 일치된 관점을 갖고 있다(이영순, 2017).

4) 옹호의 유형

영미에서 옹호의 실천 영역은 지난 30년 동안 다양한 유형이 발전하고 있다. 특히, 옹호서비스를 필요로 하는 사람들이 다양하며 그만큼 욕구도 다양하다. 다양한 옹호 유형의 특성을 명확하게 하기 위해 학자들은 몇 가지 기준을 가지고 옹호의 유형을 행위 주체, 금전적 보상 여부, 옹호의 지속시간 등으로 흔히 구분 짓고 있다.

행위 주체에 따른 구분의 경우, 브랜던 등(Brandon et al., 1995)은 행위 주체에 따라 법률전문가, 휴먼서비스 전문가가 급여를 받고 행하는 전문가옹호(professional advocacy), 사회복지사, 사례관리자, 자원봉사자 등이 행하는 시민옹호(citizen advocacy), 클라이언트 자신에 의한 자기옹호(self advocacy), 가족에 의한 가족옹호(advocacy by families), 비슷한 경험을 가지고 있는 사람들 간(동료)에 의한 동료옹호(peer advocacy), 비슷한 상황에 있는 조직화된 집단에 의한 집단옹호(collective advocacy) 등으로 구분하고 있다(강희설, 2010).

또한 보일란과 달림플(Boylan & Dalrymple, 2009)은 주체를 자신과 타인으로 구분하여 '자신 스스로의 권익옹호(Do-it-yourself advocacy)'와 '외부로부터의 권익옹호(Outside advocacy)'로 분류하고 있다. 자신 스스로의 권익옹호는 자기옹호와 집단옹호가 포함되며, 당사자들이 직접 옹호활동을 하는 직접적 옹호 유형이다. 외부로부터의 권익옹호는 시민옹호, 동료옹호, 전문가 옹호, 법률옹호, 비지시적 옹호(수화통역), 전자옹호(인터넷 사용), 자원봉사자, 가족 등에 의한 옹호가 해당되며, 당사자 이외의 사람에 의한 간접적 옹호 유형(엄미선, 2003 재인용)이다.

금전적 보상 여부가 기준일 경우, 브랜던(1995)은 권익옹호를 세 가지 기본적인 종류로 구분하고 있으며, 각 종류에는 다양한 유형의 옹호활동이 있을 수 있다고 밝히고 있다. 세 가지 기본적인 종류는 자기옹호, 돈을 지불하는 전문적인 옹호(paid/professional-advocacy), 돈을 지불하지 않는 아마추어 옹호(unpaid/amateur-advocacy)이다. 전문적인 유료 옹호는 주로 변호사 또는 법률전문가에 의해 이루어지는 옹호와 의사, 간호사, 사회복지사 등에 의해 이루어지는 옹호로 더 구분할 수

표 17-1 **권리옹호 유형의 구분**

행위 주체			옹호 대상	금전적 보상	옹호 지속시간
스스로 옹호	자기옹호	개인적 자기옹호	개인	무료	장기
		집단적 자기옹호	집단	무료	장기
외부 옹호	전문가 옹호	변호사, 법률전문가	개인	유료	단기
		서비스 전문가 옹호 — 사회복지사	개인	유료	단기
		서비스 전문가 옹호 — 회사, 간호사	개인	유료	단기
	시민옹호	지역 자원봉사자	개인	무료	장기
	가족옹호	가족	개인, 집단	무료	장기
	동료옹호	유사한 경험을 가진 동료	개인, 집단	무료	장기, 단기

출처: 강희설, 2010 재인용.

있고, 시민옹호는 무료의 아마추어 옹호로 구분된다(강희설, 2010).

옹호지속시간에 따른 구분일 경우, 옹호활동이 단기간 이루어지는 것인지, 장기간 지속되는 것인지를 기준으로 하는 구분이다. 자기옹호와 시민옹호 등은 장기간 지속되는 옹호(long-term advocacy)에 해당되고, 유료의 독립적인 옹호(paid independent advocacy), 직원에 의한 옹호(advocacy by staff), 어떤 이슈를 해결하기 위한 위기 또는 사례옹호 등은 단기간의 옹호(short-term advocacy)에 해당된다(BILD, 2002).

5) 옹호의 실천원칙[1]

2002년도에 영국에서 공포된 옹호헌장(Advocacy Charter)은 옹호원칙을 정의하고 증진시키는 것으로, 잉글랜드와 웨일즈 등에서 폭넓게 사용되고 있다. 이 옹호

---

1) 김용득 외(2012). '장애인복지관의 지적 장애인 권익옹호 실천방안에 관한 연구'. (사)한국장애인복지관협회의 일부를 정리하였다.

헌장은 영국의 옹호행동(Action for Advocacy: A4A)[2]에 의해 개발되었는데, 모든 옹호체계에 적용될 수 있는 공통의 실천원칙(guiding principles)을 세우게 된다. 실천원칙에는 목적의 명료성, 독립성, 사람 우선, 역량 강화, 동등한 기회, 접근 가능성, 책임성, 옹호인에 대한 지원, 비밀보장, 이의제기 등이 있다.

목적의 명료성은 옹호실천이 옹호체계가 클라이언트에게 무엇을 제공하는지에 대해서 기관의 직원, 돌봄제공자, 자원활동가들에게 명확하게 알려야 한다. 그 이유는 옹호가 여전이 옹호자의 역할을 조언해 주는 사람이나 친구 되어 주기와 같은 다른 지원과 혼동되고 있기 때문이다.

독립성은 옹호체계가 구조적, 운영적, 심리적으로 독립되어 있어야 한다는 것이다. 구조적 독립은 서비스 제공기관, 행정기관, 자금제공자로부터의 독립이다. 운영의 독립은 결제체계, 업무관리 지침, 실천 강령, 업무규칙들로부터의 독립이다. 그리고 옹호체계 내외 관계자들로부터 독립하여 클라이언트를 대변할 수 있어야 한다는 것이 심리적 독립이다.

사람 우선이란 옹호는 클라이언트가 자신의 의견을 직접 이야기할 수 있도록 또는 필요한 경우 그들의 요구를 표명해 줄 수 있는 편을 갖도록 지원해야 한다. 또한 클라이언트에 대해서 함부로 판단해서는 안 되며, 그들의 욕구와 경험을 존중하고 본인과 관련된 정보는 함께 공유해야 한다.

역량 강화는 클라이언트가 스스로 자신의 의견을 말할 수 있도록 지원함으로써 역량 강화를 증진하는 토대가 된다. 그리고 모든 과정에서 클라이언트가 참여할 수 있는 권리가 보장되어야 한다.

동등한 기회란 옹호체계가 평등과 차별금지를 실천하기 위한 정책을 문서로 갖추고 있어야 하며, 이 정책은 모든 사람에게 평등하게 적용되어야 한다.

---

2) 2001년 설립되었으며, 취약하고 역량 약화된 사람들을 위한 효과적인 옹호 개발을 위한 선도적인 역할을 수행해 왔다. 2005년 초 헌장 실천(Charter in Action)이라는 프로그램을 시작했는데, 이 프로그램은 옹호 기관과 기관의 직원들이 옹호 헌장을 실천으로 옮기기 위한 비판적 도구를 제공한다.

접근 가능성에서는 서비스 이용방법과 절차 등을 간단하고 명확하게 널리 알려야 한다. 또한 옹호의 실천 이용 시간이나 이용 장소 등은 융통성 있게 운영하여 접근성을 높여야 한다. 또한 모든 옹호는 그들이 하는 일에 책임을 져야 한다. 그리고 효과적인 모니터링과 평가 시스템을 갖추어 옹호 과정과 결과에 대한 평가 방법을 마련하는 것이 책임성이 있다.

옹호인에 대한 지원에서 옹호인은 자신의 일에 관련된 것을 조직으로부터 지원받으면서 기술과 경험을 발전시킬 수 있는 기회를 갖도록 해야 하며, 훈련과 슈퍼비전을 받을 수 있는 체계가 마련되어야 한다.

옹호에서 비밀보장 원칙은 매우 중요하다. 특히, 신뢰관계 구축을 위해 일정 수준의 비밀을 보장해 주어야 하며, 옹호는 비밀보장에 관한 규칙을 반드시 마련해야 한다.

마지막으로, 이의제기는 서비스 과정이 잘못될 수 있고, 서비스가 기대에 미치지 못했을 때 클라이언트는 이의제기를 할 수 있어야 한다. 그리고 이의제기의 절차는 단순하게 이해하기 쉬워야 한다.

2. 사례관리자의 옹호 역량: 사례관리 실천과정별 과업을 중심으로

사례관리 실천현장에서 만나는 클라이언트의 욕구는 복합적이고 다양하기 때문에 옹호가 필요한 상황에서도 신체·심리·사회·경제 등 전반적 영역을 아우르는 통합적 실천이 요구된다. 옹호는 상시적으로 필요하지만, 상황에 따라 적절하게 지원하는 것이 더욱 중요하다. 그렇기 위해서 사례관리자는 사례관리 실천과정 단계에서 클라이언트에 대한 정확한 정보 수집과 정확한 상황 판단을 통해 옹호과업을 수행해야 한다. 왜냐하면 사례관리자는 클라이언트의 권리를 주장하고 대변함으로써 클라이언트가 사회적 자원과 서비스를 제공받을 동등한 기회를 가질 수 있도록 해야 하기 때문이다. 다음에서는 옹호와 관련된 과업을 리스트의 형태로 제시하고자 한다.

옹호 사례

- 사례관리자가 개인정보를 지나치게 많이 알려고 하는 질문이나, 대답하기 곤란한 질문에 대해서는 거부할 수 있음을 공지함으로써 스스로 옹호가 가능하도록 지원
- 사례관리 과정에서 취득한 모든 정보는 비밀이 보장될 것이고 지켜지지 않을 경우 사례관리자나 기관에 이의제기할 수 있음을 공지하고 스스로 옹호가 가능하도록 지원
- 타인으로부터 클라이언트의 정보를 획득하였을 때는 클라이언트에게 반드시 정보를 공유하고 클라이언트의 자기결정권에 기반한 결정을 할 수 있도록 옹호
- 클라이언트는 목표 설정 및 계획수립 시 본인과 합의되지 않았거나 불만스러운 계획에 대해서 사례관리자에게 수정을 요구할 수 있도록 옹호
- 클라이언트의 호소된 문제가 목표로 잘 전환되었는지 확인해 주고, 목표 달성이 어렵거나 수정이 필요할 경우에는 수정을 요구하는 것이 가능하도록 옹호
- 가족 이외의 사례관리자를 도와줄 조력자가 있을 경우 조력자의 존재를 클라이언트에게 공유하여 클라이언트가 결정할 수 있도록 지원하는 옹호
- 클라이언트가 시각장애인으로 대학 입시 시험에서 점자시험지 또는 확대시험지 제공을 요청할 수 있는 스스로 옹호
- 언어장애가 있는 수험생이 면접시험에서 시간을 더 달라고 요구할 수 있는 스스로 옹호
- 사례관리자는 클라이언트의 주변인으로부터 클라이언트에 대한 무분별한 정보를 듣게 될 경우 그 주변인에게 주의를 주는 옹호
- 사례관리 계획이 계획대로 실행되고 있는지 현장 방문을 통해 확인하고 서비스가 제대로 제공되지 않았을 경우 서비스 제공자에게 항의할 수 있는 옹호
- 서비스 지원 중에 갑자기 클라이언트에 대한 서비스 제공을 거부할 경우 상황을 파악하고 기관장이나 시청 관계자에게 항의 또는 도움을 청하는 옹호
- 클라이언트가 가족으로부터 학대 의심이 있을 경우 전문기관에 신고하는 옹호
- 클라이언트에게 긴급지원이 필요한 경우에는 계획수립 단계 이전에라도 행정에 긴급지원을 요청하는 옹호
- 최중증장애인의 활동지원서비스의 양이 줄어들었을 경우 행정에 항의하거나 정치가에게 도움을 요청하는 옹호

- 클라이언트가 지적 장애인이라는 이유로 지역문화센터 이용에 제한을 당했을 때 소유주와 지역 지자체에 항의할 수 있는 옹호
- 클라이언트가 지적 장애인인 경우 지역 주민들에게 장애인식 개선교육이 필요할 경우 전문가 교육을 실시하는 옹호
- 클라이언트가 지적 장애인인 경우 이성교제를 반대 하는 부모를 설득하는 옹호
- 클라이언트가 청각장애인인 경우 수화통역사를 배치해 달라고 요구할 수 있는 옹호
- 클라이언트가 시각장애인인 경우 건물 안으로 안내견과 동반 입실이 가능하도록 요구하는 옹호
- 클라이언트가 정신장애인인 경우 강제 입원에 항의하고 변호사의 도움을 받을 수 있도록 행동하는 옹호
- 클라이언트가 사기를 당했을 때 무료법률을 받을 수 있도록 무료법률사무소에 연계해 주는 옹호
- 클라이언트 가족이 지역사회로부터 차별과 배제를 당하고 있을 때 함께 대항하는 옹호
- 청년 일자리 확대를 정부에 요청하기 위해 국회 앞에서 1인 시위하는 옹호

https://www.youtube.com/watch?v=I2hBsNpCfd0
(자폐증장애인 미국 레스토랑)

https://www.youtube.com/watch?v=mrLUxqpgVm0
(생명권연대)

https://www.youtube.com/watch?v=0sYcFJ9uQBE
수화통역

3. 사회구조와 사회복지기관에 대한 옹호

권력은 특정한 곳(국가, 지위, 법)에만 있는 것이 아니라 사회 전 영역에서 존재하며, 사회 전 영역에 존재하는 관계들은 중립적이거나 투명한 관계가 아니라 그 속에 권력이 개입해 있기 때문에 권력적 관계인 것이다(고성원, 2012). 사회복지 실천영역에서도 예외는 아니다. 그 이유는 클라이언트가 사회복지사와 사회복지서비스 제공기관 그리고 자신을 지원하는 사회제도와 밀접하게 관계를 맺고 있기 때문이다. 다음은 사회적 약자인 클라이언트가 밀접하게 맺고 있는 관계들이 결국에는 권력적 관계임을 인식하고, 그에 필요한 옹호활동을 소개한다.

1) 억압과 차별이 존재하는 사회구조에 대한 옹호

사회구조란 사회구성원들이 교류와 상호작용을 통해 관계가 지속되면서 사회적 관계가 형성되고, 이러한 사회적 관계가 안정적인 틀을 갖게 되는 것을 말한다(다음 백과사전, 2019). 안정된 사회구조의 틀의 대표적인 것이 제도와 같은 사회규범이다. 사회규범은 원래 사람들의 삶을 보호하고 안정시키기 위해서 만들어진 것인데 반대로 누군가의 희생을 강요하게 하기도 한다. 그러므로 사회구조는 안정성을 유지하기 위해 사회구성원에게 사회구조적 틀에 맞게 행동하도록 하고, 따르지 않거나 따를 수 없는 사람(개인)들의 사고와 행동을 구속하고 강제하기도 했다. 특히, '정상성'을 강조하던 근대시대에는 이러한 사람들을 '비정상'이라는 이름으로 시설과 병원, 수용소로 보내졌다. 오늘날에도 '정상'과 '비정상'을 가르는 경계는 여전히 존재하고, 사회적 약자를 차별하고 배제시키고 있다. 차별과 배제를 경험하지 못한 사람들은 그런 경험이 있는 사람들을 쉽게 이해하기는 어려울 것이다. 취직과 승진의 기회로부터의 차별, 불안정한 삶을 살 수밖에 없는 취약계층에 대한 차별은 우리 사회가 그들의 욕구를 충분히 고려하지 않았다는 것을 말해 준다.

옹호활동은 클라이언트가 이러한 사회로부터 인간으로서 존중받을 수 있는 권리를 행사하는 것이며, 미래를 꿈꾸고 사회적 위험으로부터 보호받으면서 이 사회에서 주체적으로 함께 살아갈 수 있도록 지원하는 것이다.

억압과 차별이 있는 사회구조에 대한 옹호활동으로는 '조손가정의 정책개발을 위한 옹호활동', '다문화가정의 정책개발을 위한 옹호활동', '정신장애인의 탈원화 정책개발을 위한 옹호활동', '알코올중독자 자녀 지원을 위한 옹호활동', '가정폭력방지 정책개발을 위한 옹호활동', '아동·청소년 성매매 근절을 위한 옹호활동', '북한 이탈주민 보호를 위한 옹호활동' 등을 들 수 있다.

2) 서비스 제공기관으로부터 옹호

사례관리 과정에서 클라이언트는 다양한 사회복지기관의 서비스를 제공받게 된다. 그러나 각 기관의 엄격한 규정이나, 각기 다른 규정 때문에 적절한 서비스를 제공하는 데 한계를 갖게도 된다. 특히, 사례관리자는 자기가 속한 기관과 서비스 지원에 대한 갈등이 도출될 때는 윤리적 딜레마에 빠지기도 한다. 예를 들어, "기관이 반대하는 클라이언트에게 서비스 지원을 고집한다면 기관장으로부터 미움을 받지 않을까?", "기관이 나 때문에 시끄러워지는 것은 아닌가?"라는 갈등은 클라이언트의 사람 중심 지원과 대치되기 때문에 심각한 갈등과 윤리적 딜레마에 빠진다고 볼 수 있다. 이럴 때 사례관리자는 클라이언트에게 자기옹호를 기대하면서 기관에 항의할 수 있도록 하거나, 공무원이나 정치가에게 전화하도록 할 수 있다. 또한 사례관리자는 외부로부터의 옹호자를 활용하여, 기관에 항의할 수 있는 사람을 찾거나, 마지막에는 직장을 그만두기도 한다.

서비스 제공기관에 대한 옹호활동은 사회복지서비스를 소비하는 소비자로서의 당연한 권리이자, 서비스가 제공자 중심이 아닌 수급자 중심으로 지원되어야 함을 인식시키는 과정이 될 수 있다.

서비스 제공기관에 대한 옹호활동으로는 '서비스 이용자격 규정을 개정하도록 하는 옹호활동', '사례관리 중인 클라이언트에게 삼진아웃제[3]를 적용하지 않도록 하는 옹호활동' 등을 들 수 있다.

3) 사례관리자와 클라이언트의 권력관계

사례관리에서는 사례관리자와 클라이언트 사이에 있는 힘의 균형을 꾀하면서 클라이언트의 욕구를 명확히 하였다. 푸코는 이러한 힘의 균형들 사이의 관계 전부가 '힘(권력)의 관계'라고 하였다(고성원, 2012). 그러므로 사례관리자는 클라이언트를 지원할 경우에 자신이 가지고 있는 힘과 힘의 영향력에 대해서 충분히 인식하고 지원해야 한다. 사례관리자는 전문지식과 그 기술 자체만으로도 막대한 힘을 가지기 때문에, 클라이언트와의 힘의 관계는 시작 전부터 이미 불균형 관계가 된다. 그 결과 사례관리자는 힘으로 클라이언트를 차별하고, 학대하거나, 온정주의로 대할 수 있는 위험성을 가지고 있다.

그러므로 사례관리자는 클라이언트에게 스스로 옹호가 가능하도록 역량 강화 증진을 위해 노력해야 하며, 사람 중심에 기반한 서비스 제공을 위해 노력해야 한다. 또한 클라이언트에게 사례관리자에 대한 불만을 제기할 수 있는 권한과 사례관리자를 교체할 수 있는 권리가 있음도 동시에 알려 주어야 한다.

사례관리자에 대한 클라이언트의 옹호로는 '사적 영역에 깊이 관여하지 않도록 하는 옹호', '온정주의적 관점으로 대하지 않도록 하는 옹호', '사적 관계와 공적 관계의 경계가 모호해지지 않도록 하는 옹호' 등이 있다.

---

3) 삼진아웃제는 정해진 원칙이나 규칙에 대해서 세 번 이상 위반할 경우 더욱 강력한 처벌을 하거나 서비스 제공을 중단한다는 것을 뜻한다. 예를 들어, 장애인활동지원서비스를 받을 경우, 활동지원인에 대한 언어폭력이 3회 이상 계속될 때는 활동지원서비스 제공을 중단한다고 규정안에 두는 것이다.

학습과제

- 사례관리자의 옹호활동은 클라이언트의 역량 강화에 어떠한 영향을 미치는지 설명해 보시오.

참고문헌

강희설(2010). 사회복지사의 지적 장애인 자기 옹호 지원과정. 성공회대학교 대학원 박사학위논문.

고성원(2012). '푸코의 권력이론'. 고성원의 NAVER 블로그.

김용득 외(2012). 장애인복지관의 지적 장애인 권익옹호 실천방안에 관한 연구. (사)한국장애인복지관협회.

나눔의 집(1999). 사회복지대백과사전. 서울: 나눔의 집.

다음백과사전(2019). '사회구조'. Daum.

박남희(2019). 레비나스, 그는 누구인가—모든 것은 윤리의 문제이다. 서울: 세창출판사.

엄미선(2003). 자기옹호 집단 프로그램을 통한 도시빈민의 임파워먼트 연구. 가톨릭대학교 대학원 박사학위논문.

이명현(2004). 사회복지에서의 이용자 지원을 위한 권리옹호(Advocacy) 시스템에 대한 고찰. 한국사회복지학, 56(2), 29-52.

이영순(2017). 사회복지사의 인권감수성과 사례옹호, 직무만족, 조직몰입, 이직의도 간의 경로분석. 경기대학교 대학원 박사학위논문.

전선영(2005). 사회복지 가치를 매개로 한 사회복지 교육과 옹호 태도 및 전략의 인과관계 분석. 한국사회복지학, 57(4), 35-65.

정희경 역(2017). 보스턴의 정신장애 당사자 활동. 사람사랑양천장애인자립생활센터.

정희경 외(2017). 자기중심자기주도 개별지원 매뉴얼. 사람사랑양천장애인자립생활센터, pp. 20-21.

한국사례관리학회 편(2016). 사례관리 전문가 심화과정교육. 서울: 학지사.

BILD. (2002). Positive approaches to promoting advocacy. BILD.

Boylan, J. J. & Dalrymple, J. (2009). *Understanding advocacy for children and young people.* Berkshire: Open University Press.

Brandon, D., Brandon, A., & Brandon, T. (1995). *Advocacy: power to people with disabilities.* Birmingham: Venture Press.

Mickelson, J. S. (1995) *Advocacy.* In Beebe (Ed.), Encyclopedia of Social Work. NASW Press.

제18장

문화적 역량

학습개요

이 장은 문화적 다양성이 강조되는 요즈음, 사례관리 실천현장에서 요구되는 문화적 역량의 의미와 필요성, 문화적 역량을 어떻게 학습하고 적용할 수 있는지에 대한 내용을 다루고 있다.

학습목표

1. 사례관리실천에서 문화적 역량의 의미와 필요성을 설명한다.

2. 문화적 역량의 구성 요소를 설명한다.

3. 문화적 역량을 강화하기 위한 학습 방법을 시도한다.

4. 문화적 역량을 사례관리 실천현장에 적용한다.

1. 사례관리실천에서 문화적 역량의 의미와 필요성

1) 사례관리실천에서 문화적 역량의 의미

한국 사회는 이미 고령화, 저출산 시대, 국제결혼의 증가, 국내 이주민의 증가, 내국인의 국제 이주의 증가 등의 현상으로 다양한 문화가 공존하는 사회로 변해 가고 있다. 사례관리 실천현장에서도 이러한 다양한 문화의 사회현상을 실감할 수 있는데, 최근 마주 대하는 많은 클라이언트 중 다양한 문화적 배경을 지닌 클라이언트를 접하는 상황이 늘어나고 있다. 예를 들어, 이주여성이나 국제결혼을 통해 구성된 다문화 가족원들, 외국인 노동자나 북한이탈주민들을 상담하는 상황이 빈번해지고 있는 것이다. 한국 사회가 이처럼 다문화 사회로 이행하는 과정 중에 있고, 한국 사회의 가족구조 또한 다양하게 변화해 가는 상황에서 민족적, 문화적 단일성을 한국 사회의 정체성으로 당연시해 왔던 기존의 패러다임에 대해 이제는 새로운 성찰과 도전을 시도할 때가 되었다.

단일민족, 단일문화와 상반된 개념인 다문화주의(multiculturalism)라는 용어는 실천현장에서 다문화(multi-culture)라는 용어로 자주 사용되는 친숙한 단어이다. 다문화는 단어 그 자체에서 보듯, 하나 이상의 복수의 문화를 말하며, 다인종, 다민족으로 구성되어 가는 사회에서 다양성의 존중을 내포하는 용어이다. 다문화보다는 조금 더 확장된 의미의 문화적 다양성(cultural diversity)은 인종이나 민족에만 한정된 것이 아닌 차별화된 문화를 가지고 있는 모든 집단을 포괄하여 그들 속에 녹아 있는 문화의 다양함을 지칭하는 용어이다. 예를 들어 흑인, 백인과 같이 인종적으로 차별화된 문화뿐만 아니라 게이, 레즈비언 집단의 동성문화, 요즘의 젊은이들과 베이비 붐 세대 어르신들의 문화 등 차별화된 문화를 가지고 있는 모든 집단의 문화를 바라볼 때 문화적 다양성으로 지칭할 수 있다. 비록 성별이나 성적 취향, 장애

여부 등의 기준을 문화로 구분할 수 있는가에 대해서 전문가들 사이에서 이견이 있지만 문화적 다양성은 이러한 집단적 분류의 차원으로 확대한 것에 의미가 있다.

한편, 문화적 다양성은 단일 민족 혹은 주류문화의 사회에 존재하는 수많은 차별의 빌미가 되기도 한다. 인종차별, 성차별, 장애차별, 연령차별, 계층차별, 동성애혐오 등의 차별처럼 기존 사회구조에 정립된 가치관에서 벗어난다면 '다름이 아니라 틀림'으로 이해한다는 것이다. 사회복지현장에서 사례관리자가 인종, 문화, 성별, 성적 지향의 다름을 고려하지 않고 틀림으로 인식하여 단일문화적 기준을 무의식적으로 강요하는 것을 문화적 억압(oppression)이라고 한다. 문화적으로 다양한 집단의 특성을 고려하지 않거나 그들의 문화적 가치와 차이를 이상행동과 병리로 규정하거나, 그들의 문화에 적합한 보호 방법을 부정하는 것은 매우 위험하다(Sue, 2006).

다른 문화를 접하고, 다른 문화에 속한다는 것은 보통의 사람들에게 익숙하지 않은 경험이다. 한 번쯤 외국을 나가 보거나 나에게 익숙하지 않은 다른 지역, 혹은 가깝게 지내던 친구가 하나도 없는 새로운 집단에 속해 본 사람이라면 그 당시 분위기와 문화가 나에게 얼마나 낯설게 느껴졌는지 기억이 날 것이다. 하물며 이러한 잠깐의 경험도 나에게는 불편하고 어려운 상황일 수 있는데, 여러 가지 다양한 이유로 이러한 사회에서 오랜 기간 함께 살아가야 하는 사람들에게는 어떻게 느껴질지, 어떤 차별과 문화적 억압이 발생하고 있을지 짐작이 될 것이다. 결국 다른 문화에 잘 적응하고 변화하여 구성원으로 속할 수 있었던 경험을 떠올려 보면, 타 문화를 긍정적으로 받아들이거나, 다양한 문화와의 공존을 인정하는 가치와 태도를 가지면서 가능해졌을 것이다. 즉, 자신의 문화에 대한 개방성과 타 문화에 대한 수용성을 동시에 함양하는 태도와 그 문화의 가치를 인정하는 것이 앞으로 더욱 확대될 다문화 사회를 위한 준비가 될 수 있다. 이러한 준비는 문화적으로 민감성을 갖추고, 다양한 문화가 공존하는 사회에 적절하게 대응하는 문화적 역량을 강화하는 것으로 실천할 수 있다.

그렇다면 사례관리실천에서 문화적 역량은 어떠한 의미를 가지며, 어떻게 정의 내릴 수 있을까? 문화적 역량(cultural competence)이란 일반적으로 민족적·인종적·종교적·문화적 다양성을 효과적이고 절절하게 다룰 수 있는 능력을 말한다. 그렇다고 문화적 역량이 있다는 것이 모든 문화에 대해 하나부터 열까지 속속들이 다 안다는 의미는 아니다. 차라리 그런 의미보다는 문화적 차이에 대한 존중, 문화의 다름에 대한 배움의 열의이며, 다양한 방식으로 문화적 차이를 해석할 수 있는 능력을 갖추는 것을 의미한다(Helms, 2003). 문화적 역량은 집단 간에 존재하는 문화적 다양성과 유사성을 인지하는 문화적 민감성(cultural sensitivity)과 혼용되어 사용되기도 하였다. 그러나 문화적 역량은 문화적 민감성보다 문화에 따라 나타나는 가치, 태도, 신념 등을 이해하고 존중할 수 있는 개인의 능력에 비중을 두고 있고, 이러한 능력을 실천현장에서 적절하게 활용할 수 있는 능력까지 포함한 개인의 역량으로 구체화시킨 개념이다(Weaver, 1999). 사회복지 실천현장에서는 문화적 민감성보다는 조금 더 적극적인 의미를 포함하고 있는 문화적 역량이라는 개념을 사용하고 있다. 브라흐와 프레이저(Brach & Fraser, 2000)는 문화적 역량을 문화적 다양성 속에서 다른 문화적 관점을 존중하고 문화적 능력을 획득하기 위한 문화적 인식과 민감성을 넘어선 포괄적인 개념이라 하였다. 럼(Lum, 2005)은 사회복지실천의 관점에서 문화적 역량을 다양한 문화에 내재된 클라이언트의 강점과 자원을 인정하면서, 문화적 소수집단에 대해 갖고 있는 부정적 인식에서부터 근본적으로 전환하는 것을 의미한다고 하였다.

이러한 맥락에서 생각해 보자면 사례관리 실천현장에서의 문화적 역량은 다양한 문화적 배경을 가진 클라이언트를 접하는 사례관리 실무자들이 문화에 따라 다르게 나타나는 클라이언트의 가치, 태도, 신념들을 존중하고 이해하여 문화적으로 다른 클라이언트의 강점과 문화적 자원을 적절히 활용할 수 있는 능력을 의미한다고 할 수 있겠다. 더 확장하여 문화적 다양성의 시대에 개개인이 문화적 역량을 강화해 나간다면 다문화사회는 이제 우리에게 서로 틀림이 아니라 다름을 통해서 배우고 다름의 문화적 교류가 우리 사회를 더욱 풍요롭고 다채롭게 할 수도 있음을 보여 줄 것이다.

2) 사례관리실천에서 문화적 역량의 필요성

사례관리실천에서 문화적 역량이 필요한 이유는 무엇일까? 그 이유를 크게 세 가지로 생각해 볼 수 있다. 첫째, 궁극적인 목적인 사회복지 가치 실현을 위함이며, 둘째, 서비스 이용자 차원에서 다문화 사회 진전에 따른 클라이언트의 다양한 욕구를 제대로 이해하기 위함이며, 셋째, 서비스 제공자 차원에서 문화적 다양성을 고려한 전문적인 사례관리실천을 위해 문화적 역량이 필요하다.

(1) 사회복지 가치 실현

사회복지의 가치를 언급할 때 주로 인간존중, 자유와 평등, 사회통합을 기본으로 하고 있다. 인종, 종교, 국적, 성별, 연령, 결혼상태, 성적 선호, 경제적 지위, 정체적 신념, 정신적, 신체적 장애, 기타 개인적 선호, 특징, 조건, 지위로 인해 사회 경제적 기회로부터 배제되지 않도록 옹호하는 것은 사회복지사의 윤리적 책임으로 강조되고 있다(NASW, 2008). 특히, 사례관리 실천현장에서 문화적 차이 때문에 발생하는 차별과 편견으로 불평등을 경험하는 소수문화집단의 목소리를 들어주고, 그들의 욕구에 관심을 기울이고, 그들이 우리 사회에서 자유롭고 평등한 하나의 구성원으로 살아가도록 지원하고 협조하는 일은 인간존중, 자유와 평등, 사회통합이라는 사회복지 가치 실현을 위해 꼭 필요한 일이다. 거꾸로 말하면, 이러한 일을 '잘' 하기 위해 필요한 역량이 문화적 역량이다.

(2) 다문화 사회 진전에 따른 다양한 욕구 파악

단기간에 다문화 사회로 진입한 한국 사회의 경우, 문화적 민감성 없이 타 문화를 받아들이는 과정에서 다양한 문제점들에 노출되었다. 몇 가지 예를 들어 보자면, 인권과 관련하여서는 이주근로자의 노동현장에서 노동력 착취, 국제결혼 다문화 가족의 가정폭력과 아동학대와 같은 문제가 발생하였다. 사회문화적 적응과 관련된 문제로는 다문화가족 자녀들의 학교부적응, 북한이탈주민의 사회부적응을 비롯하여, 국제결혼 가족의 문화와 언어적 차이로 인한 문화적응 스트레스, 사회적 관계 형성의 어려움, 문화적 갈등에서 오는 억압의 문제 등이 야기되었다. 사회통합과 관련된 문제로는 성적 소수자들에 대한 혐오와 같은 몰이해, 세대 간 문화적 차이에서 비롯된 세대 간 갈등, 장애인, 노인들이 겪는 잠재적 배제집단화의 문제, 건강 및 정신건강 불평등의 문제들이 발생되어 왔다. 이러한 문제들은 한국 사회에서 소수자의 위치에서 살아가는 그들에게는 꼭 해결되어야 할 욕구이며, 이들 중 상당수가 소위 사회문제의 '고위험군'에 속한다는 통계 결과로 보아 이들 욕구에 대해 더욱 민감한 접근이 필요한 상황이다. 이러한 다문화 사회 진전에 따른 서비스 이용자들에게 필요한 세심한 욕구 파악은 문화적 역량이 갖추어져야 비로소 제대로 해결될 수 있을 것이다.

(3) 문화적 다양성을 고려한 전문적인 실천

사례관리 실천현장에서 마주하는 다양한 문화적 배경을 지닌 클라이언트들을 대하기가 힘겨운 이유는 아직 사회복지 실천현장에 이들을 수용할 만큼의 대비 없이 다양한 문화에 노출된 결과이다. 이제껏 다문화 클라이언트에 대한 사례관리실천은 주로 그들의 적응과 관련하여 논의되고 진행되어 왔다. 즉, 그들이 주류문화에 잘 적응하고 변화되는 것에 초점이 맞추어져 있었다. 그러나 이제는 다문화적 배경을 지닌 클라이언트를 이해하고 어떤 문화가 되었건 그들의 문화에 적절한 서비스, 그들의 문화에 효과적인 서비스를 전달할 수 있는 문화적 역량이 요구된다. 문화적 상황을 고려한 효과적인 서비스는 서비스 제공자와 이용자가 지치지 않고 궁극적인 목적을 이루는 데 도움이 된다. 사하 등(Saha et al., 1999)은 문화적 역량이 휴먼서비스 분야의 서비스 효과성에 중요한 요인이라고 언급하였는데, 예를 들어 의료서비스 분야에서 문화적 다양성을 고려하여 서비스를 제공하였더니 더욱 정확한 진단과 적절한 치료가 제공되었고, 환자와 치료자 간의 긍정적 관계 형성, 환자가 치료에 협조하는 정도에 긍정적인 영향을 미친다고 보고하고 있다. 예를 들어, 상담이나 정신보건 분야 연구들에서도 상담자와 서비스 이용자 간의 문화 언어의 일치, 문화적으로 적절한 의사소통 양식, 관계 형성 양식과 같이 문화적 역량이 잘 발휘된 서비스 제공은 서비스 중도 탈락률을 감소시키고, 문화적 행동의 병리화를 예방한다고 보고하고 있다. 따라서 다양한 문화집단의 복합적인 욕구를 효과적으로 충족시킬 수 있도록 사례관리자가 문화적 역량을 갖추어야 한다는 것은 이제 선택이 아니라 필수이다(최명민 외, 2010).

2. 사례관리자의 문화적 역량

1) 사례관리자가 갖추어야 할 문화적 역량의 핵심(구성) 요소

휴먼서비스를 제공하는 의학, 간호학, 심리학, 교육학뿐만 아니라 경영학, 마케팅, 국제통상 등의 분야에서도 활용되는 중요한 개념인 문화적 역량은 다문화 사회에서 다양한 문화의 사람들과 효율적으로 소통하는 데 필수적인 요소이다(Aponte, Rivers, & Wohl, 1995). 특히, 다문화 클라이언트의 복합적인 욕구에 잘 대응하고 다양한 문화에 내재된 클라이언트의 강점과 자원을 인정하면서, 문화적 소수집단에 대해 갖고 있는 부정적 인식을 근본적으로 전환하기 위해서 사례관리자는 문화적 역량의 핵심 구성 요소들을 이해할 필요가 있다. 각 학문 분야마다 논의되는 문화적 역량에 대한 주요 초점과 범위는 다양하나 문화적 역량의 기본적인 내용은 일반적으로 문화적 인식, 문화적 지식, 문화적 기술을 포함한다(Gay, 1998; Weaver, 2005). 즉, 사례관리자는 인간행동에 대한 그들 자신의 편견이나 문화적 세계관에 관한 인식이 있어야 하며(인식), 사례관리자가 함께 일하는 다양한 문화적 집단에 대한 지식을 갖추어야 하며(지식), 각 집단에 맞게 문화적으로 적절한 개입전략(기술)을 사용할 수 있어야 한다(Sue, 2006).

(1) 문화적 인식

문화적 인식은 문화적 역량의 핵심 요소로서 자신이 뿌리를 두고 있는 문화에 대한 올바른 인식뿐만 아니라 다른 사람, 인종, 지역의 문화적 차이를 인식하고 이해하는 것을 말한다(Sue, Arrendondo, & McDavis, 1998). 즉, 문화적 인식은 사회 내에 존재하는 다양한 문화에 대한 다름을 알아차리고, 이해하고, 그 가치를 존중하며 인정하는 것까지를 포함한다고 할 수 있다. 수(Sue, 2006)는 타 문화를 이해하기 위해서는 먼저 자신의 가치와 신념도 자신의 문화의 소신임을 인식하고, 자신이 갖고 있는 가치와 신념이 다른 문화권에 속하는 개인과의 관계에 어떻게 영향을 미치는지에 대해서도 민감하게 인식할 필요가 있다고 하였다. 특히, 문화집단 간에 존재하는 권력의 차이, 차별과 편견의 경험이 원조관계에 어떻게 영향을 줄 수 있는지를 민감하게 인식해야 한다(Sue, 2006).

문화적 인식의 구체적인 내용을 살펴보면 다음과 같다.

- 사례관리자 자신의 문화적 배경에 대한 자기 인식
- 타 집단 문화의 다양성에 대한 인식
- 사례관리자의 문화와 타 집단 문화와의 차이 인식
- 사례관리자의 문화적 배경이 전문적 실천에 영향을 미칠 수 있음을 인식
- 인종적 · 민족적 · 문화적 차이의 존재를 인식
- 문화집단 간에 존재하는 권력의 차이를 인식
- 문화적 차별과 편견의 경험에 대한 인식
- 소통의 방법이나 관계 맺는 방식이 다름을 인정하고 인식
- 타 문화에서 수용하기 어려운 가치도 있음을 인식하고 인정

(2) 문화적 지식

문화적 지식은 다양한 문화에 대한 정확한 내용과 함께 다른 문화에 대한 이해를 위해 필요한 인문학적 배경지식과 수치적 정보 등을 포함하는 것이다(Sue, 2006;

Weaver, 2005). 넓게는 다양한 문화집단의 언어, 사회, 경제, 정치적 상황에 대한 지식이나 이주민이라면 이주를 촉발하게 한 상황, 이주 과정이나 이주 후의 경험에 대한 이해가 문화적 지식에 해당될 것이다(Weaver, 2005). 성적 지향이 다른 문화집단이라면 그들의 행동을 그들의 문화와 맥락 안에서 이해하기 위한 노력의 일환으로 그들이 갖고 있는 가치체계, 세계관, 가족체계 등에 대해 심층적 이해를 의미한다(Weaver, 2005). 장애인 집단의 문화와 관련하여 그들이 사회문화적으로 차별받고 있는 부분이나, 편견과 오해 등에 대한 지식 또한 문화적 지식에 포함할 수 있다. 문화적 지식의 구체적인 내용들은 다음에 제시하였다(노충래, 김정화, 2011).

문화적 지식의 구체적인 내용을 살펴보면 다음과 같다.

- 다양한 문화와 문화집단에 관한 지식
- 다양한 문화집단이 갖고 있는 역사, 전통, 가치체계, 세계관, 가족체계 등
- 다양한 문화집단, 국가의 사회, 경제, 정치적 상황
- 다양한 문화집단의 차별과 경제적 빈곤, 억압의 경향, 역동성
- 특정 집단의 언어, 의사소통 유형, 은어, 소통방식 등에 관한 지식
- 다양한 문화집단과 관련된 단체 및 조직, 지원 법률 및 제도 도움 정보 등
- 다양한 문화집단 관련 통계적 수치나 자료와 정보(지역사회 내 정착 상황/인원, 사회 적응 상황 및 과정, 정신건강 문제, 가족상황, 강점 및 약점 등에 관한 지식)

(3) 문화적 기술

문화적으로 민감한 실천을 위해 다른 이해관계자와 협력하고 이론을 실제 삶과 연계하여 지역 및 사회문제 해결을 위해 필요한 기술을 문화적 기술이라 한다(Sue, 2006; Weaver, 2005). 예를 들어, 문화적 기술이 잘 습득되지 않은 사례관리자의 경우 사례관리 실천과정의 욕구사정, 자원사정 단계에서 문화적 소수집단의 행동이나 사고를 단일문화관점에서 접근하는 바람에 그들의 상황을 과도하게 문제시하는 경우가 있다. 반면 문화적 기술이 잘 습득된 경우 사례관리 개입 단계에서 문화

적으로 적절한 소통이 가능하고, 특히 단일문화적 접근에서는 문제시될 수 있는 상황에 그들 문화에 적절한 대응으로 서비스를 제공할 수 있다. 개입의 성과도 그들 문화에 기반을 둔 가치, 신념, 제도에 의해 성과가 결정되기 때문에 문화적 기술이 잘 발휘된 효과적인 개입의 성과가 더 좋을 수밖에 없다. 문화적 기술은 기존의 주요 서비스 모델이나 개입전략과 관련된 이론과 원칙들이 다양한 문화집단에 적용될 때 갖는 장점과 한계를 잘 이해하고, 서비스를 효과적으로 전달하기 위해서 적절한 문화적 변용을 통해 준비되어야 한다(Diller, 2007).

문화적 기술의 구체적인 내용을 살펴보면 다음과 같다.

- 사례관리 전 과정에 다양한 문화집단의 클라이언트와 효과적으로 의사소통할 수 있는 기술
- 사례관리 개입과정에 문화적으로 적절한 서비스 제공
- 클라이언트의 문화적 배경을 고려한 서비스 제공을 위해 클라이언트를 서비스계획 과정에 참여시키는 기술
- 실천과정이 의도치 않게 진행될 때, 문화적으로 적절하게 실천과정과 기술을 유동적으로 변화시킬 수 있는 기술
- 다양한 문화집단을 원조해 줄 공식적 · 비공식적 자원을 적절히 활용하는 기술
- 경험을 통해 얻은 문화적으로 적절한 사례관리 실천기술을 축적하고 공유하는 노력
- 다양한 문화집단의 차별과 관련 주류문화의 편견을 바꾸는 데 필요한 기술
- 제도화되어 버린 억압의 원인이나 영향을 변화시키는 데 필요한 기술

〈표 18-1〉은 사례관리자의 문화적 역량의 구성 요소인 문화적 인식, 지식, 기술을 측정해 볼 수 있는 도구이다.

표 18-1 사례관리자의 문화적 인식, 지식, 기술의 측정

	사례관리자의 문화적 역량	전혀 아니다 1	아니다 2	보통 이다 3	그렇다 4	매우 그렇다 5
문화적 인식	1. 내가 서비스를 제공하는 다문화 ____는 한국 사람과 같은 사회의 구성원이다.	○	○	○	○	○
	2. 나는 다문화 ____를 대할 때 한국의 서비스 이용자와 똑같은 태도로 대한다.	○	○	○	○	○
	3. 나는 내가 만나는 다문화 ____의 다양한 문화가 강점임을 인정한다.	○	○	○	○	○
문화적 지식	1. 나는 다문화 ____를 위한 우리나라의 정책과 서비스를 알고 있다.	○	○	○	○	○
	2. 나는 내가 만나는 다문화 ____의 문화적 배경을 이해하기 위해 다양한 자료들을 찾아 학습한다.	○	○	○	○	○
	3. 나는 다문화 ____의 비언어적 의사소통(얼굴표정, 몸짓, 손 움직임, 인사 등)의 의미를 알고 있다.	○	○	○	○	○
문화적 기술	1. 나는 다문화 ____에 대한 편견을 없애기 위해 지역사회의 여러 체계(기관)와 협력하고 있다.	○	○	○	○	○
	2. 나는 다문화 ____의 권리 향상과 옹호를 위한 노력을 실행에 옮긴다.	○	○	○	○	○
	3. 나는 다문화 ____와 관계 형성을 위해 그 대상자가 속한 문화의 (언어, 의복, 인사, 몸짓 등과 같은) 요소를 활용한다.	○	○	○	○	○
총점		___/45				

출처: 최소연(2010). 문화적 역량 측정도구의 일부 재구성.

2) 사례관리자의 문화적 역량 학습

그렇다면 이러한 문화적 역량은 학습이 가능한가? 어떻게 문화적 역량을 강화할 수 있을 것인가? 문화적 역량은 사례관리 실천현장에 투입되는 처음부터 완벽하게 준비되어 발휘되는 것이 아닐 것이다. 사례관리실천의 과정 전반에 걸쳐 관점과 개

입방법 등에서 문화적 적절성을 갖추고자 의식하며 노력하는 과정 자체가 중요하다는 것이다. 문화적 역량은 어떤 완성된 상태를 설명하는 정태적 개념이 아니기에 클라이언트를 대할 때 문화적 맥락에서 더 효과적인 서비스를 제공하려고 노력하고 학습을 통해 발전시켜 나가는 지속적인 과정이라고 할 수 있다(Weaver, 2005). 한 가지 확실한 것은 문화적 역량을 갖춘 사례관리자가 다양한 문화적 배경을 가진

표 18-2 문화적 역량 구성 요소에 따른 학습내용과 방법

구성 요소	학습 내용	학습 방법
문화적 인식	• 인간행동에 대한 나의 감정과 편견 알기 • 편견, 감정, 오해, 왜곡 깨기 • 개인의 문화적 배경의 가치 존중하기 • 다양한 문화적 배경에서 비롯된 생활방식, 관습, 문제해결 방법에 민감하기 • 타 문화를 부정하는 조직적 제도적 힘 이해	• 다른 문화에 속해 있는 사람들을 자주 접하는 경험을 통한 공감 • 다문화 교실경험, 현장실습, 역할극, 면접 등의 다양한 시도 • 타 문화에 대한 편견감소 학습 • 문화적 소통 및 공감 학습 • 인류 보편적 가치 이해 및 존중 학습
문화적 지식	• 타 문화에 대한 구체적인 지식(언어, 민족/문화집단의 건강관행, 유전적 특징, 이민 혹은 이주의 원인, 식습관, 임신 출산 관행 등) • 타 문화 클라이언트를 도울 수 있는 정보(특정 문화집단이 모여 사는 곳, 정보제공원, 정책적 제도, 공식적 비공식적 자원 정보) • 클라이언트에게 불합리하게 작용하는 제도적 장애물	• 다른 문화권의 소설이나 영화를 접하여 사례를 통한 학습 • 체험/경험적 학습을 통해 증진(자원봉사, 실습 등) • 다양한 교육에 직접 참여 • 타 문화 클라이언트들과 일하는 다양한 서비스 제공기관과 정보 공유 • 평소 타 문화와 인권 관련 미디어 관심 있게 살펴보기
문화적 기술	• 문화적으로 다양하고 적절한 개입전략과 기술 개발하기 • 다양한 문화에 적절하고 효과적인 개입 방법에 대해 알기 • 클라이언트를 위한 제도적 개입 방법과 원조 방법을 알기	• 실제 현장경험과 슈퍼비전을 통한 기술 습득 • 증거기반실천이나 특정 문화 당사자를 대상으로 한 연구 결과 살펴보기 • 다문화적 갈등문제 해결 학습 • 지역사회 네트워크 구축을 통한 다양한 접근 방법 구상

클라이언트와 더 적절히, 더 효과적으로 일할 수 있다는 것은 분명해 보인다.

럼(2007)은 수(Sue, 2006)가 제시한 문화적 역량의 세 가지 요소인 인식, 지식, 기술의 이외에 경험을 통한 학습(Inductive learning)이라는 요소를 추가하였는데, 경험을 통한 학습은 사례관리자가 현장에서 경험한 문화적 역량과 관련된 이슈에 대해 통찰하고, 그 주제와 관련하여 연구나 저술 작업에 참여하여 역량을 강화해 나가는 것을 의미한다. 경험을 통한 학습 요소는 문화적 역량이 교육과 훈련을 통해 습득되며(Sue, 2006), 사례관리자가 우리 기관에서 제공되는 서비스가 어느 민족이나 소수집단을 차별할 가능성에 대하여 숙고하고, 유연한 태도와 지속적인 자기학습을 통해 이러한 차별과 억압을 확인하고 제고하도록 노력해야 한다는 것이다. 그렇다면 구체적으로 문화적 역량의 세 가지 구성 요소는 어떤 학습으로 발전시켜 나갈 수 있는지 〈표 18-2〉를 통해 살펴보도록 하겠다.

3) 사례관리자의 문화적 역량의 실천-다차원적 모델

앞서 사례관리실천에서 문화적 역량의 개념을 이해하고, 어떻게 문화적 역량을 강화하는지를 살펴보았다. 이제 사례관리자가 어떤 방식으로 문화적 역량을 실천현장에서 사용할 수 있는지 실천모델에 대한 내용을 살펴보겠다. 수(Sue, 2006)는 사회복지에서의 '문화적 역량의 다차원적 모델(Multidimensional model of cultural competence: MDCC)'이란 내용을 정립하여 발표하였는데, 이는 효과적인 다문화적 서비스 제공에 연관된 세 가지 중요한 특징을 1, 2, 3차원으로 구분하였다. 즉, 인종, 성차별, 성적 지향 등과 연관해서 특정 문화집단의 세계관을 고려해야 할 필요성(1차원), 문화적 역량의 구성 요소 인식, 지식, 기술(2차원) 그리고 문화적 역량의 관점(3차원)을 다차원적으로 통합하기 위한 시도를 하였다. 이러한 문화적 역량의 다차원적 모델을 사례관리실천에 대입하여 살펴보도록 하겠다.

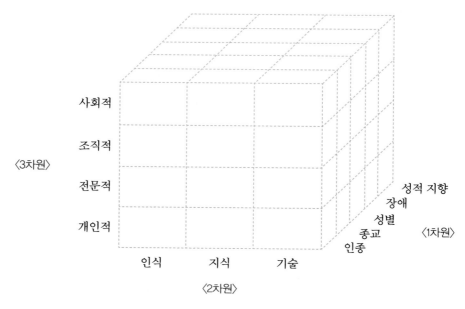

[그림 18-1] 문화적 역량 실천을 위한 다차원적 모델

(1) 1차원: 사례관리자가 만나는 클라이언트의 다양한 문화적 배경

수(Sue)가 제시한 다차원적 모델에서 1차원은 사례관리자가 접하는 클라이언트의 다양한 문화적 배경을 의미한다. 인종, 성별, 성적 지향, 신체적 능력, 연령, 그 외 중요한 준거집단에 대비되는 차별성을 포함한다. 기존에 인종/민족 분류에서 5개의 주요 집단만 정의했었지만, 넓게 보아 성적 소수집단에 노인, 여성, 장애인과 같은 문화적으로 다양한 집단까지 포함하도록 확장되었다. 현재 우리나라에서 사례관리 실천현장에서 대할 수 있는 다양한 문화적 배경을 지닌 대표적인 클라이언트로는 다문화가구, 결혼이주여성, 외국인 노동자, 북한이탈주민 등이 될 수 있다.

(2) 2차원: 사례관리자가 필요로 하는 문화적 역량

2차원은 앞서 제시한 문화적 역량의 구성 요소들로, 사례관리자가 학습 경험을 통해 습득된 문화적 인식, 지식, 기술을 의미한다. 이 세 가지 문화적 역량의 구성

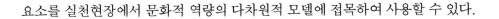

요소를 실천현장에서 문화적 역량의 다차원적 모델에 접목하여 사용할 수 있다.

① 문화적 인식

문화적 인식이 잘 습득되어 체득화되어 있다면, 다양한 문화적 배경을 가진 클라이언트 개인의 문화적 배경의 가치와 생활방식, 관습, 문제해결 전략을 존중하고 그것에 민감하게 반응할 수 있다. 이 과정 동안에는 사례관리자는 클라이언트의 고유한 개인적 신념과 가치, 문화태도를 관심을 가지고 살펴야 한다. 예를 들어, 결혼이주여성 중 본국에서 그들 가족들에게는 매우 의존적이나 타인에게는 도움을 쉽게 요청하지 않는 생활방식이나 관습을 지닌 클라이언트를 마주 대할 수 있다.

② 문화적 지식

문화적 지식을 갖춘 사례관리자는 다른 문화, 민족, 소수집단에 관한 구체적인 지식과 정보를 확립하고 있어야 한다. 거시적으로는 타 문화에 해당되는 클라이언트의 문화에 적절한 정책과 사회정치적 체계의 운영에 대해 알고 있으며, 클라이언트에게 불합리하게 작용하는 제도적 장애물에 대해서도 잘 알고 있어야 한다. 미시적으로는 개입의 결과에 영향을 줄 수 있는 요인들, 즉 민족 문화집단의 관습, 건강 관행, 위험행동, 유전성 질환, 건강상태, 이민의 원인, 건강추구 행동, 자가치료 관행, 식습관, 임신, 출산 관행, 생물학적 변인 등을 고려할 수 있어야 한다.

③ 문화적 기술

경험적 학습을 통해 습득된 문화적 기술은 사례관리자가 현장에서 사례관리의 전반적인 실천과정을 문화적으로 민감하게 다루는 데 도움이 된다. 문화적 기술을 갖춘 사례관리자는 다문화 클라이언트의 언어적 · 비언어적 메시지를 적절하게 이해하고 반응할 수 있다. 또한 욕구/자원사정을 문화적으로 민감하게 진행할 수 있으며, 민족적으로 다양하고 거부감 없는 개입 방법을 진행할 수 있다.

(3) 3차원: 사례관리실천의 개입 영역

다양한 문화적 배경을 가진 클라이언트를 만나(1차원), 사례관리자가 열심히 습득한 문화적 역량(2차원)을 발휘할 때, 사례관리자가 단지 클라이언트 개인의 개입에만 국한하지 말고, 전문적 · 조직적 · 사회적 영역까지 효과적으로 개입할 수 있어야 한다는 것이 3차원에 대한 내용이다. 수(Sue, 2006)는 이렇게 문화적 역량을 통해 개입하고자 하는 영역을 네 가지 영역으로 제시하고 있다.

① 개인적 영역

문화적으로 효과적인 사례관리 실천을 위해서, 우선 사례관리자들은 개인적 수준에서 자신 스스로의 잘못된 가치관이나 선입견, 편견을 극복해야 한다(Sue, 2006). 이러한 개인적(individual) 영역의 개입을 통해 궁극적으로는 다양한 문화의 클라이언트에 대해 사례관리자들의 태도, 신념, 감정, 행동, 차별 등이 긍정적인 변화가 일어나야 하고, 개인적으로 가진 문화적 둔감성이나 오해 등 개인적 차원의 문제를 해결할 수 있어야 한다(Sue, 2006).

② 전문적 영역

사례관리자들은 전문적(professional) 영역에서 문화적 민감성을 갖추는 시도를 해야 한다. 사회복지라는 전문 영역이 서구 유럽에서 발전되어 온 만큼, 유럽 문화가 준거집단이 되어 시각에 편향되어 있을 수 있다(Sue, 2006). 따라서 예를 들어, 한국사례관리학회나 한국사회복지사협회, 한국사회복지교육협의회 등 전문적 영역의 교육과 실천방법의 방향을 제공해 주는 기구에서 교육, 윤리강령 등 다양한 문화적 관점을 갖기 위한 노력을 함께 도모해야 한다. 서구 사회와 문화에 치우친 문제 이해와 사정, 개입 방법의 설정, 그리고 윤리강령 등은 다양한 문화적 배경(1차원 참고)의 클라이언트 집단에 맞추어 유연하게 변화되거나 수정되어야 한다.

③ 조직적 영역

사례관리자들은 공공이든 민간이든 어떠한 형태의 기관, 조직에 속해 일하며 영향을 받기 때문에 조직적(organizational) 영역의 정책집행 방향이나, 프로그램 등이 은연중에 특정 집단을 억압하고 있을 수도 있다는 것을 알고 이를 극복하는 노력을 해야 한다. 공공의 희망복지지원단 소속 사례관리자든, 종합사회복지관 사례관리팀의 실무자든 개개인은 모두 조직 안에서 일하고 있고 조직의 집단적인 사업진행 방향에 영향을 받고 있다. 예를 들어, 사례관리자가 속한 사례관리기관에서 다문화가구 여성의 지역사회 적응이나 시어머니와의 관계 개선을 위한 프로그램으로 '김치 담그기' 배움 활동을 제공한다고 생각해 보자. 한국 문화 기준으로 제공되어 김치 담그기는 마치 며느리는 당연히 할 줄 알아야 시어머니와 관계가 좋아지는 활동인 것으로 의도되지만, 이러한 프로그램은 문화적 민감성을 고려하지 않은 보이지 않는 억압이 될 수 있다. 조직과 제도가 단일문화집단에 초점을 맞추어 제공하는 프로그램들이 있다면 사례관리자는 새로운 이주민 집단 혹은 다양한 문화집단에게는 불리하거나 억압적인 것이 될 수 있다는 것을 알리고 이를 극복하는 데 힘써야 한다.

④ 사회적 영역

만약 사회정책이 특정 집단의 문화를 제대로 이해하지 못해 정신적·신체적 건강을 해롭게 한다면, 전문가는 사회적 수준의 문화적 편견을 타파하기 위해 노력해야 할 책임이 있다(Sue, 2006). 예를 들어, 최근 조현병 환자의 살인 사건들이 발생함에 있어 일부 매체에서 그들을 통제되지 않는 '괴물'로 표현하고, 심지어 정신장애인들까지도 같은 잠재적 위험의 존재로 몰아감에 있어 사례관리자들은 정신장애인들의 문화에 대해 사회적으로 제대로 알릴 필요가 있다.

3. 문화적 역량의 사례관리 실천현장에의 활용

수(Sue, 2006)가 제시한 사회복지에서의 '문화적 역량의 다차원적 모델 (Multidimensional model of cultural competence: MDCC)'을 사례관리 현장에서 자주 접하는 정신장애인 클라이언트를 대상으로 적용해 보고자 한다. 다차원적 모델의

표 18-3 정신장애인 클라이언트 대상 문화적 역량 다차원적 모델의 적용

2차원 3차원	태도/신념에 대한 인식	지식	기술
개인적	• 나의 문화적 민감성이 중요함을 인식 • 문화적 집단이 동등한 가치가 있음을 인식(정신장애인이라고 해서 비정상, 열등함이 아님)	• 정신장애의 종류와 집단적 구분 학습 • 정신장애인에 대해 제대로 알기(정신장애의 유형과 증상, DSM-5)	• 정신장애인 가족, 이웃, 주변과의 소통 • 정신장애인들과 의사소통할 때의 기술
전문적	• 내가 속해 있는 한국사례관리학회에 학회 차원의 정신장애인 차별에 대한 인식재고를 위한 방안 논의, 제안	• 학회차원의 사례관리 교육 • 우리나라 실정에 맞는 실천기준 매뉴얼	• 사회복지교육협의회 사례관리 교과과정에 정신장애인 원조 기술 • 보수교육과정 기술 개발
조직적	• 내가 일하는 사례관리팀에서 정신장애인의 문화를 고려하지 않은 단일문화적 서비스를 제공하고 있지는 않는지 살펴봄 • 우리 기관의 정책이 정신장애인이나 그 가족의 인권을 제대로 살피고 있는지 인식	• 사례관리 팀 차원의 학습과 공유 • 직원의 훈련과정에 장애인 문화 민감성에 관한 주제 포함	• 우리 기관의 서비스 절차가 정신장애인들에게 불편함이 없는지 살핌 • 정신장애인 클라이언트의 프로그램 참여나 서비스 이용이 용이한지 살핌 • 기관 내 서류 양식의 접근성 확보(다양한 언어, 당사자나 가족이 이해하기 쉽게)

사회적	• 정신장애인에 대한 사회의 편향된 인식이 조성되고 있지 않은지 인식	• 사회적 차원에서 미디어나 대중을 상대로 한 제대로 된 지식 전달 • 인구학적 정보 데이터	• 정신장애인 차별조치에 도전하는 능력 • 정신장애인 권리의 법적 보장과 제도화에 목소리

3차원 중 정신장애인은 1차원의 장애(정신장애인 문화)에 해당되는 사례이다. 그렇다면 사례관리자의 문화적 역량(2차원)이 다양한 개입 수준(3차원)에서 어떻게 적용, 활용될 수 있는지 〈표 18-3〉을 통해 살펴보도록 하겠다.

4. 사례관리 실천현장의 문화적 역량 관련 쟁점

사례관리 실천현장에서 문화적 역량과 관련된 몇 가지 쟁점을 언급하자면 다음과 같다.

첫째, 문화적 역량의 실천 대상에 해당되는 클라이언트는 누구인가? 사례관리자가 문화적 역량을 잘 갖추어야 하는 이유는 다인종 다문화적 배경을 가진 클라이언트를 대상으로 그들의 문화적 배경, 의사소통 방식, 지식, 정서, 가치, 자기 성찰 능력 등을 고려하여 그들의 문화에 적절한 서비스를 제공할 수 있기 때문이다. 사례관리를 통해 만나게 되는 클라이언트 가운데 문화적 역량이 더욱 요구되는 클라이언트 군들이 있다. 한국의 경우 다문화가족, 결혼이민자, 외국인 노동자, 북한이탈주민 등이 주가 될 수 있다. 이는 한국 내 이 대상자군의 인구수가 점점 늘어남에 따라 문화적 역량의 요구도 더 증가할 것이다. 그러나 문화적 역량의 실천 대상에 누구를 어디까지 포함시켜야 하는 것인가가 실천지침에 나와 있는 것이 아니기에, 사례관리자는 항상 열린 시각으로 새롭게 만날 수 있는 다양한 문화적 배경의 대상자들을 대할 준비를 해야 한다. 그들은 주류사회에서 차별, 억압, 편견의 대상이 되는 소수자들, 예를 들어 성적 소수자가 될 수도 있고, 조선족, 혹은 범죄자일 수도 있음을 기억해야 한다.

둘째, 사례관리 현장에서는 특히 여러 가지 문화가 복합적으로 중첩되는 상황에 직면할 수도 있다. 예를 들어, 다문화가구의 가부장적인 남편과 엄격한 시어머니 사이에서 어려움을 겪고 있는 결혼이민자 여성의 경우, 사례관리자 입장에서는 한국의 가부장 문화와 결혼이민자의 문화적 욕구가 상충하고 있음을 발견한다. 또는 클라이언트의 문화적 신념과 태도가 지역사회에서 절대 받아들여질 수 없는 경우라든지, 사례관리자 자신의 관점과 서로 대립하는 경우도 있을 수 있다. 이러한 경우 문화적 역량의 발휘는 학습된 지식이나 인식, 기술만으로 해결하기가 힘들 것이다. 결국 사례관리의 원칙과 실천과정으로 충실히 돌아가 클라이언트 중심에서 생각하고 이해관계자들을 설득하고 이해하는 것이 더 중요할 것이다. 즉, 사례관리 실천현장에서의 문화적 역량의 발휘는 사례관리 실천원칙 아래 더 빛날 수 있음을 기억해야 한다.

셋째, 문화적 역량을 잘 갖춘 사례관리자라 할지라도 다양한 문화적 배경을 지닌 클라이언트를 만났을 때 그동안 해 왔던 사례관리자의 역할과는 또 다른 특성의 과업을 해야 하기에 사례관리자들은 전문성에 있어서 어디까지 개입을 할 것인가에 대해 고민을 하게 된다. 제공해 줄 수 없는 부분까지 클라이언트들이 요구할 때 분명한 한계를 갖게 되고, 거절할 경우에는 신뢰관계에 문제가 생기기도 한다. 그러나 이러한 역할의 한계와 경계 문제를 해결하기 위해서는 우선, 사례관리자들 스스로의 주관적 결정보다는 내가 속해 있는 기관의 실천지침을 확인하거나, 혹은 멘토를 찾거나 평상시 교육과 슈퍼비전을 받을 수 있는 길을 항상 열어두어야 한다. 또한 다양한 배경의 사업을 진행하고 있는 다른 전문기관과 정보망을 구축해 놓고, 연결이 필요한 경우를 위한 정보와 자원 네트워킹을 게을리하지 말아야 한다.

넷째, 문화적 역량을 잘 갖춘 사례관리자라면 궁극적으로 앞서 소개된 다차원 모델의 3차원에 사회적 차원에 해당하는 활동들에도 관심을 갖고 에너지를 쏟아야 할 것이다. 정부나 지역사회에서는 다양한 문화적 배경의 클라이언트들을 위한 지원들이 쏟아져 나오고는 있지만 단지 이들의 요구에 수동적으로 반응하는 지원들이 많다. 정작 다문화가구, 결혼이민여성들, 북한이탈주민들이 장기적으로 그들의 삶의 주인공이 될 수 있게 돕기 위해서는 이들이 진정 필요한 것이 무엇인지를 들을 수 있는 귀를 갖고 편향된 시각을 가진 사회체계에 그들의 목소리를 전달 할 수 있는 사례관리자의 문화적 역량 활용이 요구된다.

학습과제

- EBS 지식채널e: '(   ) 넣기'를 보고 다문화에 대한 편견을 이야기해 보시오.
- 〈표 18-1〉의 척도들을 이용하여 현재 자신의 문화적 역량의 인식, 지식, 기술 수준은 어떠한지 측정해 보고 비교해 보시오.
- 1차원에 해당되는 인종, 종교, 성, 성적 지향 등과 같이 특정 문화집단을 선정하여 〈표 18-3〉과 같이 적용해 보시오.
- 사례관리 실천현장에서 다양한 문화적 배경을 가진 클라이언트는 어떤 차별의 유형에 해당되는 경험을 하고 있을지 생각해 보시오.

참고문헌

노충래, 김정화(2011). 다문화 사회복지 실무자의 문화적 역량 척도개발 및 타당화. 한국사회복지학, 63(2), 207-231.

최명민 외(2010). 문화적 다양성과 사회복지. 서울: 학지사.

최소연(2010). 원조전문직을 위한 문화적 역량 척도개발 연구. 한국지역사회복지학, 35, 23-53.

Aponte, J. F., Rivers, R. Y., & Wohl, J. (Eds.). (1995). *Psychological interventions and cultural diversity*. Needham Heights, MA, US: Allyn & Bacon.

Brach, C. & Fraser, I. (2000). *Can cultural competency reduce racial and health disparities?: A* review and conceptual model. Medical Care Research and Review.

Diller, J. V. (2007). *Cultural Diversity: A Primer for the Human Services.* Belmont, CA: Brooks/Cole.

Gay, G. (1998). Coming of age ethnically: Teaching young adolescents of color. *The Prevention Researcher, 5,* 7-9.

Helms, S. M. (2003). *The Examination of cultural sensitivity and exhibition of cultural competence for faculty at liberal arts institutions within higher education.* North Carolina State University, USA.

Lum, D. (2005). *Cultural Competence, Practice Stages and Client Systems: A Case Study Approach.* CA: Brooks/Cole.

Lum, D. (2007). *Culturally Competent Practice: A Framework for Understanding Diverse Groups and Justice Issues.* Belmont, CA: Brooks/Cole.

National Association of Social Workers. (2008). Preamble to the code of ethics. Retrieved July 16, 2019, from https://www.socialworkers.org/LinkClick.aspx?fileticket=KZmmbz15evc%3D&portalid=0

Saha, S., Komaromy, M., Koepsell, T. D., & Bindman, A. B. (1999). Patient-physician racial concordance and the perceived quality and use of health care. *Arch Intern Med, 159*(9), 997-1004.

Sue, D. W. (2006). *Multicultural Social Work Practice.* Hoboken, NJ: Wiley.

Sue, D. W., Arrendondo, P., & McDavis, R. J. (1998). Multicultural competencies/standards: A pressing need. *Journal of counseling and development, 70*(4), 477-486.

Weaver, H. N. (1999). Indigenous people and the social work profession: Defining culturally competent services. *Social Work, 44*(3), 217-225.

Weaver, H. N. (2005). *Explorations in Cultural Competence: Journeys to the Four Directions.* Belmont, CA: Thomson.

제19장

평가 역량

 학습개요

이 장은 사례관리실천에 포함된 평가활동과 과업에 대한 이해를 높이고, 사례관리자의 평가 역량 향상을 위해 마련되었는데, 사례관리자가 실천과정과 성과를 경험적으로 확인하는 과업이나 방법에 대한 안내와 함께, 평가도구를 활용하고 그 결과를 반영하여 실천하는 내용들을 소개하고 있다.

학습목표

1. 사례관리에서 평가활동의 필요성과 의미에 대해 이해한다.
2. 사례관리 평가와 관련된 다양한 과업을 숙지한다.
3. 사례관리의 과정평가 내용, 방법, 도구들을 이해하고 익힌다.
4. 사례관리의 성과평가 내용, 방법, 도구들을 이해하고 익힌다.

1. 사례관리실천에서 평가 역량의 의미와 필요성

다양한 사회복지실천과 마찬가지로 사례관리에서도 서비스에 대한 책무성 (accountability)과 이를 확인하기 위한 평가활동이 강조된다. 사례관리에서 평가활동은 종결 단계에 이르러 행해지는 한시적인 과업이 아니라 클라이언트체계와 일하는 초기부터 사후관리까지 지속적으로 이루어지는 하나의 과정(process)으로 이해되어야 하고, 평가활동의 결과물은 궁극적으로 클라이언트의 이익을 위해 환류되어야 한다. 아울러 사례관리자의 평가 역량은 실천역량의 부분집합이기에 실천의 가치와 관점이 그대로 평가활동에도 반영되어야 한다.

사례관리에서 평가 역량은 기본적으로 실천의 과정과 성과에 대해 지속적으로 성찰하며 일하는 것을 의미하며, 반영적 실천(reflective practice)의 역량을 갖추어 일하는 것을 말한다. 반영적 실천을 지향한다는 의미는 사례관리자가 이용자의 욕구 해결과 역량 강화를 위해 최선의 절차와 방법에 대해 고민하고, 이를 돕는 평가적 질문과 도구를 충분히 활용하며 일한다는 것을 의미한다. 사례관리와 같은 통합서비스의 과정과 성과를 체계적으로 파악하는 것은 그 자체로 상당히 어려운 과업이다. 하지만 사례관리실천의 과정에 대해 성찰하고 실천의 효과를 경험적으로 파악해서 서비스 이용자와 간접실천의 당사자들과 공유하고 정리하는 것은 매우 중요한 사례관리자의 고유 과업임을 우선적으로 수용해야 한다.

사례관리의 과정이 일반 사회복지실천의 과정을 준용하기 때문에 평가활동의 범위도 일반적 실천활동의 틀에서 크게 벗어나지는 않는다. 다만, 통합서비스로서 사례관리실천에서 평가와 관련된 실무자의 활동을 이해할 때, 좀 더 차별적으로 고려해야 할 요소들이 몇 가지 있는데 이를 간략히 열거하면, ① 사례관리에 참여하는 이해 당사자들이 다양하고 포괄적이며, ② 자원 간 협업으로 대표되는 간접실천의 속성으로 인해 사례관리의 성과는 클라이언트 수준에 국한되지 않고 실무자, 기관, 지역사회 수준까지 확대되는 경향이 있고, ③ 평가활동에 반영해야 할 정보의 양이 상대적으로 많으며, ④ 실천과정의 역동성에 의해 평가활동이 사전에 계획된 대로 실행되기가 상대적으로 어렵다는 점 등을 들 수 있다. 이러한 고려 사항들은 사례관리자로 하여금 평가활동을 더 부담스럽게 만드는 요인이며, 이에 대한 충분한 이해가 선행되고 이를 극복하기 위한 평가환경의 조성도 상대적으로 중요하다.

사례관리에 있어 평가활동을 좁은 의미로 정의하면 "서비스 이용자(통상 클라이언트와 가족)가 욕구와 변화목표에 부합되는 서비스를 적절히 제공받고, 이를 통해 원하는 변화를 달성하고 있는지를 확인하는 과정"이라고 할 수 있고, 이를 간접실천의 요소를 강조하는 사례관리의 속성을 반영하여 더 넓게 정의하면 "사례관리실천의 과정이 서비스 이용자의 변화목표에 부합되고 실천원칙을 잘 반영하여 제공되었는지를 확인하고, 서비스 이용자 수준을 포함하여 다양한 수준(자원 및 지역사회 수준)에서 사례관리가 기대한 변화가 있는지를 통합적으로 확인하는 활동"이라고 정의할 수 있다. 사례관리자의 평가 역량이란 앞에서 정의한 사례관리 평가활동을 수행할 수 있는 지식, 태도, 기술의 수준을 의미하며, 사례관리자의 다른 역량과 함께 사례관리의 성과를 좌우하는 핵심적인 역량이다.

2. 사례관리자의 평가 역량과 주요 과업

사례관리실천에서 평가의 대상을 무엇으로 삼느냐에 따라, 실천과정을 주로 살피는 과정평가 과업과 실천의 영향이나 변화 내용을 주로 파악하는 성과평가 등 크게 두 가지 과업으로 구분할 수 있고, 사례관리자는 두 가지 과업에 대한 충분한 실천역량을 갖추어야 한다. 다만, 사례관리자가 두 가지 평가 역량을 분리해서 수행하는 것은 아니고, 실천의 전 과정에서 사례관리의 가치와 관점을 평가과업에도 반영하여 서비스 이용자, 지역자원들과 함께 협력적으로 역량을 발휘해야 한다.

1) 과정평가 과업

사례관리 실천과정에는 다양한 구성 요소들이 있고 이들이 서로 영향을 주고받는데, 모든 과정에 대한 평가를 독립적으로 계획하고 실행하는 것은 매우 힘든 일이다. 이어지는 절에서는 주로 '사례관리의 실천과정이 서비스 이용자의 욕구와 실천의 가치에 부합되게 잘 이루어지는지를 평가'하는 과업(실천과정에 대한 평가), '서비스 이용자의 욕구에 부합되는 서비스와 자원이 적절히 계획되고 제공되는지를 평가'하는 과업(서비스와 자원에 대한 평가), '사례관리를 제대로 실천하기 위한 물리적 운영체계와 실천환경이 적절한지를 평가'하는 과업(운영체계와 실천환경에 대한 평가)의 세 가지 과정평가 과업에 대한 소개와 이를 실행하기 위한 방법들이 소개된다. 사례관리의 과정평가 과업에만 이와 같이 크게 세 가지 과업이 있지만, 일선 사례관리자가 가장 본질적으로 챙겨야 할 과정평가 과업은 '실천과정에 대한 평가'이고, 서비스와 자원에 대한 평가나 운영체계와 실천환경에 대한 평가 등은 개별 사례관리자보다는 기관이나 조직 차원에서 더 고민하고 챙겨야 할 과업과 역량이다.

사례관리의 과정평가에는 다양한 자료수집 방법이 동원될 수 있는데, 사례관리 과정에 활용된 다양한 기록양식에 대한 내용분석, 이용자를 대상으로 한 조사표 활용이나 초점집단 면접(Focus Group Interview: FGI), 서비스와 연계자원에 대한 과정 기록의 분석, 사례관리자를 포함한 실무자 대상의 조사나 면접 등을 통해 과정평가가 이루어질 수 있다.

2) 성과평가 과업

사례관리에서 성과평가란 "사례관리실천을 통해 다양한 수준에서 파악되는 변화(change), 결과(outcome), 영향(impact)의 내용을 확인하는 활동"으로 정의할 수 있는데, 성과의 수준과 영역을 어떻게 보느냐에 따라 평가의 과업도 매우 다양해질 수 있다.

| 표 19-1 | 사례관리 성과의 수준과 영역 |

수준 \ 영역	목표 달성 정도/서비스 만족도	변화/효과
클라이언트	1	2
사례관리자 사례관리기관	3	4
연계자원과 지역사회	5	6

〈표 19-1〉에서 간략히 제시되었듯이, 사례관리 직접실천의 성과(서비스 이용자 수준의 성과)와 간접실천의 성과(사례관리자와 기관 수준의 성과, 지역사회 수준의 성과) 영역을 두 가지씩만 살펴도 총 여섯 가지의 성과평가 과업이 존재하며 수준과 영역을 확대하여 정의하면서 하나씩 늘릴 때마다(예로 경제적 성과에 해당하는 효율성이나 비용편익 등) 성과평가 과업 부담은 늘어나기 마련이다.

한정된 자원과 과중한 업무 상황에서 〈표 19-1〉에 제시된 모든 영역의 성과를 잘 수행하는 것은 불가능에 가깝다. 다만, 일선 사례관리자는 활용 가능한 질문과 평가도구를 통해 가장 본질적인 성과 영역(이용자 수준의 성과 영역, 셀 1과 2)에 대해 경험적으로 확인하여 서비스 이용자와 공유 및 환류할 필요가 있는데, 목표 달성의 정도나 이용자 수준의 변화는 실무 사례관리자가 핵심적으로 수행 가능한 역량이어야 한다. 사례관리를 통합적으로 제공하는 전담기관이나 규모 있는 조직에서는 간접실천의 성과 영역(실천가나 조직 수준의 변화, 지역사회 수준의 변화 등, 셀 3, 4, 5, 6 등)도 평가할 필요가 있는데, 해당 과업들은 주로 사례관리자를 대상으로 별도의 조사표나 면접을 통해 수행하는 게 일반적이고, 해당 과업에 대해서는 사례관리를 관장하는 팀장이나 조직의 관리자가 해당 역량을 갖추는 것이 더 적절하다.

3. 평가 역량의 내용과 활용

1) 실천과정에 대한 평가

사례관리 실천과정에 대한 평가를 가장 잘할 수 있는 방법은 사례관리자를 몇 개월간 근무시간에 쫓아다니며 사례의 접수부터 종결까지 영상으로 그 활동 내용을 담아내서 분석하는 것이겠지만, 이는 현실적으로 불가능하다. 대안적으로 사례관리의 과정이 접수에서부터 사후관리까지 잘 이루어지며 그 과정이 성과 파악과 잘 연결되어 실천되는지 확인하는 방법으로서 실천과정에 사용된 각종 양식에 대한 정기적인 내용분석을 통해 과정평가를 수행할 수도 있다.

실천과정에 대한 평가의 첫 번째 방법으로는 실천 사례 중 일부를 임의로 선정하여 실천양식에 대한 내용분석을 정기적으로 실시하는 방법이 현실적이다. 실천과정에 대한 분석에서 사례관리자가 역량을 발휘해서 확인할 내용들은, 실천의 원칙에 근거하여 서비스 이용자를 돕고 있는지의 여부, 서비스 이용자의 의견과 정보수집을 적절히 수행하고 있는지의 여부, 서비스 이용자 중심으로 실천의 내용을 기록하고 있는지의 여부, 서비스 이용자와 합의를 기반으로 변화목표를 수립하고 있는지의 여부, 서비스 이용자의 욕구에 기반하여 서비스를 계획했는지의 여부, 맥락에 따라 필요한 활동(재사정, 점검과 평가 등)을 적절히 수행하고 있는지의 여부 등을 파악하는 역량을 갖추어야 한다.

사례관리에 활용되는 양식에 대한 내용분석을 통해 실천과정을 평가하는 방법 외에도 사례관리자를 대상으로 한 면접이나 조사표를 통해 실천과정에 대한 평가를 수행할 수도 있는데, 개별 기관의 모든 사례관리자들이 참여하는 초점집단 면접(FGI)을 정기적으로 실시하는 방안이 현실적이며, 면접에 활용될 반구조화된 질문지에는 다음과 같은 평가 내용들이 포함될 수 있다.

- 사례관리 실천과정(접수~사후관리)의 경험과 개선의견
- 기관이나 지역적 특성에 따른 실천과정의 고유성이나 차별성
- 지역자원과의 연계와 협력 활동(간접실천)에 대한 경험과 개선의견
- 기관이 지향하는 사례관리의 가치, 관점, 원칙들을 실천과정에 잘 반영하여 일하는지에 대한 정보

서비스 이용자를 평가활동에 초대하여 그들의 고유한 경험과 인식을 이해하는 것은 가장 핵심적인 사례관리 과정평가 과업이며, 다른 평가활동에 투입할 자원이 부족할 때, 상대적으로 더 우선적으로 익히고 수행해야 할 역량이다. 사례관리자는 사례관리에 참여한 서비스 이용자와 가족에 대한 일대일 면접이나 초점집단 면접을 정기적으로 기획하여 다음의 과업들을 중심으로 평가를 수행할 수 있도록 준비되어야 한다.

- 사례관리의 전 과정에 대한 서비스 이용자의 경험과 개선의견
- 사례관리자가 사례관리의 가치, 관점, 원칙들을 실천과정에 잘 반영하여 일하는지에 대한 서비스 이용자의 경험과 인식
- 변화목표 달성에 가장 도움이 되는 사례관리자의 태도, 노력, 기관의 활동에 대한 서비스 이용자의 경험과 인식

앞서 언급한 실천양식에 대한 내용분석, 사례관리자에 대한 면접이나 조사표의 활용, 서비스 이용자와 함께하는 과정평가 방법 외에도, 사례관리자와 협력하여 일하는 지역 내 기관 실무자나 지역사회자원을 통한 과정평가도 수행될 필요가 있는데 이는 간접실천 활동에 대한 과정평가 영역이며, 사례관리 활동에 함께 참여한 지역자원을 대상으로 초점집단 면접(FGI) 등을 통해 다음과 같은 내용에 대해 평가를 수행한다.

- 사례관리 과정의 협력자/참여자로서 지역자원의 경험과 개선의견
- 기관 간 연계, 협력, 서비스 조정활동(간접실천)에 대한 지역자원의 경험과 개선의견
- 지역사회 측면에서 서비스 이용자를 위해 필요한 변화나 개선의견 등

2) 자원과 서비스에 대한 평가

사례관리의 주요한 구성 요소 중 하나는 사례관리 과정에 활용된 자원과 서비스이다. 사례관리의 과정평가에서 서비스와 자원에 대한 분석과 평가도 필요한데, 이를 통해 클라이언트의 욕구에 부합되는 서비스와 자원이 잘 계획되고, 편성되고, 제공되는지를 파악할 수 있기 때문이다. 서비스와 자원에 대한 평가를 잘하기 위해서는 우선 사례관리실천에서 활용되는 모든 내·외부 자원과 서비스의 종류에 대한 목록과 그 기능에 대한 분류가 선행되지 않음에도 불구하고 현재 일선 사례관리기관에서 이를 잘 정리하여 활용하는 기관이 늘고 있다. 자원과 서비스에 대한 과정평가 과업은 개별 사례관리자가 각 서비스 이용자마다 수행할 수도 있지만 그럴 경우 지나치게 부담이 될 수도 있기에, 사례관리를 관장하는 팀장이나 조직의 관리자가 해당 영역의 평가 역량을 갖추어 집합적인 방식(기관의 모든 사례에 대해 제공된 자원과 서비스를 1년에 1~2회 정도 정기적으로 평가하여 정리하는 방식)으로 수행하는 것이 더 현실적이다.

서비스와 자원에 대한 과정평가에서 파악되어야 할 내용들은 다음과 같고, 이를 통해 기관이나 사례관리팀은 자원과 서비스에 대한 효율적 기획과 집행을 제고시킬 수 있다.

- 사례관리에 제공된 기관 내외의 서비스와 자원의 목록
- 서비스와 자원의 기능별 범주
- 사례별 제공된 자원의 총량과 해당 자원의 욕구 부합도

- 특정 욕구나 변화목표에 주로 제공되는 서비스의 종류와 양
- 기관 내부 서비스와 외부 연계된 서비스의 비중
- 지역자원의 활용도 등

서비스와 자원에 대한 평가를 가장 용이하게 수행하는 방법은 사례관리 양식 중 하나인 서비스 제공(과정기록지) 양식에 대한 집계와 내용분석을 정기적으로 하는 방법도 있지만, 지역자원과의 협업활동을 기록하는 자원연계활동 조사표(〈부록〉 참조)를 정기적(1년에 1~2회 정도)으로 집계하여 연계 및 협업자원의 종류와 내용의 변화를 평가하는 역량이 필요하다.

3) 운영체계와 실천환경에 대한 평가

사례관리실천은 클라이언트의 욕구에 부합하는 서비스를 통합적으로 전달하는 활동이기 때문에, 해당 활동이 효과적으로 유지되기 위해서는 조직화된 운영체계를 필요로 하고, 이를 잘 운용하는 것은 사례관리의 효과를 좌우하기도 한다. 운영체계를 확인하고 평가하는 과업도 과정평가의 필요 역량인데, 사례관리실천을 효과적으로 할 수 있는 기관 내·외부의 운영체계를 적절히 갖추고 있는지, 갖추어진 체계가 적절히 운영되고 있는지를 파악할 수 있어야 한다. 다만, 자원과 서비스에 대한 평가와 유사하게 운영체계와 실천환경을 개별 사례관리자가 평가하는 것은 부담스럽고 적절하지도 않다. 이럴 경우, 사례관리 업무를 주무 관장하는 팀장 또는 관리자가 평가를 수행하거나, 독립적인 외부 전문가(외부 슈퍼바이저)의 자문이나 협력을 이용하여 사례관리 운영체계와 실천환경을 평가하는 것이 더 현실적이다.

사례관리실천에서 갖추어야 할 중요한 운영체계 중 하나로 내부 사례회의와 통합사례회의를 들 수 있다. 이에 대한 과정평가의 하나로서 기관 내 사례관리팀과 사례회의, 기관 내외 서비스 제공자의 팀으로 구성된 통합사례관리팀과 통합사례회의가 잘 조직화되어 서비스 이용자를 위해 필요할 때 효과적으로 운영되는지 여

부를 파악해야 한다. 해당 체계가 잘 운영되지 못하고 있다면 그 근거와 장애 요인이 무엇인지를 파악하여 개선점을 파악할 수 있는 역량이 필요하다. 운영체계와 실천환경에 대한 과정평가는 주로 질적인 방법으로 이루어지는 경우가 많다. 일반적으로 사례관리에 참여한 사례관리자나 지역자원(연계기관 실무자 등)에 대한 면접, 사례회의나 통합사례회의 회의록에 대한 내용분석을 통해 운영체계에 대한 평가 자료 수집이 가능하다. 해당 평가에 동원될 주요 질문들은 다음과 같은데, 사례관리자나 기관의 관리자들은 다음 질문들이 파악될 수 있는 면접과 내용분석의 역량을 갖출 필요가 있다.

- 기관 내외 사례관리 운영체계(사례관리팀, 사례회의 운영)가 조직화되어 이용자에게 도움이 되도록 기능적으로 운영되고 있는가?
- 기관 외부 지역자원(연계기관)들이 참여한 통합사례회의 팀이 조직화되어 이용자와 사례관리자에게 도움이 되도록 기능적으로 운영되고 있는가?
- 사례회의의 내용과 결과가 실천과정에 잘 반영되고 있는가?
- 위의 질문들에 대한 평가가 긍정적이지 못하다면, 이의 개선을 위해 어떤 노력이 필요한가?

사례관리 운영체계와 실천환경에 대한 과정평가 활동은 사례관리자에 대한 정기적인 집단면접, 사례회의록에 대한 내용분석을 통해 파악될 수 있으며, 이를 통해 사례관리 운영에 대한 개선이 모색되어야 한다.

사례관리에 있어서 사례관리자들이 일관된 실천원칙을 유지하고 실천과정의 어려움과 도전적인 상황에 잘 대응하도록 필요한 교육훈련을 받고, 적절한 슈퍼비전을 받는 것은 매우 중요한 일이며, 사례관리의 성패를 결정하기도 한다. 이러한 이유로 운영체계와 실천환경에 대한 평가 영역에는 사례관리 실무자에 대한 교육훈련과 슈퍼비전의 내용도 포함되어야 하는데, 해당 평가에서 다룰 주요 내용들은 다음과 같고, 사례관리 팀장이나 기관의 관리자들은 다음 질문들을 묻고 답을 정리하여 공유하고 개선하는 역량을 갖출 필요가 있다.

- 사례관리실천을 돕는 교육훈련과 지원체계를 갖추고 있는가?
- 사례관리자가 필요로 하는 교육훈련이 충분히 전달되고 있는가?
- 사례관리와 관련하여 기관 내·외부에 필요한 슈퍼비전 체계가 갖추어져 있는가?
- 슈퍼비전의 주기와 방식이 사례관리자에게 도움이 되는가?
- 교육훈련과 슈퍼비전의 내용이 사례관리 수행에 도움이 되고, 사례관리자의 전문성과 역량을 강화하는가?

교육훈련과 슈퍼비전에 대한 과정평가를 가장 용이하게 실시할 수 있는 방법은 사례관리에 참여하는 실무자를 대상으로 개별면접이나 초점집단 면접(FGI)을 정기적으로 실시하는 방안이 현실적이며, 일부 다른 사례관리사업(한국자원봉사협의회, 숭실대학교, 2008)에처럼 위의 질문이 포함된 반구조화된 조사표를 활용해 사례관리자를 대상으로 정기적인 조사를 실시할 수도 있다.

사례관리 활동을 수행하는 실무자들의 근무환경에 대한 평가도 실천환경을 평가하는 과정평가의 중요 과업이다. 사례관리 실천환경에 대한 과정평가는 사례관리와 관련된 근무환경이 실무자들의 업무수행에 도움이 되도록 잘 배려되고 있는지를 평가하는 목적으로 수행된다. 해당 평가에서 사례관리자나 기관의 관리자들은 아래 질문들을 묻고 답을 정리하여 공유하고 개선하는 역량을 갖출 필요가 있다.

- 사례관리자 1인이 담당하는 사례의 양이 적절한가?
- 사례관리실천을 독립적으로 수행할 수 있도록 기관이 잘 배려하고 있는가?
- 실천의 원칙들을 지키기 위해 탄력적인 근무시간이 배려되고 있는가?
- 사례관리자의 자율성과 재량에 따라 서비스나 자원을 기획하고 집행할 수 있도록 잘 배려하고 있는가?

- 사례관리와 관련된 실무자들의 스트레스와 소진은 어느 정도이고, 어떤 부분에서 개선이 필요한가?
- 사례관리 직무수행과 관련된 실무자들의 역량은 어느 수준이며, 어떤 부분에서 개선이 필요한가?
- 위에서 언급된 근무환경이 잘 배려되고 있지 못하면 그 이유가 무엇이고, 개선을 위해 필요한 노력에는 어떤 것들이 있는가?

다른 과정평가 방법과 유사하게 실천환경에 대한 과정평가도 사례관리에 참여하는 실무자를 대상으로 한 면접이나 초점집단 면접(FGI)을 정기적으로 실시하는 방안이 있고, 앞 질문의 내용이 포함된 반구조화된 조사표를 활용해 실무자를 대상으로 익명성이 더 보장되는 방법으로 정기적인 조사를 실시할 수도 있다.

4) 성과평가의 내용

사례관리에서 성과의 수준과 영역을 어떻게 보느냐에 따라 평가의 과업도 매우 다양해질 수 있다. 경제적 성과나 효율성에 대한 평가과업은 유보하고, 서비스 이용자 수준(서비스 만족도, 목표 달성의 정도, 욕구수준의 변화, 개입 영역의 변화), 사례관리자 수준(사례관리자의 업무만족도와 직무능력감), 지역사회 수준(지역사회자원의 만족도와 연계 역량)으로 구분하여 성과평가의 필요한 과업과 필요 역량을 소개하면 다음과 같다.

(1) 서비스 만족도
사례관리서비스 이용자가 사례관리서비스에 대해 얼마나 만족하는지를 평가하는 과업으로 서비스 만족도를 평가하는 조사표[1]를 기관의 사정에 맞게 보완하여

---

1) 한국자원봉사협의회, 숭실대학교(2007). 우리아이 희망네트워크 지원사업 성과평가 연구, p. 364 참조.

사례 종결 시에 이용자나 가족이 응답하도록 활용할 수 있다. 만일, 척도형 서비스 만족도로 서비스에 관한 이용자의 의견을 충분히 들을 수 없다고 판단되면 개방형 질문[2]을 보충하거나, 반구조화된 개방형 질문으로 이용자 대상 초점집단 면접을 따로 수행해 분석하는 것도 좋은 대안이다.

(2) 목표 달성의 정도

서비스 이용자가 서비스계획 시에 세운 변화목표가 얼마나 잘 달성되었는지를 평가하여 사례관리의 성과를 드러낼 수 있는데, 사례관리 계획 및 점검표에 목표 달성의 정도를 간단하게 포함시켜 해당 문항을 활용하여 평가가 가능하다. 합의된 목표나 하위 목표가 계량화되지 않은 목표라면 목표 달성의 정도는 주관적 평정에 의존할 수밖에 없는데, 다른 사례관리사업에서는 목표가 완전히 달성(욕구나 문제 상황이 완전히 해결된 상태, 10점 척도의 10점)되었거나, 일정 수준 이상(10점 척도의 경우 8점 이상)이라고 평정이 된다면 목표 달성의 지표로 삼을 수 있고, 욕구에 따라 변화목표가 여럿이면 합산하여 평균점수를 통해 전반적인 목표 달성의 정도를 파악할 수 있다. 최근에는 목표 달성 정도를 평가함에 있어 이용자의 시각과 실무자의 시각을 함께 평가하여 기록하는 것이 선호되고 있다.

(3) 욕구수준의 변화

사례관리서비스 이용자가 접수 시에 보인 욕구의 수준(욕구에 대한 이용자의 대처능력 수준 또는 욕구 필요성의 수준)이 종결이나 점검 시에 얼마나 개선·변화되었는지를 사례관리실천의 성과로 평가할 수도 있는데, 사례관리 계획 및 평가표에 욕구의 수준을 포함시켜 개입 전과 개입 후로 구분·기입하여 활용할 수 있다. 욕구의 수준은 다양한 기준점을 가진 단일 문항의 척도(5점 또는 10점 척도)형으로 제시되

---

2) 한국자원봉사협의회, 숭실대학교(2007). 우리아이 희망네트워크 지원사업 성과평가 연구, p. 364 하단과
   p. 365 상단 참조.

는 게 보통인데, 개입 전과 개입 이후의 차이를 비교하여 서비스 점검의 기준으로 삼을 수도 있고, 욕구별 개입서비스의 효과에 대해서도 평가할 수 있다.

(4) 개입 영역의 변화

서비스 이용자의 변화목표를 확인하기 위해 사정과정에 활용된 특정한 척도(예: 아동 자존감을 변화를 개입의 목표로 삼았을 경우 자존감 척도)가 있을 경우, 해당 척도를 종결 시(또는 점검 시)에 적용하여 사전사후의 차이나 변화를 사례관리의 성과로 파악할 수 있다. 예로, 가족기능의 향상을 목표로 사례관리가 이루어졌다면, 가족기능사정척도[3]를 개입 전과 개입 후에 적용하여 점수 차이를 성과로 보고할 수도 있고, 척도를 쓰는 게 어렵다면 욕구별 문제해결의 정도를 사전사후로 평가한 양식[4]을 보완하여 사용해도 될 것이다.

(5) 사례관리자의 업무만족도와 직무능력감

사례관리의 성과는 서비스 이용자 수준(클라이언트와 가족)에서만 파악되는 것이 아니라, 서비스를 제공하는 실무자 측면에서 파악되기도 한다. 실무자 수준에서는 사례관리를 통한 업무만족도의 개선(한국자원봉사협의회, 숭실대학교, 2008)이나, 사례관리에 필요한 직무능력감의 향상(한국자원봉사협의회, 숭실대학교, 2008) 등이 보고되기도 한다. 업무만족도나 직무능력감[5]의 개선과 같은 사례관리자의 변화는 사례관리의 성과를 실무자의 측면에서 평가하는 것으로, 성과 파악은 물론 사례관리 실천과정의 개선을 위한 슈퍼비전과 교육훈련의 유용한 자료가 되기도 한다.

---

3) 한국자원봉사협의회, 숭실대학교(2007). 우리아이 희망네트워크 지원사업 성과평가 연구, p. 356 척도 참조.
4) 한국자원봉사협의회, 숭실대학교(2008). 우리아이 희망네트워크 지원사업 평가와 운영모델 개발 연구, p. 258 참조.
5) 한국자원봉사협의회, 숭실대학교(2007). 우리아이 희망네트워크 지원사업 성과평가 연구, p. 371 척도 참조.

(6) 지역사회자원의 만족도와 연계 역량

사례관리실천에서는 서비스 이용자나 실무자 측면의 성과 외에도, 사례관리 활동에 참여한 지역사회 내 다양한 자원의 긍정적인 변화가 성과로 파악되기도 한다. 사례관리를 수행하면서 함께 일한 경험이 있는 지역자원을 통해 사례관리 활동에 대한 만족도를 평가하거나 해당 자원의 협업능력의 변화를 성과로 파악하는데, 이는 사례관리실천의 성과를 지역사회 수준으로 확대하여 확인하는 과업과 역량이다.

5) 평가도구의 예시와 활용

지금까지 사례관리의 평가과업을 크게 세 가지의 과정평가 역량과 성과평가 역량으로 나누어 필요하게 수행되어야 할 내용을 소개하였다. 요약하자면, 과정평가에서는 실천과정에 대한 평가, 자원과 서비스에 대한 평가, 운영체계와 실천환경에 대한 평가 등을 강조하였고, 성과평가에서는 서비스 이용자 수준의 서비스 만족도, 목표 달성 정도, 욕구수준의 변화와 개입 영역의 변화 등은 꼭 챙겨야 하며, 사례관리자와 지역자원을 대상으로 사례관리의 성과를 평가하는 부분에 대해서도 꼭 염두에 두어야 함을 강조하였다. 앞서 제시된 평가 영역의 양식과 도구들을 다음에 소개하고 그 활용에 관해 간략히 제안하면 다음과 같다.

(1) 과정평가 도구의 예시와 활용

① 목표 설정과 서비스계획에서의 합의

사례관리실천에서 개입목표와 서비스계획을 수립할 때 서비스 이용자의 욕구를 잘 반영하고 합의에 의해 일하는지의 정도를 평가할 수 있도록 고안된 척도형 질문들이 아래에 제시되었고, 사례관리자가 이를 정기적으로 평가해 봄으로써 반영적 실천을 수행해 볼 수 있다.

표 19-2 **목표 설정과 서비스계획 시의 합의**

문항	전혀 그렇지 않다	거의 그렇지 않다	가끔 그렇다	자주 그렇다	항상 그렇다
1. 목표를 설정할 때 이용자와 합의합니까?					
2. 합의된 목표를 달성하기 위해 실천방법을 선택할 때 이용자와 합의합니까?					
3. 실천방법을 수행하는 역할에 대해 이용자와 합의하여 분담하십니까?					
4. 설정된 목표와 선택한 방법에 대하여 재조정이 필요할 때 이용자와 합의합니까?					
5. 합의된 목표 달성을 위해 자원이 필요한 경우 먼저 이용자가 활용할 수 있는 비공식 자원이 있는지 알아봅니까?					

출처: 숭실대학교, 함께 나누는 세상(2010). 우리아이 희망네트워크 지원사업 평가지표개발연구, p. 42.

② 가족중심실천척도(Family Centered Behavior Scale: FCBS)

과정평가 영역에서 실무자들이 얼마나 이용자나 가족 중심으로 실천하는지를 이용자의 시각으로 평가해 볼 수 있는 척도형 질문으로 기존 사례관리사업(우리아이 희망네트워크 지원사업)에서 잘 활용되었고, 척도의 신뢰도나 타당도도 만족스럽게 나타나 다른 사업장에 적용에도 큰 무리가 없을 것으로 판단된다.

표 19-3 **가족중심실천척도(축약형)**

문항	전혀 그렇지 않았다	대체로 그렇지 않았다	중간 이다	대체로 그랬다	항상 그랬다
1. (센터의 선생님들은) 우리 가족의 문제를 해결하는 데 있어 나와 우리 가족을 중요한 팀의 일원으로 여겨 주었다.					
2. (센터의 선생님들은) 나와 우리 가족이 잘하고 있는 것에 대해 말해 주었다.					

3. (센터의 선생님들은) 나와 우리 가족의 생각, 습관, 생활방식을 존중해 주었다.				
4. (센터의 선생님들은) 만날 일이 있을 때, 나와 우리 가족의 사정에 맞추어 시간을 정해 주었다.				
5. (센터의 선생님들은) 우리 가족 중 특별한 도움이 필요한 어느 한 사람만이 아니라 우리 가족 전체에 관심을 갖고 있었다.				
6. (센터의 선생님들은) 나와 우리 가족이 원하는 것을 우리 방식대로 이룰 수 있도록 도와주었다.				
7. (센터의 선생님들은) 나와 우리 가족에 대해 내가 어느 누구보다도 잘 알고 있다는 것을 알아주었다.				
8. (센터의 선생님들은) 나와 우리 가족이 미래에 희망을 가질 수 있도록 도와주었다.				
9. (센터의 선생님들은) 나와 우리 가족이 관련된 일을 결정할 때 내가 원할 때마다 언제든지 결정할 수 있도록 지지해 주었다.				
10. (센터의 선생님들은) 친척, 친구, 이웃, 지역사회로부터 우리가 필요로 하는 도움을 받을 수 있도록 도와주었다.				

출처: 숭실대학교, 함께 나누는 세상(2010). 우리아이 희망네트워크 지원사업 평가지표개발연구, p. 67. 원척도(Family Centered Behavior Scale: FCBS)를 축약하여 사용.

(2) 성과평가 도구의 예시와 활용

① 서비스 만족도

사례관리의 이용자가 사례관리에서 받은 서비스에 대해 얼마나 만족하는지를 평가하는 양식으로 서비스 만족도를 평가하는 조사표[6]를 기관의 사정에 맞게 보완하여 사례 종결 시에 이용자나 가족이 응답하도록 활용한다.

만일, 앞과 같은 척도형 서비스 만족도로 서비스에 관한 이용자의 의견을 충분히

6) 한국자원봉사협의회, 숭실대학교(2007). 우리아이 희망네트워크 지원사업 성과평가 연구, p. 364 참조.

들을 수 없다고 판단되면 다음과 같은 개방형 질문[7]을 보충하거나, 개방형 질문으로 이용자 초점집단 면접을 따로 수행해 기록해 두는 것도 좋은 대안이다.

표 19-4 **서비스 만족도(예시)**

다음의 문항들은 귀하께서 _____기관을 통하여 이용하신 서비스와 프로그램에 대하여 얼마나 만족하시는지를 묻는 질문입니다. 귀하께서 동의하시는 정도를 해당되는 보기 중 선택하여 표시해 주십시오.

문항	전혀 그렇지 않다	그렇지 않다	그렇다	매우 그렇다
1. 우리 아이와 가족은 적절한 양의 도움을 받았다.				
2. 우리 아이와 가족은 양질의 도움을 받았다.				
3. 우리 아이와 가족은 우리가 원하는 도움을 받았다.				
4. 우리 아이와 가족은 우리 가족을 대하는 센터 선생님의 태도에 대해 만족한다.				
5. 선생님의 도움을 통하여 우리 아이와 가족이 원하던 것이 대부분 충족되었다.				
6. 우리 아이와 가족이 도움을 받았던(받은) 기간은 적절했다.				
7. 우리 가족은 주변에 우리와 비슷한 도움을 필요로 하는 사람이 있다면 이 기관을 추천할 것이다.				
8. 우리 아이와 가족이 받은 도움은 현재 우리 가족의 어려움을 효과적으로 처리하는 데 도움이 되었다.				
9. 우리 아이와 가족이 받은 도움에 대해 전반적으로 만족한다.				
10. 우리 아이와 가족이 어려움에 처할 때, 우리 가족은 이 기관에 다시 올 것이다.				
11. 우리 아이와 가족이 도움이 필요할 때, 선생님께 연락을 어렵지 않게 취할 수 있었다.				
12. 우리 아이와 가족은 센터 선생님에 대해 전반적으로 만족한다.				
13. 우리 아이와 가족이 도움을 필요로 할 때마다 적절한 도움을 받을 수 있었다.				

7) 한국자원봉사협의회, 숭실대학교(2007). 우리아이 희망네트워크 지원사업 성과평가 연구, p. 364페이지 하단과 365페이지 상단 참조.

표 19-5　서비스 만족도 개방형 질문 예시

1. (사례관리서비스를 제공한 기관)을 통해 서비스를 이용하면서 어떤 점이 가장 도움이 되었나요?

　(　　　　)의 서비스를 이용하면서 가장 만족스러운 서비스나 경험은 무엇이었나요?

2. (　　　　)을 통해 사례관리서비스를 이용하면서 이용자가 변한 점이 있다면 어떤 게 있나요?

3. (　　　　)을 통해 사례관리서비스를 이용하면서 가장 불편했거나 불만스러운 경험은 무엇이었나요?

4. 귀하와 가족에게 꼭 필요한 서비스였는데 (　　　　)을 통해 받지 못한 서비스나 충분하지 못했던 점은 무엇이었나요?

5. (　　　　)이 귀하와 가족에게 더 나은 서비스를 제공하기 위해 보완하거나 개선해야 할 점은 무엇인가요?

6. 위의 질문 외에도 하시고 싶은 말씀이 있으면 간략히 말씀해 주세요.

② 목표 달성의 정도

서비스계획 시 세웠던 목표가 얼마나 달성되었는지 평가하는 과업으로 〈표 19-6〉에 제시된 사례관리 계획 및 점검표의 오른쪽 해당란에 평정한 점수를 활용하여 개별적 욕구와 목표 달성에 대한 지수로 삼을 수 있다.

③ 욕구수준의 변화

사례관리서비스 이용자가 접수 시에 보인 욕구의 수준(욕구에 대한 이용자의 대처능력수준 또는 욕구 필요성의 수준)이 종결이나 점검 시에 얼마나 개선 변화되었는지를 평가하는 것으로, 〈표 19-6〉의 사례관리 서비스계획 및 평가표에 해당 란을 포함시켜 개입 전과 개입 후로 기입하여 활용할 수 있다. 개입 전과 개입 이후의 차이를 비교하여 서비스 점검의 기준으로 삼을 수도 있고, 욕구별 개입서비스의 효과에 대해서도 평가할 수 있다.

사례관리 서비스계획 및 평가표

표 19-6 목표 달성과 욕구수준의 변화 확인

서비스 이용자 (클라이언트)	사례관리자	작성 일시	유형	사례관리 수준
유○○	최○○	2020. 09. 01.	☐ 신규 ☐ 재사정	☐ 통합 ☐ 일반 ☐ 긴급

우선순위	표현된 욕구	합의된 변화목표	실천계획	빈도 (회/주)	지원기관/담당 (내부)	지원기관/담당 (외부)	실천기간	점검	평가
1	월세 미납으로 살기가 힘들어요. 욕구 수준 개입 전(8/) 개입 후( )	주거 관련 경제적 부담의 해소	주거 관련 긴급지원 신청 (긴급후원 포함)	1회		○○동 주민센터	~2020. 09. 31.	☐ 유선 ☐ 대면 ☐ 기타 (일시 1)	☐ 달성 1(이용자) 평가:) ☐ 달성 2(실무자) 평가:) ☐ 연장) ☐ 재사정) (일시: 년 월 일)
			주거복지센터를 통해 부담이 적은 주거지의 확보 (공공임대 등)	상시		주거복지 센터 담당자	~2020. 10. 31.	☐ 유선 ☐ 대면 ☐ 기타 (일시 2)	☐ 달성 1(이용자) 평가:) ☐ 달성 2(실무자) 평가:) ☐ 연장) ☐ 재사정) (일시: 년 월 일)
2	애들이 공부를 더 잘하고 싶어 하는데 제가 돕질 못해요. 욕구 수준 개입 전(7/) 개입 후( )	자녀의 학습역량 향상	방과 후 학습지원과 유지	6개월 (주 3회)		○○방과 후 프로그램	~2021. 02. 28.	☐ 유선 ☐ 대면 ☐ 기타 (일시 3)	☐ 달성 1(이용자) 평가:) ☐ 달성 2(실무자) 평가:) ☐ 연장) ☐ 재사정) (일시: 년 월 일)
3	우울해서 아무것도 못 하겠어요. 욕구 수준 개입 전(6/) 개입 후( )	심리(정서)적 기능의 회복	우울감 개선을 위한 치료서비스 연계와 유지	6개월 (월 2회)	사례 관리자	정신건강 복지센터	~2020. 02. 28.	☐ 유선 ☐ 대면 ☐ 기타 (일시 4)	☐ 달성 1(이용자) 평가:) ☐ 달성 2(실무자) 평가:) ☐ 연장) ☐ 재사정) (일시: 년 월 일)
			상담 유지와 복약 관리를 위한 지지와 모니터링	상시	사례 관리자		~2021. 02. 28.	☐ 유선 ☐ 대면 ☐ 기타 (일시 5)	☐ 달성 1(이용자) 평가:) ☐ 달성 2(실무자) 평가:) ☐ 연장) ☐ 재사정) (일시: 년 월 일)

상기와 같은 서비스 제공 및 이용에 동의하며, 계획된 목표를 이루기 위해 적극적으로 참여하고 협력할 것을 상호 약속합니다.

20____ 년 ____ 월 ____ 일

성명: _____(인) 후견인: _____(인) / 관계: _____ / 사례관리자: _____(인)

④ 개입 영역의 변화

사례 사정에 동원된 특정한 척도가 있고 해당 척도가 포함된 영역이 사례관리서
비스의 목표라면 해당 척도를 종결 시 다시 적용하여 사전사후의 변화를 보고하는
것으로 성과평가를 수행할 수 있다. 예로, 특정 이용자에게 가족기능의 향상을 목
표로 사례관리가 이루어졌다면, 가족기능사정 척도[8]를 개입 전후에 적용하여 점수
차이를 성과로 보고할 수도 있고, 척도 사용이 어렵다면 〈표 19-7〉을 참조하여 사
전사후로 평가한 양식[9]을 수정·보완해도 된다.

표 19-7   **가족기능사정 척도의 활용**

다음은 현재 귀하께서 함께 살고 있는 가족의 기능에 대한 질문들입니다. 각 문항에 관해 해당되는 보기 중 하나
를 선택하여 말씀해 주십시오.

문항	전혀 그렇지 않다	그렇지 않다	그렇다	매우 그렇다
1. 우리 가족은 서로를 이해하지 못해서 무슨 일을 계획하기 어렵다.				
2. 어려움이 닥칠 때 우리 가족은 서로에게 의지할 수 있다.				
3. 우리 가족은 슬픈 일에 대해 서로 말을 못한다.				
4. 우리 가족은 각자의 개성을 인정한다.				
5. 우리 가족은 서로 걱정거리를 이야기하지 않는다.				
6. 우리 가족은 서로 자신의 감정을 표현할 수 있다.				
7. 우리 가족은 서로에게 나쁜 감정이 많이 있다.				
8. 우리 가족은 각자의 개성을 인정하는 분위기다.				
9. 우리 가족은 무슨 일을 결정하기 어렵다.				
10. 우리 가족은 문제 해결을 위한 결정을 곧잘 한다.				
11. 우리 가족은 사이가 좋지 않다.				
12. 우리 가족은 서로를 믿는다.				

8) 한국자원봉사협의회, 숭실대학교(2007). 우리아이 희망네트워크 지원사업 성과평가 연구, p. 356 1번 척
  도 참조.
9) 한국자원봉사협의회, 숭실대학교(2008). 우리아이 희망네트워크 지원사업 평가와 운영모델 개발 연구,
  p. 258 참조.

표 19-8　문제해결의 정도 평가 양식

다음의 문항들은 귀하께서 저희 기관(사례관리기관)을 이용하시기 전 겪었던 어려움과 현재 그 해결 정도를 묻는 질문입니다. 우리 기관에 오시기 전 귀하께서 겪은 문제 상황의 해결 정도와 현재 그 해결 정도를 아래와 같이 10점 만점으로 기준으로 해당 점수를 말씀해 주십시오(욕구 하위 범주는 각 기관의 상황에 따라 수정 보완하여 사용 가능).

| 귀하께서 센터의 서비스를 받기 전 경험한 어려움 | | 개입 전 문제 해결의 정도 | 현재(종결 시) 그 어려움이 해결된 정도 | | | | | | | | | | | |
욕구의 대범주	욕구의 하위 범주(체크) (기관 이용자의 욕구에 따라 수정 후 사용)		0	1	2	3	4	5	6	7	8	9	10
1. 기본 생활	의식주 등 기본생활 관련 어려움(∨)	2점							∨				
	아동의 일상생활/자기생활 어려움(　)												
	기타 11(　)												
2. 심리/ 정서	아동의 심리/정서적 어려움(　)												
	아동의 행동문제(　)												
	기타 21(　)												
3. 발달	신체적 발달의 어려움(　)												
	학습부진/학습 발달의 어려움(　)												
	여가활동의 어려움(　)												
	기타 31(　)												
4. 건강	아동의 장애로 인한 어려움(　)												
	아동이 자주 아픔(　)												
	의료서비스를 제대로 받지 못함(　)												
	기타 41(　)												
5. 보호	아동을 돌볼 사람이 없음(　)												
	아동 혼자 방치되는 경우가 많음(　)												
	기타 51(　)												
6. 사회적 관계	학교에서의 부적응(∨)	4점								∨			
	교우/또래 관계의 어려움(　)												
	기타 61(　)												
7. 기타 (　)	기타 71(　)												
	기타 72(　)												

전혀 해결되지 않음 ┈┈┈┈┈┈┈┈ 완전히 해결됨

⑤ 사례관리자 대상의 평가 양식

다음의 양식들은 사례관리 실무자를 대상으로 한 평가에 활용 가능한 업무만족도와 직무능력감 척도들이다. 사례관리자를 대상으로 해당 양식을 정기적으로 적용하여 성과의 파악은 물론 사례관리 실천과정의 개선을 위한 자료로나 슈퍼비전과 교육훈련의 욕구를 확인하는 자료로 활용이 가능하다.

표 19-9 **사례관리 실무자의 업무만족도 양식[10]**

다음은 귀하가 맡고 있는 사례관리 업무와 관련된 문항들입니다. 각 문항을 읽으시고 귀하의 생각과 가장 가까운 정도를 보기에서 선택하여 해당되는 빈칸에 ∨표를 해 주십시오.

내용	전혀 그렇지 않다	그렇지 않은 편이다	보통이다	그런 편이다	정말 그렇다
1. 기관이 내가 일을 잘할 수 있도록 충분한 행정적 지원을 해 줘서 만족스럽다.					
2. 기관이 내가 하고 있는 일에 대해 격려와 지지를 해 줘서 만족스럽다.					
3. 함께 일하는 동료 직원들에 대해 만족한다.					
4. 내가 하는 일이 서비스 이용자에게 도움이 되는 것 같아 보람을 느낀다.					
5. 현재 내가 맡은 일이 나와 잘 맞아서 만족한다.					
6. 현재 내가 맡은 일의 양이 적당해서 만족한다.					
7. 일을 하면서 나의 전문성이 늘어가는 것 같아 흡족하다.					
8. 하고 있는 일이 업무 외의 개인적인 성장에도 도움이 돼서 좋다.					
9. 내가 현재 활용하고 있는 실천모델이 마음에 들어 만족한다.					

10) 한국자원봉사협의회, 숭실대학교(2007). 우리아이 희망네트워크 지원사업 성과평가 연구에서 실무자 대상 업무만족도 척도를 재구성.

표 19-10 **사례관리 실무자의 직무능력감 양식**[11]

다음은 귀하가 일하는 (사례관리기관)에서 직무와 관련하여 경험할 수 있는 일들에 관한 문항들입니다. 각 문항을 읽으시고 귀하의 생각과 가장 가까운 정도를 보기에서 선택하여 해당되는 빈칸에 ∨표를 해 주십시오.

문항	전혀 그렇지 않다	그렇지 않은 편이다	보통 이다	그런 편이다	정말 그렇다
1. 나는 업무수행에 필요한 자원을 동원할 수 있다.					
2. 나는 나의 업무와 관련하여 다른 사람들에게 인정받지 못한다.					
3. 문제가 발생했을 때, 나는 상사나 동료와 거리낌 없이 상의할 수 있다.					
4. 나는 내 업무와 관련하여 충분한 재량권을 갖고 있다.					
5. 나는 상사나 동료에게 나의 의견을 얘기할 수 있다.					
6. 나는 때때로 내 업무와 관련하여 무엇을 해야 할지 잘 모를 때가 있다.					
7. 아무리 어려운 문제라도 최선을 다하면 해결할 수 있다.					
8. 나는 상사나 동료에게 업무와 관련하여 도움을 요청할 수 있다.					

⑥ 지역자원 대상의 평가 양식

지역사회 중심의 사례관리를 실천하다 보면 자연스럽게 지역사회 자체가 사례관리의 한 성과의 영역으로 자리하게 되는데, 지역사회의 다양한 변화를 모두 성과평가의 과업에 포함시키는 것은 가능하지도 않으며 쉽지도 않다. 지역사회 수준의 성과를 파악할 수 있는 용이한 방법 중의 하나로 사례관리실천에 함께 참여한 지역자원 실무자들이 사례관리실천을 잘 이해하고 만족하는지를 파악하는 방법이 있다.

---

11) 한국자원봉사협의회, 숭실대학교(2007). 우리아이 희망네트워크 지원사업 성과평가 연구에서 직무능력감 척도를 축소 재구성.

　다음의 척도는 사례관리를 수행하면서 함께 일한 경험이 있는 지역사회 내 자원 연계 기관의 실무자가 자신이 참여한 사례관리활동에 대한 만족도를 평가하거나, 자원 연계 능력의 변화를 파악할 때 활용 가능한 척도 양식들이다.

표 19-11 **지역자원 실무자의 사례관리 만족도 양식**[12]

다음은 (사례관리기관)의 활동에 대한 귀하의 의견을 묻는 문항들입니다. 동감하는 정도를 선택하여 해당되는 빈 칸에 ∨표를 해 주시기 바랍니다(밑줄 친 부분은 기관/지역사회 사정에 따라 수정하여 활용 가능).

문항	전혀 그렇지 않다	그렇지 않다	그렇다	매우 그렇다
1. (사례관리기관)은 지역사회 아동과 가족복지 서비스 네트워크 형성에 기여하고 있다.				
2. (사례관리기관)은 지역사회 아동과 가족복지 서비스 연계활동을 활성화시키는 데 기여하고 있다.				
3. (사례관리기관)은 지역사회 아동과 가족복지 서비스 네트워크를 적극적으로 활용하고 있다.				
4. (사례관리기관)은 지역사회 아동과 가족복지 서비스를 개선시키는 데 공헌하고 있다.				

---

12) 한국자원봉사협의회, 숭실대학교(2007). 우리아이 희망네트워크 지원사업 성과평가 연구에서 문항을 축소 재구성.

| 표 19-12 | **지역자원 실무자의 자원 연계 능력**[13] |

다음은 귀하의 자원 연계 능력에 대한 귀하의 생각을 묻은 문항들입니다. 동감하는 정도를 선택하여 해당되는 빈칸에 ∨표를 해 주시기 바랍니다.

문항	전혀 그렇지 않다	그렇지 않다	보통 이다	그렇다	매우 그렇다
1. (사례관리기관)과 함께 사례관리활동에 참여하면서, 성공적인 자원개발 경험을 하게 되었다.					
2. (사례관리기관)과 함께 사례관리활동에 참여하면서, 자원개발에 자신감을 가지게 되었다.					
3. (사례관리기관)과 함께 사례관리활동에 참여하면서, 서비스 이용자에 적합한 자원을 연계하는 능력이 향상되었다.					
4. (사례관리기관)과 함께 사례관리활동에 참여하면서, 타 기관이나 개인과의 역할을 조정하는 능력이 향상되었다.					
5. (사례관리기관)과 함께 사례관리활동에 참여하면서, 타 기관이나 개인과 의견이 맞지 않을 때 완화시키거나 해결하는 방법을 습득하게 되었다.					
6. (사례관리기관)과 함께 사례관리활동에 참여하면서, 타 기관이나 개인과 공동 사업을 기획하고 수행하는 능력이 향상되었다.					
7. (사례관리기관)과 함께 한 활동을 통해 전반적인 업무 수행에 도움이 되었다.					

13) 한국자원봉사협의회, 숭실대학교(2007). 우리아이 희망네트워크 지원사업 성과평가 연구에서 문항을 수정 재구성.

4. 평가 역량과 관련된 쟁점

　사례관리자의 평가 역량도 사례관리실천의 한 부분이기에 사례관리가 지향하는 가치와 관점을 잘 반영하여 발휘되어야 한다. 하지만 전통적으로 평가 역량이나 과업은 이용자 중심의 가치나 강점관점의 가치보다는 제공자 중심의 가치나 과업관리주의의 영향 아래에서 발전하였다. 평가 역량과 관련된 현장의 쟁점 중 가장 먼저 언급할 이슈가 이와 관련되어 있다. 많은 실무자들이 사례관리실천의 가치와 평가의 가치를 다르고 독립적이라고 생각하는 경우가 많다. 이러한 사고는 '실천 따로, 평가 따로'의 문화를 재생산하고 실천의 모습과 평가의 모습을 다르게 만드는 기제로 작용한다. 다시 강조하지만, 사례관리자의 평가 역량은 실천 전반 역량의 부분집합이고, 실천의 가치와 관점(이용자 중심, 강점관점, 옹호, 역량 강화 등)은 평가 활동에서도 그대로 적용되고 강화되어야 한다.

　평가 역량과 관련된 두 번째 쟁점으로는 지나친 성과평가의 강조를 들 수 있다. 사례관리의 성과는 과정의 충실성을 통해 담보되는데, 많은 기관의 관리자와 실천가들이 사례관리의 실천과정에 대한 평가활동은 거의 하지 않은 채, 성과평가를 위한 활동에만 지나치게 몰두하면서 성과를 가능하게 하는 과정의 중요성을 도외시하는 경우가 있다. 실천과정에 대한 평가는 성과를 평가하기 위한 필수적인 과정이며, 이에 대한 확인이 성과 파악을 위한 전제조건이다. 과정평가에 대한 충분한 확인을 거치고 성과평가로 이행하는 절차나 문화에 대해 많은 현장전문가들이 숙지할 필요가 있고, 지금의 교육훈련, 슈퍼비전, 자문활동이 그러한 점을 강조할 필요가 있다.

　아울러, 양적 자료를 중심으로 한 평가 절차나 방법이 더 선호되거나 더 강조되는 문화도 존재하는데, 질적 평가도구의 적용과 활용, 수집자료의 분석과 공유 등에 있어 현장 실천가의 역량을 지원하는 투자가 더 필요한 시점이다. 서비스 이용자나 실무자에 대한 질적 평가방법(FGI나 심층면접)을 병행하여 양적 평가의 제한

점을 보완하였을 때, 평가의 내용이 더 풍부해짐은 물론, 통합적인 평가로 인해 평가 자체의 타당도와 신뢰도가 더 확보된다는 점도 꼭 염두에 두어야 하겠다.

마지막으로, 시·군·구나 읍·면·동 등 공공 영역에서 집합적으로 사례관리실천을 평가하는 지표를 구성하거나 집행할 때, 또는 복지기관의 사례관리실천 수준을 평가하는 지표 등을 구성할 때, 지역사회 환경이나 맥락과 기관 규모 등의 편차에 따라 상당한 차이가 자연스럽게 존재함에도 불구하고, 편차를 고려하거나 예외성을 인정하여 더 포용적이고 재량적인 기준을 적용하는 것에 대한 두려움과 차별이 존재한다. 이용자 중심의 가치와 실천은 기관과 지역사회에 대한 평가에서도 고려될 필요가 있다는 의미인데, 아직까지 이러한 기대를 접기에는 현장의 목소리가 절실하고 생생하다.

학습과제

- 사례관리 양식에 나타난 평가활동의 내용을 과정평가와 성과평가로 나누어 정리해 보시오.
- 양적 평가도구를 사용하여 서비스 이용자 수준의 성과와 변화를 관찰 및 기록해 보시오.
- 질적 평가도구를 사용하여 실무자 수준의 성과와 변화를 관찰 및 기록해 보시오.
- 사례관리의 간접실천을 평가하는 방법과 도구에 대해 설명해 보시오.

참고문헌

숭실대학교, 함께 나누는 세상(2010). 우리아이 희망네트워크 지원사업 평가지표개발연구.
한국자원봉사협의회, 숭실대학교(2007). 우리아이 희망네트워크 지원사업 성과평가 연구.
한국자원봉사협의회, 숭실대학교(2008). 우리아이 희망네트워크 지원사업 평가와 운영모델 개발 연구.

<부록> 자원연계활동 조사표

다음은 귀하가 일하는 기관의 자원연계 활동에 관한 질문입니다. 다음 표를 읽어 보시고 **지난 1년 동안 연계협력이 있었던 지역자원**과의 활동 내역을 기록하여 주십시오.
(기록 방법: 아래 표에 제시된 해당 문항의 내용을 이어지는 표의 내용에 채움)

번호	문항	내용　■ 기타의 경우, 그 내역을 기록하여 주시기 바랍니다.
1	자원 명 (기관 명)	귀 기관과 연계활동을 진행했던(하고 있는) 자원/서비스의 이름을 그대로 적어 주시기 바랍니다. 밝힌 자원/서비스가 속한 법인, 기관, 단체, 기업(업체), 동아리, 학교, 개인 등의 이름을 구체적으로 기록해 주십시오. 예) 상도 2동 주민센터 내 찾아가는 보건복지전담팀
2	자원 출처	① 내부: 귀 귀관의 동일 법인 내 기관, 단체 또는 직원 ② 외부: 내부 이외
3	자원 성격	① 공공 부문: 국가 · 지자체 · 공립, 공단이나 공사 ② 민간 비영리 부문: 공공의 출현 기관이 아닌 민간 비영리기관이나 단체 ③ 민간 영리 부문: 영리기관, 영리기관의 단체나 모임 ④ 비공식 부문: 기관이나 단체에 소속되지 않은 개인 ⑤ 기타(　)
4	자원 영역	① 복지　② 교육　③ 행정　④ 보건 · 의료　⑤ 아동보호 ⑥ 사법 · 법률　⑦ 문화　⑧ 업체나 기업　⑨ 자발적 봉사 조직(기업봉사 조직 포함) ⑩ 기타(　)
5	신규 자원 여부	① 기존 (모 기관) 자원: 귀 기관에서 기존에 연계하고 있었던 자원 ② 신규 자원: 기존자원 외 신규로 당해 연도에 개발한 자원
6	연계 경로	① 귀 기관에서 연계 요청함 ② 연계 자원이 귀 기관에 연계 의사 밝힘 ③ 서비스 이용자가 연계해 줌 ④ 제3자 연계해 줌 ⑤ 기타(　)
7	연계 공식화 정도	① 구두 · 대면 접촉　② 문서화(공문 등)　③ 계약 · 협약 ④ 법 · 제도에 의한 위임(명령)　⑤ 기타(　) • 연계활동 도중, 연계 공식화에 전환이 있었다면, 예) 초기에는 구두 · 대면으로 접촉하다가 이후에 계약 · 협약이 이루어졌다면 ① → ③(2007. 5. 20. 계약 · 협약 일시로 기록

8	연계사업 영역	1 아동 및 가족지원 영역 ① 기본생활 ② 심리 · 정서 ③ 발달 · 문화 ④ 건강 ⑤ 경제 ⑥ 보호 ⑦ 사회적 관계 ⑧ 사법 · 법률 ⑨ 기타(귀 기관의 성격에 따라 영역을 달리할 필요) 2. 지역사회 영역 ① 지역자원 개발 ② 협의체 구축 ③ 지역자원(봉사) 조직 ④ 홍보 ⑤ 후원 조직 ⑥ 기타 3. 기타( ) • 기록 방식: 연계사업이 아동지원 영역 중 기초생활 영역이라면 1-①로 기록.
9	연계사업 내용	위(8) 연계사업 영역의 구체적인 연계사업 내용을 기록해 주십시오.
10	연계사업 횟수 · 방향	연계사업 내용별로 연계 횟수를 '발신', '수신'으로 구분하여 기록해 주십시오. • 발신: 월드비전에서 연계 제안 · 의뢰한 경우 • 수신: 연계 자원 측에서 연계 제안 · 의뢰한 경우
11	연계 내역	① 정보 교환(지역정보, 자료, 조언 제공 등) ② 물적 자원 교환(시설, 기자재, 자금 등) ③ 인적 자원 교환(직원, 자원봉사자 등) ④ 서비스 교환 ⑤ 사례관리 대상자 의뢰(혹은 의뢰받음 ⑥ 사례관리 대상자의 공동회의와 공동 사례관리 ⑦ 사업의 공동기획과 수행 ⑧ 기타( )
12	연계 내역 내용	위(11번) 연계 내역의 구체적인 내용을 기록해 주십시오.
13	연계 내역 횟수 · 방향	연계 내역별로 연계 횟수를 '발신', '수신'으로 구분하여 기록해 주십시오. • 발신: 월드비전에서 연계 제안 · 의뢰한 경우 • 수신: 연계 자원 측에서 연계 제안 · 의뢰한 경우
14	연계 주도성	① 월드비전이 거의 주도(발신 80% 이상) ② 귀 기관이 대체로 주도(발신 60~80% 이하) ③ 중간(발신 50% 내외) ④ 연계자원이 대체로 주도(발신 20~40% 이하) ⑤ 연계자원이 거의 주도(발신 20% 이하)
15	연계 협력 수준	① 매우 낮음 ② 낮음 ③ 중간 정도 ④ 높음 ⑤ 매우 높음
16	연계 신뢰 수준	① 매우 낮음 ② 낮음 ③ 중간 정도 ④ 높음 ⑤ 매우 높음
17	연계 협력 만족도	① 매우 낮음 ② 낮음 ③ 중간 정도 ④ 높음 ⑤ 매우 높음

번호	1	2	3	4	5	6	7	8	9	10		11	12	13		14	15	16	17
연번	자원 명	자원 출처	자원 성격	자원 영역	신규 연계 여부	연계 경로	공식 화 정도	연계 사업 영역	연계 사업 내용	연계 사업 횟수		연계 내역	연계 내역 내용	연계 내역 횟수		연계 주도 성	연계 협력 수준	연계 신뢰 수준	연계 협력 만족도
										발신	수신			발신	수신				
1																			
	담당자 명: 연락처: E-mail:																		
2																			
	담당자 명: 연락처: E-mail:																		
3																			
	담당자 명: 연락처: E-mail:																		
4																			
	담당자 명: 연락처: E-mail:																		
5																			
	담당자 명: 연락처: E-mail:																		
• • •																			
	담당자 명: 연락처: E-mail:																		

출처: 한국자원봉사협의회, 숭실대학교(2008). 우리아이 희망네트워크 지원사업 성과평가 연구에서의 원 조사표 내용을 바탕으로 재구성.

찾아보기

ⓗ 인명

내용

저자 소개

김성천(Kim Sungchun) _ 제1장
중앙대학교 대학원 사회복지학 박사(Ph.D)
현 중앙대학교 사회복지학부 교수

김승용(Kim Seong Yong) _ 제5장
중앙대학교 대학원 사회복지학 박사(Ph.D)
현 백석대학교 사회복지학부 교수

김연수(Kim, Yoensoo) _ 제15장
이화여자대학교 대학원 사회복지학 박사(Ph.D)
현 백석대학교 사회복지학부 교수

김현수(Kim Hyunsoo) _ 제18장
Case Western Reserve University 사회복지학 박사(Ph.D)
현 동국대학교 사회복지학과 교수

김혜성(Kim Hae Sung) _ 제12장
State University of New York at Albany 사회복지학 박사(Ph.D)
현 강남대학교 사회복지학부 교수

민소영(Min So Young) _ 제2장
University of Pennsylvania 사회복지학 박사(Ph.D)
현 경기대학교 사회복지학과 교수

박선영(Park Sun Young) _ 제3장 제1절~제2절
University of Chicago 사회복지학 박사(Ph.D)
현 계명대학교 사회복지학과 교수

백은령(Paik Eun Ryoung) _ 제13장
가톨릭대학교 대학원 사회복지학 박사(Ph.D)
현 총신대학교 사회복지학과 교수

양소남(Yang, Sonam) _ 제14장
University of Nottingham 사회복지학 박사(Ph.D)
현 경기대학교 사회복지학과 교수

유명이(Yu, Myung-Yi) _ 제7장~제11장
숭실대학교 대학원 사회복지학 박사(Ph.D)
현 대림대학교 사회복지과 교수

유서구(Yoo, Seo-Koo) _ 제19장
University of Texas at Austin 사회복지학 박사(Ph.D)
현 숭실대학교 사회복지학부 교수

이기연(Lee Ki Yeon) _ 제7장~제11장
이화여자대학교 대학원 사회복지학 박사(Ph.D)
현 서강대학교 공공정책대학원 사회복지학과 대우교수

정희경(Chong Heekyong) _ 제17장
일본 리츠메이칸(立命館)대학 대학원 학술학 박사(Ph.D)
현 광주대학교 사회복지전문대학원 교수

조현순(Cho Hyunsoon) _ 제16장
서울여자대학교 대학원 사회복지학 박사(Ph.D)
현 경인여자대학교 교수

최말옥(Choi MalOk) _ 제3장 제3절~제5절
부산대학교 대학원 사회복지학 박사(Ph.D)
현 경성대학교 사회복지학과 교수

최지선(Choi Jisun) _ 제6장
연세대학교 대학원 사회복지학 박사(Ph.D)
현 한국보건복지인력개발원 교수

함철호(Ham Cheol Ho) _ 제4장
중앙대학교 대학원 사회복지학 박사(Ph.D)
현 광주대학교 사회복지학부 교수